21世纪可持续能源丛书

"十二五"
国家重点图书

  21世纪可持续能源丛书

石油天然气的开发与利用

杜国敏　徐舜华　编著

化学工业出版社
·北京·

图书在版编目（CIP）数据

石油天然气的开发与利用/杜国敏，徐舜华编著．—北京：化学工业出版社，2015.5（2024.5重印）
（21世纪可持续能源丛书）
ISBN 978-7-122-23513-8

Ⅰ.①石…　Ⅱ.①杜…②徐…　Ⅲ.①石油工业-可持续性发展-研究-中国②天然气工业-可持续性发展-研究-中国　Ⅳ.①F426.22

中国版本图书馆CIP数据核字（2015）第066408号

责任编辑：戴燕红　郑宇印　　　　　文字编辑：丁建华
责任校对：宋　玮　　　　　　　　　装帧设计：韩　飞

出版发行：化学工业出版社（北京市东城区青年湖南街13号　邮政编码100011）
印　　装：北京科印技术咨询服务有限公司数码印刷分部
710mm×1000mm　1/16　印张18¾　字数365千字
2024年5月北京第1版第2次印刷

购书咨询：010-64518888　　　　　　售后服务：010-64518899
网　　址：http://www.cip.com.cn
凡购买本书，如有缺损质量问题，本社销售中心负责调换。

定　　价：98.00元　　　　　　　　　　　　　　　版权所有　违者必究

第二版序

20世纪末，随着人类社会发展对能源可持续供应的迫切需要，出现了"可持续能源"的理念，并受到全世界人们的关注。

21世纪以来，能源更是渗透到了人们生活的每个角落，成为影响全球社会和经济发展的第一要素。目前中国已经成为全球能源生产与消费的第一大国，能源与经济的关系、能源与环境的矛盾、能源与国家安全等问题日显突出。因此，寻找新型的、清洁的、安全可靠并可持续发展的能源系统是广大能源工作者的历史使命。

2005年，化学工业出版社出版了"21世纪可持续能源丛书"，受到我国能源工作者的广泛好评；时隔8年，考虑到能源形势的变化和新技术的出现，又准备出版"21世纪可持续能源丛书"（第二版），的确是令人高兴的事情。

"21世纪可持续能源丛书"（第二版）共12册，仍然以每一个能源品种为一个分册，除对原有的内容做了更新，补充了最新的政策、技术和数据等外，增加了《储能技术》、《节能与能效》、《能源与气候变化》3个分册。丛书第二版包括了未来能源与可持续发展的概念、政策和机制，各能源品种的资源评价、新工艺技术及特性以及开发和利用等；新增加的3个分册介绍了最新的储能技术，能源对环境与气候的影响以及提高能源效率等，使得丛书内容更加广泛、丰富和充实。

由于内容的广泛性和丰富性，以及参加编写的专家的权威性，本套丛书在深度和广度上依然保持了较高的学术水平和实用价值，是能源工作者了解能源政策及信息，学习先进的能源技术和广大读者普及能源科技知识的不可多得的好书。

让我们期待这套丛书的出版发行，能为我国 21 世纪可持续能源的发展作出贡献。

中国科学院院士
2013 年 11 月 6 日

前　言

石油，作为本世纪最重要且最具有政治意义的商品之一，在各国及世界的工业、经济和政治中都起着非常重要的作用；同时，石油作为各种日用品、消费品产出的源头，也与我们的生活息息相关。天然气，作为21世纪最有发展潜力的清洁能源之一，正越来越广泛地用于工业生产和生活民用。

2013年1月1日，国务院正式印发《能源发展"十二五"规划》（以下简称《规划》）。《规划》指出，"我国能源资源短缺，常规化石能源可持续供应能力不足。油气人均剩余可采储量仅为世界平均水平的6%，石油年产量仅能维持在2亿吨左右，常规天然气新增产量仅能满足新增需求的30%左右。""粗放式发展导致我国能源需求过快增长，石油对外依存度从本世纪初的26%上升至2011年的57%。"到"十二五"末，要实现"石油对外依存度控制在61%以内。天然气占一次能源消费比重提高到7.5%。"在今后很长的一段时间内，中国的石油天然气工业这一传统化石能源行业必将顺应"高效、清洁、低碳"的世界能源发展主流方向，继续昂首阔步，跨入石油、天然气、煤炭、可再生能源和核能并驾齐驱的新时代。

石油和天然气工业涉及勘探开发、炼油化工、储存运输、贸易销售等几个大的环节，其中又按环节分工和技术特点的不同，细分为很多专门学科，相关书籍林林总总，既有适合广大非石油工作者的科普书籍，也有面向大中专石油院校学生的专业教材，还有适用于专业工作者的操作类手册或书籍。在本次《21世纪可持续能源》丛书（以下简称《丛书》）石油天然气分册的编写中，为了与其他类型书籍有所区别，并使整册书更有条理、重点更为突出，我们重点选取了勘探开发、炼油化工、储运等几个石油工业的关键环节；在各环节论述中，为了实现《丛书》专业科普性的特点，尽量避开了专业书籍中重点论述的纯技术性生产方案、工艺路线的描述,突出了与可持续发展密切相关的技术发展历程的内容。本书的论述主要集中于两点:主要技术领域的发展历程、科技进步与后续发展。因此,本书面向的读者是对石油工业感兴趣且有一定专业基础的社会各界人士。希望通过上述两个重点,可以使读者大体清晰地看到一个多世纪以来石油工业主要技术领域的发展脉络,以及随着科技进步可以激发的巨大潜力,从而了解这个行业的昨天、今天和可能的未来。

在此,要特别感谢化学工业出版社组织《21世纪可持续能源》丛书的编写,给我们搭建了这样一个与读者沟通分享的平台。编写团队根据技术方向的不同,分工合作编写了这册书。全书总体结构、深度把握和审核工作由杜国敏负责,其中第1章(石油天然气可持续发展的背景和环境)由阎君执笔,第2章(石油天然气的资源分布与消费)由张震执笔,第3章(石油天然气勘探开发)由曲德斌、唐红君执笔,第4章(石油天然气的加工与利用)由曹斌执笔,第5章(石油天然气的储存与运输)由徐舜华执笔,第6章(我国石油天然气可持续发展的几点思考)由团队成员共同编写。

尽管我们已尽最大可能将收集到的数据和信息,以及工作中的积累呈现在读者的面前,但由于石油天然气行业专业领域宽、业务链条长,不同的专业都有高深的理论知识和复杂的技术内涵,编写中难免存在疏漏之处,敬请读者批评指正。

编著者

2015年3月

目　录

第1章　石油天然气可持续发展的背景和环境 …… 1
1.1　全球油气能源形势分析 …… 1
1.1.1　全球能源形势 …… 1
1.1.2　全球油气形势 …… 6
1.2　我国油气能源形势分析 …… 17
1.2.1　能源总体形势和需求预测 …… 17
1.2.2　油气形势和需求预测 …… 23
1.2.3　我国石油天然气可持续发展面临的问题和挑战 …… 30
参考文献 …… 32

第2章　石油天然气的资源分布与消费 …… 34
2.1　石油天然气的形成与发现 …… 34
2.1.1　石油天然气的形成过程 …… 34
2.1.2　石油天然气的发现历程 …… 47
2.2　世界油气资源分布 …… 49
2.2.1　世界油气资源概述 …… 49
2.2.2　世界油气资源储量 …… 52
2.2.3　世界油气资源区域分布 …… 55
2.3　世界油气产量分布 …… 63
2.3.1　世界油气产量概况 …… 63
2.3.2　油气产量区域分布 …… 66

2.4 世界油气消费 ··· 74
　2.4.1 世界油气消费概况 ··· 75
　2.4.2 油气消费区域分布 ··· 79
2.5 全球油气供需情况分析 ··· 88
2.6 我国油气资源分布与消费 ··· 89
　2.6.1 我国油气资源分布 ··· 89
　2.6.2 我国油气消费 ··· 95
参考文献 ··· 107

第3章　石油天然气勘探开发 ·· 108

3.1 世界石油天然气勘探开发历程 ·· 108
　3.1.1 世界早期的石油发现和世界现代石油工业的兴起 ········· 108
　3.1.2 世界石油天然气勘探开发的快速发展 ························· 109
　3.1.3 结构重组确立的世界油气勘探开发新格局 ·················· 109
　3.1.4 世界油气勘探开发的国有化时代和新跨越 ·················· 110
3.2 我国石油天然气勘探开发历程 ·· 110
　3.2.1 石油勘探开发发展历程 ·· 110
　3.2.2 天然气勘探开发发展历程 ··· 119
3.3 石油天然气勘探开发技术展望 ·· 124
　3.3.1 世界油气勘探开发技术发展历程 ······························· 124
　3.3.2 我国油气勘探开发技术发展历程 ······························· 128
　3.3.3 世界油气勘探开发技术展望 ····································· 133
　3.3.4 我国石油勘探开发技术展望 ····································· 133
　3.3.5 我国天然气勘探开发技术展望 ·································· 135
3.4 我国石油天然气勘探开发潜力 ·· 137
　3.4.1 石油勘探开发潜力 ·· 138
　3.4.2 天然气勘探开发潜力 ··· 140
参考文献 ··· 141

第4章　石油天然气的加工与利用 ·· 142

4.1 石油的加工 ·· 142
　4.1.1 世界炼油产业发展现状 ·· 142
　4.1.2 国内炼油产业发展态势 ·· 157
　4.1.3 石油加工技术发展 ·· 166
4.2 天然气的综合利用 ·· 175
　4.2.1 天然气利用发展现状 ··· 175

4.2.2　天然气利用技术发展 …………………………………… 181
　参考文献 …………………………………………………………… 190

第5章　石油天然气的储存与运输 …………………………… 193

　5.1　石油的储存与运输 …………………………………………… 193
　　5.1.1　石油运输发展 …………………………………………… 193
　　5.1.2　石油储存发展 …………………………………………… 227
　5.2　天然气的储存与运输 ………………………………………… 229
　　5.2.1　天然气运输发展 ………………………………………… 229
　　5.2.2　天然气储存发展 ………………………………………… 252
　参考文献 …………………………………………………………… 266

第6章　我国石油天然气可持续发展的几点思考 ……………… 268

　6.1　油气勘探开发与资源接替相关思考 ………………………… 268
　　6.1.1　美国的油气勘探开发先进经验 ………………………… 268
　　6.1.2　我国油气勘探开发建议与思考 ………………………… 271
　6.2　油气加工与利用相关思考 …………………………………… 275
　　6.2.1　石油加工和利用 ………………………………………… 275
　　6.2.2　天然气利用 ……………………………………………… 283
　6.3　油气储运相关思考 …………………………………………… 286
　参考文献 …………………………………………………………… 289

第1章

石油天然气可持续发展的背景和环境

1.1 全球油气能源形势分析

1.1.1 全球能源形势

(1) 一次能源消费总量继续增加,消费增速逐渐放缓

2013年,全球一次能源消费总量达到127.3亿吨油当量,创历史新高。受全球经济不振、欧债危机进一步演绎深化的影响,能源消费增速在经历了2010年5.6%增速的强劲反弹后回落走低,2013年增速为2.0%,与过去10年平均增长水平低0.5个百分点,见图1-1。

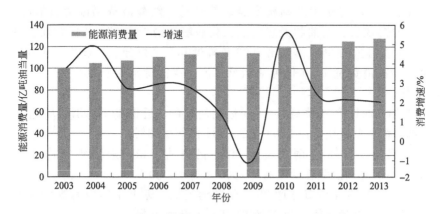

图1-1 全球一次能源消费量及增速(2003~2013年)

(数据来源:BP《世界能源统计年鉴》,2014)

根据BP《世界能源展望2030》报告预测,人口和收入仍是未来能源需求的关键驱动因素。未来20年,世界人口总量仍将继续增长,预计2030年世界人口将达82亿,比2010年增加14亿,但增长速度由1990~2010年的年均1.3%下

降到年均 0.9%；未来 20 年，中低收入经济体的快速发展推动全球各国 GDP（国内生产总值）的增长，预计增速将从 1990~2010 年间的年均 3.2% 提高到年均 3.7%，从而带来人均收入的快速增长。虽然未来全球能源效率的加速提高会抑制一次能源消费量的增长，预计 2030 年全球一次能源消费总量仍将达到 166 亿吨油当量，未来 20 年能源消费年均增速将为 1.6%，比过去 20 年年均增速下降了 0.4 个百分点，见图 1-2。

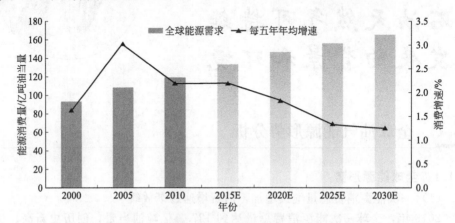

图 1-2　全球一次能源消费量及增速预测（2010~2030 年）
（数据来源：BP《2030 世界能源展望》，2012）

(2) 能源消费结构仍以化石能源为主，呈低碳化和清洁化发展趋势

从近十年一次能源消费结构发展趋势来看，能源消费仍以化石能源为主。2013 年，全球煤炭、石油和天然气三大化石能源消费量 110.3 亿吨油当量，占一次能源消费总量的 86.7%，比 2003 年降低 0.5 个百分点；核能、水电以及其他可再生能源消费量 16.9 亿吨油当量，占一次能源消费总量的 13.3%，见图 1-3。其中：

① 石油　2013 年消费量达 41.9 亿吨油当量，近十年年均消费增速 1.4%，占一次能源消费总量比例由 2003 年的 37% 下降为 33%；

② 天然气　2013 年消费量达 30.2 亿吨油当量，近十年年均消费增速 2.6%，占一次能源消费总量比例与 2003 年持平，为 24%；

③ 煤炭　2013 年消费量达 38.3 亿吨油当量，近十年年均消费增速 3.9%，占一次能源消费总量比例由 2003 年的 26% 上升为 30%；

④ 核能　2013 年消费量达 5.6 亿吨油当量，比 2003 年消费量降低 0.35 亿吨油当量，占一次能源消费总量比例由 2003 年的 6% 下降为 4%；

⑤ 水电　2013 年消费量达 8.6 亿吨油当量，近十年年均消费增速 3.5%，占一次能源消费总量比例由 2003 年的 6% 上升为 7%；

⑥ 其他可再生能源　主要包括风能、地热、太阳能、生物质能和垃圾发电

第1章 石油天然气可持续发展的背景和环境

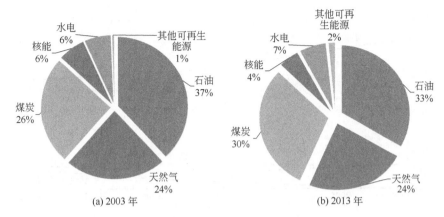

图 1-3 2003 年与 2013 年全球一次能源消费结构变化
（数据来源：BP《世界能源统计年鉴》，2014）

等，2013 年消费量达 2.8 亿吨油当量，近十年年均消费增速 17.9%，占一次能源消费总量比例比 2003 年上升 1 个百分点。

受石油、煤炭资源储量的制约，以及新能源、清洁能源技术进步的推动，全球能源消费结构正在不断发生变化，低碳化、清洁化将是能源消费结构变化的长期趋势。

根据 BP《世界能源展望 2030》报告分析，未来 20 年，石油消费比例将继续大幅下滑，将从 2011 年的 33% 下降到 2030 年的 28%；煤炭比例在经历 21 世纪头十年的回升后又步入下降通道，预计 2030 年将比 2011 年下降 2 个百分点达到 28%；天然气作为相对清洁的能源，在全球能源结构中的地位日益重要，预计到 2030 年天然气占一次能源消费量比例将提高 2 个百分点，达到 26%；受日本福岛核事故的影响，全球发展核能的规划开始变得保守，预计未来 20 年核能占一次能源比例将维持在 5%～6%；水电、其他可再生能源则得到较快发展，预计 2030 年占一次能源比例将分别达到 7% 和 5%，见图 1-4。

（3）能源消费重心向非经合组织国家转移，亚太地区消费增速最快

根据 BP 统计数据显示，经济合作与发展组织（本文简称"经合组织"或"OECD"）国家一次能源消费量已较长时间趋于稳定，近十年平均能源消费量为 56 亿吨油当量，上下波动幅度不超过 2 亿吨油当量，占全球消费总量的比例由 2003 年的 56% 下降到 2013 年的 43%。随着多数经合组织国家工业化和城镇化进程的逐步完成，发达国家将高耗能产业向发展中国家转移，以及受自身经济增速较低等因素影响，预计未来 20 年经合组织国家能源消费增量仅 2 亿吨油当量，到 2030 年达到 58 亿吨油当量，占全球一次能源消费总量的比例进一步下降到 35%。

而非经合组织国家经济的快速发展，拉动着能源消费的快速增长。根据 BP

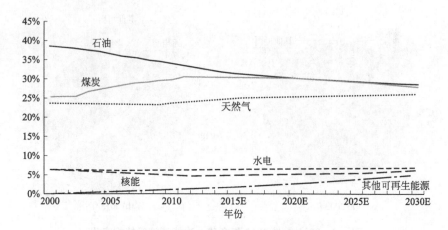

图 1-4 2000~2030 年全球一次能源消费结构趋势
（数据来源：BP《世界能源统计年鉴》、《2030 世界能源展望》，2012）

的统计和分析，2013 年非经合组织国家一次能源消费总量已由 2003 年的 44 亿吨油当量增长到 72 亿吨油当量，年均增速 5%，占全球一次能源消费总量的比例也由 44% 增长到 57%，并在 2008 年超过了经合组织国家。预计未来 20 年，非经合组织国家一次能源需求仍将继续增长，2030 年将达到 109 亿吨油当量，年均增速为 2.7%，占全球一次能源消费总量比例上升至 65%，见图 1-5。

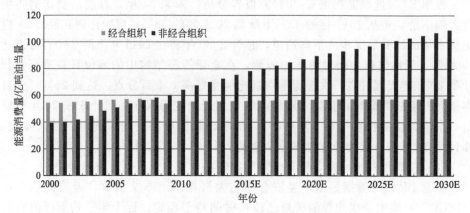

图 1-5 经合组织与非经合组织一次能源消费量对比
（数据来源：BP《2030 世界能源展望》，2012）

分区域分析，北美、欧洲和亚太三大主要能源消费区域中，北美和欧洲能源消费量趋于饱和，近十年消费量分别维持在 28 亿吨油当量和 29 亿吨油当量左右，2013 年能源消费占全球一次能源比例分别为 22% 和 23%，比 2003 年均下降 6 个百分点。预计未来 20 年，北美地区消费量继续维持在 28 亿吨油当量左右，欧洲地区消费量预计增长 4 亿吨达 33 亿吨油当量，占全球一次能源比例分别下降至17%和20%。

亚太地区的能源消费一直保持着快速增长势头,并于2002年超过北美、2003年超过欧洲,近十年年均增速5.6%,其占全球一次能源消费量比例也由2003年的30%增长到2013年的40%,2013年全球一次能源消费增量几乎全部来自亚太地区。预计到2030年,亚太地区一次能源消费量将达77亿吨油当量,年均增速下降至2.7%,但占全球一次能源消费量比例提高至46%,见图1-6。

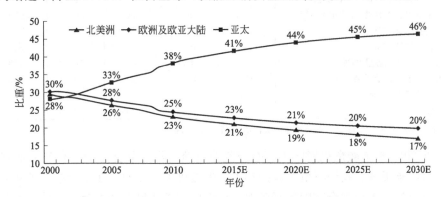

图1-6 北美洲、欧洲和亚太地区占全球一次能源消费比重
(数据来源:BP《2030世界能源展望》,2012)

(4) 全球可再生能源生产和消费发展势头较好

受化石能源资源有限性和气候变化等环境问题的影响,减少或减缓化石能源消费量,加快开发利用可再生能源已成为国际社会的共识。近年来,全球以风电、太阳能光伏发电为代表的可再生能源发电量,以及以生物乙醇和生物柴油为代表的生物燃料大幅增长,见图1-7。据21世纪可再生能源政策网络统计数据显示,2013年全球可再生能源新增长投资2.49万亿美元,比2010年增长13.4%;水电、风电、太阳能光伏发电装机容量分别达到1000GW、318GW和139GW,

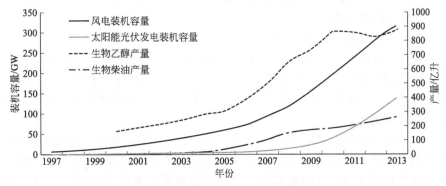

图1-7 全球可再生能源装机容量或生产量
[数据来源:21世纪可再生能源政策网络(REN21),2014]

分别比上年增长 4.2%、12.4%和 39%；生物乙醇产量继续保持 872 亿升以上，生物柴油产量达到 263 亿升，分别比上年增长 5.6%和 11.4%，见表 1-1。

表 1-1 全球可再生能源发展状况（2009～2013 年）

可再生能源发展指标	2009 年	2010 年	2011 年	2012 年	2013 年
可再生能源新增长投资/亿美元	1610	22000	25700	24950	24940
可再生电力装机容量(不含水电)/GW	250	315	390	480	560
可再生电力装机容量(含水电)/GW	1170	1260	1360	1440	1560
水电装机容量/GW	915	945	970	960	1000
风电装机容量/GW	159	198	238	283	318
太阳能光伏装机容量/GW	23	40	70	100	139
太阳能热水器容量/GW·h	153	182	232	282	326
生物乙醇产量/亿升	731	865	861	826	872
生物柴油产量/亿升	178	185	214	236	263

注：数据来源：21 世纪可再生能源政策网络（REN21），2014。

在 2008 年金融危机影响下，全球经济增速下滑、复苏乏力，传统能源产业面临着需求下降、投资下滑等系列冲击，但给可再生能源产业发展提供了新的契机。可再生能源作为全球的新兴产业，许多国家都从抢占技术制高点的战略高度出发，利用全球改善环境减少碳排放的大趋势，将发展可再生能源产业作为应对金融危机、加强本国能源安全与推进经济复苏的重要举措之一。如中国在 2012 年发布的《可再生能源发展"十二五"规划》中，提出到 2015 年全部可再生能源的年利用量将达到 4.78 亿吨标准煤，其中商品化可再生能源年利用量 4 亿吨标准煤，在能源消费中的比重达到 9.5%以上。根据美国能源情报署预计，到 2030 年包括太阳能、风能、生物质能、地热能等可再生能源发电量将占全美电网能力的 50%以上。而欧盟提出到 2020 年可再生能源消费将占据总消费能源量 20%，日本和韩国提出到 2030 年，可再生能源消费比重将分别提高至 20%和 11%。部分国家和地区可再生能源消费比例及制定的开发目标如表 1-2 所示。

1.1.2 全球油气形势

（1）全球石油储量资源仍较为丰富，石油产量稳步增长但增速放缓

根据 BP 数据统计，全球石油探明储量从 1990 年的 10275 亿桶增长到 2013 年 16879 亿桶，除了 1998 年探明储量同比上年略有下降外，其他年份均保持正增长，见图 1-8。以储采比来看，2013 年底的全球石油探明储量尚足以满足 53.3 年的全球生产需求。

全球石油资源地区特征明显。截至 2013 年底，中东地区探明储量 8085 亿桶，依然是全球石油资源最富集的地区，占全球石油探明储量的 48%，但产量的大幅提升拉低了该地区的储采比，2013 年底储采比达到 78.1 年。中南美洲主要由于委内瑞拉探明储量的大幅提高，超越了北美洲、欧洲及欧亚大陆成为全球第二大产油地区，2013 年底探明储量达 3296 亿桶，占全球探明储量的 19%，储

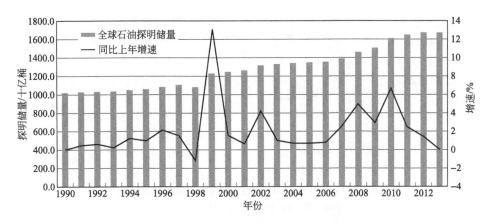

图 1-8　1990～2013 年全球石油探明储量及增速
（数据来源：BP《世界能源统计年鉴》，2014）

表 1-2　部分国家和地区可再生能源消费比例及发展目标

国家和地区	2010年消费比例	2015～2030年发展目标
中国	8.60%	2015年可再生能源年利用量达4.78亿吨标准煤,其中商品量占比达9.5%以上
美国	8.49%	2030年可再生能源发电2.2万亿千瓦时,占电网能量的51.3%
加拿大	27.22%	2020年水电比例将达76%
欧盟	7.80%	2020年再生资源消费占据总消费能源量20%
法国	7.01%	2020年可再生能源在其能源消费总量中的比重提高到至少23%
德国	7.17%	2020年可再生能源占终端能源消费比重18%;2030年可再生能源占终端能源消费比重30%
英国	2.73%	2020年可再生能源在能源消费总量中的比重将达到15%
日本	4.87%	2030年可再生能源利用率将达到20%
韩国	1.72%	2030年可再生能源生产比重11%

注：数据来源：《中国能源报告（2012）》、《可再生能源发展"十二五"规划》。

采比超过 120 年；北美洲因加拿大油砂的发现，带来储量的上升，2013 年底达到 2296 亿桶，占全球探明储量的 14%，居全球探明储量第三位。欧洲及欧亚大陆、非洲和亚太地区居后三位，2013 年底占全球探明储量比例分别为 9%、8% 和 2%，储采比分别为 23.4 年、40.5 年和 14 年，见图 1-9、图 1-10。

根据 BP 统计数据，2013 年全球石油产量 41.3 亿吨，1993～2013 年年均增速 1.3%。其中，中东地区石油产量 13.3 亿吨，过去二十年年均增速 1.7%，为全球最大的石油产区，占全球总产量 32.2%；欧洲及欧亚大陆石油产量位居第二位，达到 8.4 亿吨，过去二十年年均 1.2%，产量增速有所放缓，占全球总产量的 20.3%；北美洲次之，2013 年产量为 7.8 亿吨，占全球总产量的 18.9%；非洲、亚太和中南美洲分别位居第四、五、六位，分别占全球总产量的 10.1%、

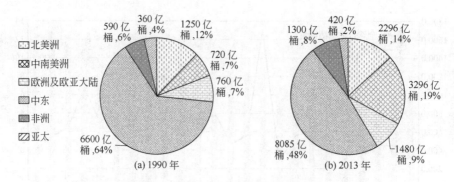

图 1-9 1990 年和 2013 年分地区石油探明储量及其占比对比
（数据来源：BP《世界能源统计年鉴》，2014）

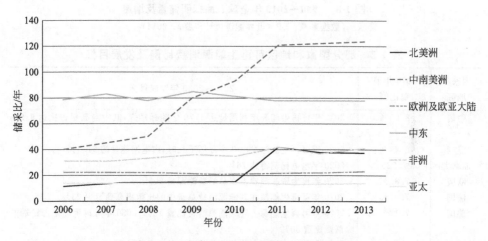

图 1-10 2006～2013 年分地区石油储采比
（数据来源：BP《世界能源统计年鉴》，2014）

9.5%和 9.1%。

根据 BP《2030 世界能源展望》，未来二十年，全球石油总产量增速将放缓，年均增速 0.7%，欧洲、北美和中南美洲石油产量均有超过 1%的年均增速；亚太地区、欧洲及欧亚大陆原油产量将开始出现负增长。其中，中东地区仍然是全球石油产量最大的地区，2030 年占比为 36.5%，北美洲因非常规石油产量增长，使其占比提高至与欧洲地区相当水平，均占全球总产量 17.5%；亚太地区石油产量下降较快，占全球石油总产量比例预计 2030 年仅为 6.9%，见图 1-11。

(2) 石油消费增速放缓，非 OECD 国家主导了主要的石油消费增长

1990 年以来，除了 1993 年、金融危机影响的 2008 年和 2009 年全球石油需求出现下降外，其他年份在新兴经济体国家石油需求大幅增长的带动下，全球石油需求均出现正增长。总体看，1993～2013 年全球石油需求年均增长 1.4%，石

第1章 石油天然气可持续发展的背景和环境

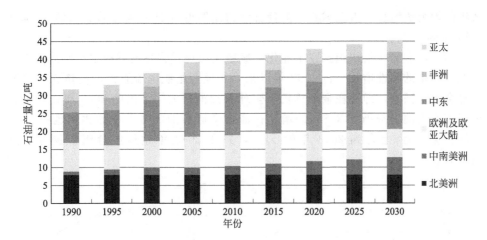

图1-11 1990~2030年分地区石油产量现状及预测
（数据来源：BP《世界能源统计年鉴》、《2030世界能源展望》，2012）

油供应年均增长1.3%，供应增长赶不上需求增长，全球石油供需形势一直处于相对紧平衡的状态。2013年，受全球经济疲软影响，石油消费增速在金融危机后的2010年出现2.9%的强劲反弹后大幅回落，全球石油消费41.9亿吨，同比上年增长1.4%，与前20年的平均增速水平相当，见图1-12。

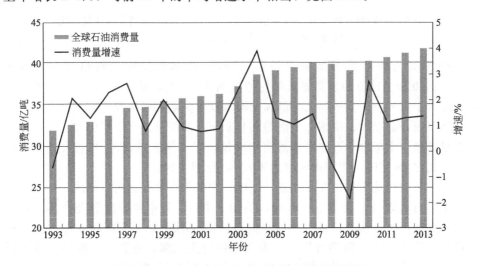

图1-12 1993~2013年全球石油消费量现状及增速
（数据来源：BP《世界能源统计年鉴》，2014）

在欧美经济增长明显放缓、失业率居高不下、高油价和替代能源与一系列节能措施综合作用和影响下，经合组织国家石油需求于2005年达到峰值后继续呈持续下降态势。近8年来，经合组织国家除了2010年石油消费有所反弹外，其余年份均为负增长,占全球石油消费总量的比例也由 1996 年的高点 64% 下降到 2013 年的 49%。

然而,非经合组织国家在工业化、城镇化和现代化发展进程中,石油需求一直保持一定的刚性增长。自 1997 年以来,非经合组织国家石油消费增速一直高于经合组织国家,即使在金融危机下全球石油消费大幅下滑的 2009 年,非经合组织国家石油消费仍有 2.8% 的增速;而占全球石油消费总量的比例也由 1996 年的低点 36% 上升到 2013 年的 51%,并在 2013 年超过经合组织国家,见图 1-13。

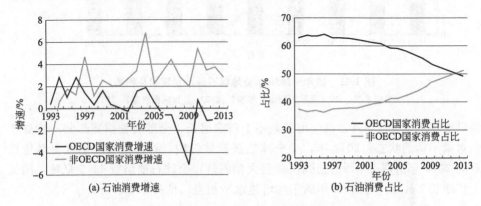

(a) 石油消费增速　　　　(b) 石油消费占比

图 1-13　1993～2013 年 OECD 国家与非 OECD 国家石油消费增速及占比
(数据来源:BP《世界能源统计年鉴》,2014)

根据 BP《2030 世界能源展望》,2030 年全球石油需求将超过 47 亿吨,2010～2030 年全球石油消费需求年均增速约为 0.8%,低于 1990～2011 年年均增速 0.5 个百分点。其中,北美洲和欧洲及欧亚大陆的经济发达国家石油需求继续小幅下滑,而亚太、中东、中南美洲和非洲石油需求则有不同的增长。亚太地区将是未来二十年全球石油需求的主要增长地区,预计到 2030 年亚太地区石油需求将超过 18 亿吨,年均增速将达 1.8%,见图 1-14。

(3) 美欧仍是全球主要石油进口地区,中东为主要石油出口地区

世界石油进口主要集中在欧洲、美国、中国、日本和印度等经济体,2013 年这五大经济体石油进口量占全球总进口量的 68.6%,而美国和欧洲约占全球总进口量的 39.7%。欧盟近年来大力发展可再生能源,特别是受欧债危机的影响,石油需求呈稳步下降态势,2013 年占全球进口总量的 17.3%,比 2006 年下降了 8.6 个百分点;美国在奥巴马政府"能源独立"战略的影响下,大力发展可再生能源,加大本国页岩油、页岩气等非常规油气的勘探开发,石油需求占全球进口总量比例下降幅度最大,2011 年占全球进口总量的 20.8%,比 2006 年下降了 5.1 个百分点。作为新兴经济体的中国和印度伴随着经济的高速增长,石油进口也呈现出强劲增长势头。2013 年中国和印度石油进口占全球石油进口贸易份

第1章 石油天然气可持续发展的背景和环境

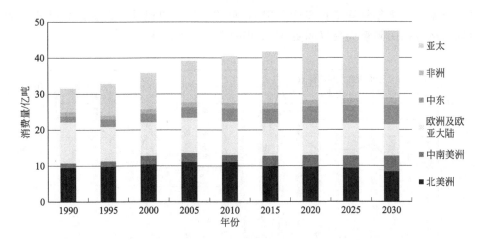

图 1-14 1990~2030 年全球石油需求现状及预测
（数据来源：BP《世界能源统计年鉴》、《2030 世界能源展望》，2012）

额分别为 13.6% 和 7.2%，分别比 2008 年增长了 5.5 个百分点和 1.5 个百分点。

自 20 世纪 60 年代世界石油中心由墨西哥湾转向中东以来，中东一直是国际石油市场最主要的出口地区。据 BP 数据显示，2013 年全球石油出口贸易为 27.8 亿吨，中东为 9.7 亿吨，占当年全球石油贸易的 35%，比近八年的平均水平下降 1 个百分点；其次是独联体地区，2013 年石油出口占全球出口总量的 16%，比 2006 年提高了 2.4 个百分点；2013 年非洲石油出口占全球出口总量 11.8%，比 2006 年下降了 3.3 个百分点。中东、独联体和非洲三大地区石油出口几乎占全球出口总量的 63%，见图 1-15。

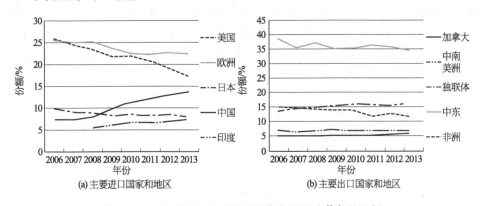

图 1-15 全球主要石油进出口国家和地区及其贸易份额
（数据来源：BP《世界能源统计年鉴》，2014）

(4) 天然气探明储量稳步增长，天然气产量将继续保持较快增速

全球天然气探明储量从 1993 年的 118.4 万亿立方米增长到 2013 年 185.7 万

亿立方米,二十年年均增长率达 2.3%,见图 1-16。以储采比来看,2013 年底的全球天然气探明储量尚足以满足 55.1 年的全球生产需求。

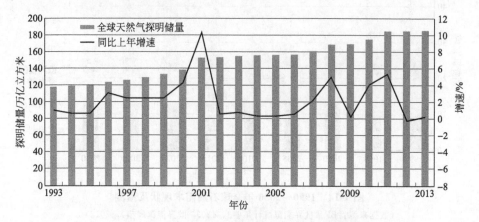

图 1-16　1993～2013 年全球天然气探明储量及增速
(数据来源:BP《世界能源统计年鉴》,2014)

全球天然气的分布不均衡,以中东和欧洲及欧亚大陆地区为主,这两大地区的天然气储备量约占全球总量的 74%。根据 BP 世界能源统计,中东天然气储量虽不像石油储量在世界范围内占绝对的优势地位,但从 1991 年开始超过欧洲及欧亚大陆成为全球天然气储量最丰富的地区,2013 年底占全球总储量的 48.2%,储采比超过 140 年;欧洲及欧亚大陆天然气探明储量为 56.6 万亿立方米,约占总量的 30.5%,储采比约 55 年。亚太地区和非洲地区分别以 15.2 万亿立方米和 14.2 万亿立方米居于第三位和第四位,占总量的 8.2% 和 7.6%,储采比分别为 31 年和 70 年。北美洲和中南美洲天然气探明储量分别为 11.7 万亿立方米和 7.7 万亿立方米,只占到全球总量的 6.3% 和 4.1%,储采比分别为 13 年和 44 年,见图 1-17、表 1-3。

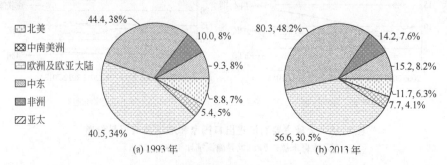

图 1-17　1993 年和 2013 年分地区天然气探明储量(单位:万亿立方米)及其占比对比
(数据来源:BP《世界能源统计年鉴》,2014)

表 1-3　全球分地区天然气储采比（2006～2013 年）　单位：年

分地区	2006 年	2007 年	2008 年	2009 年	2010 年	2011 年	2012 年	2013 年
北美洲	10.4	11.2	11.3	12.1	13.4	13.6	12.4	13.0
中南美洲	46.9	45.3	45.4	44.4	46.1	45.1	44.1	43.5
欧洲及欧亚大陆	40.4	40.4	43.7	48.9	48.0	54.5	55.0	54.8
中东	212.8	200.0	188.4	180.7	165.7	153.2	147.3	141.3
非洲	74.7	71.3	69.0	73.6	67.9	69.3	66.8	69.5
亚太	34.9	35.4	38.0	33.8	29.9	30.8	31.4	31.1

注：数据来源：BP《世界能源统计年鉴》，2014。

根据 BP 统计数据，2013 年全球天然气产量 3.38 万亿立方米，1993～2013 年年均增速 2.5%。从地区分布上看，天然气产量的 74% 集中在欧洲及欧亚大陆、北美和中东地区。其中欧洲及欧亚大陆所占比例最大为 31%，虽然产量绝对量最大但增长缓慢，近二十年年均增速仅 0.6%；北美地区所占比例为 27%，居全球第二位，近二十年年均增速也低于全球平均水平，仅为 1.4%；中东地区所占比例为 17%，居全球第三位，为近二十年全球天然气产量增长最快地区，年均增速达 8.4%。余下产量分布在亚太地区占全球 15%、非洲地区占 6%、中南美洲地区占 5%，三地区近二十年全球天然气产量增速均在 5% 左右。

根据 BP《2030 世界能源展望》，未来二十年，全球天然气产量仍将快速增长，年均增速将继续保持 2% 以上，预计 2019 年将超过 4 万亿立方米，2030 年将达到 4.8 万亿立方米左右。其中，欧洲和欧亚大陆、北美洲将仍是全球天然气第一、第二的两大主产区，但全球天然气产量比重将有所下降，预计 2030 年将分别达到 27% 和 21%；中东仍将是产量增速最快的地区，预计 2010～2030 年年均增速为 3.5%，占全球天然气比例将提高 5 个百分点达到 15%；亚太、非洲和中南美洲地区因基数小，未来天然气产量均有略超过 3% 的增速，见图 1-18。

（5）天然气消费持续增长，发展中国家和地区快于发达国家和地区

天然气在世界能源消费中的地位日益重要。随着气候问题日益受到关注，全球对相对清洁的天然气需求大幅上升，其消费量仅在 1997 年和因金融危机影响的 2009 年出现微弱下降。总体看，1993～2013 年全球天然气需求年均增长 2.5%，天然气供应年均增长 2.3%，供应增长略大于需求增长，全球天然气供需基本平衡，但自 2008 年金融危机和美国页岩气技术取得重大突破以来，全球天然气供给略大于需求的趋势日益明显。2013 年，受全球经济疲软影响，天然气消费增速在金融危机后的 2010 年出现 7.6% 的强劲反弹后大幅回落，全球天然气消费 3.35 万亿立方米，同比上年增长 1.1%，低于前 20 年的平均增速水平，见图 1-19。

全球天然气消费持续增长呈现不同的模式。自 21 世纪以来，发达地区的增长速度明显低于发展中国家和地区，经合组织国家天然气消费占全球总消费比例

石油天然气的开发与利用

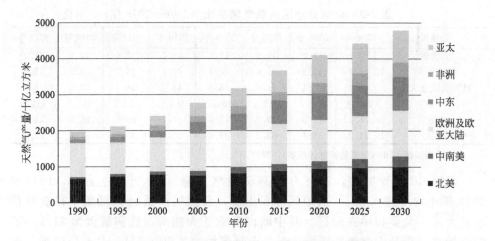

图 1-18　1990~2030 年分地区天然气产量现状及预测
（数据来源：BP《世界能源统计年鉴》、《2030 世界能源展望》，2012）

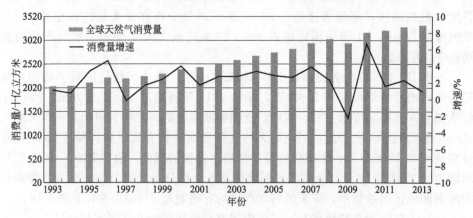

图 1-19　1993~2013 年全球天然气消费量及消费增速
（数据来源：BP《世界能源统计年鉴》，2014）

在 1997 年达到最高值之后一路走低，2013 年下降到 48%，比最高点将近下降 10 个百分点，见图 1-20。

根据 BP《2030 世界能源展望》，2030 年全球天然气需求将超过 4.75 万亿立方米，2010~2030 年全球天然气消费需求年均增速约为 2.1%，低于1990~2011 年年均增速 0.3 个百分点。其中，北美洲和欧洲及欧亚大陆的经济发达国家天然气需求继续缓慢增长，年均增速将不超过 1%，但仍然保持传统消费地区的重点地位，2030 年两大地区消费绝对量分别位居全球第一、第三位，合计消费量占全球消费总量的 48%；而亚太、中东、中南美洲和非洲天然气需求年均增速将超过 3%。亚太和中东地区将是未来二十年全球天然气需求的主要增长地区，预

第1章 石油天然气可持续发展的背景和环境

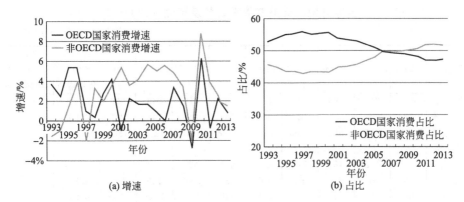

(a) 增速　　　　　　　　　　　(b) 占比

图 1-20　1993～2013 年 OECD 国家与非 OECD 国家天然气消费增速及占比
(数据来源：BP《世界能源统计年鉴》，2014)

计到 2030 年亚太地区天然气需求将近 1.2 万亿立方米，年均增速将达 3.9%，中东地区天然气需求将超过 0.8 万亿立方米，年均增速将达 3.8%，这两大地区天然气需求增量占到全球总增量的 66%，见图 1-21、表 1-4。

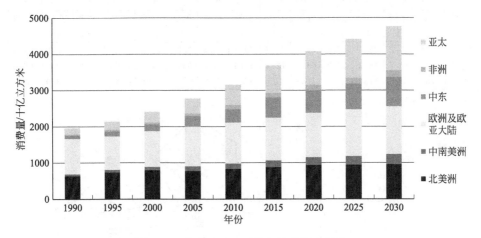

图 1-21　全球分地区天然气消费量及结构
(数据来源：BP《世界能源统计年鉴》、《2030 世界能源展望》，2012)

(6) 全球天然气贸易日趋活跃，管道气贸易仍居主导地位

近年来，世界天然气贸易快速增长，管道气贸易为主要渠道，LNG（液化天然气）贸易日趋活跃。2007～2013 年，世界天然气贸易量由 7761 亿立方米增长到 10359 亿立方米，年均增涨 4.9%。其中，管道气贸易量由 5497 亿立方米增长到 7106 亿立方米，年均增长约 4.4%；LNG 贸易量由 2264 亿立方米增长到 3253 亿立方米，年均增长约 6.2%，占全球天然气总贸易量的比重由 29% 上升至 31%，见表 1-5。

表1-4 全球分地区天然气需求现状及预测（1990～2030年）

单位：十亿立方米

分地区	1990年	1995年	2000年	2005年	2010年	2015年	2020年	2025年	2030年	1990～2010年年均增速	2010～2030年年均增速
北美洲	638	743	795	777	836	886	929	945	959	1.4%	0.7%
中南美洲	58	75	96	123	150	184	215	248	281	4.9%	3.2%
欧洲及欧亚大陆	974	915	983	1106	1125	1178	1230	1271	1323	0.7%	0.8%
中东	96	142	187	279	377	554	628	714	801	7.1%	3.8%
非洲	40	47	58	83	107	131	146	169	196	5.1%	3.1%
亚太	155	213	291	398	558	749	925	1046	1196	6.6%	3.9%
全球合计	1959	2135	2409	2767	3153	3681	4072	4393	4756	2.4%	2.1%

注：数据来源：BP《世界能源统计年鉴》、《2030世界能源展望》，2012。

表1-5 全球天然气贸易量及比例（2007～2013年）

贸易量单位：亿立方米

类别	2007年		2008年		2009年		2010年		2011年		2012年		2013年	
	贸易量	比例/%	贸易量	比例/%	贸易量	比例/%	贸易量	比例/%	贸易量	比例/%	贸易量	比例/%	贸易量	比例/%
LNG	2264	29.2	2265	27.8	2428	27.7	2976	30.5	3308	32.3	3242	31.8	3253	31.4
管道气	5497	70.8	5873	72.2	6338	72.3	6776	69.5	6946	67.7	6966	68.2	7106	68.6
合计	7761	100	8138	100	8766	100	9752	100	10254	100	10208	100	10359	100

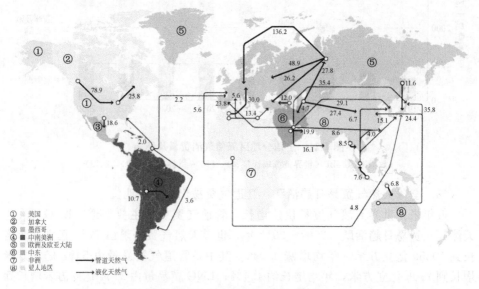

图1-22 2013年全球天然气贸易主要流向（单位：十亿立方米）

（图示来源：BP《世界能源统计年鉴》，2014）

第1章 石油天然气可持续发展的背景和环境

管道气主要从俄罗斯中亚出口到欧洲,从加拿大出口到美国,从中亚出口到中国,从北非出口到欧洲。俄罗斯是出口管道气最多的国家,2013年俄罗斯管道出口量占全球总量的30%。欧洲是管道气进口量最多的地区,2013年进口管道气约为3971亿立方米,主要来自俄罗斯和挪威,分别占欧洲进口管道气的41%和26%。

LNG贸易主要由卡塔尔、印度尼西亚、澳大利亚、阿尔及利亚等国流向亚太和欧洲国家。卡塔尔仍是最大的LNG出口国。2013年卡塔尔出口LNG1056亿立方米(7814万吨),占全球LNG出口总量的33%,见图1-22。

1.2 我国油气能源形势分析

1.2.1 能源总体形势和需求预测

(1) 能源消费和生产总量持续增长,人均水平远低于欧美发达国家

2013年,我国能源消费总量37.5亿吨标准煤,一次能源产量34亿吨标准煤,分别较2012年增长3.7%和2.5%。从1993~2013年的20年间,我国一次能源生产年均增速5.8%,2013年一次能源生产总量比1993年增长了2倍;一次能源消费年均增速达到了6%,2013年能源消费总量比1993年增长了2.2倍。我国从1992年开始成为能源净进口国,并于2009年起成为全球第一大能源消费国。2007年我国能源对外依存度一度达到11.8%的历史最高位,2011年降至9.3%,见图1-23。

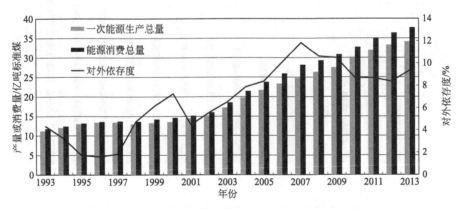

图1-23 我国一次能源消费及生产情况(1993~2013年)

(数据来源:《中国统计年鉴》,2014)

根据我国国家统计局数据,2013年我国人均一次能源生产量2.5吨标准煤、人均能源消费量2.8吨标准煤,分别比上年增长1.7%和2.9%。若按照BP全球一次能源统计和维基百科人口统计口径,2013年我国人均能源消费量为2.1

吨油当量,约为美国人均能源消费量的1/4,约为德国、日本和法国的1/2,略高于世界人均能源消费平均水平,见图1-24。

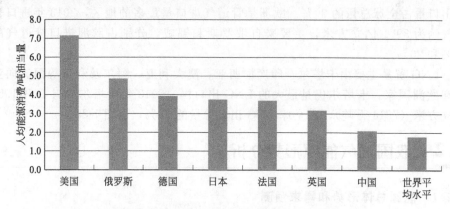

图 1-24 世界及主要国家人均能源消费量
(数据来源:BP《世界能源统计年鉴》,2014;维基百科)

(2) 能源效率不断提高,但与发达国家和地区相比还有较大差距

2013年,我国单位GDP能耗降至1.10吨标准煤/万元(2000年不变价格),同比2012年下降3.7%,自2000年的十多年间下降了25%,能源效率得到较大幅度提高,见图1-25。

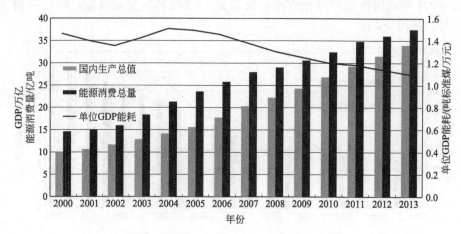

图 1-25 我国能源消费量及单位GDP能耗(2000~2013年)
(数据来源:《中国统计年鉴》,2014)

按照世界银行和BP的统计口径,2013年我国单位GDP能耗为3.09吨油当量/万美元,约为世界平均水平1.75吨油当量/万美元的1.8倍,约为OECD成员国平均能耗1.17吨油当量/万美元的3.2倍,约为欧盟0.97吨油当量/万美元的3.2倍,约为美国1.35吨油当量/万美元的2.3倍,我国能耗水平与发达国家

还有较大差距。

(3) 能源结构仍以化石能源为主，可再生能源所占比重持续上升

我国以化石能源为主体，特别是以煤为主的能源结构在未来相当长的一段时间内不会发生改变，这是我国以煤为主的资源禀赋所决定的。2011年，我国煤炭、原油两大化石能源生产量、消费量均占全国总量的87%。

其中，1978年以来，我国煤炭生产占能源生产总量的比重在69.4%~77.8%之间，煤炭消费占能源消费总量的比重也高达66.0%~76.2%，2011年煤炭生产比重达到1978年以来的最高值为77.8%，2013年煤炭消费比重是1978年以来的最低值为66.0%。原油生产量占全国能源生产总量的比重一直呈下降趋势，已由1978年的23.7%下降到了2013年的8.9%；但石油消费量占全国能源消费总量的比重则介于16.6%~22.7%上下波动，见表1-6、表1-7。

改革开放以来，我国在强调能源开发以电力为中心，以煤炭为基础，积极开发石油、天然气，大力发展水电，稳步发展核电的能源可持续发展思路，能源结构优化成果显著，低碳化和清洁化的能源结构趋势日渐明显，天然气、核电、水电和风电等清洁能源和可再生能源所占比重呈持续上升趋势。

其中，我国天然气生产占全国能源生产总量比重已由1978年的2.9%上升至2013年的4.6%，天然气消费比重则由1978年的3.2%上升至2013年5.8%。水电、核电和风电占全国能源生产总量的比重由1978年的3.1%上升至2013年的10.9%，上升了7.8个百分点；消费比重则由1978年的3.4%上升至2013年的9.8%，上升了6.4个百分点，见表1-6、表1-7。

表1-6 我国能源生产总量及能源结构（1978~2013年）

年份	能源生产总量 /万吨标准煤	占能源生产总量的比重/%			
		原煤	原油	天然气	水电、核电、风电
1978	62770	70.3	23.7	2.9	3.1
1980	63735	69.4	23.8	3.0	3.8
1985	85546	72.8	20.9	2.0	4.3
1990	103922	74.2	19.0	2.0	4.8
1991	104844	74.1	19.2	2.0	4.7
1992	107256	74.3	18.9	2.0	4.8
1993	111059	74.0	18.7	2.0	5.3
1994	118729	74.6	17.6	1.9	5.9
1995	129034	75.3	16.6	1.9	6.2
1996	133032	75.0	16.9	2.0	6.1
1997	133460	74.3	17.2	2.1	6.5
1998	129834	73.3	17.7	2.2	6.8
1999	131935	73.9	17.3	2.5	6.3
2000	135048	73.2	17.2	2.7	6.9

续表

年份	能源生产总量/万吨标准煤	占能源生产总量的比重/%			
		原煤	原油	天然气	水电、核电、风电
2001	143875	73.0	16.3	2.8	7.9
2002	150656	73.5	15.8	2.9	7.8
2003	171906	76.2	14.1	2.7	7.0
2004	196648	77.1	12.8	2.8	7.3
2005	216219	77.6	12.0	3.0	7.4
2006	232167	77.8	11.3	3.4	7.5
2007	247279	77.7	10.8	3.7	7.8
2008	260552	76.8	10.5	4.1	8.6
2009	274619	77.3	9.9	4.1	8.7
2010	296916	76.6	9.8	4.2	9.4
2011	317987	77.8	9.1	4.3	8.8
2012	331848	76.5	8.9	4.3	10.3
2013	340000	75.6	8.9	4.6	10.9

注：数据来源：《中国统计年鉴》，2014。

表 1-7 我国能源消费总量及能源结构（1978～2013 年）

年份	能源消费总量/万吨标准煤	占能源消费总量的比重/%			
		煤炭	石油	天然气	水电、核电、风电
1978	57144	70.7	22.7	3.2	3.4
1980	60275	72.2	20.7	3.1	4.0
1985	76682	75.8	17.1	2.2	4.9
1990	98703	76.2	16.6	2.1	5.1
1991	103783	76.1	17.1	2.0	4.8
1992	109170	75.7	17.5	1.9	4.9
1993	115993	74.7	18.2	1.9	5.2
1994	122737	75.0	17.4	1.9	5.7
1995	131176	74.6	17.5	1.8	6.1
1996	135192	73.5	18.7	1.8	6.0
1997	135909	71.1	20.4	1.8	6.4
1998	136184	70.9	20.8	1.8	6.5
1999	140569	70.6	21.5	2.0	5.9
2000	145531	69.2	22.2	2.2	6.4
2001	150406	68.3	21.8	2.4	7.5
2002	159431	68.0	22.3	2.4	7.3
2003	183792	69.8	21.2	2.5	6.5
2004	213456	69.5	21.3	2.5	6.7
2005	235997	70.8	19.8	2.6	6.8
2006	258676	71.1	19.3	2.9	6.7

第1章 石油天然气可持续发展的背景和环境

续表

年份	能源消费总量/万吨标准煤	占能源消费总量的比重/%			
		煤炭	石油	天然气	水电、核电、风电
2007	280508	71.1	18.8	3.3	6.8
2008	291448	70.3	18.3	3.7	7.7
2009	306647	70.4	17.9	3.9	7.8
2010	324939	68.0	19.0	4.4	8.6
2011	348002	68.4	18.6	5.0	8.0
2012	361732	66.6	18.8	5.2	9.4
2013	375000	66.0	18.4	5.8	9.8

注：数据来源：《中国统计年鉴》，2014。

(4) 预计到2030年我国一次能源需求将达到50亿～55亿吨标准煤

通过对《2030年国家能源战略研究》项目组、国家发改委能源所、IEA（国际能源署）、EIA（美国能源署）、BP（英国石油公司）、IEEJ（日本电气工程师学会）等国内外主要机构近年来对我国未来经济社会发展及能源需求展望预测结果的对比分析，国内外研究机构的预测结果差别较大。

整体而言，《2030年国家能源战略研究》项目组、国家发改委能源所、IEA预测结果大致相当，预计未来20年，我国GDP仍将保持较快增长，年均增速约6.5%～7%，一次能源消费年均增速约2.5%～3.1%，预计2030年我国一次能源消费量将达到50亿～55亿吨标准煤。BP、EIA对我国GDP和一次能源需求预测相对偏乐观，预计到2030年我国一次能源消费总量将超过63亿吨标准煤；而IEEJ对我国一次能源需求预测则相对偏保守，预计到2030年我国一次能源消费总量将近45亿吨标准煤，这可能与其研究时点刚好处于2008年金融危机开始蔓延对未来经济预期不乐观有关，见表1-8、表1-9。

表1-8 国内外机构对我国GDP增长率预测结果

研究单位（时间）	GDP平均增长率			
《2030年国家能源战略研究》项目组(2010)	2005～2020 8.50%	2020～2030 6.00%	2030～2040 4.50%	2040～2050 3.00%
能源所(2009)	2010～2020 8.38%	2020～2030 7.11%	2030～2040 4.98%	2040～2050 3.60%
IEA(2009)	2007～2015 9.20%	2007～2020 7.20%	2007～2030 5.90%	2020～2030 4.20%
IEA(2011)	2009～2015 9.10%	2009～2020 8.10%	2009～2035 5.90%	2020～2035 4.30%
EIA(2009)	2010～2015 7%	2015～2020 6.61%	2020～2025 5.10%	2025～2030 4.11%
EIA(2011)	2008～2015 8.24%	2015～2020 6.39%	2020～2025 5.28%	2025～2030 4.22%
IEEJ(2008)	2005～2010 10.30%	2010～2020 6%	2020～2030 4.50%	2005～2030 6.20%

注：数据来源：IEA 2011，EIA 2011，BP 2012，《2030年国家能源战略研究》。

表 1-9 国内外机构对我国一次能源消费总量预测结果

研究单位(时间)	一次能源消费量/(亿吨标准煤)				
《2030年国家能源战略研究》项目组(2010)	2005年 22.5	2020年 43.2	2030年 52.3	2050年 63.0	2005~2050年年均增速 2.31%
能源所(2009)	2010年 31.0	2020年 47.7	2035年 58.5	2050年 66.9	2005~2050年年均增速 2.50%
BP(2012)	2010年 34.7	2015年 44.5	2020年 52.7	2050年 63.3	2010~2030年年均增速 3.04%
IEA(2009)	2007年 26.6	2015年 36.7	2020年 44.9	2030年 54.3	2007~2030年年均增速 3.16%
IEA(2011)	2009年 32.4	2015年 42.9	2020年 47.8	2030年 52.7	2010~2030年年均增速 2.33%
EIA(2009)	2005年 22.5	2010年 32.5	2020年 44.5	2030年 55.9	2005~2030年年均增速 3.70%
EIA(2011)	2008年 30.8	2015年 44.4	2020年 50.2	2030年 63.5	2010~2030年年均增速 3.35%
IEEJ(2008)	2005年 22.5	2010年 27.4	2020年 36.0	2030年 44.7	2005~2030年年均增速 3.00%

注：数据来源：IEA 2011，EIA 2011，BP 2012，《2030年国家能源战略研究》。

根据《2030年国家能源战略研究》项目组预测结果，预计到2030年我国一次能源需求中，煤炭需求占比49.7%，比2010年下降18.3个百分点；石油需求占比19.5%，与1990~2010年的平均占比相当；天然气需求占比9.5%，比2010年上升5.1个百分点；水电、核电、风电等其他可再生能源需求占比将得到大幅提高，预计将由2010年8.6%上升至21.3%，上升12.7个百分点。分部门分析能源需求结构，预计到2030年我国第三产业和生活用能能源需求占比将有所提升，第一、第二产业能源需求占比将下降，具体为2030年第一产业占比2.3%、第二产业占比58.1%、第三产业占比25.2%、生活用能占比14.4%，见图1-26。

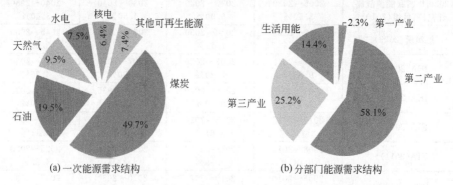

图1-26 2030年我国一次能源需求结构及分部门能源需求结构
(数据来源：《2030年国家能源战略研究》)

1.2.2 油气形势和需求预测

(1) 常规石油资源仍有较大勘探潜力，非常规石油具备商业开发资源基础

我国常规石油资源总量比较丰富，勘探仍有较大潜力。2003年以来，国土资源部、国家发展和改革委员会及财政部联合开展了新一轮全国油气资源评价，评价结果表明：截至2005年底，我国常规石油地质资源量765亿吨，可采资源量212亿吨（不包括南海南部海域，下同），勘探进入中期。

2008年以来，国土资源部又组织石油公司对我国资源量变化较大的6个盆地开展了动态评价，评价结果表明：截至2010年底，我国常规石油地质资源量881亿吨，可采资源量233亿吨，石油地质资源量增长15%。其中，渤海湾中深层取得重大突破，石油地质资源量由225亿吨增加到277亿吨，可采资源量由55亿吨增加到66亿吨；鄂尔多斯盆地低渗、特低渗储层开发技术的进步使得资源领域进一步拓展，石油地质资源量由74亿吨增加到129亿吨，可采资源量由17亿吨增加到25亿吨。"十一五"期间，石油勘查年均新增地质储量11.5亿吨，合计新增57.5亿吨，比"十五"期间增长15.4%，如图1-27所示；其中，累计新增地质储量超过1亿吨的油田有7个，其中塔河油田和华庆油田新增地质储量超过5亿吨，见表1-10所示。

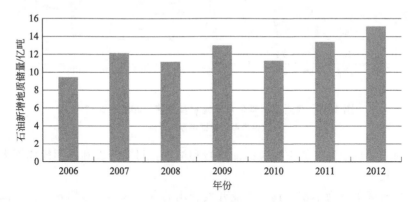

图1-27 "十一五"以来我国分年石油新增地质储量

（数据来源：中国国土资源部）

表1-10 "十一五"期间我国油田重大发现

序号	油田名称	新增地质储量/亿吨	其中新增可采储量/亿吨
1	新疆塔河	5.26	0.61
2	陕西华庆	5.22	0.99
3	河北南堡	4.45	0.95
4	陕西姬塬	3.48	0.65
5	辽宁兴隆台	1.27	0.28
6	天津埕海	1.26	0.30
7	黑龙江古龙	1.05	0.23

注：数据来源：中国国土资源部。

石油天然气的开发与利用

2011年国务院办公厅发布《找矿突破战略行动纲要（2010～2020）》，把地质找矿上升为国家战略，立足国内提高资源保障能力，以资源可持续利用促进经济社会可持续发展。"十二五"前两年，资源勘查取得显著成果，石油新增探明储量28.6亿吨，如图1-27所示。其中，勘查新增地质储量超亿吨的油田有6个，分别为鄂尔多斯盆地姬塬油田、安塞油田、靖安油田、红河油田、塔里木盆地哈拉哈塘油田、渤海湾盆地蓬莱9-1油田。截至2012年底，中国累计探明油田673个，累计探明石油地质储量341万吨。

我国常规石油剩余可采储量持续上升。从2002年到2012年，我国石油剩余可采储量由24.2亿吨增至33.3亿吨，增长了37.3%，年均增速为3.6%，如图1-28所示，按照2012年产量测算，储采比为16.1年。

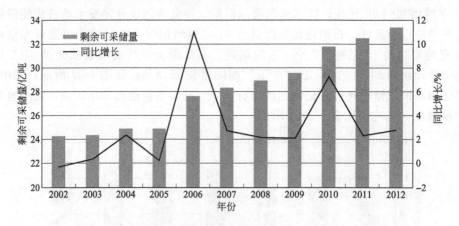

图1-28 我国石油剩余可采储量及增速（2002～2012年）
（数据来源：中国国家统计局）

我国非常规石油资源主要包括油页岩和油砂，目前开发和利用规模不大、程度不高。其中：

油页岩资源较为丰富，具有商业开发利用的资源基础。根据新一轮全国油页岩资源评价结果，全国油页岩地质资源量7199亿吨、技术可采资源量2432亿吨，折合成页岩油地质资源量476亿吨，可回收页岩油120亿吨，仅次于美国居世界第二位。我国油页岩资源分布广泛，全国20个省和自治区的47个盆地均有分布，但其中松辽、鄂尔多斯等7个盆地集中了全国近96%的油页岩资源；资源品味以介于5%～10%含油率为主，将近占总可回收页岩油资源量的40%；深度分布上以0～500m为主，约占全国页岩油地质资源量的70%。

我国油砂资源具有一定潜力，但品位低、分布散。根据新一轮全国油页岩资源评价结果，全国24个盆地共有油砂油地质资源量60亿吨，可采资源量23亿吨。其中，约88%的可采资源分布在准格尔、塔里木等7个盆地中。我国油砂资源品位低，低含油率的油砂资源所占比例较多，含油率介于3%～10%的可采资源量占到了98%；油砂深度分布上，0~100m、100~500m两个深度的油砂油可采资源量约各占一半。

（2）石油对外依存度不断提高，原油进口来源趋于多元化

从2000年到2013年，我国原油产量从1.63亿吨增至2.09亿吨，增长了28%，年均增速为2.3%，2013年原油产量位居世界第四位，仅次于沙特阿拉伯、俄罗斯和美国。期间，我国原油消费量从2.12亿吨增至4.87亿吨，增长了129%，年均增速高达7.8%，消费量仅次于美国位居世界第二位。原油产量增速低于原油消费增速，我国大量石油依托进口，自1993年成为石油进口国、1996年成为原油进口国以来，原油对外依存度已由2000年的23%提升至2013年的57%，对外依存度不断提高，如图1-29所示。

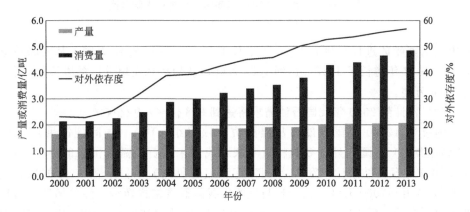

图1-29 我国原油产量、消费量和对外依存度（2000~2013年）

（数据来源：国家统计局）

从我国石油安全的角度出发，我国原油进口来源逐步趋于多元化。2013年中国传统上主要的供应商大致与2012年持平，位居前10的中国原油进口国依次为：沙特阿拉伯（沙特）、安哥拉、阿曼、俄罗斯、伊拉克、伊朗、委内瑞拉、哈萨克斯坦、阿拉伯联合酋长国（阿联酋）、科威特，其中从沙特进口了5390万吨、安哥拉4000万吨、阿曼2547万吨、俄罗斯2435万吨。如图1-30所示。

在2013年中缅油气管道启动之后，中国西北、西南、东北以及东南沿海四大能源进口通道战略布局基本成型，未来随着中国与非洲、俄罗斯、委内瑞拉等国家和地区的合作，以及国内非常规油气资源的开发，中国能源安全问题将得到进一步保障。据普氏能源资讯统计，2013年来自中东的原油进口增长了8.6%，达到1.4654亿吨，占到了总进口量的52%；来自拉美和非洲的原油基本稳定在2770万吨、6424万吨；购买自亚太的原油则下降了17%，至644万吨。其中，由于伊拉克石油产量增加且向亚洲买家提供的原油报价下滑，来自伊拉克的进口同比上年大涨了50%，达2351万吨，成为2013年度增幅最大的原油进口。此

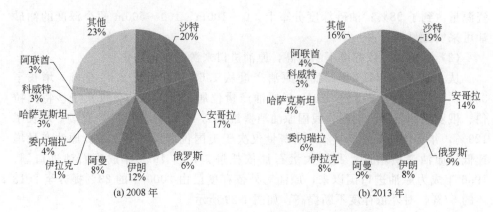

图 1-30　2008 年与 2013 年我国原油进口来源对比
(数据来源：中国海关总署)

外中国从阿曼的进口量则较 2012 年增长了 30%，达到 2547 万吨；从阿联酋进口量较 2012 年增长了 18%，达到 1028 万吨；从哈萨克斯坦进口量增长了 12%，至 1198 万吨。

(3) 预计到 2030 年我国石油需求将达到 6.8 亿～7.9 亿吨

通过对《2030 年国家能源战略研究》项目组、IEA (国际能源署)、EIA (美国能源署) 等国内外主要机构近年来对我国未来石油需求预测的对比分析，IEA 2011 年预测结果比《2030 年国家能源战略研究》项目组 2010 年的预测结果低 5000 万～7000 万吨，估计这与近两年我国经济结构转型、经济增速放缓预期更强烈有关；而 EIA (美国能源署) 的 2011 年预测结果比《2030 年国家能源战略研究》项目组预测高出 8000 万吨。

按照《2030 年国家能源战略研究》项目组预测结果，预计到 2030 年，我国石油需求基准方案为 7.4 亿吨，低方案为 6.8 亿吨，高方案为 7.9 亿吨，见表 1-11 所示。

表 1-11　国内外主要机构对我国石油需求预测

研究单位(时间)		石油需求量/亿吨			
	年份	2005	2020	2030	2050
2030 年国家能源战略研究项目组(2010)	基准方案	3.3	6.2	7.4	8.1
	低方案	3.3	5.8	6.8	7.2
	高方案	3.3	6.5	7.9	8.8
	年份	2009	2020	2030	2035
IEA(2011)	新政策情景	3.8	5.9	6.9	7.0
	现行政策情景	3.8	6.0	7.2	7.5
	450 政策情景	3.8	5.6	6.1	5.9
	年份	2008	2020	2030	2035
EIA(2011)	基准情景	3.9	6.8	8.2	8.4

第1章 石油天然气可持续发展的背景和环境

（4）天然气资源勘探尚处早期，资源储量呈快速增长势头

我国常规天然气储量呈现快速增长势头，但勘探程度不高，大体相当于美国相当储量快速增长阶段的初期。根据2003年新一轮全国油气资源评价，截至2005年底，我国天然气地质资源量35万亿立方米，可采资源量22万亿立方米，勘探处于早期。

根据2008年国土资源部组织石油公司开展的动态评价显示，截至2010年底，我国天然气地质资源量52万亿立方米，可采资源量32万亿立方米，天然气地质资源量增长49%，鄂尔多斯、四川盆地增加较多。其中，鄂尔多斯盆地致密砂岩气开发技术的进步使得天然气地质资源量由4.7万亿立方米增加到15.2万亿立方米，可采资源量由2.9万亿立方米增加到8.9万亿立方米。四川盆地天然气勘查获得重要成果，天然气地质资源量由5.4万亿立方米增加到9.3万亿立方米，可采资源量由3.4万亿立方米增加到5.8万亿立方米。

"八五"至"十一五"期间，我国常规天然气储量快速增长，四个五年间分别新增天然气探明地质储量0.7万亿立方米、1.16万亿立方米、2.54万亿立方米和3.12万亿立方米，如图1-31所示。特别是"十一五"以来，发现新增地质储量超过千亿立方米的气田10个，见表1-12。其中，"十五"已有重大进展的普光气田又新增近1500亿立方米的地质储量，使海相碳酸盐岩天然气勘探跨上了新台阶；同时，四川盆地陆相深层上三叠统须家河组天然气勘探也在川中广安、重庆合川等区块新增3500亿立方米的地质储量，呈现广泛含气的局面。另外，鄂尔多斯盆地苏里格气田扩边勘探成果大，新增超过地质储量5000亿立方米；此外新疆塔中、克拉美丽，黑龙江徐深等多地呈现了千亿立方米规模的局面。

"十二五"前两年，天然气资源勘查取得显著成果，新增天然气探明地质储量16835亿立方米，年均增长8418亿立方米。其中，勘查新增地质储量超千立方米的气田有4个，分别为鄂尔多斯盆地苏格里气田、靖边气田、四川盆地元坝

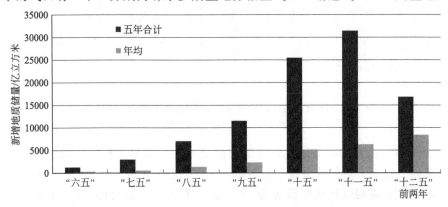

图1-31 "六五"以来我国新增天然气地质储量

（数据来源：中国国土资源部）

石油天然气的开发与利用

表 1-12 "十一五"期间我国天然气田重大发现

序号	油田名称	新增地质储量/亿立方米	其中新增可采储量/亿立方米
1	陕西苏里格	5671.7	3031.8
2	新疆塔中Ⅰ号气田	3168.5	1944.2
3	重庆合川	2296.1	1032.5
4	四川普光	1470.0	1062.9
5	四川新场	1393.2	575.5
6	四川广安	1351.0	606.6
7	陕西靖边	1289.0	837.8
8	四川安岳	1171.2	527.0
9	黑龙江徐深	1035.2	468.1
10	新疆克拉美丽	1033.1	614.8

注：数据来源：中国国土资源部。

气田、成都气田。截至 2012 年底，中国累计探明气田 247 个，累计探明天然气地质储量 10.8 万亿立方米。

我国常规天然气剩余可采储量也呈持续上升态势。从 2002 年到 2012 年，我国天然气剩余可采储量由 2.02 万亿立方米增至 4.38 万亿立方米，翻了一番，年均增速达到 9.0%，如图 1-32 所示。按照 2012 年我国天然气产量测算，储采比为 40.8 年。

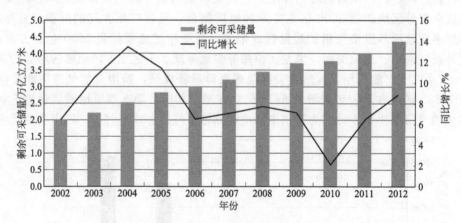

图 1-32 我国天然气剩余可采储量及增速（2002～2012 年）
（数据来源：中国国家统计局）

2006 年，山西沁水盆地建成煤层气产能 4 亿立方米，标志着我国以煤层气为代表的非常规天然气勘探进入初期阶段。根据新一轮资源评价结果显示，我国 2000m 以浅的煤层气地质资源量为 37 万亿立方米，可采资源量为 11 万亿立方米，名列世界第三，但目前勘探程度很低，煤层气探明储量仅占资源量的 0.3%。

第1章 石油天然气可持续发展的背景和环境

（5）天然气产量和消费量快速增长，天然气进口来源

2000年以来，我国天然气市场进入快速发展时期。从2000年到2013年，我国天然气产量从272亿立方米增至1170亿立方米，并于2011年首次突破1000亿立方米大关，年均增速达14.2%，2013年天然气产量位居世界第六位，仅次于美国、俄罗斯、伊朗、卡塔尔和加拿大。期间，我国天然气消费量从245亿立方米增至1676亿立方米，并于2010年首次超过1000亿立方米大关，年均增速高达19.1%，成为世界第四大天然气消费国，仅次于美国、俄罗斯和伊朗。2006年我国开始进口天然气，进口量从9.4亿立方米增至2013年530亿立方米，年均增速高达124%，天然气对外依存度也由2006年的2%提升至2013年的31%，见图1-33。

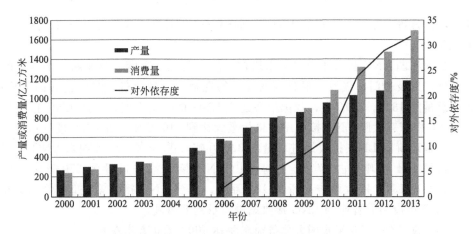

图1-33 我国天然气产量、消费量和对外依存度（2000～2013年）
（数据来源：国家统计局）

城市燃气是拉动我国天然气消费增长的主要动力。2000年以来，我国天然气消费结构向多元化发展，城市燃气成为增长最快的用气部门。2000～2013年，我国城市燃气消费量由43亿立方米增至687亿立方米，占消费总量的比重由18%上升至41%；工业燃料用气由101亿立方米增至469亿立方米，所占比重由41%降至28%；发电用气由10亿立方米增至302亿立方米，所占比重由4%上升至18%；化工用气量由91亿立方米增至218亿立方米，所占比重由37%下降至13%，如图1-34所示。

我国天然气进口分为管道气进口和LNG进口两种方式。其中，管道气进口目前主要以2009年底建成的中亚天然气管道为主，2010年进口量为44亿立方米，2011年快速增加至144亿立方米，2012年快速增加至228亿立方米，2013年快速增加至280亿立方米，未来中亚管道进口量还将继续上升；2008年启动建设的中缅天然气管道进展顺利，2013年7月建成投产；中俄管道天然气进口

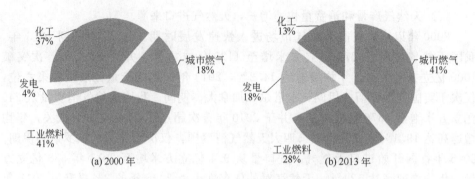

图 1-34　2000 年与 2013 年我国天然气消费结构对比
（数据来源：《2013 年国内外油气行业发展报告》）

谈判继续推进，中亚、中俄、中缅三大管道气进口实现了我国管道天然气进口的多元化。

目前我国 LNG 进口主要来自卡塔尔、澳大利亚、印度尼西亚和马来西亚的合同气，以及也门、埃及、尼日利亚等国的现货气，现货进口量约占我国 LNG 进口总量的 13%。2013 年，我国沿海建成 LNG 接收站 9 座，投用 LNG 接收站 7 座。其中广东大鹏 LNG 接收站进口量最大达到 610 万吨，占 LNG 进口总量的 34%；福建莆田 LNG 接收站进口量约 320 万吨，占 18%；江苏如东 LNG 接收站进口量 304 万吨，占 17%；上海洋山 LNG 接收站进口量为 270 万吨，占 15%；大连 LNG 接收站进口量约 189 万吨；宁波 LNG 接收站进口量约 90 万吨；2013 年投用的曹妃甸 LNG 接收站进口量约 8 万吨。

(6) 预计到 2030 年我国天然气需求将达 4000 亿立方米左右

通过对《2030 年国家能源战略研究》项目组、IEA（国际能源署）、EIA（美国能源署）等国内外主要机构近年来对我国未来天然气需求预测的对比分析，其中，IEA 的基准情景预测结果大幅低于另外两家机构的预测结果，差距超过 1000 亿立方米；而 IEA 的三种情景预测结果范围较窄，预计 2030 年中国天然气需求最高不超过 4200 亿立方米；而国内《2030 年国家能源战略研究》项目组预测结果低方案与高方案范围较宽，中间值大体为 4000 亿立方米左右。

按照《2030 年国家能源战略研究》项目组预测结果，预计到 2030 年，我国天然气需求基准方案为 3900 亿立方米，低方案为 3300 亿立方米，高方案为 4400 亿立方米，见表 1-13。

1.2.3　我国石油天然气可持续发展面临的问题和挑战

(1) 国内油气供给难以满足需求，对外依存度越来越大

20 世纪 90 年代以来，我国石油勘探进入稳定发展阶段，天然气勘探进入快速发展阶段，平均每年新增探明石油可采储量 1.5 亿吨以上、新增探明天然气可采储量 2000 亿立方米以上。近年来，由于油气价格一直维持在较高水平，石油

表 1-13 国内外主要机构对我国天然气需求预测

研究单位(时间)	天然气需求量/亿立方米				
2030年国家能源战略研究项目组(2010)	年份	2005	2020	2030	2050
	基准方案	479	3000	3900	5000
	低方案	479	2400	3300	4500
	高方案	479	3600	4400	5500
IEA(2011)	年份	2009	2020	2030	2035
	新政策情景	867	2789	4033	4666
	现行政策情景	867	2755	4055	4788
	450政策情景	867	2889	4188	4822
EIA(2011)	年份	2008	2020	2030	2035
	基准情景	756	1904	2856	3220

企业投入了更多资金进行油气勘探开发，每年新增储量仍有上升的趋势。油气储量增长带动了油气产量的持续增长，从1990年到2013年，全国原油产量年均增速2.0%、天然气产量年均增速达10.2%，我国石油天然气工业取得了前所未有的成就。

但是，石油天然气工业的快速发展赶不上我国国民经济的高速增长。20世纪90年代以来我国国民经济保持持续高速增长，带动油气需求的急剧上升。从1993年开始我国成为石油净进口国，从1996年开始我国成为原油净进口国，从2006年开始我国成为天然气净进口国，并且原油对外依存度已由2000年的23%上升至2013年的57%，天然气对外依存度已由2006年的2%上升至2013年的31%，我国对国外油气资源的依赖程度日益扩大。1990~2013年我国原油需求年均增速达到7.0%、天然气需求年均增速达到12.1%，均高于国内油气产量的增长速度，产量与消费量的差距越来越大。特别是从2009年起，我国进口原油1.92亿吨，已超过国内原油产量，原油对外依存度已突破50%。未来随着国民经济的快速发展，油气需求将会进一步增加，预计到2030年我国石油需求缺口将达到5亿吨左右，石油对外依存度将达到70%左右；天然气需求缺口将超过1000亿立方米，天然气对外依存度将接近30%。

(2) 国内油气勘探开发难度越来越大，长期增储上产或稳产面临严峻挑战

我国从20世纪90年代起，油气勘探整体进入以岩性油气藏为主的阶段。这意味着油气资源寻找难度、勘探难度加大。因为岩性油气藏其形态不规则、分布无规律、识别难，勘探技术难度大于传统的构造油气藏；且储集层孔隙度、渗透率较低，而孔隙度的大小决定了储集层储集油气资源的数量，渗透率的高低决定了油气运移的效率和最终产能。

"十五"以来新区储量构成与"九五"相比发生了很大变化，随着勘探进入隐蔽和碳酸盐油气藏勘探阶段，新增探明储量品位发生了变化，低渗透、稠油、特殊岩性油藏等高难度开发油藏储量比例逐渐增加。中石化的低渗、稠油、特殊

岩性三类油藏新建产能动用储量比例由"九五"的51.1%上升到"十五"期间的70.1%，产能比例由44.7%上升到66.1%。新增储量品位变差，将进一步增加产能建设的难度。东部油田新增储量规模比较小、埋藏变深、品位变差，受储量品位的影响，新区产量达产率会进一步降低。西部新区井深、产量低、效益差、环境差，会进一步增加产能建设的难度、影响产能建设的节奏。经过多年勘探，比较容易发现的高品质石油资源大部分已经找到，剩余的待发现石油资源主要分布在沙漠、戈壁、黄土塬和海上深水区等地理条件复杂的地区，以及低渗透、裂缝等非均质储层中，未来的勘探开发难度更大。

老油田总体已经进入开发后期，产量递减不可避免。截至2005年底，全国已动用可采储量的采出程度为73%，油田生产综合含水84.1%。全国已开发油田尚有剩余可采储量16.7亿吨，储采比为9.2年。上述表明，全国主力油田大多已经入"高含水和高采出程度"的"双高"开采阶段。根据国内外主要油田的开发历程，当可采储量采出程度超过50%以后，产量会出现递减。统计我国已开发主力油田的情况，可采储量采出程度大于60%的油田共有可采储量46.9亿吨，占动用可采储量84%，年产油1.21亿吨，占全国石油产量的72%；含水超过60%的高含水油田共有可采储量47.4亿吨，占动用可采储量的85%，年产原油1.19亿吨，占全国石油产量的71%。因此，我国已经入"双高"开采阶段的主力油田目前已进入产量递减阶段。如果没有相当多的新储量投入，全国石油产量的稳产和增产面临严峻挑战。

(3) 非常规油气资源开采还存在经济效益差、关键技术有待攻关等问题

尽管近年来我国已投入大量的人力、物力和财力加强非常规油气资源的开发利用研究，但相对于常规油气资源而言，我国非常规油气资源开采还存在开采难度大、经济效益差、关键技术有待攻关等问题。

例如，目前我国油砂开采技术只局限于分离实验，还没有进行矿场的小试、中试，开采方面的知识还只局限于国外的文献调研。而且，中国的地质条件与国外不一样，开采方式、方法必然也会有所差异。要想对中国油砂进行有效开采并形成系列成熟技术，目前必须进一步加大投入，整合力量，进行油砂开采、分离的系列技术研究。另外，我国煤层气开采也存在三大技术难题：一是煤层气地质选区和高产富集区预测技术；二是煤层气低成本开发钻完井技术；三是煤层气压裂、排采工艺技术，煤层气产业要提高效益首要提高单井产量，而有效的压裂方式和排采工艺目前还只是探索阶段。

非常规油气资源生产一般耗能大、耗水量大、成本高。据统计，生产1t非常规石油平均需要消耗能源0.4吨油当量左右，消耗水大约3t，因此在水资源稀缺的地方难以大规模开采。

参 考 文 献

[1] BP. 世界能源统计年鉴，2014-6 [2014-10-28]. http://wenku.baidu.

[2] BP. 2030 世界能源展望，2012-1 [2014-10-28]. http：//wenku. baidu.
[3] REN21. Renewables 2014 Global Status Report [2014-10-28]. http：//www. ren21. net.
[4] 魏一鸣，吴刚，梁巧梅，廖华等. 中国能源报告（2012）：能源安全研究. 北京：科学出版社，2012：11.
[5] 国家能源局. 可再生能源发展"十二五"规划 [2014-10-28]. http：//www. nea. gov. cn.
[6] 中国石油集团经济技术研究院. 2013年国内外油气行业发展报告. 北京，2014：129.
[7] 国家统计局. 2014 中国统计年鉴 [G]. 北京：中国统计出版社，2014.
[8] 国家能源局发展规划司. 2030年国家能源战略研究报告/课题一：我国经济社会发展趋势与能源需求重大问题研究. 北京：国家能源局发展规划司，2010.
[9] IEA. World Energy Outlook 2011 [2014-10-28]. http：//www. iea. org/books.
[10] EIA. International Energy Outlook 2011 [2014-10-28]. http：//www. eia. gov/ieo.
[11] 国家能源局发展规划司. 2030年国家能源战略研究报告/课题十四：我国石油可持续发展战略研究. 北京：国家能源局发展规划司，2010.
[12] 国家能源局发展规划司. 2030年国家能源战略研究报告/课题十五：我国天然气可持续发展战略研究. 北京：国家能源局发展规划司，2010.
[13] 国土资源部. 2013年中国矿产资源报告 [2014-10-28]. http：//www. mlr. gov. cn.

第 2 章

石油天然气的资源分布与消费

2.1 石油天然气的形成与发现

2.1.1 石油天然气的形成过程

石油和天然气的成因问题是石油地质学的主要研究课题之一，也是自然科学领域中争论最激烈的一个重大研究课题。解决了这个问题、有助于提高人们对客观世界的正确认识，关系到油气的勘探方向，所以多年来，它一直吸引着许多地质学家、生物化学家和地球化学家。

由于石油、天然气的化学成分比较复杂，又是流体，随着油气的迁移，找到油气的地方往往不是油气生成的地方，这就为研究油气成因问题带来了许多复杂性；同时，石油与天然气的组分很复杂，并非单一物质，且在地下运移过程中其他条件发生改变，其成分也在发生变化，现今的组成并不代表原貌，增加了油气成因研究的难度。人类对石油和天然气成因的认识，是在整个自然科学迅速发展的推动下，在油气勘探和开发实践过程中逐步加深的。

19 世纪 70 年代以来，对油气成因问题的认识基本上可归纳为无机生成和有机生成两大学派。前者认为石油、天然气是在地下深处高温高压条件下由无机物合成的；后者主张油气是在地质历史上由分散在沉积岩中的动物、植物等有机物质生成的。人们根据当时实验室研究的证据，结合油气勘探和开采中所取得的资料进行地质推论，产生了各种假说。

由于石油工业早期找到的更多的是油，因此早期的油气成因理论更多关注的是油的成因问题，但现代的石油成因理论既包括油也包括气。概括来说，油气成因理论的发展大致经历了四个阶段，即无机成因说、早期有机成因说、晚期有机成因说和以晚期有机成因为主但兼顾其他因素贡献的成烃理论。

2.1.1.1 无机成因说

在石油工业发展早期，人们从纯化学角度出发，认为石油是无机成因的。早期的油气无机成因理论归纳起来有以下几种。

(1) 碳化物说

碳化物说由俄国著名化学家 Д. И. 门捷列夫于1876年提出。他认为在地球内部水与金属碳化物相互作用，可以产生碳氢化合物（简称烃）：

$$3Fe_mC_n + 4mH_2O \longrightarrow mFe_3O_4 + C_{3n}H_{8m}$$

碳化物说认为，在地球形成时期，温度很高，使碳和铁变为液态，互相作用而形成碳化铁。由于它们密度较大，被保存在地球深处。后来，地表水沿地壳断裂向下渗透，与碳化铁作用形成碳氢化合物，后者又沿着断裂上升到地壳的冷却部分。有些碳氢化合物浸透了岩石，形成油页岩、藻煤及其他含沥青岩石；有些碳氢化合物在地表附近受到氧化，形成地沥青等产物；如果碳氢化合物上升到地壳比较冷的部分，冷凝下来形成石油，并在孔隙性岩层中聚集便可形成油藏。

(2) 宇宙说

宇宙说是由俄国学者 В. Д. 索可洛夫于1889年10月3日在莫斯科自然科学研究者协会年会上首次提出的。宇宙说主张在地球呈熔融状态时，碳氢化合物就包含在它的气圈中；随着地球冷凝，碳氢化合物被冷凝岩浆吸收，最后，它们凝结于地壳中而成石油。

由于上述假说在当时缺乏实际证据，20世纪以来几乎被人们所遗忘。但在近年来，宇航技术的发展和宇宙化学的发展表明，在太阳系某些星球的大气中，其主要成分为甲烷，这从一个侧面说明了太阳系星球中碳氢化合物宇宙成因的可能性，这就是现代的宇宙说（戴金星，1995）。

(3) 岩浆说

1949年10月3日，在发表宇宙说六十周年纪念日的同一讲坛上，前苏联学者 Н. А. 库得梁采夫提出了石油起源岩浆说，并且强调要发扬几乎被遗忘了的宇宙说。于是，又引起了石油成因两大学派的激烈争论。

库得梁采夫首先提到在许多天体上存在碳氢化合物、泥火山重复喷发、在地球上所谓烃源岩之上的岩浆岩和变质岩中形成和存在油气藏等都是无机生成说的论据。他认为石油的生成同基性岩浆冷却时碳氢化合物的合成有关。这个过程是在高压条件下完成的，因而可以促使不饱和碳氢化合物聚合成为饱和碳氢化合物。

他还指出，因为岩浆中形成石油的过程在不断进行着，古老的油气通过扩散作用早已逸散消失，所以，所有的油藏，包括寒武系中的油藏，都是年轻的油藏；并且，依靠石油才在地球上产生了生物，石油中含有生物所需要的一切化学元素，因此，石油不是来自有机物质，恰好相反，有机物质却是来源于石油。

(4) 高温生成说

切卡留克（З. Ъ. Чекалюк，1971）根据合成金刚石的实验，用装满矿物混合物（方解石、石英、六水泻盐等）的反应器代替石墨反应器，在高压6000～

7000MPa 和高温 1800K 下，几分钟后由反应器中分离出易挥发组分，包括甲烷、乙烷、丙烷、丁烷、戊烷、已烷及少许庚烷。他从而认为在深约 150km 的上地幔古登堡层内，在温度超过 1500K、压力达 5000MPa 情况下，由于有 FeO 及 Fe_3O_4 的参与，H_2O 与 CO_2 还原而成烃类。在强烈褶皱作用时，深部石油进入地壳沉积岩，并由低分子烃转化为高分子烃及环状烃。

(5) 蛇纹石化生油说

耶兰斯基（H. H. Еланский，1966，1971）根据某些油田（例如俄罗斯伏尔加-乌拉尔油区的巴依土冈和丘波夫油田）在蛇纹岩及强烈蛇纹岩化的橄榄岩中被发现的事实，提出橄榄石的蛇纹石化作用可以产生烃类：

$$3(Fe,Mg)_2 \cdot SiO_4 + 7H_2O + SiO_2 + 3CO_2 \longrightarrow 2Mg_3(OH)_4 \cdot Si_2O_5 + 3Fe_2O_3 + C_3H_6$$

橄榄石的蛇纹石化作用是在埋深 22~40km 的地壳玄武岩层底的橄榄岩同 12~22km 深处的深水圈层接触的结果。这种接触发生在地壳深坳陷，由于延伸扩张、裂开，水沿萌芽状态的断裂进入橄榄岩发育带，生成烃类又沿着断裂而进入沉积岩。

上述关于石油的无机成因假说都是在石油工业发展的早期提出的，缺乏来自于油气勘探实践的证据支持，对 150 多年来的油气勘探实践也从未起到重要的指导作用，始终未成为油气成因的主流学说。

2.1.1.2 有机成因说

油气勘探实践和科学技术的进步促进了人们对于油气成因认识的深入。随着世界油气勘探实践的丰富和发现的油气越来越多，人们越来越发现无机成因的观点很难解释油气分布上的一些事实。

特别是近代物理学、化学、生物学及地质学等基础理论科学领域的辉煌成就，色谱、光谱、质谱、电子显微镜和同位素分析等先进技术的广泛采用，为应用有机地球化学知识来解决油气成因问题创造了良好条件，推动了对近代沉积物和古代沉积岩中烃类生成过程的研究，使石油有机生成的现代科学理论日趋完善。

回顾石油有机成因说的发展历史，有机成因说是与无机成因说在 19 世纪同时提出的，当时有所谓的"动物说"和"植物说"等古典有机成因说。但具有实际意义的有机成因说主要有早期成因说与晚期成因说两种观点。

(1) 早期有机成因说

石油有机成因的早期说认为，石油是由沉积物（岩）中的分散有机质在早期的成岩作用阶段经生物化学和化学作用形成的。即这一学说认为，石油是在近现代形成的，由许多海相生物中遗留下来的天然烃的混合物，即它仅仅是生物体中烃类物质的简单分离和聚集。由于此时的有机质还埋藏较浅，故也被称为浅成说。这一学说在 19 世纪末期（Orton，1888）即被提出，但在 20 世纪 30~60 年代，受到更多的关注。

概括起来，支持油气（早期）有机成因学说的主要证据有：

① 99％以上的石油产自于与有机质密切有关的沉积岩，产油的储层岩系与富含有机质的细粒岩石有密切的关系。

② 许多生物标记化合物，如卟啉、异戊二烯型烷烃、甾烷、萜烷，在原油中的普遍存在及石油的旋光性强烈支持其有机成因。

上述具有特征、复杂结构的生物标记化合物只可能由生命过程合成。无机过程虽然也能合成具有旋光性的手性碳原子结构，但它所合成的左旋、右旋结构一般相当，从而表现不出旋光性，只有生命体中才能选择性地合成单一的结构，而体现出旋光性。

③ 石油和动植物残体之间的组成及碳同位素组成的相近性提供了两者之间成因联系的进一步证据。如自然界中无机碳（如大气中 CO_2 中的C）的同位素组成一般为 $\delta^{13}C=-7.0‰$，而近代沉积物中有机物质的 $\delta^{13}C$ 值范围为 $-30‰$~$-10‰$，在 $-27‰$~$-20‰$ 之间有一个最大分区。石油的 $\delta^{13}C$ 平均值大约为 $-28‰$（王大锐，2001）。

④ 在近代沉积物［如深海钻探计划（DSDP）的取样中］和有关的生物体中存在烃类及有关的化合物。如Smith（1954）引进先进分析技术，首次在现代沉积物中发现了烃类。这是一次飞跃性的突破，Smith为此获得了诺贝尔奖。

⑤ 部分油气区的勘探实际显示，形成较早的圈闭（如浅于600m）有油气聚集，而较晚的圈闭则为空圈闭，表明了石油的早期生成和早期运移、聚集、成藏。

尽管也有人直到20世纪90年代还坚持认为（Willson，1990），石油主要是有机质在浅埋的早期阶段生成并运移、聚集、成藏的，现今多数油藏显示成熟的特征是它们在储层中进一步熟化的结果，但绝大多数的证据并不支持大量石油的早期生成。

（2）晚期有机成因说

晚期有机成因说认为，并入沉积物中的生物聚合体首先在生物化学和化学的作用下，经分解、聚合、缩聚、不溶等作用，在埋深较大的成岩作用晚期成为地质大分子——干酪根。之后，随着埋深的进一步增大，在不断升高的热应力的作用下，干酪根才逐步发生催化裂解和热裂解形成大量的原石油（或称为沥青，包括烃类和非烃类），在一定的条件下，这些原石油从生成它的细粒岩石中运移出来，在储层中聚集成为油气藏。与早期有机成因说相同的是，它也认为油气源于有机质，但不同的是，它认为石油不是生物烃类的简单分离和聚集，而是先形成干酪根，之后在较大的埋深和较高的地温条件下才在热力的作用下转化形成。它也被称为深成说（此时有机质的埋深已经较大）和干酪根成烃说（有机质先形成干酪根，干酪根再生成油气）。

2.1.1.3 现代油气成因理论

油气现代有机成因理论指出，油气是由经沉积埋藏作用保存在沉积物中的生物有机质，经过一定的生物化学、物理化学变化而形成的，而且油气仅是这些被保存生物有机质在埋藏演化过程中诸多存在形式的一种。按照这一理论，有机质的早期成烃说和晚期成烃说就被统一起来了，它们实际上只是有机质成烃过程的两个阶段，只不过不同阶段的成烃量和影响因素不同，一般以后一阶段产烃为主。同时，在有机质成烃的过程中，可能有无机组分的参与和加入。

(1) 生物有机质及其化学组成

在地质历史上生物是不断进化的，但组成生物有机体的基本有机组分并没有发生本质的变化。这些基本组分包括脂类蛋白质、碳水化合物以及木质素等，它们都具有相对稳定的化学组成和结构（图2-1）。

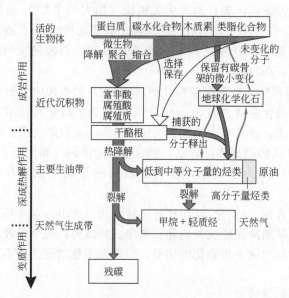

图2-1 自然界中有机质的转化作用
（据 Tisset 和 Welte，1984，略改）

(2) 沉积有机质

从石油天然气地质学研究的角度可以将沉积剖面中的沉积有机质粗略地划分为两大类，即不能溶解于有机溶剂中的干酪根和可以被有机溶剂溶解的沥青。正是对沉积剖面中这两类物质的组成和分布特征的深入研究导致了油气有机成因理论的建立。

(3) 干酪根

干酪根（kerogen）一词来源于希腊字 keros，意为能生成油或蜡状物的物质。1912年 A.G.Brown 第一次提出该术语，用于表示苏格兰油页岩中的有机物质，这些有机物质在干馏时可产生类似石油的物质。以后这一术语多用于代表油页岩和藻煤中的有机物质。直到 20 世纪 60 年代才明确规定为代表沉积岩中的不溶有机质。

1979 年，亨特将干酪根定义为沉积岩中所有不溶于非氧化性的酸、碱和常用有机溶剂的分散有机质。这一概念已逐渐被石油地质界和地球化学界所接受。与其相对应，岩石中可溶于有机溶剂的部分称为沥青（bitumen）（图 2-2）。干酪根以细分散状分布于沉积物和沉积岩中，是地壳中有机碳最重要的存在形式。它比煤和储集层中石油的有机碳总量高 1000 倍，比非储集层中分散的可溶有机碳总量高 50 倍。按有机质数量统计，干酪根是沉积有机质中分布最普遍，最重要的一类，约占地质体总有机质的 95%。估计岩石中平均含干酪根 0.3%，地壳中干酪根总量约为 10^{16} t（图 2-3）。

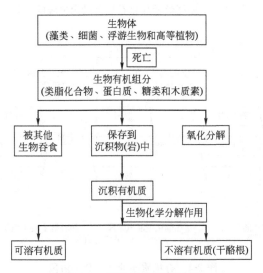

图 2-2　干酪根的形成过程

（4）有机质向油气转化的阶段及一般模式

沉积有机质随着埋藏深度逐渐加大，经受地温不断升高，将发生有规律的演化。而油气的生成就是此演化过程的有机组成部分，或者说油气是沉积有机质在一定环境条件下的存在形式。由于在不同深度范围内，沉积有机质所处的物理-化学条件不同，致使有机质的转化反应及主要产物都有明显的区别，即原始有机质向石油和天然气的转化过程具有明显的阶段性。有机质演化和油气生成阶段一般划分为 4 个逐步过渡的阶段：即生物化学生气阶段、热催化生油气阶段、热裂解生凝析气阶段及深部高温生气阶段，分别与沉积有机质演化的未成熟阶段、成熟阶段、高成熟阶段和过成熟阶段相对应（图 2-4、表 2-1）。

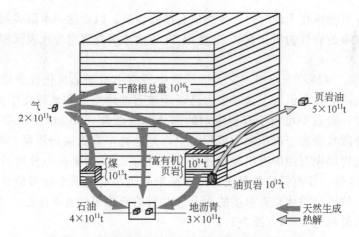

图 2-3 干酪根数量与化石燃料最大资源的比较

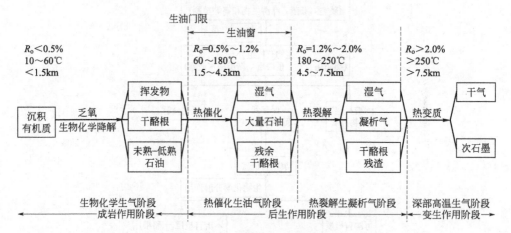

图 2-4 有机质向油气转化的阶段

R_o—有机质热演化成熟度

表 2-1 有机质演化和特征

演化阶段	生物化学生气阶段（未成熟阶段）	热催化生油气阶段（成熟阶段）	热裂解生凝析气阶段（高成熟阶段）	深部高温生气阶段（过成熟阶段）
R_o/%	<0.5	0.5～1.2	1.2～2.0	>2.0
深度/km	<1.5	1.5～4.5	4.5～7.5	>7.5
温度/℃	10～60	60～180	180～250	>250
干酪根颜色	黄色	暗褐色	深暗褐色	黑色
煤阶	泥炭-褐煤	长焰煤-气煤-肥煤	焦煤-瘦煤-贫煤	半无烟煤-无烟煤
生烃机理	生物化学作用	热催化作用	热裂解作用	热裂解作用
主要产物	甲烷、未熟油、干酪根	液态石油	湿气	干气（甲烷）

① 生物化学生气阶段　沉积有机质从形成就开始了生物化学生气阶段。这个阶段的深度范围是从沉积物顶面开始到数百米乃至一千多米深处，温度介于 10~60℃，与沉积物的成岩作用阶段基本相符，相当于煤化作用的泥炭-褐煤阶段，在浅层以生物化学作用为主，到较深层以化学作用为主。

在该阶段的早期，埋藏深度较浅，温度、压力较低，适于各类细菌的生存。生物起源的聚合有机质大部分被选择性分解，转化为分子量更低的生物单体（如苯酚、氨基酸、单醣、脂肪酸等），这些生物化学单体将进一步经受各种变化。在适合生物甲烷菌生存的环境中，生物甲烷菌将利用有机化合物合成生物甲烷。部分有机质被完全分解成 CO_2、NH_3、H_2S 和 H_2O 等简单分子。少量生物化学单体（尤其是脂类化合物）通过简单反应形成保留原始生物化学结构的特殊烃类，即生物标志化合物。而生物单体的大部分以不同的途径转化形成了干酪根。此时沉积物中的烃类组成具有如下特征：烃类在有机质中所占的比重很小；高分子量正构烷烃 C_{22}~C_{34} 范围内有明显的奇数碳优势（少数具有偶数碳优势或没有奇偶优势）；环烷烃中 1~6 环均有，但以四环分子含量最高，这是广泛存在甾族衍生物所致；芳香烃显示萘和四环芳香烃双峰。

到本阶段后期，埋藏深度加大，温度接近 60℃，开始生成少量液态石油，有时在特定的生源构成和适宜环境条件下生成石油的数量会较大。此时沉积物中的烃类组成特征与本阶段早期沉积物中烃类的组成特征相近，但也有明显区别，正构烷烃的奇数碳优势依然存在，但明显减弱；四环分子在环烷烃中仍然含量最高，但环烷烃的总含量降低；芳香烃显示萘和四环芳香烃双峰，且萘系明显高于四环芳香烃。

② 热催化生油气阶段　随着沉积物埋藏深度超过 1500~4500m，进入后生作用阶段前期，有机质经受的地温升至 60~180℃，相当于长焰煤-气煤-肥煤阶段，促使有机质转化的最活跃因素是黏土矿物的热催化作用。在此阶段干酪根中的大量化学键开始断裂，从而形成大量的烃类分子，成为主要的生油时期，为有机质演化的成熟阶段，在国外常称为"生油窗"。这个阶段产生的烃类在化学结构上同原始有机质有了明显区别，而与石油却非常相似。中、低分子量的分子是正构烷烃中的主要组分，奇偶优势消失；环烷烃及芳香烃中也以低环和低碳原子数分子占优势为特征。它们与前一阶段中存在的烃类有明显的区别，没有特定的结构或者特殊的分布。

③ 热裂解生凝析气阶段　当沉积物埋藏深度超过 4500~7500m，地温达到 180~250℃时，则进入后生作用阶段后期，相当于煤化作用的焦煤-瘦煤-贫煤阶段，为有机质演化的高成熟阶段。此时残余干酪根继续断开杂原子官能团和侧链，生成少量水、二氧化碳、氮和低分子量烃类。同时由于地温升高，在前期已经生成的液态烃类变得不再稳定，也开始裂解，主要反应是大量 C—C 键断裂，包括环烷的开环和破裂，导致液态烃急剧减少，C_{25} 以上高分子正烷烃含量渐趋

于零,只有少量低碳原子数的环烷烃和芳香烃可以稳定存在;相反,低分子正烷烃剧增,主要是甲烷及其气态同系物。那些在地下深处呈气态(凝析气),采至地面随温度、压力降低,凝结成的液态轻质石油,就是凝析油。

在这个阶段,烃类反应的性质可以看作是一个歧化反应。一方面石油热裂解生成较高氢含量的甲烷及其气态同系物等轻烃类;另一方面石油中含杂环和芳香环的组分产生缩合反应主要形成贫氢的固态残渣,同时残余干酪根也变得贫氢。

④ 深部高温生气阶段 当深度超过7500m,沉积物已进入变生作用阶段,达到有机质转化的末期,相当于半无烟煤-无烟煤的煤化阶段,为有机质演化的过成熟阶段。温度超过了250℃,以高温高压为特征,干酪根的裂解反应继续进行,由于氢以甲烷的形式脱除,干酪根进一步缩聚,H/C原子比降到很低,生烃潜力逐渐枯竭。据估计当干酪根H/C原子比降至0.45左右时,将没有液态烃的形成,而降至0.3时,则接近甲烷生成的最低限(J.M. Hunt, 1979)。即使是已形成的液态烃和重烃气体也将裂解为热力学上最稳定的甲烷。最终干酪根将形成碳沥青或石墨。这种现象在实验室、野外观察和深井钻探结果中都得到了证实。中国科学院地球化学研究所对石油进行高温高压试验,发现当压力固定不变,石油随温度升高向两极明显分化,最后形成气体与固态沥青。演化过程是石油→油+气→油+气+固态沥青+液态沥青→气体+固态沥青。这种试验结果同野外观察现象十分吻合。如在四川盆地威远隆起震旦系白云岩中见到石油热演化的最终产物甲烷和固态沥青,后者呈不规则浸染状或粒状分布于白云岩的裂缝或洞穴中,成熟度高,通常为碳沥青和焦沥青。

以上各个阶段是连续过渡的,相应的反应机理和产物也是可以叠置交错的,没有统一的截然的划分标准。有机质的演化程度同时受控于有机质本身的化学组成和所处的外界环境条件,不同类型有机质达到不同演化阶段所需的温度条件不同,而不同的沉积盆地沉降历史、地温历史也不同,这就决定了不同沉积盆地中的有机质向油气转化的过程不一定全都经历这4个阶段,而且,每个阶段的深度和温度界限也可有差别。对于地质发展史较复杂的沉积盆地,可能经历过数次升降作用,烃源岩中的有机质可能由于埋藏较浅尚未成熟或只达到较低的成熟阶段就遭遇抬升,有机质没有生烃或没有完全生烃,如果有机质在抬升中不被破坏,到再度沉降埋藏到相当深度,达到了生烃温度后,有机质仍然可以生成石油,即所谓"二次生油"。

2.1.1.4 天然气的生成特点

生成天然气的物质不仅可以是不同类型的沉积有机质,也可以是无机物;天然气不仅可以由干酪根热降解和热裂解作用以及液态烃的热裂解作用形成,也可由细菌生物化学作用形成,或由无机物合成和分解作用形成;其形成的环境多样,既可以在沉积有机质埋藏极浅、温度较低的环境下由生物细菌还原作用形成,也可在埋藏中、深层条件下由干酪根和储层石油热解和裂解形成,甚至可来自高温热液或高温合成。因此，天然气有比石油更广泛的形成条件，天然气不仅能伴随石油的形成过程而生成，而且能在许多不适于生油的条件和环境中大量形成（表2-2）。

表 2-2 天然气与石油生成特点的比较

特征	石油	天然气	
母质类型	沉积有机质或干酪根，主要为Ⅰ型和Ⅱ型干酪根	原始沉积有机质	
		干酪根	
		液态石油和分散可溶有机质	
		无机物	
生成机理	主要为干酪根的热降解作用	热降解作用	
		热裂解作用	
		生物化学作用	
		无机化学反应	
生成环境	地层埋深超过1000m；地层温度在65～180℃	地表和近地表环境	
		各种生油环境	
		储层环境	
		高温热变质环境	
		深部地幔环境	
成因类型	干酪根热降解（成熟油）	有机成因	有机质生物降解
			干酪根(含煤)热降解和热裂解
			石油热裂解
	有机质低温降解（未熟-低熟油）	无机成因	无机物热分解
			深源

2.1.1.5 天然气的成因类型简介

随着天然气的勘探和形成机理研究的发展，人们日益认识到天然气有比石油更广泛的形成条件，天然气不仅能伴随石油的形成过程而产生，而且能在许多不适于生油的条件和环境中大量形成。随着气体地球化学、有机地球化学、微生物化学、宇宙化学和模拟试验的研究进展，对天然气的成因机理的认识不断深化。

从形成天然气的基本物质着眼，可将天然气划分为有机成因气、无机成因气和混合成因气（表2-3）。

（1）有机成因气

有机成因气是指成气的原始母质来源于有机物质的天然气。据母质类型分为以腐泥型有机质为主生成的腐泥型气和以腐殖型有机质为主形成的腐殖型气。在此基础上，根据有机质演化的阶段或由有机质转化为天然气的主要外生营力的特

表 2-3 天然气成因类型划分（戴金星等，1997，略改）

无机成因气			幔源气、岩浆成因气、放射成因气、变质成因气、无机盐类分解气			
有机成因气	母质类型 \ 成熟度 气的成因类型		未熟阶段	成熟阶段	高成熟阶段	过成熟阶段
	Ⅰ～Ⅱ1	腐泥型气	生物化学气	油型气		
				原油伴生热解气	裂解凝析气（湿气）	裂解干气
	Ⅱ2～Ⅲ	腐殖型气		煤型气		
				热解气（凝析气）		裂解干气
混合成因气			异源多源混合气、同源多阶混合气			

征，可进一步划分为生物化学气、油型气和煤型气。

① 生物化学气　生物气是指在成岩作用或有机质演化早期阶段，沉积有机质通过微生物的发酵和合成作用形成的以甲烷为主的天然气，或称为细菌气、沼气、生物化学气或生物成因气等。无论是腐泥型还是腐殖型有机质都可被生物降解而生成生物化学气。

20 世纪 60 年代以来，在俄罗斯西西伯利亚北部白垩系砂岩中，发现了一系列特大气田和大气田，经甲烷碳同位素鉴定确认为生物化学气，形成了目前世界上最大的产气区；后来，在意大利、加拿大、美国和日本也发现了生物化学气大气田。我国柴达木盆地东部三湖地区第四系也已发现多个生物化学气田。这种气藏埋藏深度浅，一般在 1500m 以内，时代主要是白垩纪、古近纪、新近纪和第四纪。

生物化学气的成分主要是甲烷，可高达 98% 以上，重烃气（C_2^+）含量极低，一般小于 2%，干燥系数（C_1/C_2^+）在数百以上，属于干气。有时可含有痕量的不饱和烃以及少量的 CO_2 和 N_2。生物化学气的甲烷以富集轻的碳同位素 ^{12}C 为特征。其甲烷的碳同位素 $\delta^{13}C_1$ 的范围为 $-100‰\sim-55‰$，多数在 $-80‰\sim-60‰$。在有热解气混入以及厌氧氧化时，可使同位素变重。

生物气的氢同位素资料报道较少，Schoell（1983）认为，生物化学气的 δD 也呈低值。腐殖型生物化学气最低，δD 介于 $-280‰\sim-210‰$，腐泥型生物化学气约为 $-210‰\sim-150‰$。

② 油型气　油型气是指腐泥型或腐殖-腐泥型沉积有机质进入成熟阶段以后所形成的天然气，它包括伴随生油过程形成的湿气（原油伴生热解气）以及高成熟和过成熟阶段由干酪根和液态烃裂解形成的凝析油伴生气和裂解干气。油型气分布甚广，在含油气盆地中只要发现了油藏，都有可能找到数量不等的油型气，它们可以呈不同状态存在。

油型气的形成过程包括两个演化途径：一是干酪根热解直接生成气态烃；二是干酪根热降解为石油，在地温继续增加的条件下，石油再裂解为气态烃。

各种油型气是在干酪根不同热演化阶段的产物，其化学成分存在差别。石油伴生气和凝析油伴生气的共同特点是重烃气含量高，一般超过 5%，有时可达 20%～50%，其中，iC_4/nC_4 比值明显小于 1，在热催化生油气阶段约为 0.7～0.8（据 Y. Héroux 等，1979）；甲烷碳同位素 $\delta^{13}C_1$ 介于 -55‰～-40‰；石油伴生气偏轻，约为 -55‰～-45‰；凝析油伴生气偏重，约 -50‰～-40‰。过成熟的裂解干气，以甲烷为主，重烃气极少，小于 1%～2%，甲烷碳同位素大于或等于 -40‰～-35‰。

③ 煤型气　目前在有关文献中与煤型气有关的术语还有煤系气和煤成气等，这些术语的含义在不同作者的文献中存在一定的差异。煤系气最初用于描述在煤系地层中产出的天然气，后来逐渐赋予成因含义，指由煤和煤系有机质在各种作用中形成的天然气，而不论其产出的地层组合是否是煤系。煤成气最先用于煤干馏所生成的气体，是与工业上煤的气化联系在一起的。在煤系地层中广泛发现天然气后逐渐也将这一术语赋予了成因含义，现在也有人用其指煤和煤系有机质在整个演化过程中生成的天然气。为了避免含义上的混淆，徐永昌（1985）建议使用"煤型气"与"油型气"相对应，煤型气特指煤层和煤系地层中腐殖型有机质在煤化作用过程中形成的可燃天然气。

1959 年在荷兰北部发现格罗宁根大气田，并在查明了二叠系赤底统风成砂岩中巨大天然气聚集来自中石炭统煤系地层以后，煤型气开始被人们所重视。后来，在北海盆地内部发现十几个大气田，探明总储量逾 $4.5\times10^{12} m^3$，成为世界第二大产气区。从此，俄、美、澳等许多国家普遍注意在含煤盆地中寻找煤型气气藏。据报道，在煤炭资源极丰富的德国，探明的煤型气储量占天然气总储量的 93%。我国有着丰富的煤炭资源及煤系地层，煤型气将是我国天然气勘探的重要对象之一。

从国内外已知的煤型气藏的组成来看，煤型气普遍含有一定量的非烃气，如 N_2、CO_2 等，但其含量很少达到 20% 或超过 20%（如库珀盆地的 CO_2），大多为外来成分加入（表 2-4）。尽管煤型热解气的重烃含量比煤型裂解气高，但煤型气的重烃含量也很少超过 20%，主要为甲烷。

不同研究者得出的煤型气的甲烷同位素值变化较大，一般在 -52‰～-24‰，主要分布区间为 -38‰～-32‰。戴金星等（1985）研究表明，我国煤型气甲烷、乙烷和丙烷的碳同位素值分别变化在 -41.8‰～-24.9‰、-27.09‰～-23.81‰ 和 -25.72‰～-19.16‰。煤型气甲烷的氢同位素 S_D 值变化在 -171‰～-161.4‰，（徐永昌，1985）。而油型气甲烷系列同位素组成较煤型气偏轻，如油型气中的 $\delta^{13}C$，主要分布在 -40‰～-35‰。煤型气中的汞蒸气主要来源于煤系地层，由于腐殖型有机质对汞有较强的吸附能力，因此煤系

表 2-4　国内外若干煤型气的组成（据陈荣书，1989）

气田名称	产层时代	气源层时代	天然气组成/%				$\delta^{13}C$ (PDB)/‰	资料来源
			C_1	C_2^+	N_2	CO_2		
格罗宁根	P_1	C_2	81.2	3.48	14.4	0.87	−36.6	据 Stahl，1977
拉策尔	P_1	C_2	89.9	6.10			29.2	
达鲁姆	P_1	C_2	86.06	0.44			−25.4～−22.0	
圣胡安	K	K					−42.0	转引自 Stahl，1983
库珀盆地（澳）木姆巴9井	P_1	P_1	66.02	0.67		33.27	−28.8	据 Righy，1981
库珀盆地（澳）图拉齐9井	P_1	P_1	71.76	11.62		14.40	−36.3	
东濮文留22井	E_2	C-P	96.35	2.35			−27.9	据朱家蔚等，1983
陕甘宁刘庆1井	P_{1x}	C-P	95.0	0.64	4.13			据王少昌，1983
陕甘宁任4井	P_{1x}	C-P	92.52	6.97	0.49	0.01	−30.47	
四川中坝4井	T_{3x}		90.8	8.20	0.17	0.40	−34.8	有*者为中坝7井临近数据,据陈文正，1982
四川中坝7井	T_{3x}		87.33	12.23	0.41	0.03	−36.0～−35.9*	

地层具有较高的原始汞丰度，煤型气中汞蒸气的含量，一般含量超过 $1\mu g/m^3$，中欧盆地的煤型气含汞量可高达 $180\sim400\mu g/m^3$，我国东濮凹陷典型的煤型气藏汞含量为 $1.1\sim51\mu g/m^3$（徐永昌等，1994）。

（2）无机成因气

无机成因气是指不涉及有机物质反应的一切作用和过程所形成的气体。它包括地球深部岩浆活动、变质作用、无机矿物分解作用、放射作用以及宇宙空间所产生的气体，包括烃类气体和非烃气体。烃类气体主要为甲烷，非烃类气体包括 N_2、CO_2、H_2S、Hg 以及稀有气体 He、Ar 等。

地球原始甲烷的存在已为各种科学研究所证实。地球原始甲烷是指地球形成时从星际空间捕获的以甲烷为主的气体，在地球脱气过程中，经由各种断裂体系运移至地球表层。地球深部原始甲烷主要与深大断裂有关的水热系统相伴产出，如俄罗斯勘察加热水中的天然气，美国黄石公园热泉中的甲烷，新西兰提科特雷地区和布罗兰兹地区水热体系中的甲烷以及中国腾冲地区与火山活动有关的水热系统的甲烷，均有较多的地球化学标志表明它们可能为来自地球深部的地幔原始甲烷。

（3）非烃类气体

天然气体中的非烃气体主要指 N_2、CO_2、H_2S、Hg 及稀有气体 He、Ne、Ar、Kr、Xe、Rn。非烃气体既是重要的资源，又是天然气形成演化、成因类型识别的重要指标。

① 二氧化碳　我国的三水盆地、苏北盆地、济阳坳陷和松辽盆地等都分布有含二氧化碳较高的气藏和纯二氧化碳气藏。但在大多情况下，天然气中二氧化碳的含量变化在百分之几到百分之十几。

CO_2 的成因包括有机成因和无机成因两大类。有机成因主要包括有机物在厌氧细菌作用下，受生物化学降解可生成大量的 CO_2；干酪根特别是Ⅲ型干酪根的热降解和热裂解也可形成一定量的 CO_2；此外烃类的氧化作用也可形成 CO_2。

无机成因 CO_2 包括碳酸盐等矿物的化学成因和岩浆成因两种机制。碳酸盐岩在高温热解、低温水解以及地下水中酸性溶解过程中均可以生成 CO_2。纯碳酸盐无水时，在 825℃才开始分解，但在有水时，不纯的碳酸盐在 75℃就开始产生 CO_2。海相成因的石灰岩在地下温度为 150℃时分解产生大量 CO_2。

在岩浆上升过程中，由于温度和压力降低，可析出大量 CO_2。国内外许多学者对火成岩所含气体成分进行了研究，其所含的气体主要是 CO_2（戴金星等，1992）。目前研究结果表明，天然气中含量大于 50% 的 CO_2 基本是无机成因的。

② 氮气　在天然气中，氮气比二氧化碳更常遇到。它的含量通常不超过 10%（经常为 2%~3%）。天然气中氮气的来源一般认为有生物来源、大气来源、岩浆来源和变质岩来源等。生物来源是天然气中氮气的主要来源，是指在沉积有机质或石油中的含氮化合物在生物化学改造或热催化改造过程中生成的。

③ 硫化氢　H_2S 集中分布在碳酸盐岩和硫酸盐岩储层中，而存在于陆源碎屑岩中的绝大多数都与区域上高硫化氢的碳酸盐岩、蒸发岩地层有着明显联系。目前已知几十个硫化氢含量大于 10% 的气田，包括我国冀中赵兰庄 H_2S 气藏（H_2S 含量达 92%），四川盆地的中 7 井、卧 9 井、卧 63 井等，几乎都分布在碳酸盐岩及蒸发岩中，且绝大多数埋深分布在 3000m 以下。

目前认为 H_2S 气体的成因主要为生物成因、热化学成因和岩浆成因。

2.1.2　石油天然气的发现历程

英文"petroleum"一词来源于希腊文 petra（岩石）和 oleum（油）之意。中文"石油"一词，来源于宋代沈括（1031~1095）的《梦溪笔谈》。实际上，人类认识油气和利用油气的历史由来已久，各文明古国都有类似的传说和记载。据考古考证，早在两河文化时代，苏美尔人（Sumer）曾使用沥青做雕刻品；巴比伦楔形文字中有关于在死海沿岸采集石油的记述；美索不达米亚地区曾用砖和沥青建造教堂；波斯帝国时代在首都苏萨附近凿有石油井（吴凤鸣，1999）。早在三千年以前古代中国人就观察到天然气燃烧的现象，两千年前就有关于石油的文献记载，1835 年我国就钻成了世界上的第一口超过千米的深井。但世界石油界，特别是美国石油界，都把德雷克（Edwin Laurentin Drake，1819~1881）1859 年 8 月 27 日钻成的一口油井作为世界第一口油井，并把这件事看作世界石油工业的开端（吴凤鸣，1999；王才良、周珊，2006a）。

早期利用的石油主要来自于从地层中自然流出的石油。在美国宾夕法尼亚州泰特斯维尔城附近有一条小河，河边有一系列油苗，河面上常常漂着原油，人们把这条小河叫做石油溪。近代的石油工业就是从这里开始的。1854 年，佛朗西斯·布鲁尔医生买下油苗所在的西巴德农场，与合伙人成立了世界上第一个石油公司——宾夕法尼亚岩石油公司，通过挖坑采集这里的石油。后来西巴德农场落到了公司股东之一的杰姆士·汤森手里，他与人合伙于1858年3月23日成立了塞尼卡石油公司，垄断了这里的石油经营。德雷克是这个公司的股东之一，他尝试用顿钻钻井，并于1859年8月27日在钻到21m深时出油，他用蒸汽动力泵抽出了石油，这口井的日产量达到30bbl（桶，1bbl＝158.9873dm^3）。实际上，在中国、俄罗斯、罗马尼亚等国都有早于德雷克井的气井和油井（吴凤鸣，1999），但世界石油界还是将德雷克钻的油井看作世界第一口油井，并作为近代石油工业的开端。

我国是世界上最早发现、开采和利用石油及天然气的国家之一，根据史料记载已有三千多年的历史。由于天然气比石油更易从地层中逸出，遇到野火、雷电就会燃烧，因此，在历史上认识天然气早于石油。

最早的石油利用记载见于1900多年前班固所著的《汉书·地理志》："高奴，有洧水，可蘸。"高奴系指今陕西省延安县一带，洧（音渭）水是延河的一条支流，"蘸"乃古代"燃"字。这是描述水面上有像油一样的东西可以燃烧。可见早在近两千年前我国就发现了能够燃烧的陕北石油。

公元267年晋朝张华在《博物志》中详细描述了甘肃酒泉石油的特征："酒泉延寿县南山出泉水，大如筥，注地为沟，水有肥，如肉汁，取著器中，始黄后黑，如凝膏，然极明……彼方人谓之石漆。"表明当时称石油为石漆，且已开始观察和采集，用作润滑车轴和燃烧、照明。

9世纪初唐朝李延寿在《北史·西域传》中记载了"（龟兹）西北大山中，有如膏者流出成川。行数里入地，状如醍醐，甚臭"。龟兹即今新疆南部库车一带，远在1100多年前我国就发现库车一带的沥青宛如奶酪一样黏稠，具有臭味。

科学术语"石油"是北宋著名科学家沈括在《梦溪笔谈》中首次提出的："鄜延境内有石油，旧说'高奴县出脂水'，即此也。""（石油）生于水际沙石，与泉水相杂，惘惘而出。"他在描述了陕北富县、延安一带石油的性质和产状后，进一步推论了石油的利用远景："此物后必大行于世……盖石油至多，生于地中无穷，不若松木有时而竭。"他还第一次用油烟做墨，即现代的所谓炭黑。

在历史上，石油不仅用于润滑、照明、燃烧和医药，而且很早就用于军事上。《元和郡县志》记载，公元576年，酒泉人民用油烧毁突厥族攻城的武器，保全了酒泉城。北宋神宗六年（公元1073年）在京都汴梁军器监设有专门的"猛火油作"，加工石油制兵器。

我国四川因最早利用天然气煮盐而闻名于世。晋朝常璩在《华阳国志》中记载了2200多年前（公元前221～前210年）的秦始皇时代，四川临邛县郡（即今邛崃县）西南钻井开采天然气煮盐的情景："有火井，夜时光映上昭。民欲其火，先以家火投之，顷许，如雷声，火焰出，通耀数十里，以竹筒盛其火藏之，可拽行终不灭也。井有二水，取井火煮之，一斛水得五斗盐。"有时一口火井可烧盐锅七百口。

天然气煮盐促进了我国钻井技术的迅速发展。公元前 256～前 251 年秦朝李冰为蜀守时就发明了顿钻，并在四川广都成功地钻成了第一口采盐井。至公元前 221～前 210 年，四川邛崃出现厂用顿钻钻凿的天然气井。

我国是世界上最早开发气田的国家，四川自流井气田的开采约有两千年历史。《自流井记》关于"阴火潜燃于炎汉"的记载表明，早在汉朝就已在自流井发现了天然气。据《富顺县志》记载，晋太康元年（公元 280 年）彝族人梅泽在江阳县（今富顺自流井）发现石缝中流出泉水，"饮之而咸，遂凿石三百尺，咸泉涌出，煎之成盐"。自流井即因这口井自喷卤水而得名。

宋末元初（13 世纪），已大规模开采自流井的浅层天然气。《富顺县志》描述："火井在县西九十里，深四五丈，经五六寸，中无盐水。" 1840 年钻成磨子井，在 1200m 深处钻达今三叠系嘉陵江统石灰岩第三组深部主气层，发生强烈井喷，火光冲天，号称"火井王"，估计日产气量超过 $40 \times 10^4 \mathrm{m}^3$，"经二十余年犹旺也"（见《自流井记》）。从汉朝末年开始，在自流井大规模开采天然气煮盐以来，共钻井数万口，采出了几百亿立方米天然气和一些石油。这样长的气田开采历史在世界上也是罕见的。

2.2 世界油气资源分布

2.2.1 世界油气资源概述

世界油气资源储量丰富，过去几十年里，石油在全球能源消费领域内一直是最重要的一次能源形式。目前石油天然气剩余探明储量也仍较丰富，且探测数据逐年上涨，其中天然气储量增长趋势更好。2012 年，美国地质调查局（USGS）公布最新常规油气资源评价结果，综合近十几年的实际生产情况显示，全球常规油、气最终可采资源量比 2000 年评价时的总量分别增加 19％和 20％左右，未来仍有很大的油气勘探潜力。据国际能源署分析，原油、天然气仍是 21 世纪的主要能源，储量完全能够满足 2025 年前世界经济发展的需求。

（1）全球常规油气资源丰富，最终可采资源量增长近两成

世界石油资源是丰富的，而且今后发展还有很大的潜力，未来三十年或者更长的时间内，地球蕴藏的石油资源能够满足全世界经济发展的需要，这是第一个基本判断。根据《BP 能源统计 2014》预测，世界原油探明储量为 2382 亿吨，储采比 53.3 年；世界天然气探明储量为 185.7 万亿立方米，储采比 55.1 年。现已探明的油气可采储量，可以满足未来 30 年内全球对石油资源不断增长的需求。

相对于资源总量而言，虽然全球油气资源总体上已经呈现日趋减少的趋势，但从全球石油和天然气剩余探明储量的变化趋势看，石油和天然气剩余探明储量总体上是增加的。过去大体上每年全世界石油消费总量增长 1％左右，最近几年

有加快的趋势。根据 USGS 最新评价结果，全球常规石油最终可采资源量 5321亿吨，比 2000 年评价结果高 19%；其中待发现资源量 1051 亿吨，主要分布在中南美、下撒哈拉（撒哈拉沙漠以南的非洲地区）和中东北非地区；已知油气田潜在储量增量 990 亿吨。常规天然气最终可采资源量 4234 亿吨油当量，比 2000年的评价结果高 20%；其中待发现资源量 1374 亿吨油当量，主要分布在北极/独联体地区；已知油气田潜在储量增长 393 亿吨油当量。全球剩余常规油气技术可采资源量 3808 亿吨，其中石油和天然气液 2041 亿吨，天然气 1767 亿吨油当量。

从待发现部分看，与 2000 年评价结果相比，待发现常规石油资源量减少了 18%，主要源自大幅下调中东北非资源量，下撒哈拉、亚太、中南美和北美地区资源量有不同程度的增长。待发现天然气资源量增长 20%，下撒哈拉、北美和亚太地区天然气资源量大幅增长弥补了中东北非和欧洲地区资源量的减少。已发现油气田潜在油气储量增量下降，尤其是天然气。

估计在未来三十年内，考虑到石油需求的增长，现已探明的石油可采储量也能够基本满足需要，如果再考虑勘探开发技术的突破，时间将会更长。另外，全球待发现的石油可采资源还有 1051 亿吨，只要保证足够的投资和工作量，估计到 2030 年左右，全世界的石油产量才可能达到高峰年，高峰年产量大体是 50 亿吨左右。因此，石油资源仍然是 21 世纪前半叶的主要能源。另外，全球还有广大的海域没有进行勘探，加之加拿大油砂资源开发的方法突破，均为本世纪前半叶以油气资源为主的能源供应结构奠定了基础。

(2) 除欧洲外未来各地区仍有很大勘探潜力

USGS 最新评价结果与 2000 年评价结果相比，待发现常规石油资源量减少了 18%。全球待发现常规石油资源量约 75% 分布在中南美、下撒哈拉、中东北非和北美等四个地区，天然气资源则在世界各地区均有分布。除欧洲外，各地区均有较大的资源潜力。

中南美地区待发现石油资源主要分布在南美东部海岸盆地，包括巴西桑托斯、坎波斯和圣埃斯皮里图等盆地盐下层系（76 亿吨）、圭亚那-苏里南盆地（16 亿吨）和桑托斯盆地盐上层系（15 亿吨），福克兰群岛约有 7 亿吨待发现石油资源量。下撒哈拉地区待发现石油资源的 75% 分布于西非海上；待发现天然气资源的一半以上来自东非深海，包括坦桑尼亚、莫桑比克、马达加斯加和塞舌尔。北极/独联体地区的待发现石油资源量约 93 亿吨，其中约 43% 蕴藏在北极圈内。中东北非地区待发现石油资源的 60% 分布于扎格罗斯和美索不达米亚地区。

据 2010 年美国地质调查局评价结果，全世界有大量的天然气资源有待发现，未发现的天然气资源量约为 120 万亿立方米。2011 年全球石油和天然气液发现量约 11 亿吨，仅占总发现量的 1/2，全年储量规模最大的 4 个发现均为气田。

未来 20 年间预计天然气储量增量将达 66.42 万亿立方米，表明未来全球天然气资源比较丰富。从可供开发利用的资源量来说，未来 20 年间世界天然气的生产潜力很大，所能达到的产量不会受到资源量的制约。因此，从这个意义上讲，21 世纪是天然气的时代，世界各地天然气基础设施的大力发展建设将大大促进全球天然气产量的提高，这也将使天然气逐步成为一种全球化的清洁能源产品，天然气必将以多种方式扩散到世界各地，充分满足各个国家和地区的需要。

天然气资源的 60% 分布于伊朗扎格罗斯褶皱带以及红海盆地、利凡特盆地和尼罗河三角洲盆地海上。自 2010 年阿纳达科在鲁伍马盆地深水区首次发现 Windjammer 大气田以来，莫桑比克天然气勘探喜讯不断，2012 年更成为全球成果最突出的国家，1~8 月世界最大的 5 个发现全部来自莫桑比克；邻国坦桑尼亚也获得 7 个天然气发现，其中 Mzia、Jodari 和 Zafarani 气田进入世界前十大发现。除了上述大油气田外，2011~2012 年西非安哥拉盐下勘探突破引起业界关注。长期以来安哥拉油气勘探一直集中在盐上地层。近年来受巴西深海盐下发现的鼓舞，根据对宽扎盆地进行详细地质对比研究后，于 2011~2012 年完钻的 2 口以盐下地层为目标的预探井均获成功。测试结果显示，Cameia-1 井所在的 21 区块盐下油藏具有年产 100 万吨的生产潜力，Azul-1 井所在的 23 区块盐下油藏具有年产 15 万吨以上的生产潜力。盐下钻探的成功为西非深海勘探开辟了新的地质领域。总的说来，待发现天然气资源量巨大，达 46 万亿立方米，其中约 58% 分布在北极圈内，包括南喀拉海（7.6 万亿立方米）、南巴伦支海（5.3 万亿立方米）和北巴伦支海盆地（0.6 万亿立方米）。

在这些待开发的油气资源中，重大发现主要来自海上，页岩油气成为陆上勘探新亮点。2011 年海上油气发现共 161 个，约为陆上一半，但油气发现量为 22 亿吨油当量，是陆上 2 倍多，7 个亿吨级重大发现除了伊朗 Madar 凝析气田外全部来自深海。深海油气勘探正从传统的巴西、墨西哥湾和西非进一步向东非、地中海等地区推进。挪威北海成熟区勘探挖潜取得巨大成功，2010~2011 年发现的 Aldous-Avaldsnes 大油田，可采储量近 3.6 亿吨，可望成为挪威第三大油田。挪威北海在经历了 45 年的油气勘探后还能发现这样规模的大油田，无疑给该区乃至世界其他老油气区勘探带来新希望。除伊朗等个别国家外，陆上勘探相对平淡，但阿根廷内乌肯 Vaca Muerta 层的页岩油田发现令人振奋。2011 年阿根廷共获 5 个页岩油发现，可采储量合计 0.4 亿吨油当量。2011~2012 年全球共获得 34 个页岩油气发现，主要分布于中国、阿根廷、澳大利亚、墨西哥和波兰陆上。

可见，世界油气资源未来具有较大的开发和利用潜力。从各地区情况看，世界石油储量增长将主要来自中东、东欧（主要是俄罗斯）、中南美和非洲地区，西欧、西半球及亚太地区的石油储量增长缓慢。

(3) 世界油气资源分布极不均衡

从油气的空间分布看，世界石油天然气最终可采资源量、剩余探明储量及储采比等分布呈现明显的不均衡性。资源主要分布在中东、南北美洲和俄罗斯等少数地区，占有全球已探明石油资源的 80% 以上，尤其是中东地区更是首屈一指。亚太和非洲油气资源相对贫乏。

在油气剩余探明储量中，无论是对于石油还是天然气，中东地区均占有十分重要的地位，石油和天然气剩余探明储量自 20 世纪 70 年代以来，一直高居全球首位，2011 年分别占全球总量的 48.1% 和 38.4%，并且储量仍在年年增长。其油气剩余探明储量 20 年来全部增长 1 倍以上，尤其是石油剩余探明储量的绝对增长量远远超过世界其他地区。

比较而言，世界人口最多的亚太地区，剩余石油开采储量仅占世界的 3.4%，待发现的石油可采资源仅占世界的 7% 左右，资源短缺的问题比较突出。我国无论是在石油，还是在天然气的剩余探明储量上，均在全球占有较低的位置。2011 年，石油资源仅占全球总量的 3.7%，居第 9 位；天然气资源也同样只占全球总量的 2.0%，居第 10 位。说明我国在石油和天然气资源探明储量方面均不占世界重要地位，且油气剩余探明储量数十年来的增长也不理想，尤其是石油剩余探明储量增长不大。2011 年的石油剩余探明储量较 1991 年无增长；相对而言，天然气的剩余探明储量变化要好得多，20 年来天然气剩余探明储量增长近 3 倍。

因此，可以断言，未来油气供应将更加依赖中东、中南美等少数国家和地区，尤其是亚太地区的广大发展中国家，未来发展对石油资源的需求将更为突出。

总地来说，尽管国际石油市场总体供大于求，但地区供需不平衡将会加剧。石油消费大国之间、经济强国与资源大国之间围绕石油安全供应、争夺资源的冲突与战争也会更加激烈，将会大量运用政治、经济、外交和军事等手段对全球石油、天然气资源展开激烈的争夺。

2.2.2 世界油气资源储量

由于油砂和重油开发技术的进步，近年全球石油探明储量大幅增长，天然气探明储量也保持增长态势。

2.2.2.1 石油资源储量

多年来，世界上许多研究机构对世界油气资源进行了评价和估算，由于对油气资源评价和估算存在许多不确定因素，且主观因素影响较大，导致各结果之间存在着一定的差异。评价结果不同的原因主要有：

①资源量已转化为储量，十几年勘探开发实践使上一轮评价的资源量已转化为储量，从而确保在全球油气产量递增时剩余储量仍有增长；②资源评价范围增加，2012 年评价范围涉及 171 个地质区的 313 个评价单元，而 2000 年仅评价 128 个地质区的 246 个评价单元；③评价资料的可靠性增强，2000 年资源评价采

第 2 章 石油天然气的资源分布与消费

用的是 1996 年以前的勘探开发数据，1996 年以来全球（北美以外）平均每年完钻的新油气田预探井数超过 1100 口，新的勘探数据和地质研究成果有助于提高评价的准确性；④储量增长评价方法不同。

尽管各组织间各年的油气资源评价结果略有差异，但是世界石油大会发表的比较权威的资料表明，对目前世界石油最终可采总资源量为 5300 亿吨左右的估计值已基本被多数人所普遍认可。同时近几十年来评价和估算的资源总量数据趋势一致，均呈增长态势。20 世纪 40~50 年代，对世界石油资源的估计数为 685 亿~1370 亿吨，70 年代为 2470 亿吨，80 年代的评价方案多数为 3000 亿~4000 亿吨，90 年代世界原始可采石油资源大约为 3250 亿吨。2012 年世界原始可采石油资源为 5321 亿吨。

对于可采储量，也呈上升趋势。BP 公司统计，截止 1991 年底全球石油探明可采储量为 10327 亿桶，2001 年底石油剩余探明可采储量为 12674 亿桶，2011 年全球石油剩余探明可采储量 16526 亿桶（2343 亿吨），同比增长 1.9%，增长主要来自伊拉克，由上年的 155 亿吨，大幅上升到 193 亿吨，增幅高达 24.5%（图 2-5）。

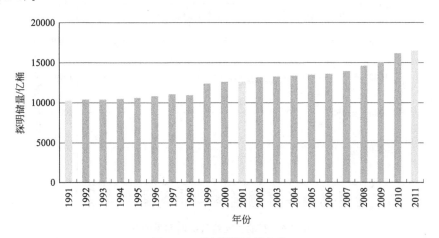

图 2-5　石油探明储量变化

中东地区仍是世界石油储量最丰富的地区，2011 年石油储量占全球总量的 48.1%。近年，拉美地区的石油储量增势明显，由于委内瑞拉计入超重油储量，该地区的石油探明储量占全球的比重从 2008 年的 10.7% 大幅提高到 2011 年的 17.9%。由于大规模实施油田开发生产作业，使伊拉克各油田探明储量得以落实并在复算中上调油田储量。例如西古尔纳油田石油储量上调至 59.3 亿吨，是初始估计的 2 倍多，成为伊拉克最大的油田；祖拜尔和哈法亚油田也因储量复算分别获得新增储量 5.1 亿吨和 1.2 亿吨。2012 年全球石油储量继续大幅增长 2%，储量增长主要来白俄罗斯和中国。

除常规石油资源外,世界上的非常规石油资源(如重油、沥青、油砂和油页岩等)也很丰富。据世界著名重油开采专家 S.M. Farouq Ali 估计,全球重油和沥青的资源量约为6000亿~9795亿吨,约是常规石油资源的2倍。已发现的资源主要分布在加拿大、委内瑞拉和美国。据报道,委内瑞拉已探明的超重质油可采储量约为420亿吨,相当于2004年底世界常规石油探明可采储量的30%。随着20世纪90年代以来开采技术的发展,以及当前高油价的刺激,过去不能经济开采的重油、超重油资源也开始具有了商业价值。加拿大油砂生产的合成油和委内瑞拉由超稠油生产的奥里诺科乳化油均已成为商品。因此,重油、油砂、油页岩等非常规油气资源都将成为经济可采的石油资源。

2.2.2.2 天然气资源储量

天然气探明储量年年增加。据BP公司能源统计资料,截至1991年底,全球天然气剩余探明可采储量为131.2万亿立方米,2001年底全球天然气剩余探明可采储量为168.5万亿立方米,2011年底全球天然气剩余探明可采储量为208.4万亿立方米,较2010年增长6.3%(图2-6)。

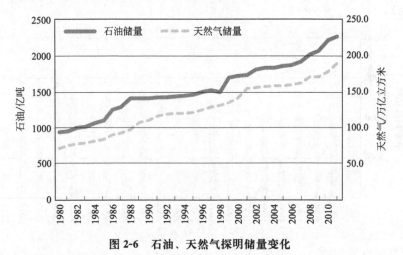

图 2-6 石油、天然气探明储量变化

全球天然气探明储量分布相对集中,天然气资源主要分布在中东、欧洲和俄罗斯、亚太和非洲地区。前4位的国家分别是俄罗斯、伊朗、卡塔尔和土库曼斯坦,占全球天然气探明储量的61%。近两年天然气储量增长主要来自土库曼斯坦,由上年的13.4万亿立方米增长到24.3万亿立方米,增幅高达81.3%。土库曼斯坦天然气储量增长主要来自南约洛坦气田储量重新评估,2011年评估结果认为该气田储量为13.1万亿~21.2万亿立方米,约为2008年估算储量的3倍。估计2012年全球天然气储量有小幅增长,增幅约在0.7%,储量增长主要来自伊朗和中国。虽然土库曼斯坦的天然气储量大幅增长,但中东仍是全球天然气探明储量最丰富的地区,拥有全球天然气储量的38.4%,其次是中亚-俄罗斯地区，占 35.5%。

2.2.3 世界油气资源区域分布

2.2.3.1 石油资源分布

(1) 区域分布概况

从整个世界的石油资源分布来看，在各个地区的分布极为不均。中东、中南美和北美地区的已探明石油储量所占比例最大，非洲和亚太地区最为贫乏。BP公司 2012 年报告显示，2011 年，中东地区石油探明储量 1082 亿吨，占全球总储量的 48.1%，具有绝对优势。由于近年来委内瑞拉石油探明储量激增，使得中南美洲地区的石油储量异军突起，达到了 505 亿吨，位居第二，占到了全球总储量的 19.7%。北美地区紧随其后，拥有 335 亿吨储量，占 13.2%。之后是欧洲（主要是俄罗斯和中亚国家）和非洲，分别为 190 亿吨和 176 亿吨，占全球总储量的 8.5% 和 8.0%。亚太地区储量最少，仅为 55 亿吨，占 2.5%（图 2-7）。

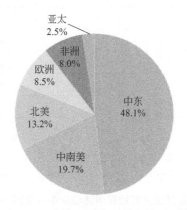

图 2-7 2011 年各区域内石油探明储量分布

已探明储量主要集中在少数几个国家，截至 2011 年底，石油剩余探明可采储量排在前几位的国家有沙特阿拉伯、伊拉克、阿联酋、科威特和伊朗，其剩余探明可采储量均超过了 100 亿吨。中国石油剩余探明可采储量 20 亿吨，居世界第 10 位，比 2001 年末下降 9 亿桶，仅占全球的 0.9%。

图 2-8、图 2-9 分别给出了近二十年间各区域内石油探明储量及其百分比的变化情况。可以看出，近二十年除北美地区的探明储量略有下降外，其他各区域均出现了不同程度的增加，这其中以亚太地区增加最少。在近十年来中南美地区出现了显著的升高，增加石油探明储量 2249 亿桶，使得中南美洲的石油储量超越欧洲和北美地区，由原来的世界排名第四跃升为第二，仅次于中东地区。

(2) 各区域内分布状况

① 中东地区 中东地区是全球油气资源最富集的地区，也是全球最为主要的油气资源输出地区，尽管近年来由于委内瑞拉石油探明储量的急剧升高，导致

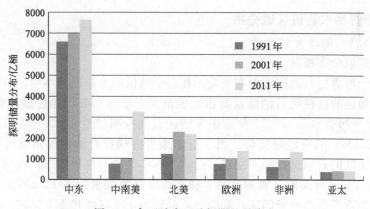

图 2-8　各区域内石油探明储量分布

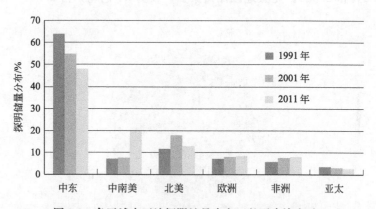

图 2-9　各区域内石油探明储量分布（以百分比表示）

中东地区在全球石油资源中所占比例有所下降，但仍然占有绝对地位。全球近一半的石油资源都在该地区，2013年全球石油探明储量的前10名，中东地区包揽了5位。分别是沙特阿拉伯（占15.8%）、伊朗（占9.3%）、伊拉克（占8.9%）、科威特（占6.0%）和阿联酋（占5.8%）（表2-5）。

表 2-5　中东地区石油探明储量　　　　　　　　　单位：10亿桶

国家	1993年	2003年	2013年	百分比
沙特阿拉伯	261.4	262.7	265.9	15.8%
伊朗	92.9	133.3	157.0	9.3%
伊拉克	100.0	115.0	150.0	8.9%
科威特	96.5	99.0	101.5	6.0%
阿联酋	98.1	97.8	97.8	5.8%
卡塔尔	3.1	27.0	25.1	1.5%

续表

国家	1993年	2003年	2013年	百分比
阿曼	5.0	5.6	5.5	0.3%
也门	2.0	2.8	3.0	0.2%
叙利亚	3.0	2.4	2.5	0.1%
其他中东国家	0.1	0.1	0.3	—
总计	662.1	745.7	808.5	47.9%

近十年来伊朗和伊拉克的储量都有较大的增长，分别增加了237亿桶和350亿桶，其他国家基本不变或略有增长。

② 中南美洲地区　中南美洲地区的石油储量集中，基本分布在委内瑞拉境内（占17.7%，见表2-6）。尤其是近五年间，委内瑞拉发展最快，新增原油探明储量增长1300亿桶，年均增长260亿桶，已探明储量已跃居世界第二位，也使得近十年中南美洲地区的石油探明储量急速上升。

表2-6　中南美洲地区石油探明储量　　单位：10亿桶

国家	1993年	2003年	2013年	百分比
委内瑞拉	64.4	77.2	298.3	17.7%
巴西	5.0	10.6	15.6	0.9%
厄瓜多尔	3.7	5.1	8.2	0.5%
哥伦比亚	3.2	1.5	2.4	0.1%
阿根廷	2.2	2.7	2.4	0.1%
秘鲁	0.8	0.9	1.4	0.1%
特立尼达和多巴哥	0.6	0.9	0.8	—
其他中南美洲国家	0.9	1.5	0.5	—
总计	80.8	100.4	329.6	19.4%

③ 欧洲及欧亚大陆　俄罗斯是另一石油资源大国，且近年来探明储量也不断增长。此外，哈萨克斯坦的石油储量出现了显著增长（表2-7）。

表2-7　欧洲及欧亚大陆石油探明储量　　单位：10亿桶

国家	1993年	2003年	2013年	百分比
俄罗斯	n/a	79.0	93.0	5.5%
哈萨克斯坦	n/a	9.0	30.0	1.8%
挪威	9.6	10.1	8.7	0.5%
阿塞拜疆	n/a	7.0	7.0	0.4%
英国	4.5	4.3	3.0	0.2%
意大利	0.6	0.8	1.4	0.1%
丹麦	0.7	1.3	0.7	—
罗马尼亚	1.0	0.5	0.6	—
土库曼斯坦	n/a	0.5	0.6	—

石油天然气的开发与利用

续表

国家	1993年	2003年	2013年	百分比
乌兹别克斯坦	n/a	0.6	0.6	—
其他欧洲及欧亚大陆国家	61.8	2.3	2.2	0.1%
总计	78.2	115.4	147.8	8.6%

注：n/a—不适用。

④ 北美地区　近十年内北美地区的石油资源可采量变化不大，甚至略有下降。北美地区内以石油大国加拿大的石油储量最为丰富，占到了全球总量的10.3%，美国次之，但较加拿大显著下降，占全球总储量的2.6%（表2-8）。

表 2-8　北美地区石油探明储量　　单位：10亿桶

国家	1993年	2003年	2013年	百分比
加拿大	39.5	180.4	174.3	10.3%
美国	30.2	29.4	44.2	2.6%
墨西哥	50.8	16.0	11.1	0.7%
总计	120.5	225.8	229.6	13.6%

⑤ 非洲　非洲地区由于自20世纪90年代以来，油气探明储量不断增长，已成为世界油气资源开发和输出的重要地区。其中利比亚（占2.9%）、尼日利亚（占2.2%）在世界石油供给中占有重要地位（表2-9）。

表 2-9　非洲石油探明储量　　单位：10亿桶

国家	1993年	2003年	2013年	百分比
利比亚	22.8	39.1	48.5	2.9%
尼日利亚	21.0	35.3	37.1	2.2%
安哥拉	1.9	8.8	12.7	0.8%
阿尔及利亚	9.2	11.8	12.2	0.7%
埃及	3.4	3.5	3.9	0.2%
南苏丹	—	—	3.5	0.2%
加蓬	0.7	2.3	2.0	0.1%
赤道几内亚	0.3	1.1	1.7	0.1%
刚果共和国	0.7	1.5	1.6	0.1%
乍得	—	0.9	1.5	0.1%
苏丹	0.3	0.6	1.5	0.1%
突尼斯	0.4	0.6	0.4	—
其他非洲国家	0.6	0.6	3.7	0.2%
总计	61.3	106.3	130.3	7.7%

⑥ 亚太地区 相对于世界其他地区，亚太地区的石油资源最为匮乏，近年来的探明储量也增长不大。亚太地区中以中国（占 1.1%）的储量最大，其次印度、越南、澳大利亚、印度尼西亚和马来西亚，储量差异不大。亚太地区 20 年来的探明储量数据如表 2-10 所示。

表 2-10　亚太地区石油探明储量　　　单位：10 亿桶

国家	1993 年	2003 年	2013 年	百分比
中国	16.4	15.5	18.1	1.1%
印度	5.9	5.7	5.7	0.3%
越南	0.6	3.0	4.4	0.3%
澳大利亚	3.3	3.7	4.0	0.2%
印度尼西亚	5.2	4.7	3.7	0.2%
马来西亚	5.0	4.8	3.7	0.2%
文莱	1.3	1.0	1.1	0.1%
泰国	0.2	0.5	0.4	—
其他亚太地区国家	1.1	1.4	1.1	0.1%
总计	39	40.3	42.2	2.5%

2.2.3.2　天然气资源分布

(1) 区域分布概况

天然气剩余储量主要分布在独联体和中东各地区。根据 2013 年数据，中东地区天然气探明储量占世界的 43.3%，欧洲主要占 30.4%，亚太地区占 8.3%，非洲地区占 7.6%，北美地区占 6.3%，中南美地区占 4.1%（图 2-10）。世界上 70% 以上的天然气探明储量集中在中东和独联体地区。

从国家来看，全球天然气探明储量分布相对集中。天然气资源最丰富的前 4 位的国家是伊朗、俄罗斯、卡塔尔和土库曼斯坦，分别拥有全球可采储量的 18.2%、16.8%、13.3%、9.4%，上述四国拥有全球已探明天然气可采储量的 57.7%。中国天然气剩余探明储量为 3.3 万亿立方米，占全球可采储量的 1.8%。

(2) 各区域内分布状况

① 中东地区　中东地区的天然气资源依然丰富，仍为全球首位。其中以伊朗（33.8 万亿立方米，占 18.2%）和卡塔尔（24.7 万亿立方米，占 13.3%）最为突出，二者总量占到了全球的 31.5%（表 2-11）。

② 欧洲及欧亚大陆　欧洲及欧亚大陆是天然气资源的最重要蕴藏地区，探明

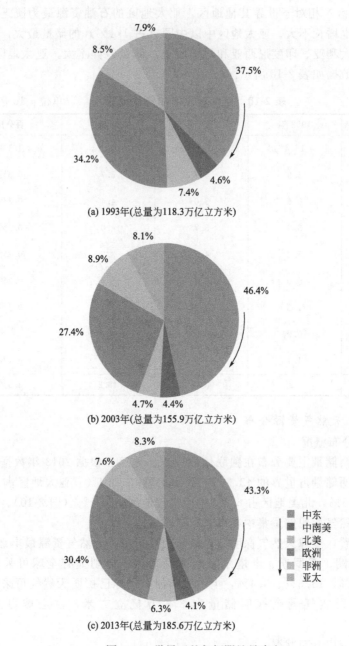

图 2-10 世界天然气探明储量分布

可采量为 56.5 万亿立方米，占到了全球总量的 30.4%，其中的独联体地区占有绝对优势。俄罗斯探明可采量为 31.3 万亿立方米，占到了全球总量的 16.8%。其次分别为土库曼斯坦、挪威、哈萨克斯坦和乌兹别克斯坦（表 2-12）。

表 2-11 中东地区天然气探明储量　　　　　单位：万亿立方米

国家	1993 年	2003 年	2013 年	百分比
伊朗	20.7	27.6	33.8	18.2%
卡塔尔	7.1	25.3	24.7	13.3%
沙特阿拉伯	5.2	6.8	8.2	4.4%
阿联酋	5.8	6.0	6.1	3.3%
伊拉克	3.1	3.2	3.6	1.9%
科威特	1.5	1.6	1.8	1.0%
阿曼	0.2	1.0	0.9	0.5%
也门	0.4	0.5	0.5	0.3%
叙利亚	0.2	0.3	0.3	0.2%
巴林	0.2	0.1	0.2	0.1%
其他中东国家	—	0.1	0.2	0.1%
总计	44.4	72.5	80.3	43.3%

表 2-12 欧洲及欧亚大陆天然气探明储量

单位：万亿立方米

国家	1993 年	2003 年	2013 年	百分比
俄罗斯	n/a	30.4	31.3	16.8%
土库曼斯坦	n/a	2.3	17.5	9.4%
挪威	1.4	2.5	2.0	1.1%
哈萨克斯坦	n/a	1.3	1.5	0.8%
乌兹别克斯坦	n/a	1.2	1.1	0.6%
阿塞拜疆	n/a	0.9	0.9	0.5%
荷兰	1.7	1.4	0.9	0.5%
乌克兰	n/a	0.7	0.6	0.3%
英国	0.6	0.9	0.2	0.1%
罗马尼亚	0.4	0.3	0.1	0.1%
波兰	0.1	0.1	0.1	0.1%
意大利	0.3	0.1	0.1	—
德国	0.2	0.2	—	—
丹麦	0.1	0.1	—	—
其他欧洲及欧亚大陆国家	35.6	0.4	0.2	0.1%
总计	40.5	42.8	56.5	30.4%

③ 亚太地区　亚太地区的天然气资源探明储量有所增长。亚太地区中以中国（3.3 万亿立方米，占 1.8%）和澳大利亚（3.7 万亿立方米，占 2.0%）的储量最大，其次是印度尼西亚、印度和马来西亚（表 2-13）。

④ 非洲　非洲地区天然气探明储量变化不大，略有增长。其中以尼日利亚（5.1 万亿立方米，占 2.7%）、阿尔及利亚（4.5 万亿立方米，占 2.4%）和埃及（1.8 万亿立方米，占 1.0%）最为突出（表 2-14）。

石油天然气的开发与利用

表 2-13　亚太地区天然气探明储量　　　　　　单位：万亿立方米

国家	1993 年	2003 年	2013 年	百分比
澳大利亚	1.0	2.4	3.7	2.0%
中国	1.7	1.3	3.3	1.8%
印度尼西亚	1.8	2.6	2.9	1.6%
印度	0.7	0.9	1.4	0.7%
马来西亚	1.8	2.5	1.1	0.6%
巴基斯坦	0.7	0.8	0.6	0.3%
越南	0.1	0.2	0.6	0.3%
文莱	0.4	0.3	0.3	0.2%
泰国	0.2	0.4	0.3	0.2%
缅甸	0.3	0.4	0.3	0.2%
孟加拉国	0.3	0.4	0.3	0.1%
巴布亚新几内亚	—	—	0.2	0.1%
其他亚太地区国家	0.3	0.5	0.3	0.2%
总计	9.3	12.7	15.3	8.3%

表 2-14　非洲天然气探明储量　　　　　　单位：万亿立方米

国家	1993 年	2003 年	2013 年	百分比
尼日利亚	3.7	5.1	5.1	2.7%
阿尔及利亚	3.7	4.5	4.5	2.4%
埃及	0.6	1.7	1.8	1.0%
利比亚	1.3	1.5	1.5	0.8%
其他非洲国家	0.7	1.0	1.2	0.7%
总计	10.0	13.8	14.1	7.6%

⑤ 北美地区　北美地区的天然气资源可采量略有增加，总量为 11.6 万亿立方米，占全球的 6.3%。北美地区内以美国的石油储量最为丰富，且近十年内美国的天然气探明储量显著增加，2013 年底探明储量增至 9.3 万亿立方米，占到了全球总量的 5.0%，成为继伊朗、俄罗斯、卡塔尔和土库曼斯坦之后的第五大国。加拿大次之，为 2.0 万亿立方米，占全球总储量的 1.1%（表2-15）。

表 2-15　北美地区天然气探明储量　　　　　　单位：万亿立方米

国家	1993 年	2003 年	2013 年	百分比
美国	4.6	5.4	9.3	5.0%
加拿大	2.2	1.6	2.0	1.1%
墨西哥	2.0	0.4	0.3	0.2%
总计	8.8	7.4	11.6	6.3%

⑥ 中南美洲地区　中南美洲的天然气可采储量为 7.8 万亿立方米，占全球的 4.1%。中南美洲地区的天然气储量集中，委内瑞拉可采储量达到 5.6 万亿立

方米,占全球的 3.0%(表 2-16)。

表 2-16 中南美洲地区天然气探明储量

单位:万亿立方米

国家	1993 年	2003 年	2013 年	百分比
委内瑞拉	3.7	4.2	5.6	3.0%
巴西	0.1	0.2	0.5	0.2%
秘鲁	0.3	0.2	0.4	0.2%
特立尼达和多巴哥	0.2	0.5	0.4	0.2%
玻利维亚	0.1	0.8	0.3	0.2%
阿根廷	0.5	0.6	0.3	0.2%
哥伦比亚	0.2	0.1	0.2	0.1%
其他中南美洲国家	0.2	0.1	0.1	—
总计	5.3	6.7	7.8	4.1%

2.3 世界油气产量分布

2.3.1 世界油气产量概况

近年来全球油气产量不断增长。2010 年全球石油产量已恢复到金融危机前水平,2011 年继续保持增长。虽然中东、北非政局动荡,尤其是利比亚内战对其石油生产造成冲击,但沙特阿拉伯和俄罗斯等国石油产量的增长弥补了这些国家的石油减产。同样,2011 年全球天然气产量也继续保持快速增长,美国页岩气仍是产量增长的主要来源。

(1) 全球石油产量继续保持增长

2011 年,全球石油产量达 8357.6 万桶/日(40.0 亿吨),较上年增长 1.3%,即增量为 110 万桶/日(图 2-11)。

石油产量的净增长几乎全部来自石油输出国组织,其中中东地区仍是世界上最大的产油区,石油产量增长 9.3%,产量占全球的 32.6%。2011 年,中东地区产量增长主要来自沙特阿拉伯(增产 120 万桶/日)、科威特和伊拉克,完全弥补了利比亚停产(减产 120 万桶/日)所带来的缺口。沙特阿拉伯、阿联酋和卡塔尔的石油产量均创下历史新高。2011 年全球十大产油国的石油产量合计 5313.8 万桶/日,占全球总产量的 63.6%。

非石油输出国组织的石油产量大致保持稳定,美国、加拿大、俄罗斯和哥伦比亚的产量增长弥补了英国和挪威等老产油区域产量的持续衰减,以及某些国家所出现的意外停产。美国的石油产量的涨幅连续三年在非石油输出国组织产油国中雄踞榜首(增加了 28.5 万桶/日)。随着陆上页岩油产量持续强劲增长,美国的石油产量达到了 1998 年以来的最高水平。

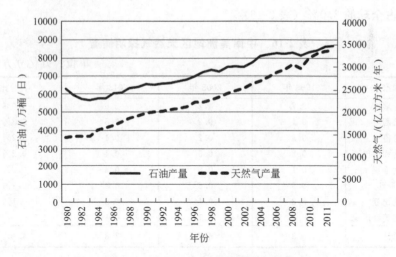

图 2-11 1980～2011 年全球油气产量

2012 年全球石油产量增长主要来自北美和非洲。页岩油和油砂生产使北美石油产量增长约 10%，因政局影响减产的非洲国家出现恢复性增长，使非洲地区产量增长 7%。中东地区石油产量仍居全球首位，约占全球产量的 32%。

(2) 全球天然气产量继续保持快速增长

2011 年全球天然气产量再创历史新高，达到 3.28 万亿立方米，同比增长 3.1%，保持近年来的快速增长势头。增长主要来自美国和卡塔尔。页岩气开发使美国天然气产量增长 7.7%；GTL（天然气合成油）和 LNG（液化天然气）生产使卡塔尔天然气产量大幅增长 25.8%。秘鲁、土库曼斯坦和沙特等国的产量也有较大增长。从地区生产形势看，2011 年北美和中亚-俄罗斯仍是天然气产量最大的两个地区，利比亚内战带来的减产使非洲天然气产量明显下降。美国、俄罗斯和加拿大仍是全球最大的产气国。全球十大天然气生产国合计产气 2.17 万亿立方米，占总产量的 65%。近年随着页岩气开发的快速发展，美国天然气产量实现连续增长，2009 年首次超过俄罗斯，2011 年继续保持全球第一大产气国地位。2012 年全球天然气产量估计为 3.4 万亿立方米，同比增长约 3.7%。近半产量来自北美和俄罗斯中亚地区。产量增长主要来自中东和北美。中东天然气产量连续三年大幅增长；北美产量继续稳步上升；俄罗斯产量受市场影响有所降低，估计全年减产 3%，从而使中亚俄罗斯地区天然气产量增幅放缓。

(3) 新项目开发为油气稳产增产提供保障

受高油价和需求增长的影响，未来十年全球仍将大兴油气产能建设，47 个国家在建或拟建项目共计 407 个，涉及石油产能合计 22 亿吨/年，主要来自伊拉克、加拿大和巴西，涉及天然气产能合计 8085 亿立方米/年，主要来自澳大利亚和俄罗斯。与 2011 年相比，2012 年统计的产能建设项目不论从项目数量还是总体产能规模都大幅提高,由于油价久居高位,石油开发项目增加更为明显,涉及产能比 2011 年增加近 21.6%;天然气产能建设项目保持稳定增长,涉及产能比 2011 年增长 5.5%。

新项目开发投产为油气稳产增产提供保障。2011 年全球共有 166 个新油气田开发项目投产,新增产量 0.93 亿吨油当量,其中油田或油气田 122 个,新增产量 0.44 亿吨油当量;气田或凝析气田 44 个,新增产量 0.49 亿吨油当量。估计 2012 年新投产油气田数超过 2011 年。

(4) 深海油气开发将在未来油气供应中发挥重要作用

目前全球深水油气产量约 720 万桶油当量/日,占总量的 5%,在产油气田最大水深已达 2700m。其中深水石油产量近 620 万桶/日,主要来自巴西、美国墨西哥湾、安哥拉和尼日利亚;深水天然气产量约 100 万桶油当量/日,主要来自美国墨西哥湾、印度、埃及、巴西和尼日利亚。

巴西深海石油产量逐渐上升。2012 年达到日产 18 万桶石油和 570 万立方米天然气的生产水平。目前巴西已发现、正在开发或计划开发的深水项目约 30 个,未来随着项目陆续建成投产,巴西将成为世界主要石油生产国和出口国之一。

美国墨西哥湾油气勘探开发逐渐恢复。2012 年 6 月 BP 在墨西哥湾深水项目安全投产,有助于降低漏油事件的消极影响。墨西哥湾深水区未投产油气田约 80 个,随着深水技术的进一步完善以及安全管理更加科学和规范,产量可望保持稳定并逐步提高。

(5) 非常规油气产量增长潜力巨大,未来可望超过深水产量

目前非常规油气产量主要来自西半球,尤其是北美非常规油气革命导致非常规油产量的大幅提高。2011 年加拿大油砂油产量为 174 万桶/日,预计 2015 年将提高至 230 万桶/日。美国致密油(主要为页岩油)产量达到 73 万桶/日,比 2010 年提高了 82.5%。随着 Bakken 和 Eagle Ford 页岩开发不断深入以及 Utica 和 Niobrara 页岩投入开发,预计到 2015 年美国页岩油产量将达 135 万桶/日。致密油产量的大幅提高,助推了美国石油产量的提升,成为非欧佩克成员国中产量增幅最高的国家。2012 年美国原油产量升至 640 万桶/日,同比增长 75 万桶/日,创 1995 年以来的最高水平。此外,受国有化政策影响,近年来委内瑞拉重油开发进展有所放缓,2012 年 9 月胡宁 6 区块项目投产引人注目,该项目是委内瑞拉国有化之后投产的第一个重油项目,项目设计产能 45 万桶/日,2012 年底达 5 万桶/日,从而使奥里诺科重油带产量提高至 52.2 万桶/日。

(6) 世界石油呈劣质化趋势

据世界油气评论统计资料表明,全球原油质量呈逐步趋于劣质化态势。从原油 API 度〔美国石油学会(API)制订的用以表示石油及石油产品密度的一种量度〕来看,轻质原油产量在世界总产量中所占比例下降,而中质油、重质油上升;从原油含硫量来看,低硫原油产量在世界总产量中所占比例下降,含硫原油

上升，高硫原油上升。目前全球生产的原油 2/3 为高硫原油，富余产能最集中的中东地区就以生产高硫原油为主。高硫原油在未来几年内所占比例仍将逐步提高，其中美洲和非洲新增生产能力中很大一部分将为高硫原油。

未来全球原油质量总体趋势是：含硫量将升高，API 重度将增加，原油质量逐步劣质化。由于常规原油产量下降以及来自加拿大、墨西哥和委内瑞拉的油砂和重油产量的增长，北美和中南美地区原油质量将下降较快。预计全球原油含硫量将持续增加，世界原油平均含硫量将增加约 22%。今后低硫原油产量将下降，占世界原油总产量的比例将从 2005 年的 34.10% 下降到 2020 年的 29%。低硫原油产量将于 2015 年达到高峰，然后开始下降。含硫原油产量将持续增长，到 2020 年几乎所有的原油产量增长都将来自含硫原油。

2.3.2 油气产量区域分布

2.3.2.1 原油产量分布

近年世界原油产量稳定增长。2011 年，在生产层面，利比亚及其他地区原油供应量的减少，最终少于石油输出国组织中东地区主要成员国供应量的大幅增加，沙特阿拉伯、阿联酋和卡塔尔的原油产量均创下历史纪录。与此同时，美国连续三年成为非石油输出国组织国家中原油产量涨幅最高的国家。据 BP 公司世界能源统计报告，2013 年世界原油总产量为 41.3 亿吨，比 2003 年增长了 10%（图 2-12）。

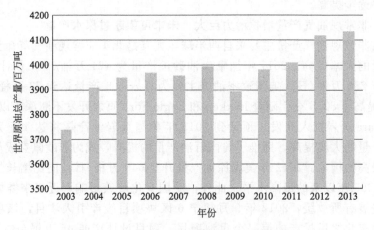

图 2-12 2003～2013 年世界原油总产量变化

据 2011 年数据，在 40 亿吨原油产量中，经合组织占 21.7%，非经合组织占 78.3%。石油输出国组织的原油产量占总产量的 42.4%，非石油输出国组织占 41.0%。原油产量主要来自中东、独联体和北美地区。其中，中东地区原油产量远高于其他地区，占世界总产量的 32%（图 2-13）。原油产量排在前几位的有沙特阿拉伯、美国、俄罗斯、伊朗。1999 年中国原油产量为 1.6 亿吨，居世界第5位。就储采比而言,中南美地区最大,要明显高于其他地区,而后是中东、非洲和北美,亚太地区最低(图2-14)。

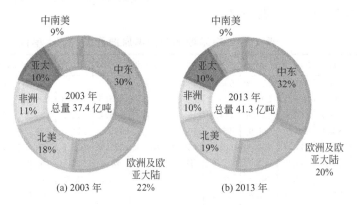

图2-13 各区域原油产量分布

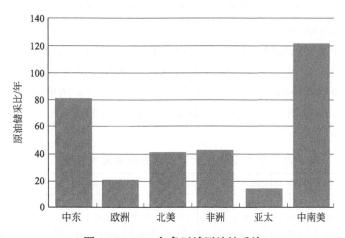

图2-14 2011年各区域原油储采比

同时,全球炼厂原油加工量增长0.5%,即37.5万桶/日,低于历史平均水平。所有的净增长都出现在非经合组织国家,增量为68.5万桶/日。尽管经合组织的原油加工量减少了31万桶/日,美国的原油加工量逆势增长了11万桶/日,这使美国有史以来首次成为成品油净出口国。全球炼能利用率下降到81.2%,这是因为全球炼油能力增长了140万桶/日(+1.5%),超过原油加工量的增速。

(1) 中东地区

对各个地区而言,中东地区是世界最大的产油区,2013年石油产量下降0.9%,产量占全球的32.3%。其中的沙特阿拉伯原油产量居世界第一位,占到了全球原油产量的13.2%。而后依次为伊朗、阿联酋、伊拉克、科威特,分别占总产量的4.0%、4.0%、3.7%和3.7%。另外,伊拉克石油产量已恢复到

1989年的水平。为弥补利比亚石油减产,沙特阿拉伯大幅提高原油产量,重回世界最大产油国地位。然而,内战和制裁使得叙利亚、也门和伊朗分别减产67.3%、11.5%和6%(表2-17)。

表2-17　中东地区各国家原油产量　　　　单位:百万吨

国家	2003年	2004年	2005年	2006年	2007年	2008年	2009年	2010年	2011年	2012年	2013年
沙特阿拉伯	486.2	500.4	521.3	508.9	488.9	509.9	456.7	473.8	526.0	549.8	542.3
伊朗	198.5	208.2	206.4	209.2	210.9	214.5	205.5	208.8	208.2	177.1	166.1
阿联酋	126.2	132.0	135.8	144.3	139.6	141.4	126.2	133.3	151.3	154.7	165.7
伊拉克	66.0	99.9	89.9	98.0	105.1	119.3	119.9	121.5	136.7	152.5	153.2
科威特	115.6	123.4	130.4	133.7	129.9	136.1	121.2	122.5	139.7	153.7	151.3
卡塔尔	43.8	50.0	52.6	56.8	57.9	65.0	62.4	72.1	78.2	83.3	84.2
阿曼	40.7	38.9	38.5	36.5	35.2	37.6	40.2	42.8	43.8	45.0	46.1
也门	21.2	20.0	19.8	18.1	15.9	14.8	14.3	13.5	10.6	8.3	7.4
叙利亚	32.4	24.3	22.3	21.0	20.1	20.3	20.0	19.2	16.3	8.5	2.8
其他国家	2.3	2.3	9.1	8.9	9.5	9.5	9.4	9.4	9.9	9.0	10.2

(2) 欧洲及欧亚大陆地区

欧洲及欧亚大陆紧随中东之后,位居第二,2013年原油产量为8.375亿吨,占世界总产量的20.4%。这其中俄罗斯原油产量占绝对优势,为全球总产量的12.9%,成为继沙特阿拉伯之后产量最多的国家。而后,哈萨克斯坦、挪威、阿塞拜疆和英国的原油产量也较高,分别占全球产量的2.0%、2.0%、1.1%和1.0%(表2-18)。

表2-18　欧洲及欧亚大陆地区各国家原油产量　　　　单位:百万吨

国家	2003年	2004年	2005年	2006年	2007年	2008年	2009年	2010年	2011年	2012年	2013年
俄罗斯	425.7	463.3	474.8	485.6	496.8	493.7	500.8	511.8	518.5	526.2	531.4
哈萨克斯坦	52.4	60.6	62.6	66.1	68.4	72.0	78.2	81.6	82.4	81.2	83.8
挪威	153.9	150.3	138.7	129.0	118.6	114.7	108.7	98.8	93.8	87.2	83.2
阿塞拜疆	15.4	15.5	22.2	32.3	42.6	44.5	50.4	50.8	45.6	45.7	46.2
英国	106.1	95.4	84.7	76.6	76.6	71.7	68.2	63.0	52.0	44.6	40.6
土库曼斯坦	10.0	9.6	9.5	9.2	9.8	10.3	10.4	10.7	10.7	11.0	11.4
丹麦	17.9	19.1	18.4	16.7	15.2	14.0	12.9	12.2	10.9	10.0	8.7
意大利	5.6	5.4	6.1	5.8	5.9	5.2	4.6	5.1	5.3	5.5	5.6
罗马尼亚	5.9	5.7	5.4	5.0	4.7	4.7	4.3	4.2	4.0	4.1	
乌兹别克斯坦	7.1	6.6	5.4	5.4	4.9	4.8	4.5	3.6	3.6	3.2	2.9
其他国家	24.0	23.4	22.0	21.7	21.6	20.6	19.9	19.2	19.2	19.2	19.6

(3) 北美洲地区

北美洲地区原油产量世界第三,为7.81亿吨,占19.0%,较上年增长了8.4%。其中,美国增长13.2%,达到了4.46亿吨,占到了全球的10.8%,位居世界原油产量第三位。同时加拿大也提高了5.7%,达到了1.93亿吨,占全球总产量的 4.7%（表 2-19）。

表 2-19　北美洲地区各国家原油产量　　　单位：百万吨

国家	2003年	2004年	2005年	2006年	2007年	2008年	2009年	2010年	2011年	2012年	2013年
美国	332.3	325.1	309.1	304.7	305.2	302.3	322.4	332.9	345.7	394.1	446.2
加拿大	140.2	144.8	142.3	150.6	155.3	152.9	152.8	160.3	169.8	182.6	193.0
墨西哥	188.2	190.0	186.5	182.5	172.2	156.9	146.7	145.6	144.5	143.9	141.8

（4）非洲地区

北非政治动荡对石油生产影响严重，使得非洲的原油产量下降了 10.0%。利比亚内战导致 2011 年原油产量由以往的 165 万桶/日水平下降到 48 万桶/日，降幅高达 71%，近年有恢复，但尚未达到以往产量（表 2-20）。这些减少的产量由中东国家产量的大幅增产弥补。

表 2-20　非洲地区各国家原油产量　　　单位：百万吨

国家	2003年	2004年	2005年	2006年	2007年	2008年	2009年	2010年	2011年	2012年	2013年
尼日利亚	109.0	119.0	122.1	116.6	110.2	102.8	106.6	121.3	118.2	116.2	109.0
安哥拉	42.8	54.5	68.9	69.3	82.1	93.1	87.6	90.5	83.8	86.9	42.8
阿尔及利亚	79.0	83.6	86.4	86.2	86.5	85.6	77.2	73.8	71.7	67.2	79.0
利比亚	69.8	76.5	82.2	85.3	85.3	85.5	77.4	77.7	22.5	71.1	69.8
埃及	37.1	34.8	33.2	34.5	33.8	34.7	35.3	35.0	34.6	34.7	37.1
赤道几内亚	14.0	18.9	20.0	19.3	19.9	19.3	17.1	15.2	13.9	14.9	14.0
刚果共和国	10.7	11.2	12.3	14.0	11.4	12.1	13.9	15.2	15.6	15.0	10.7
加蓬	13.7	13.7	13.5	12.1	12.3	12.0	12.0	12.2	12.7	12.3	13.7
苏丹	12.9	14.4	14.5	17.5	23.8	22.6	23.4	22.8	14.3	5.1	12.9
乍得	1.2	8.8	9.1	8.0	7.5	6.7	6.2	6.4	6.0	5.3	1.2
南苏丹	—	—	—	—	—	—	—	—	—	1.5	—
突尼斯	3.2	3.4	3.4	3.3	4.6	4.2	4.0	3.8	3.2	3.2	3.2
其他国家	7.0	8.2	8.6	11.2	9.7	9.5	9.2	8.3	11.5	11.6	7.0

（5）亚太地区

2013 年亚太地区的原油总产量为 3.92 亿吨，占全球总产量的 9.5%，较 2012 年下降了 2.0%。其中中国的产量要显著高于其他亚太国家，为 2.08 亿吨，占全球总产量的 5.1%，较 2012 年下降了 0.3%。其次为印度尼西亚、印度、马来西亚和泰国，分别占全球产量的 1.0%、1.0%、0.7%、0.4%（表 2-21）。

（6）中南美洲地区

2013 年中南美洲的原油总产量基本与上年持平，为 3.74 亿吨，占全球总产量的 9.1%。委内瑞拉是中南美洲最大的产油国，其产量较 2012 年下降 1.1%，但仍然占全球总产量的 3.3%。巴西产量居中南美洲第二，占全球总产量的 2.7%。此外，哥伦比亚的原油产量增幅较大，达到了 6%，占总产量的 1.3%（表 2-22）。

表 2-21 亚太地区各国家原油产量　　　单位：百万吨

国家	2003年	2004年	2005年	2006年	2007年	2008年	2009年	2010年	2011年	2012年	2013年
中国	169.6	174.1	181.4	184.8	186.3	190.4	189.5	203.0	202.9	207.5	208.1
印度尼西亚	57.6	55.6	53.7	50.2	47.8	49.4	48.4	48.6	46.3	44.6	42.7
印度	37.3	38.2	36.6	37.8	37.9	37.9	37.2	40.8	42.3	42.0	42.0
马来西亚	35.4	36.3	34.6	32.7	33.8	34.0	32.2	32.0	28.9	30.3	29.6
泰国	29.7	25.9	25.5	23.7	24.7	24.3	22.5	24.9	22.0	21.6	17.9
澳大利亚	17.6	20.7	19.0	17.2	16.3	15.2	16.7	15.3	15.5	17.0	17.0
越南	9.5	9.3	11.4	12.5	14.0	14.6	14.8	15.2	16.4	16.6	
文莱	10.5	10.3	10.1	10.8	9.5	8.6	8.3	8.5	8.1	7.8	6.8
其他国家	8.8	10.4	12.4	13.1	13.9	14.8	14.4	13.8	13.1	12.5	11.4

表 2-22 中南美洲地区各国家原油产量　　　单位：百万吨

国家	2003年	2004年	2005年	2006年	2007年	2008年	2009年	2010年	2011年	2012年	2013年
委内瑞拉	147.5	170.1	169.7	171.0	165.5	165.6	155.7	145.7	141.5	136.6	135.1
巴西	81.1	80.6	88.7	93.7	95.2	98.8	105.6	111.4	114.2	112.2	109.9
哥伦比亚	28.5	27.9	27.7	27.9	28.0	31.1	35.3	41.4	48.2	49.9	52.9
阿根廷	42.8	40.9	39.4	39.1	38.0	36.5	34.9	34.0	32.2	31.1	30.5
厄瓜多尔	22.5	28.3	28.6	28.8	27.5	27.2	26.1	26.1	26.8	27.1	28.2
特立尼达和多巴哥	8.7	8.2	9.0	9.6	8.2	8.7	7.6	7.4	6.9	6.0	5.9
秘鲁	4.6	4.4	4.5	4.6	4.6	4.7	5.1	4.9	4.8	4.6	
其他国家	7.8	7.4	7.4	7.1	7.1	7.1	6.6	6.9	7.0	7.1	7.3

2.3.2.2 天然气产量分布

自20世纪80年代以来，世界天然气产量一直有较大增长。据2014年BP统计数据，2003~2013年世界天然气产量也逐年上升（图2-15）。2013年全球天然气产量33701亿立方米，比2003年增长了28.6%，比1990年增长了69.3%，比1980年的16400亿立方米增幅达到了105.5%。

在区域层面上看，北美和独联体是世界天然气主要产区，这2个地区的天然气产量占世界总产量的一半以上（图2-16）。其次是亚太和中东地区，尤其是中东地区，近年来天然气的增幅成为了全世界增幅最大的地区。就储采比来说，中东地区最大，超过了140年；而后是欧洲及欧亚大陆、非洲和中南美洲，北美洲最低（图2-17）。

就国别而言，2013年世界天然气产量前3位国家是美国、俄罗斯和伊朗。其中，美国天然气产量6876亿立方米，占世界总产量的20.6%；俄罗斯天然气产量6048亿立方米，占世界天然气总产量的17.9%；伊朗天然气总产量1666亿立方米，占世界总产量的4.9%。中国2013年天然气产量为1171亿立方米，占世界总产量的3.5%，较上年大幅增长9.2%。世界排名由1998年18位跃居第6位。

第 2 章 石油天然气的资源分布与消费

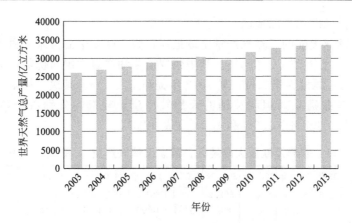

图 2-15 2003~2013 年世界天然气总产量变化

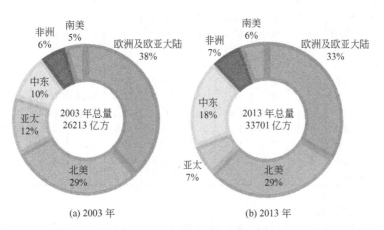

(a) 2003 年　　　　　　　(b) 2013 年

图 2-16 各区域天然气产量分布

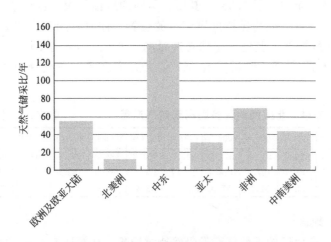

图 2-17 2013 年各区域天然气储采比

石油天然气的开发与利用

(1) 欧洲及欧亚大陆地区

欧洲及欧亚大陆的天然气产量全球最高，为 10330 亿立方米，占世界总产量的 30.7%，较上年提高了 0.5%。其中俄罗斯原油产量占绝对优势，为全球总产量的 17.95%，居世界第二位，较 2012 年提高了 2.1%。其次，挪威、荷兰、土库曼斯坦、乌兹别克斯坦和英国的天然气产量也较高，分别占全球总产量的 3.2%、2.0%、1.8%、1.6% 和 1.1%（表 2-23）。

表 2-23　欧洲及欧亚大陆地区各国家天然气产量　　单位：10 亿立方米

国家	2003年	2004年	2005年	2006年	2007年	2008年	2009年	2010年	2011年	2012年	2013年
俄罗斯	561.6	573.3	580.1	595.2	592.1	601.8	527.7	588.9	607.0	592.3	604.8
挪威	73.1	79.2	85.8	88.7	90.3	100.1	104.4	107.3	101.3	114.7	108.7
荷兰	58.1	68.5	62.5	61.6	60.5	66.6	62.7	70.5	64.2	63.9	68.7
土库曼斯坦	53.5	52.8	57.0	60.4	65.4	66.1	36.4	42.4	59.5	62.3	62.3
乌兹别克斯坦	52.0	54.2	54.0	54.5	59.1	62.2	60.0	59.6	57.0	56.9	55.2
英国	102.9	96.4	88.2	80.0	72.1	69.6	59.7	57.1	45.2	38.9	36.5
乌克兰	17.6	18.4	18.6	18.7	18.7	19.0	19.3	18.5	18.7	18.6	19.3
哈萨克斯坦	11.1	12.3	12.7	13.0	15.1	16.9	16.4	15.9	17.5	18.4	18.5
阿塞拜疆	4.6	4.5	5.2	6.1	9.8	14.8	14.8	15.1	14.8	15.6	16.2
罗马尼亚	13.0	12.8	12.4	11.9	11.5	11.4	11.3	10.9	11.0	10.9	11.0
德国	17.3	16.4	15.8	15.6	14.3	13.0	12.2	10.6	10.0	9.0	8.2
意大利	12.7	11.9	11.1	10.1	8.9	8.5	7.3	7.7	7.7	7.9	7.1
丹麦	8.0	9.4	10.4	10.4	9.2	10.1	8.4	8.2	6.6	5.8	4.8
波兰	4.0	4.4	4.3	4.3	4.3	4.1	4.1	4.1	4.3	4.3	4.2
其他国家	10.6	11.0	10.7	10.5	10.4	10.2	10.2	10.4	9.5	8.7	7.5

(2) 北美洲地区

2013 年北美洲地区天然气产量世界第二，为 8990 亿立方米，占全球总产量的 26.7%，较上年增长了 0.5%。其中，美国的增幅最大，达到了 7.8%，占世界总产量的 20.4%，继续保持世界第一的位置。同时，加拿大的天然气产量也较高，虽然有所下降，但仍占全球总产量的 4.6%。墨西哥 2013 年的石油产量较 2012 年也有所下降，但仍然有 566 亿立方米之多，占全球总产量的 1.7%（表 2-24）。

表 2-24　北美洲地区各国家天然气产量　　单位：10 亿立方米

国家	2003年	2004年	2005年	2006年	2007年	2008年	2009年	2010年	2011年	2012年	2013年
美国	540.8	526.4	511.1	524.0	545.6	570.8	584.0	603.6	648.5	681.2	687.6
加拿大	184.7	183.7	187.1	188.4	182.7	176.6	164.0	159.9	159.7	156.0	154.8
墨西哥	41.7	43.4	52.3	57.3	53.7	53.4	59.4	57.0	58.3	56.9	56.6

(3) 中东地区

2013 年中东地区的天然气产量仍然持续增长，涨幅达 4.2%，总产量达到了

5683亿立方米,占全球总产量的16.9%,居世界产量第三位。其中,卡塔尔、沙特阿拉伯的天然气产量较2012年增长了5.1%和3.7%,与伊朗一起成为中东地区产量排名前三的国家。此外,巴林、也门的产量增长较高,涨幅达到了15.3%和35.5%(表2-25)。

表2-25 中东地区各国家天然气产量　　　单位:10亿立方米

国家	2003年	2004年	2005年	2006年	2007年	2008年	2009年	2010年	2011年	2012年	2013年
伊朗	82.7	96.4	102.3	111.5	125.0	132.4	144.2	152.4	159.9	165.6	166.6
卡塔尔	31.4	39.2	45.8	50.7	63.2	77.0	89.3	116.7	145.3	150.8	158.5
沙特阿拉伯	60.1	65.7	71.2	73.5	74.4	80.4	78.5	87.7	92.3	99.3	103.0
阿联酋	44.8	46.3	47.8	49.0	50.3	50.2	48.8	51.3	52.3	54.3	56.0
阿曼	16.5	18.5	19.8	23.7	24.0	24.1	24.8	27.1	26.5	30.0	30.9
巴林	9.6	9.8	10.7	11.3	11.8	12.7	12.8	13.1	13.4	13.7	15.8
科威特	11.0	11.9	12.2	12.5	12.1	12.8	11.5	11.7	13.5	15.5	15.6
也门	—	—	—	—	—	—	0.8	6.2	9.4	7.6	10.3
叙利亚	6.2	6.4	5.5	5.6	5.6	5.3	5.6	8.0	7.1	5.3	4.5
伊拉克	1.6	1.0	1.5	1.5	1.5	1.9	1.2	1.3	0.9	0.7	0.6
其他国家	0.3	1.5	1.9	2.6	3.0	3.6	3.0	3.4	4.4	2.6	6.5

(4)亚太地区

2013年亚太地区的天然气产量较2012年上升了0.9%,由于中东地区产量的大幅度提升,近年亚太地区产量由世界第三位下降到了第四位,2013年占全球总产量的14.5%。其中,中国的产量最高,为1171亿立方米,占世界总产量的3.5%,且较上年增长幅度较大。而印度尼西亚、澳大利亚、巴基斯坦、印度和文莱的产量均出现了不同程度的下降,分别下降了1.0%、1.2%、6.3%、16.4%和3.2%(表2-26)。

表2-26 亚太地区各国家天然气产量　　　单位:10亿立方米

国家	2003年	2004年	2005年	2006年	2007年	2008年	2009年	2010年	2011年	2012年	2013年
中国	35.0	41.5	49.3	58.6	69.2	80.3	85.3	94.8	102.7	107.2	117.1
印度尼西亚	73.2	70.3	71.2	70.3	67.6	69.7	71.9	82.0	75.9	71.1	70.4
马来西亚	51.8	53.9	61.1	63.3	64.6	64.7	63.4	65.3	65.3	66.5	69.1
澳大利亚	33.2	35.3	37.1	38.9	40.0	38.3	42.3	45.2	44.9	43.4	42.9
泰国	21.5	22.4	23.7	24.2	26.0	28.8	30.2	36.3	37.0	41.4	41.8
巴基斯坦	30.4	34.5	35.5	36.1	36.8	37.5	38.4	39.6	39.2	41.2	38.6
印度	29.5	29.2	29.6	29.3	30.1	30.5	39.2	50.8	46.1	40.3	33.7
孟加拉国	12.3	12.8	13.8	15.1	15.9	17.0	18.5	19.9	20.1	21.1	21.9
缅甸	9.6	10.2	12.2	12.6	13.5	12.4	11.2	12.4	12.8	12.7	13.1
文莱	12.4	12.2	12.0	12.6	12.3	12.2	11.4	12.3	12.8	12.6	12.2
越南	2.4	4.2	6.4	7.0	7.1	7.5	8.0	9.4	8.5	9.4	9.8
其他国家	10.6	10.0	11.0	14.6	17.4	18.3	16.6	18.2	18.4	18.5	18.7

(5) 非洲地区

由于北非政治动荡，尼日利亚的天然气产量下降了16.6%，使得非洲的总天然气产量也降低了5.5%，总产量变为2044亿立方米，占世界总产量的6.1%。非洲地区产量占前三位的国家有阿尔及利亚、埃及和尼日利亚，分别占全球总产量的2.3%、1.7%和1.1%（表2-27）。

表2-27 非洲地区各国家天然气产量

单位：10亿立方米

国家	2003年	2004年	2005年	2006年	2007年	2008年	2009年	2010年	2011年	2012年	2013年
阿尔及利亚	82.8	82.0	88.2	84.5	84.8	85.8	79.6	80.4	82.7	81.5	78.6
埃及	30.1	33.0	42.5	54.7	55.7	59.0	62.7	61.3	61.4	60.9	56.1
尼日利亚	22.6	24.4	25.1	29.6	36.9	36.2	26.0	37.3	40.6	43.3	36.1
利比亚	5.5	8.1	11.3	13.2	15.3	15.9	15.9	16.8	7.9	12.2	12.0
其他国家	7.2	8.9	9.9	10.4	12.3	15.8	16.3	18.4	18.6	18.5	21.6

(6) 中南美洲地区

中南美洲的天然气产量略有上升，升幅为1.5%，达到了1761亿立方米，占全球总产量的5.2%。其中，玻利维亚和巴西产量大幅度提升，升幅分别为13.7%和10.4%。此外，哥伦比亚、秘鲁、特立尼达和多巴哥也有小幅增长（表2-28）。

表2-28 中南美洲地区各国家天然气产量

单位：10亿立方米

国家	2003年	2004年	2005年	2006年	2007年	2008年	2009年	2010年	2011年	2012年	2013年
特立尼达和多巴哥	27.0	30.2	33.0	40.1	42.2	42.0	43.6	44.8	42.9	42.7	42.8
阿根廷	41.0	44.9	45.6	46.1	44.8	44.1	41.4	40.1	38.8	37.7	35.5
委内瑞拉	25.2	28.4	27.4	31.5	36.1	32.8	31.0	27.4	27.6	29.5	28.4
巴西	10.0	11.0	10.9	11.2	11.2	14.0	11.9	14.6	16.7	19.3	21.3
玻利维亚	6.4	9.8	11.9	12.9	13.8	14.3	12.3	14.2	16.0	18.3	20.8
哥伦比亚	6.1	6.4	6.7	7.0	7.5	9.1	10.5	11.3	11.0	12.0	12.6
秘鲁	0.5	0.9	1.5	1.8	2.7	3.4	3.5	7.2	11.3	11.9	12.2
其他国家	3.1	3.1	3.4	3.8	3.9	3.7	4.2	3.6	3.1	2.9	2.5

2.4 世界油气消费

2011年，全球一次能源消费增长2.5%，与过去十年的平均水平基本持平。各类燃料的全球消费增速均有所放缓，所有地区的能源消费总量增长也出现减速。全球一次能源消费的净增长全部来自新兴经济体。非经合组织国家的总消费增长了 5.3%，与过去十年的平均水平相当。经合组织国家的一次能源消费上升 1.2%，是过去四年中的第首次上升。日本更是降幅明显，成为全球能源消费跌幅最大的国家。

目前能源消费仍然侧重于化石燃料，化石燃料在能源消费中的份额高达 87%。同时，化石燃料消费结构也在发生变化。2011 年，尽管石油仍是全球主导性燃料，占全球能源消费的 33.1%，但其所占份额已连续 12 年出现下降，其目前份额是 1965 年以来的最低值。近五年间，全球石油消费总量增长 0.541 亿吨，2011 年底达到 40.591 亿吨，但比上个五年的增长（3.144 亿吨）幅度已大大减缓，2012 年，世界石油需求创金融危机以来新低；天然气消费继续快速增长 3873 亿立方米（达 31690 亿立方米），比上个五年（3709 亿立方米）多增长 164 亿立方米。

2.4.1 世界油气消费概况

2.4.1.1 石油消费概况

2012 年，世界石油需求在 2011 年增加的基础上继续增长，但增量有所减少。需求增长大多来自新兴经济体国家，且主要集中在金砖国家（巴西、俄罗斯、印度和中国）。而经合组织国家石油需求则出现下降。

（1）石油需求增速为金融危机以来新低

2011 年，全球石油消费增长 0.7%，达到 8800 万桶/日，涨幅为 60 万桶/日，低于历史平均水平（参见图 2-18）。这使石油再次成为化石燃料中全球消费涨幅最小的化石能源。

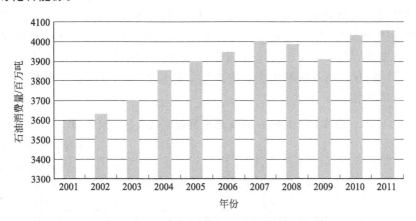

图 2-18 2001～2011 年石油消费量变化

受世界经济疲软影响，国际能源署等主要机构持续下调对 2012 年世界石油需求增长预估，由年初预估的 110 万桶/日调降至 70 万桶/日，低于 2011 年 80 万桶/日的需求增长，创下金融危机以来的新低。

(2) 发达国家石油需求下滑，非 OECD 国家石油需求增长强劲

在欧美经济低迷、失业率居高不下、高油价和替代能源与一系列节能措施的综合作用与影响下，经合组织国家石油需求于 2006 年达到峰值后继续呈持续下降态势。2012 年经合组织国家石油需求同比下降 50 万桶/日，超过 2011 年 37 万桶/日的降幅，是过去 7 年中的第 6 次下滑，下探到 1995 年以来的最低水平。美国石油需求下降 30 万桶/日，至 1870 万桶/日，创 1998 年以来的新低。经合组织欧洲五国（德国、法国、意大利、西班牙、英国）需求下降 40 万桶/日，占总下降量的 80%。经合组织亚太国家需求出现小幅增长，约为 30 万桶/日。

虽然新兴经济体国家经济增长普遍放缓，但非经合组织国家石油需求仍保持了一定的刚性增长，2012 年石油消费量增长 2.8%，即 120 万桶/日左右，与上年基本持平。增长主要来自亚洲、中东、拉美地区。其中亚洲、中东、拉美石油需求增长分别为 55 万桶/日、20 万桶/日和 18 万桶/日，合计占总需求增量的 80%。由于局势动荡，中东和非洲等产油区域的石油消费增幅低于平均水平。中国再次成为全球石油消费增长的最大来源（增长 5.5%，即 50.5 万桶/日），但增速低于过去十年的平均水平。

2.4.1.2 天然气消费概况

天然气是世界一次能源消费结构中增长最快的部分。2011 年，全球天然气消费增长 2.2%。2012 年，世界天然气消费量平稳增长，产量稳步提高，市场供需基本平衡。新兴经济体和产气国仍是消费增长的主要动力。天然气消费仍以发电、民用和工业用气为主，发电用气比例日趋提高。

(1) 世界天然气消费平稳增长，供需基本平衡，亚太供应偏紧

世界天然气消费延续了金融危机以来的平稳增长走势。2012 年世界天然气消费量约为 3.31 万亿立方米，同比增长 2.7%，是仅次于煤炭的增速第二位的化石能源（表 2-29）。2012 年世界天然气产量接近 3.4 万亿立方米，同比增长 3.7%左右。从各区域市场、生产国、消费国供求状况看，世界天然气市场供需基本平衡。

表 2-29 2001~2012 年世界各区域天然气消费量

单位：亿立方米

地区	2001年	2006年	2007年	2008年	2009年	2010年	2011年	2012年	2012年占世界总量比重	2012年同比增长
北美	7598	7722	8137	8213	8099	8362	8638	8810	26.62%	1.99%
中南美	1007	1355	1346	1413	1352	1502	1545	1630	4.92%	5.5%
欧洲	10142	11122	11262	11306	10454	11246	11011	10949	33.08%	-0.56%
中东	2068	2915	3031	3319	3441	3773	4031	4255	12.86%	5.56%
非洲	638	881	944	1001	989	1069	1098	1131	3.42%	3.01%

第2章 石油天然气的资源分布与消费

续表

地区	2001年	2006年	2007年	2008年	2009年	2010年	2011年	2012年	2012年占世界总量比重	2012年同比增长
亚太	3084	4247	4583	4798	4972	5579	5906	6324	19.11%	7.08%
合计	24536	28243	29304	30051	29306	31531	32229	33099	100.00%	2.70%
OECD国家	13407	14257	14773	14992	14514	15362	15346	15741	47.56%	1.4%
非OECD国家	11129	13986	14531	15059	14792	16169	16884	17358	52.44%	3.8%

2012年OECD国家消费量为15741亿立方米，同比上升2.6%，占世界总量的47.56%，非OECD国家消费量为17358亿立方米，同比上升2.8%，占世界总量的52.44%。除欧洲和欧亚大陆消费量小幅下降以外，其他地区消费均保持增长。从各地区市场看，欧洲、北美市场供略过于求；消费量近1/5的亚太地区供应偏紧。

（2）传统消费大国地位稳固

2011年美国、俄罗斯稳居世界天然气消费前两位。进入2012年之后，两国走势分化，美国保持平稳增长，同比增长4.2%；俄罗斯出现下降，同比减少8.5%。中国、伊朗和沙特阿拉伯保持较快增长势头。2011年中国消费量为1307亿立方米，位居第四，2002～2011年年均增长速度为16.2%，在十大消费国中增速最快（表2-30）。2012年，中国天然气消费量继续保持较快增长，但增速有所放缓。欧洲国家出现下滑趋势，与排位居后的墨西哥、乌克兰、印度、阿联酋等国之间的距离逐渐缩小。

表2-30　2002～2011年世界十大天然气消费国消费量

单位：亿立方米

国家	2002年	2006年	2007年	2008年	2009年	2010年	2011年	2002～2011年年均增长
美国	6521	6144	6542	6591	6487	6732	6901	0.6%
俄罗斯	3677	4085	4221	4160	3896	4141	4246	1.4%
伊朗	792	1087	1130	1193	1314	1446	1533	6.8%
中国	292	561	705	813	895	1076	1307	16.2%
日本	727	837	902	937	874	945	1055	3.8%
加拿大	902	969	962	961	949	950	1048	1.5%
沙特阿拉伯	567	735	744	804	785	877	992	5.8%
英国	951	901	911	939	867	940	802	-1.7%
德国	826	872	829	812	780	833	725	-1.3%
意大利	646	774	778	778	715	761	713	1.0%

（3）发电仍是消费增长主要驱动力

2012年，世界天然气消费以发电、民商和工业为主。根据 EIA 2011年预测值计算，OECD 国家发电、民商和工业用气比例约为 37%、32% 和 19%。发电仍是全球天然气消费的主要增长点。民商用气超过工业用气和化工用气，位居第二（表 2-31）。

表 2-31 OECD 国家分部门天然气消费结构

单位：亿立方米

用途	2010 年		2011 年		2012 年		2013 年		2015 年	
	量	比例	量	比例	量	比例	量	比例	量	比例
民商	5340	33%	5060	32%	5125	32%	5190	31%	5210	30%
工业	3040	19%	3040	19%	3125	19%	3210	19%	3360	20%
化工	370	2%	370	2%	385	2%	400	2%	430	3%
发电	5700	35%	5850	36%	5935	37%	6020	37%	6360	37%
其他	1610	10%	1620	10%	1645	10%	1670	10%	1790	10%

注：2012年后为预测值。

(4) 北美 LNG 出口成为现实，但出口规模和影响尚待检验

美国页岩气的成功开发使北美地区天然气供应充足。美国和加拿大几个 LNG 项目正在积极准备对外出口，预计未来 3~5 年美国 LNG 将更大规模地流入世界市场。美国 LNG 出口需要美国能源部（DOE）和联邦能源监管委员会（FERC）的双重批准。目前，美国只有 Sabin Pass LNG 项目完成了出口前的各环节审批，具备了出口条件，其他项目都还在申请过程中。Sabin Pass LNG 项目与英国、西班牙、印度及韩国的天然气公司签订了合同，四个合同预计 2015 年底投产，届时年出口量可达 1600 万吨。

由于美国进口需求减少，加拿大需要将供应过剩的国产气另行出口，LNG 成为现实选择。目前，比较成熟的 2 个项目是 Kitimat LNG 项目和 BC LNG 项目，均已经完成向政府管理部门的申请，项目液化能力分别为 1000 万吨/年和 180 万吨/年。

未来北美 LNG 出口的规模和持续能力还存在诸多不确定性。一是大量 LNG 出口将减少本地区供应量，促使气价上涨。根据 EIA 测算，如果出口 600~1200 亿立方米及以上，价格将上升 3%~9%，因此 LNG 出口将面临来自美国国内的巨大压力。二是随着经济企稳，成本较低且低碳环保的天然气将得到更大范围的使用，预计未来北美地区天然气需求将保持平稳增长。三是 2012 年以来北美地区天然气生产动用钻机数持续下降，页岩气单井产量自然递减率高，未来北美天然气产量增长存在不确定性，LNG 出口规模有可能受到限制。

北美 LNG 出口已经具备一定技术、经济可行性，欧洲和亚太有关国家需求旺盛，美、加利于出口的国内政治环境和政策演变正在逐步推进，LNG 出口将

成为现实。其对全球天然气市场的影响,一是首次将国际 LNG 贸易价格与美国国内天然气交易中心的指数价格挂钩,Sabine Pass 项目签定的合同中,LNG 离岸价格按 Henry Hub 价格的 115% 加 3 美元/百万英热单位(1 百万英热单位=1000000Btu=1055055852.62J,约相当于 30m³ 天然气热值)左右的液化成本计算,这种约定实际上将 Henry Hub 价格作为两国贸易定价基准,增强了美方的价格影响力;二是大量出口可能影响全球天然气市场的供需态势。根据披露的项目信息,2017 年北美 LNG 能够出口的最大能力是 7816 万吨/年,虽然该目标完全实现困难较大,但澳大利亚和中东等主要 LNG 出口商也将面临更加严峻的市场竞争,甚至被迫改变出口计划。

2.4.2 油气消费区域分布

2.4.2.1 石油消费区域分布状况

2003~2013 年的十年间,在支撑全球经济复苏的同时,全球石油消费量也由 37.2 亿吨增至 41.8 亿吨,增长 4.6 亿吨,增长了 12.3%,年均增长 4600 万吨(图 2-19)。

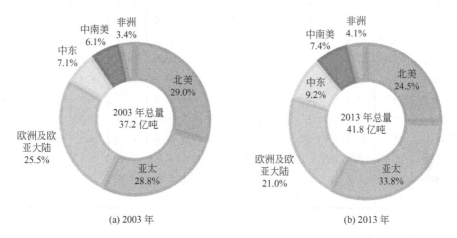

图 2-19 各区域石油消费量分布

世界石油消费集中在亚太地区(占 33.8%)、北美(占世界消费总量的 24.5%)和欧洲(占 21.0%),这 3 个地区的石油消费量占世界消费总量的近 80%(见图 2-19)。其中,北美洲和欧洲地区,在 2006 年前的石油消费总量增长较低,甚至在 2006 年后持续下降。而亚太地区的消费量不断增长,由 2003 年的 10.722 亿吨变为了 2013 年的 14.148 亿吨,于 2004 年超过了北美地区成为了全球最大的石油消费区。就国家来说,2013 年世界前三大石油消费国为美国、中国和日本,分别为 8.31 亿吨、5.074 亿吨、2.089 亿吨,所占份额分别为 19.9%、12.1% 和 5.0%。其中,美国和日本消费量较为稳定,而中国正处于需求上升期。

(1) 亚太地区

2013年亚太地区的石油总消耗量为14.148亿吨,占全球总消费量的33.8%,全球最高,较2012年增长了1.2%,较2008年增长了16.6%,较2003年增长了32.0%。其中中国大陆的消费量最大,占全球总消费量的12.1%。日本、印度、韩国分别占全球总消费量的5.0%、4.2%和2.6%(表2-32)。

表2-32 亚太地区各国家石油消费量 单位:百万吨

国家和地区	2003年	2004年	2005年	2006年	2007年	2008年	2009年	2010年	2011年	2012年	2013年
中国大陆	271.7	318.9	327.8	354.5	370.6	377.6	391.0	440.4	464.1	490.1	507.4
日本	251.9	245.5	248.8	239.6	232.6	226.3	201.8	204.1	204.9	217.8	208.9
印度	116.5	119.5	121.9	128.3	138.1	144.7	152.6	155.4	163.0	173.6	175.2
韩国	106.4	104.6	104.6	104.7	107.6	103.1	103.7	105.0	105.8	108.8	108.4
印度尼西亚	57.9	61.7	60.7	58.5	60.9	60.4	61.6	66.4	72.3	73.2	73.8
新加坡	35.4	39.4	43.1	46.4	50.4	53.6	57.0	62.8	65.5	65.4	65.9
泰国	38.3	41.7	42.6	42.2	41.6	41.2	44.2	44.3	46.6	49.6	50.4
澳大利亚	38.8	39.6	40.8	42.1	42.5	43.3	42.8	43.6	45.8	47.3	47.0
中国台湾	47.5	49.6	49.4	49.2	51.2	45.8	44.0	45.3	42.5	41.9	43.4
马来西亚	27.6	28.0	28.0	28.9	30.8	29.5	29.2	29.3	31.1	30.7	31.2
巴基斯坦	15.8	16.0	15.3	17.6	19.3	19.4	20.8	20.6	20.8	20.0	22.0
中国香港	13.0	15.4	13.8	15.0	14.6	14.6	16.6	17.9	18.1	17.3	17.7
越南	10.5	12.5	12.2	12.0	13.3	14.1	14.6	15.6	17.0	17.2	17.4
菲律宾	15.5	15.9	14.8	13.3	14.1	12.4	13.2	13.2	12.9	13.0	13.7
新西兰	6.8	6.8	7.0	7.1	7.1	7.2	6.9	7.0	7.0	7.0	7.1
孟加拉国	4.0	4.2	4.3	4.3	4.2	4.2	3.7	4.3	5.5	5.8	5.7
其他国家	14.6	14.9	15.7	15.5	16.5	15.6	16.4	16.8	19.3	19.5	19.6

(2) 北美洲地区

北美洲地区石油消费量全球第二,2013年为10.242亿吨,占全球总消费量的24.5%,较2012年上升1.0%。美国、加拿大、墨西哥分别占全球总消费量的19.9%、2.5%和2.1%。美国较2012年上升了1.7%,而加拿大和墨西哥分别下降了0.8%和2.8%(表2-33)。

表2-33 北美洲地区各国家石油消费量 单位:百万吨

国家	2003年	2004年	2005年	2006年	2007年	2008年	2009年	2010年	2011年	2012年	2013年
美国	900.7	936.5	939.8	930.7	928.8	875.4	833.2	850.1	834.9	817.0	831.0
加拿大	97.3	100.8	99.9	99.4	102.3	101.2	95.0	101.3	105.0	104.3	103.5
墨西哥	85.0	88.5	90.8	89.7	92.0	91.6	88.5	90.0	90.3	92.3	89.7

（3）欧洲及欧亚大陆地区

欧洲及欧亚大陆的石油消费总量为 8.786 亿吨，较 2012 年下降 0.6%，较 2003 年下降了 7.6%。其中俄罗斯、德国、法国、英国、意大利、西班牙和荷兰分别占全球总量的 3.7%、2.7%、1.9%、1.7%、1.5%、1.4% 和 1.0%（表 2-34）。

表 2-34 欧洲及欧亚大陆地区各国家石油消费量

单位：百万吨

国家	2003年	2004年	2005年	2006年	2007年	2008年	2009年	2010年	2011年	2012年	2013年
俄罗斯	127.3	126.2	126.1	130.3	130.0	133.9	128.2	134.3	143.5	148.9	153.1
德国	125.1	124.0	122.4	123.6	112.5	118.9	113.9	115.4	112.0	111.4	112.1
法国	93.1	94.0	93.1	93.0	91.4	90.8	87.5	84.5	83.7	81.0	80.3
英国	79.0	81.7	83.0	82.3	79.2	77.9	74.4	73.5	71.1	71.0	69.8
意大利	92.1	89.7	86.7	86.7	84.0	80.4	75.1	73.1	70.5	64.2	61.8
西班牙	76.2	78.5	79.3	79.3	80.3	77.9	73.5	69.6	68.5	64.2	59.3
荷兰	45.1	47.1	50.1	50.8	50.7	47.3	45.9	45.9	46.1	43.7	41.4
土耳其	30.8	31.0	31.1	32.8	33.6	32.1	32.5	31.8	31.1	31.4	33.1
比利时	33.8	33.5	33.5	33.4	33.7	36.8	32.2	33.5	32.3	30.4	31.0
波兰	20.2	21.6	22.4	23.3	24.2	25.3	25.3	26.7	26.6	25.7	24.0
瑞典	17.7	17.5	17.2	17.2	16.9	16.7	15.5	16.2	14.8	14.6	14.3
希腊	19.7	21.3	21.1	22.1	21.7	21.3	20.1	17.9	17.0	15.1	14.0
哈萨克斯坦	8.9	9.5	9.8	10.3	11.3	11.0	8.9	9.3	12.3	13.1	13.8
奥地利	14.2	13.9	14.0	14.2	13.4	13.4	12.8	13.0	12.5	12.5	12.5
乌克兰	13.6	14.3	13.7	14.2	14.7	14.3	13.5	12.6	13.1	12.5	12.2
瑞士	12.1	12.0	12.2	12.6	11.3	12.1	12.3	11.4	11.0	11.2	11.8
葡萄牙	15.2	15.4	16.0	14.4	14.4	13.7	12.8	12.5	11.6	10.9	10.8
挪威	10.4	10.0	10.2	10.5	10.7	10.4	10.6	10.7	10.6	10.5	10.6
罗马尼亚	9.4	10.9	10.5	10.3	10.3	10.4	9.2	8.8	9.1	9.2	9.0
芬兰	11.4	10.6	11.0	10.6	10.6	10.5	9.9	10.4	9.7	9.0	8.9
白俄罗斯	8.1	8.1	7.5	8.8	8.0	7.9	9.3	7.5	8.6	8.6	8.7
捷克共和国	8.7	9.5	9.9	9.8	9.7	9.9	9.7	9.2	9.0	8.9	8.6
丹麦	9.2	9.1	9.2	9.4	9.4	9.3	8.3	8.4	8.3	7.6	7.8
爱尔兰共和国	8.5	8.9	9.3	9.3	9.4	9.0	8.0	7.6	6.7	6.5	6.7
土库曼斯坦	5.0	5.1	5.1	5.0	5.2	5.4	5.2	5.7	6.0	6.1	6.3
匈牙利	6.1	6.3	7.4	7.8	7.7	7.5	7.1	6.7	6.4	5.9	6.0
阿塞拜疆	4.3	4.5	5.4	4.8	4.5	3.6	3.3	3.2	4.0	4.2	4.6
保加利亚	4.4	4.3	4.8	5.0	4.8	4.8	4.3	3.9	3.8	3.9	4.1
斯洛伐克	3.3	3.2	3.8	3.4	3.6	3.9	3.7	3.9	3.9	3.6	3.5
乌兹别克斯坦	7.3	7.4	5.1	5.1	4.6	4.5	4.3	3.7	3.5	3.3	3.3
立陶宛	2.4	2.6	2.8	2.8	2.8	3.1	2.6	2.7	2.6	2.7	2.7
其他国家	28.2	29.7	30.7	31.4	32.4	33.0	32.4	32.6	32.5	32.0	32.5

(4) 中东地区

中东地区的石油消费总量为 3.849 亿吨，占全球总量的 9.2%，较 2012 年上升了 1.9%，较 2003 年上升了 44.8%，较 2008 年上升了 14.5%。其中沙特阿拉伯、伊朗、阿联酋、科威特，分别占全球总量的 3.2%、2.2%、0.9% 和 0.5%（表 2-35）。

表 2-35　中东地区各国家石油消费量　　单位：百万吨

国家	2003 年	2004 年	2005 年	2006 年	2007 年	2008 年	2009 年	2010 年	2011 年	2012 年	2013 年
沙特阿拉伯	81.7	88.3	88.2	92.3	98.0	106.7	115.8	124.2	125.1	131.3	135.0
伊朗	71.3	73.4	80.5	87.4	89.4	93.3	95.5	86.7	88.2	89.5	92.9
阿联酋	22.1	23.9	24.5	26.3	28.2	29.4	27.7	30.1	33.0	34.3	35.6
科威特	15.6	17.8	19.5	17.7	17.9	19.0	20.4	21.6	20.4	21.6	21.8
以色列	12.8	12.0	12.2	11.9	12.4	12.2	11.4	10.9	11.5	13.6	10.6
卡塔尔	3.1	3.4	3.9	4.5	5.3	6.1	6.0	6.5	7.8	8.0	8.5
其他国家	59.3	60.9	63.9	58.8	62.4	69.4	70.3	74.2	75.2	79.5	80.5

(5) 非洲地区

非洲地区的石油消费总量为 1.709 亿吨，较 2012 年上升了 1.9%，较 2003 年上升了 35.7%，较 2008 年上升了 11.6%（表 2-36）。

表 2-36　非洲地区各国家石油消费量　　单位：百万吨

国家	2003 年	2004 年	2005 年	2006 年	2007 年	2008 年	2009 年	2010 年	2011 年	2012 年	2013 年
埃及	25.9	26.8	29.8	28.7	30.6	32.6	34.4	36.3	33.7	35.2	35.7
南非	23.9	24.7	24.8	25.3	26.6	25.7	24.2	26.6	27.4	27.3	27.2
阿尔及利亚	10.1	10.6	11.0	11.5	12.9	14.0	14.9	14.8	15.5	16.7	17.5
其他国家	66.0	69.9	73.2	73.2	75.2	80.9	82.6	86.5	81.9	86.8	90.5

(6) 中南美洲地区

中南美洲地区的石油消费总量为 3.098 亿吨，占全球总量的 7.4%，较 2012 年上升了 4.1%，较 2003 年上升了 37.1%，较 2008 年上升了 14.3%。其中巴西、委内瑞拉、阿根廷分别占全球总量的 3.2%、0.9% 和 0.7%（表 2-37）。

表 2-37　中南美洲地区各国家石油消费量　　单位：百万吨

国家	2003 年	2004 年	2005 年	2006 年	2007 年	2008 年	2009 年	2010 年	2011 年	2012 年	2013 年
巴西	88.7	92.0	94.2	95.8	101.8	108.6	109.1	118.1	121.9	125.8	132.7

续表

国家	2003年	2004年	2005年	2006年	2007年	2008年	2009年	2010年	2011年	2012年	2013年
委内瑞拉	24.1	26.0	28.3	29.5	29.7	33.8	34.2	32.1	31.9	33.0	36.2
阿根廷	18.5	19.4	20.7	21.7	24.0	24.7	24.1	26.9	26.9	28.5	29.4
智利	10.6	11.5	11.8	13.2	17.0	17.8	17.4	15.4	16.8	17.3	17.6
哥伦比亚	10.0	10.3	10.5	10.7	10.7	10.7	11.0	11.6	12.4	13.4	13.9
厄瓜多尔	7.0	7.2	7.9	8.3	8.5	8.7	8.9	10.3	10.5	10.9	11.6
秘鲁	6.5	7.3	7.1	6.9	7.1	8.0	8.1	8.5	9.2	9.5	10.0
其他国家	60.6	61.4	60.4	61.1	61.6	58.7	58.0	58.4	59.0	59.1	58.4

2.4.2.2 天然气消费区域分布状况

据 BP 统计数据，2003～2013 年间世界天然气消费量，除 2009 年略有下降外，其余各年逐年上升，但 2007 年后的增幅显著下降。2013 年世界天然气消费量 33476 亿立方米，比 2003 年增长了 28.9%，比 2006 年增长了 10.6%。

天然气消费量中经合组织占 47.7%，非经合组织占 52.3%。就地区分布而言，世界主要的天然气消费地区有北美、独联体（全称独立国家联合体）、欧洲和亚太地区。其中，北美和独联体地区天然气消费量占世界消费总量的 50% 左右。从天然气消费国来看，消费大户是美国、俄罗斯、伊朗和中国，消费量分别为 7372 亿立方米、4135 亿立方米、1622 亿立方米和 1616 亿立方米，所占份额分别为 22.0%、12.35%、4.85% 和 4.83%。

各区域天然气消费量分布如图 2-20 所示，2003～2013 年各区域天然气消费量变化见表 2-38。

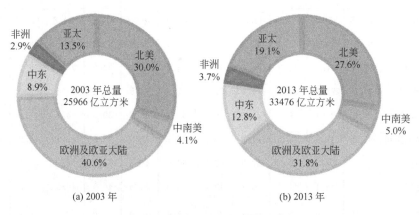

图 2-20　各区域天然气消费量分布

表 2-38 2003～2013 年各区域天然气消费量变化

单位：10 亿立方米

地区和组织成员	2003 年	2004 年	2005 年	2006 年	2007 年	2008 年	2009 年	2010 年	2011 年	2012 年	2013 年
北美洲	779.9	783.8	782.2	778.0	813.9	821.5	816.1	849.6	870.6	902.9	923.5
中南美	106.8	119.0	123.9	136.0	142.8	143.7	138.6	148.0	151.9	162.3	168.6
欧洲	1053.6	1077.6	1098.2	1117.4	1128.0	1133.5	1048.2	1127.4	1099.3	1082.6	1064.7
中东	231.1	259.3	277.0	294.8	315.7	347.4	356.5	385.8	402.8	412.9	428.3
非洲	74.8	81.2	85.6	89.3	96.2	101.3	100.1	107.9	114.8	123.0	123.3
亚太	350.3	365.7	397.3	424.2	457.6	480.3	497.9	562.2	593.5	627.1	639.2
世界	2596.6	2686.7	2764.3	2839.6	2954.4	3027.7	2957.4	3180.8	3233.0	3310.8	3347.6
经合组织国家	1394.8	1417.1	1430.0	1430.9	1478.5	1501.2	1459.9	1551.8	1539.8	1573.9	1596.5
非经合组织国家	1201.8	1269.6	1334.3	1408.7	1475.8	1526.5	1497.5	1629.0	1693.0	1736.8	1751.1

(1) 欧洲及欧亚大陆地区

欧洲及欧亚大陆的天然气消费量最大，为 10646 亿立方米，占全球总消费量的 31.8%，较 2012 年下降 1.7%。其中俄罗斯、德国、英国、意大利分别占全球总量的 12.3%、2.5%、2.2% 和 1.9%（表 2-39）。由于经济不景气，欧盟地区的消费量近年来持续下降。

表 2-39 欧洲及欧亚大陆地区各国家天然气消费量

单位：10 亿立方米

国家	2003 年	2004 年	2005 年	2006 年	2007 年	2008 年	2009 年	2010 年	2011 年	2012 年	2013 年
俄罗斯	379.5	389.3	394.1	415.0	422.0	416.0	389.7	414.2	424.6	416.3	413.5
德国	85.5	85.9	86.2	87.2	82.9	81.2	78.0	83.3	74.5	78.4	83.6
英国	95.3	97.4	94.9	90.0	91.0	93.4	87.0	94.2	78.1	73.7	73.1
意大利	71.2	73.9	79.1	77.4	77.8	77.8	71.5	76.2	71.4	68.7	64.2
土耳其	20.9	22.1	26.9	30.5	36.1	37.5	35.7	39.0	44.7	45.3	45.6
乌兹别克斯坦	45.8	43.4	42.7	41.9	45.9	48.7	43.5	45.5	49.1	46.9	45.2
乌克兰	69.0	68.5	69.0	67.0	63.2	60.0	46.8	52.2	53.9	49.5	45.0
法国	43.2	45.1	44.8	43.7	42.4	43.8	41.8	46.9	40.5	42.2	42.8
荷兰	40.0	40.9	39.3	38.1	37.0	38.6	38.9	43.6	38.1	36.4	37.1

第 2 章 石油天然气的资源分布与消费

续表

国　　家	2003 年	2004 年	2005 年	2006 年	2007 年	2008 年	2009 年	2010 年	2011 年	2012 年	2013 年
西班牙	23.6	27.4	32.4	33.7	35.1	38.6	34.6	34.6	32.2	31.3	29.0
土库曼斯坦	14.2	15.0	16.1	18.4	21.3	20.5	19.9	22.6	23.4	26.4	22.3
白俄罗斯	15.8	17.9	18.4	19.0	18.8	19.2	16.1	19.7	18.3	18.3	18.3
比利时	16.0	16.2	16.4	16.7	16.6	16.5	16.8	18.8	16.6	16.9	16.8
波兰	12.5	13.2	13.6	13.7	13.8	14.9	14.4	15.5	15.7	16.6	16.7
罗马尼亚	18.3	17.5	17.6	18.1	16.1	15.9	13.3	13.6	13.9	13.5	12.5
哈萨克斯坦	8.8	6.7	8.5	9.0	9.3	8.9	8.6	9.0	9.6	10.4	11.4
阿塞拜疆	7.7	8.3	8.6	9.1	8.0	9.2	7.8	7.4	8.1	8.5	8.6
匈牙利	13.2	13.1	12.2	10.8	13.1	14.0	12.7	12.6	10.3	10.2	8.6
奥地利	9.4	9.5	10.0	9.4	8.9	9.5	9.3	10.1	9.5	9.0	8.5
捷克共和国	8.7	9.1	9.5	9.3	8.7	8.7	8.2	9.3	8.4	8.2	8.4
斯洛伐克	6.3	6.1	6.6	6.0	5.7	5.7	4.9	5.2	4.9	5.4	
爱尔兰	4.1	4.1	3.9	4.4	4.8	5.0	4.7	5.2	4.6	4.5	4.5
挪威	4.3	4.6	4.5	4.4	4.3	4.3	4.1	4.1	4.3	4.4	4.4
葡萄牙	3.0	3.7	4.2	4.1	4.3	4.7	4.7	5.1	5.2	4.5	4.1
丹麦	5.2	5.2	5.0	5.1	4.6	4.6	4.4	5.0	4.2	3.9	3.7
瑞士	2.9	3.0	3.1	3.0	2.9	3.1	3.0	3.3	3.0	3.3	3.6
希腊	2.4	2.7	2.7	3.1	3.7	3.9	3.3	3.6	4.4	4.1	3.6
芬兰	4.5	4.3	4.0	4.2	3.9	4.0	3.6	3.9	3.5	3.1	2.8
立陶宛	3.1	3.1	3.3	3.2	3.6	3.2	2.7	3.1	3.4	3.3	2.7
保加利亚	2.8	2.8	3.1	3.2	3.2	3.2	2.3	2.6	2.9	2.7	2.6
瑞典	0.8	0.8	0.8	0.9	1.0	0.9	1.1	1.6	1.3	1.1	1.1
其他国家	15.3	16.9	17.1	17.8	18.2	17.6	14.7	16.0	16.6	16.1	14.9

（2）北美洲地区

北美洲地区天然气消费量全球第二，2013 年为 9234 亿立方米，占全球总消费量的 27.6%，较 2012 年上升了 2.3%。美国、加拿大、墨西哥分别占总消费量的 22.0%、3.1% 和 2.5%（表 2-40）。这其中加拿大消费量上升显著，较 2010 年升高了 10.3%。美国和墨西哥分别上升了 2.4% 和 1.5%。

表2-40 北美洲地区各国家天然气消费量

单位：10亿立方米

国家	2003年	2004年	2005年	2006年	2007年	2008年	2009年	2010年	2011年	2012年	2013年
美国	630.8	634.4	623.4	614.4	654.2	659.1	648.7	682.1	693.1	723.0	737.2
加拿大	97.7	95.1	97.8	96.9	96.2	96.1	94.9	95.0	100.9	100.3	103.5
墨西哥	51.4	54.3	61.0	66.6	63.5	66.3	72.5	72.5	76.6	79.6	82.7

（3）亚太地区

近年来亚太地区的天然气消费量增长强劲。2013年为6391亿立方米，占全球总消费量的19%，较2012年上升了1.9%。其中中国消费量增长最大，增长幅度达到了10.5%。中国大陆、日本、韩国、泰国和印度分别占总消费量的4.8%、3.5%、1.6%、1.6%和1.5%（表2-41）。

表2-41 亚太地区各国家天然气消费量

单位：10亿立方米

国家和地区	2003年	2004年	2005年	2006年	2007年	2008年	2009年	2010年	2011年	2012年	2013年
中国大陆	33.9	39.7	46.8	56.1	70.5	81.3	89.5	106.9	130.5	146.3	161.6
日本	79.8	77.0	78.6	83.7	90.2	93.7	87.4	94.5	105.5	116.9	116.9
韩国	24.2	28.4	30.4	32.0	34.7	35.7	33.9	43.0	46.3	50.2	52.5
泰国	28.6	29.9	32.5	33.3	35.5	37.4	39.2	45.1	46.6	51.2	52.2
印度	29.5	31.9	35.7	37.3	40.1	41.3	51.9	63.0	61.4	58.8	51.4
巴基斯坦	30.4	34.5	35.5	36.1	36.8	37.5	38.4	39.6	39.2	41.2	38.6
印度尼西亚	35.0	32.2	33.2	33.2	31.3	33.3	37.4	40.3	37.3	35.8	38.4
马来西亚	27.3	24.7	31.4	33.7	33.4	35.3	33.0	35.1	31.8	34.7	34.0
孟加拉国	12.3	12.8	13.8	15.1	15.9	17.0	18.5	19.9	20.1	21.1	21.9
澳大利亚	22.4	22.8	22.2	24.4	26.6	25.5	25.2	25.4	25.2	18.6	17.9
中国台湾	7.7	9.3	9.4	10.1	10.7	11.6	11.4	14.1	15.5	16.3	16.3
新加坡	4.0	5.0	6.8	7.1	8.6	8.2	8.1	8.4	8.8	9.4	10.5
越南	2.4	4.2	6.4	7.0	7.1	7.5	8.0	9.4	8.5	9.4	9.8
新西兰	4.3	3.5	3.6	3.7	4.0	3.8	4.0	3.8	3.9	4.2	4.4
菲律宾	2.5	2.4	3.2	3.0	3.6	3.7	3.8	3.5	3.9	3.7	3.4
中国香港	1.8	2.7	2.7	2.9	2.7	3.2	3.1	3.8	3.1	2.8	2.6
其他国家和地区	4.2	4.5	5.2	5.5	6.0	5.7	5.2	5.8	6.2	6.6	6.7

（4）中东地区

2013年中东地区的天然气消费量为4284亿立方米，占全球总消费量的

12.8%，较2012年上升了3.7%。伊朗、沙特阿拉伯、阿联酋分别占全球总量的4.8%、3.1%、2.0%（表2-42）。

表2-42 中东地区各国家天然气消费量

单位：10亿立方米

国家	2003年	2004年	2005年	2006年	2007年	2008年	2009年	2010年	2011年	2012年	2013年
伊朗	85.0	98.7	102.8	112.0	125.5	134.8	143.2	152.9	162.4	161.5	162.2
沙特阿拉伯	60.1	65.7	71.2	73.5	74.4	80.4	78.5	87.7	92.3	99.3	103.0
阿联酋	37.9	40.2	42.1	43.4	49.2	59.5	59.1	60.8	62.5	65.6	68.3
卡塔尔	12.2	15.0	18.7	19.6	19.3	19.3	20.0	20.4	23.1	23.5	25.9
科威特	11.0	11.9	12.2	12.5	12.1	12.8	12.4	14.5	17.0	18.2	17.8
以色列	—	1.2	1.7	2.3	2.8	4.1	4.5	5.3	5.0	2.6	6.9
其他国家	25.0	26.5	28.4	31.5	32.4	36.5	38.9	44.2	40.6	42.3	44.3

（5）中南美洲地区

2013年中南美洲地区的天然气消费量为1685亿立方米，占全球总消费量的5.0%，较2012年上升了3.8%。其中阿根廷和巴西的消费量分别占全球总量的1.4%和1.1%（表2-43）。

表2-43 中南美洲地区各国家天然气消费量

单位：10亿立方米

国家	2003年	2004年	2005年	2006年	2007年	2008年	2009年	2010年	2011年	2012年	2013年
阿根廷	34.6	37.9	40.4	41.8	43.9	44.4	43.2	43.3	45.7	47.3	48.0
巴西	15.8	18.8	19.6	20.6	21.2	24.9	20.1	26.8	26.7	31.7	37.6
委内瑞拉	25.2	28.4	27.4	31.5	36.2	34.3	32.3	29.0	29.7	31.4	30.5
特立尼达和多巴哥	13.4	14.8	16.3	21.2	21.9	21.3	22.2	23.2	23.1	22.2	22.4
哥伦比亚	6.0	6.3	6.7	7.0	7.4	7.6	8.7	9.1	8.8	9.8	10.7
秘鲁	0.5	0.9	1.5	1.8	2.7	3.4	3.5	5.4	6.1	6.8	6.6
智利	8.0	8.7	8.4	7.8	4.6	2.7	3.1	5.3	5.4	5.4	4.3
厄瓜多尔	0.3	0.3	0.3	0.4	0.4	0.5	0.5	0.6	0.6	0.7	0.6
其他国家	3.1	3.0	3.3	3.9	4.5	4.7	5.0	5.4	5.8	7.1	7.8

（6）非洲地区

2013年非洲地区的天然气消费量为1233亿立方米，占全球总消费量的3.7%，较2012年上升了0.2%。其中除阿尔及利亚上升4.2%以外，埃及和南非分别下降 2.3% 和 2.5%（表 2-44）。

表 2-44 非洲地区各国家天然气消费量

单位：10 亿立方米

国家	2003年	2004年	2005年	2006年	2007年	2008年	2009年	2010年	2011年	2012年	2013年
埃及	29.7	31.7	31.6	36.5	38.4	40.8	42.5	45.1	49.6	52.6	51.4
阿尔及利亚	21.4	22.0	23.2	23.7	24.3	25.4	27.2	26.3	27.8	31.0	32.3
南非	1.0	2.1	3.1	3.5	3.5	3.7	3.4	3.9	3.9	4.0	3.9
其他国家	22.7	25.4	27.7	25.6	30.1	31.4	26.9	32.5	33.4	35.4	35.7

2.5 全球油气供需情况分析

(1) 全球油气供应潜力大

20 世纪 90 年代开始，拉美、西非、中东地区的石油输出国组织（OPEC）成员以及中国的原油产量份额逐步增长。同时 OPEC 国家已探明的储量稳定增加，目前非洲特别是几内亚湾地区存在巨大的资源潜力。近年，美国等西方发达国家对非洲石油投资不断增加，非洲成为世界能源市场的又一个竞争高地，已引起世界广泛关注。非洲石油储量占世界总储量的 9.5%。同时，非洲石油产量、出口量较前十年也有了大幅度上升。新的勘探和开发技术、工业成本降低计划、政府对厂商的财税优惠政策都有利于非 OPEC 国家石油生产量的继续增加。根据 BP 统计数据，2012 年世界天然气产量达 3.36 万亿立方米，比 2011 年增长 1.9%。除欧洲地区外，各地区天然气产量都有所增长，中东增长最快，增速 5.4%，产量达 5484 亿立方米。近 20 年来，天然气探明储量已增加了一倍，增幅超过了石油。同时，在独联体、中东、北美和亚太地区，天然气储量出现了强劲增长。

在过去 10 年中，世界平均储采比是 60.7 年，中南美地区储采比为 68.8 年，独联体为 75.5 年，非洲为 88.9 年。除美国以外的地区，已经开采的天然气储量小于 10%，剩余储量大于 30%。由此可见，全球天然气探明程度低，储采比高，开发程度低，待开发潜力大。

以上资料可以充分说明，自 20 世纪 60 年代以来，石油已经成为世界第一大能源，在世界政治、经济和人类生活中发挥着举足轻重的作用，既促成了西方发达国家的能源革命，成为推动现代工业和经济发展的重要动力，也是引发地区性乃至全球政治、经济、军事冲突的主要原因之一。可以预见，在未来几十年，石油的重要战略价值将使其成为国家和地区间经济争夺的焦点。虽然随着全球经济复苏对石油的需求大大增加，但是依赖于石油勘探开发技术和非常规油气资源的开发利用,全球石油资源的供应基本能满足需求(如 2005 年,石油产量 38.95 亿吨,消费量 38.368 亿吨),且供给略大于需求,石油资源作为世界重要战略资源的战略地位在未来 20~30 年内不会改变。随着人类对环境问题的关注,天然气(包括煤层气)资源作为一种新兴的清洁、高效能源,具有很大的开发前景,将日益受到世界重视。未来 20~30 年内是天然气资源大发展的好时机,天然气也终将在未来石油资源中占据重要的战略地位。国际能源界普遍认为,今后世界天然气产量和消费量将会以较高的速度增长,2020 年以后天然气将要超过煤炭和石油,成为世界最主要的能源。

(2) 世界石油供需基本处于平衡,但区域性供需失衡

2012 年世界石油供需基本处于平衡状态,石油产量 8615 万桶/日,消费量 8977 万桶/日,产量小于消费量,区域性供需严重失衡。世界上 52% 的石油产量来自中东、独联体和非洲地区,但这 3 个地区的石油消费量却只占世界消费总量的 15%。相反,亚太、北美和欧洲的石油产量只占世界石油总产量的 33%,而消费量却占世界消费总量的 80%;其中,2012 年亚太地区石油需求量 2978 万桶/日,占世界总需求量的 33.2%,而石油产量 831 万桶/日,占世界总产量的 9.6%,供需严重失衡。石油产地与消费地的明显分离,导致世界石油贸易量的不断增加。

从供需格局看,世界石油和天然气的各年度产量和和消费量基本平衡。但进入 21 世纪以来,油气能源价格,尤其是石油价格不断上扬,中国及全球经济发展已经进入高油价运行和增长时代。

(3) 未来石油消费量增速将略快于产量增速,供应将趋紧

世界石油产量将保持增长趋势。OPEC 国家石油产量增长将主要来自中东地区,中东石油产量占世界总产量的比例将逐年提高,世界对中东石油的依赖程度将更大。但世界石油消费量未来增速将略快于产量增速,处于紧平衡状态。

2.6 我国油气资源分布与消费

2.6.1 我国油气资源分布

"十一五"以来,我国加大勘探力度,油气储量保持持续增长。2012 年我国各大石油公司加大勘探开发投入,陆上油气突出新区勘探,海上加强深水勘探,取得多项重要油气发现。石油产量稳步增加,估计达 2.07 亿吨,同比增长 2.0%;天然气产量快速提高,估计达到 1077 亿立方米,增幅为 6.5%,技术创新在油气发展中的支撑作用有效发挥。东部储产量继续保持基本稳定,大庆油田在创造 27 年产量稳定 5000 万吨后,又实现连续 10 年稳产 4000 万吨佳绩;塔里木、鄂尔多斯和四川等西部盆地和海上在我国储量接替和产量增长中的作用越

来越明显，长庆油田实现油气当量产量的 4500 万吨目标。

2012 年也是我国油气向深海进军、向非常规进军的关键时期，取得了瞩目的进展。"海洋石油 981"在南海正式开钻，"海洋石油 201"在南海实施深加铺管作业，我国拥有了独立深水油气勘探开发能力。我国首次发布《页岩气发展规划（2011～2015 年）》，实施了第二轮页岩气探矿权招标，油气矿权市场改革取得突破性进展；煤层气开发和综合利用加快，非常规将成为我国后石油时代的重要战略补充能源。

2.6.1.1 我国油气资源开发潜力

2005 年以来，我国剩余石油可采储量持续升高，年均增长率达 4.3%。2011 年达到 32.1 亿吨，同比增长 2.1%。我国剩余天然气可采储量 2005 年以来保持了较快增长趋势，年均增长率达 6.9%。2011 年达到 4.2 万亿立方米，同比增长 7.6%（图 2-21）。三大石油公司剩余石油天然气可采储量如图 2-22 所示。

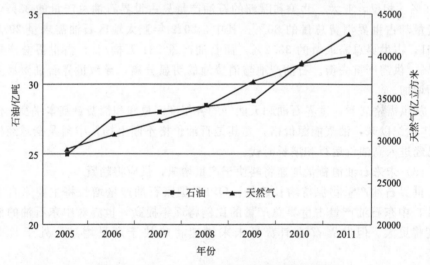

图 2-21　2005～2011 年我国油气剩余可采储量

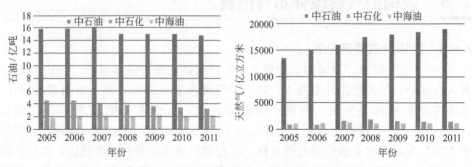

图 2-22　三大石油公司剩余石油天然气可采储量

西部陆上油气储量快速增长，海域深层天然气潜力巨大。2005年以来，西部陆上和海域石油剩余探明储量年均增速分别达到9.6%和4.6%。西部陆上石油储量增长主要来自鄂尔多斯、准噶尔、塔里木等盆地，2011年石油储量同比增长6%。海域石油储量主要来自渤海湾和珠江口盆地，其中珠江口盆地石油储量2011年同比增长35%，是2005年的2倍多。东北松辽盆地石油储量持续下降，2011年继续保持这一趋势，降幅达2.7%。

西部陆上天然气剩余探明储量在全国占绝对优势，主要集中在塔里木、鄂尔多斯和四川等盆地，占全国总量的85%，2005年以来年均增长率达7.8%；海域天然气储量2005年以来则基本保持稳定，其中珠江口盆地2011年天然气储量917亿立方米，同比基本持平，但深层天然气潜力非常巨大。

2.6.1.2 我国油气资源勘探开发现状

2012年，我国陆上石油突出新区勘探，在塔里木、准噶尔、柴达木、鄂尔多斯、渤海湾等盆地取得多项勘探新发现；陆上天然气勘探继续保持良好发展态势，在四川盆地磨溪震旦系、川中须家河、川西中浅层，鄂尔多斯盆地西北部和松辽盆地南部及长垣等地区获得多项重要进展。海上继续加强深水勘探，积极拓展新区和新领域，渤海发现近年来规模最大的油气构造蓬莱9-1，秦皇岛29-2构造储量规模不断扩大，辽东构造带新领域勘探进一步拓展；南海西部、莺歌海高温高压天然气勘探再获突破。同时，全国致密油气、页岩油气和煤层气等非常规资源勘探得到高度重视。

2012年，国内各大石油公司均强化勘探、增加投入，以实现资源的良性接替。中石油继续实施储量增长高峰期工程，加大松辽、鄂尔多斯、塔里木、四川、渤海湾盆地等重点油气区域的工作力度，估计油气勘探投资310亿元，连续6年年新增石油探明地质储量6亿吨以上、天然气4000亿立方米以上。中石化以胜利、塔河、鄂南等油田及鄂尔多斯等气田为重点，加大新区勘探力度，深化老区勘探，强化组织实施，加强页岩油气资源的评价，估计勘探投资270亿元，新增油气探明地质储量首次突破8亿吨油当量。中海油估计勘探投资120亿元，主要用于深水钻探，加大深水和非常规能源的勘探力度，并拓展新区和新领域。通过强化勘探，各大石油公司在各主要盆地均获得重要油气发现。

鄂尔多斯盆地是我国大型沉积盆地之一。截至2011年底，该盆地油气剩余可采储量4.5亿吨和11968亿立方米（表2-45、表2-46），分别占全国总量的14%和28%，居全国第3位和第1位。2012年长庆油田立足全盆地加强勘探成效分析及开发建产后评价，进一步深化地质认识，寻找新的战略接替目标。上半年在陇东天然气勘探中取得重大发现，苏里格南5000亿立方米规模储量工程进展顺利，姬塬多层系立体石油勘探获重大进展，华庆东落实整装亿吨级石油储量区，致密油勘探攻关取得重要进展。位于鄂尔多斯盆地伊陕斜坡东北部的大牛地气田，在上古生界拥有7套天然气发育层系，探明储量4131亿立方米。2012年

石油天然气的开发与利用

通过实施《大牛地致密低渗气田勘探开发示范工程》，实现了常规技术无法开发的上古生界盒1段气层1100亿立方米储量的有效动用。PG5井马五1层改造后获工业无阻流量，标志着大牛地下古生界碳酸盐岩储层勘探开发也取得新突破。鄂南石油勘探也取得重大突破，镇泾地区落实了亿吨级储量区，彬长地区评价落实2亿~2.5亿吨探明储量远景区。2012年延长石油加大盆地内油气勘探力度，估计新增探明石油地质储量1.1亿吨；甘泉区域天然气勘探获新进展，预测天然气资源量约1000亿立方米，将成为有利目标区；此外陆相页岩气勘探进展明显，建立了首个延安国家级陆相页岩气示范区。

塔里木盆地位于新疆维吾尔自治区南部。截至2011年底，该盆地油气剩余可采储量1.7亿吨和10672亿立方米（表2-45、表2-46），分别占全国总量的6%和25%，居全国第6位和第2位。2012年塔里木油田以库车、塔北和塔中为重点，积极推进勘探开发一体化，在塔北西部、哈拉哈塘、轮南及塔中碎屑岩滚动勘探上获新突破，500万吨探明储量基本靠实；同时还发现一批储量巨大的天然气田，其中大北和克深气田储量均达2000亿立方米；阿克苏博孜地区初步探获天然气资源量4000多亿立方米，石油4000多万吨。

准噶尔盆地位于新疆维吾尔自治区北部。截至2011年底，盆地油气剩余可采储量2.8亿吨和1862亿立方米（表2-45、表2-46），分别占全国总量的9%和4.4%，居全国第4位和第6位。2012年新疆油田积极开展致密油勘探攻坚，通过实施"一井一策、一层一策"逐步确立"将水平井分段多簇的体积压裂理念应用于致密油直井勘探"的技术思路，对致密油、低渗透、非常规等油藏开发均起到推动作用。吉木萨尔地区致密油勘探共完钻7口井，6口获工业油流，井控含油面积370km²，首口致密油水平井吉172-H井压裂创造了国内单井加砂量和新疆油田压裂级数、入井液量等多项纪录，初步展现十亿吨级勘探场面。胜利油田西部探区继春风、春晖油田之后，再发现阿拉德油田，实现了准噶尔哈拉阿拉特山南缘浅层含油气规模的重大拓展。

表2-45 2005~2011年我国剩余石油可采储量盆地分布及变化情况

单位：万吨

盆地分布	2005年	增减/%	2008年	增减/%	2010年	增减/%	2011年	增减/%
松辽盆地	68564	-4.8	71810	0.3	70267	-0.4	68364	-2.7
渤海湾盆地	66676	3.9	70845	-1.4	78492	7.6	84240	7.3
鄂尔多斯盆地	20302	21.2	31657	16.2	42027	21.9	45360	5.7
四川盆地	210	15.4	416	46.5	864	34.4	1102	27.5
塔里木盆地	11226	-8.8	15181	6.3	16516	4.8	16848	2.0
准噶尔盆地	18007	8.1	22608	2.4	26561	8.3	28512	7.3
柴达木盆地	5016	7.6	4464	-5.3	4750	5.8	5508	16.0

续表

盆地分布	2005年	增减/%	2008年	增减/%	2010年	增减/%	2011年	增减/%
吐-哈盆地	3076	−18.9	3679	4.9	3725	20.5	3888	4.4
珠江口盆地	4245	29.1	5550	9.6	6479	14.9	8748	35.0
东海盆地	324	55.0	332	−7.5	380	14.8	366	−3.7
其他	22112	10.0	35175	2.2	63039	91.7	57560	−8.7
总计	219758	2.4	261717	2.0	31310	6.5	320496	2.1

四川盆地是我国重要的天然气生产基地。截至2011年底，该盆地天然气剩余可采储量8260亿立方米（表2-46），占全国总量的20%，居全国第3位。川东北地区发现的大型气田有普光、元坝、龙岗、罗家寨、铁山坡等。川中地区是盆地最早开展勘探的地区，2012年磨溪-高石梯寒武系勘探获得历史性突破，磨溪8、9、11井相继获高产工业气流，首次发现以孔隙性储层为主的高产富集含气区，提交天然气储量超千亿立方米。川东地区云安012-6井获高产工业气流，证实长兴生物礁气藏较好的勘探前景。川西陆相层系是盆地天然气增储上产的重点层系之一，2012年马井-什邡中浅层12口井获工业气流，蓬莱镇组新增探明天然气地质储量1652亿立方米；广汉-金堂地区中浅层勘探新增预测天然气地质储量2372.5亿立方米，展现了近千亿立方米的规模探明前景区，川西中浅层天然气勘探取得重大突破。

松辽盆地是面积最大的中生代含油气盆地。截至2011年底，该盆地油气剩余可采储量6.8亿吨和2206亿立方米（表2-45、表2-46），分别占全国总量的21%和5%，居全国第2位和第5位。近年来，大庆油田相继在盆地北部中浅层、海拉尔盆地及北部深层的天然气勘探中取得重大发现，北部深层天然气储量规模有望达到3～5千亿立方米，将成为大庆油田资源接替的重要组成部分。2012年大庆油田继续以"立足深层气，加快浅层气，研究煤层气、致密砂岩气"的工作方针，天然气勘探再获新突破，徐家围子断陷火山岩整体展现探明潜力，深层致密气展现较好勘探前景，长垣黑帝庙浅层气藏提交可观预测储量。吉林油田把天然气发展作为战略性工程，王府-小城子气田外扩成果显著，为该区整体扩展评价提供了支持，伏龙泉气田扩展评价及外围潜力区评价效果明显。

表2-46 2005～2011年我国剩余天然气可采储量盆地分布及变化情况

单位：亿立方米

盆地分布	2005年	增减/%	2008年	增减/%	2010年	增减/%	2011年	增减/%
松辽盆地	1077	78.6	1949	−2.2	2207	5.0	2206	0.0
渤海湾盆地	1931	15.2	1291	−13.9	1367	11.3	1381	1.0
鄂尔多斯盆地	7991	34.3	9063	0.3	10854	6.6	11968	10.3

石油天然气的开发与利用

续表

盆地分布	2005年	增减/%	2008年	增减/%	2010年	增减/%	2011年	增减/%
四川盆地	5065	23.9	7514	8.3	7640	−3.2	8260	8.1
塔里木盆地	6049	17.5	7514	3.7	9952	15.0	10672	7.2
准噶尔盆地	855	9.8	1911	162.9	1599	−8.6	1862	16.4
柴达木盆地	2298	48.4	2024	−1.7	2383	−2.8	2415	1.3
吐—哈盆地	343	5.2	287	4.4	313	6.1	316	1.0
珠江口盆地	959	8.9	873	−7.0	931	8.1	917	−1.5
东海盆地	389	34.6	426	18.7	540	10.4	551	2.0
莺歌海盆地	412	28.8	530	8.4	630	12.9	658	4.4
其他	816	19.8	667	19.3	585	−4.1	739	26.3
总计	28185	26.5	34049	6.0	39001	5.2	41945	7.6

渤海湾盆地是我国石油储量最大的含油气盆地。截至2011年底，该盆地油气剩余可采储量8.4亿吨和1381亿立方米（表2-45、表2-46），分别占全国总量的26%和3.3%，居全国第1位和第5位。2012年，胜利油田通过精细勘探，东部老区4口探井日产超百吨，揭示出济阳拗陷良好勘探前景；同时，充分利用常规探井资料提高页岩油认识水平，加大非常规勘探开发力度。辽河油田主攻基岩油气藏，建立不同类型潜山油气成藏新模式，拓展潜山勘探领域和增储空间；9月茨110井见良好油气显示，东部凹陷勘探取得新进展。大港油田持续深化深层天然气及潜山、沧东凹陷系统基础研究，加强区带评价，优化部署效果显现，3月前期评价井滨深22-10井实现日产气16.1万立方米。中海油渤海作业区多探快评高效推进油气勘探，蓬莱9-1-5井测试日产油110立方米，证实蓬莱9-1为渤海近年来发现的规模最大的油田；获得大中型石油新发现垦利9-1、旅大21-2和旅大6-2等，开辟了辽东构造带勘探新领域；秦皇岛29-2E构造向东扩展也获得成功。

珠江口盆地位于南海北部大陆架。2012年5月，"海洋石油981"钻井平台在珠江口盆地东部海域投入运营，我国石油公司深水油气独立勘探开发迈出了实质性步伐；惠州油田首次在深层古近系文昌组实现勘探突破；恩平18-1油田EP18-1-2d井在新近系钻遇油层，测试日产油超过100m^3；陆丰15-1-2井测试获日产油约800桶，开辟了珠江口盆地自营勘探的新领域。

莺歌海盆地位于我国南海西部。中海油莺歌海作业区天然气勘探不断向中深层挺进，2012年高温高压天然气勘探领域获新发现东方13-2气田，4月东方13-2-1井测试日产天然气约120万立方米；全年共完钻6口评价井，单井探明储量均创新高。东方13-2气田完成评价，为莺歌海盆地勘探开发进入中深层高温高压气藏打下基础。

2.6.2 我国油气消费

2.6.2.1 我国石油市场

2012年我国石油表观消费量4.90亿吨左右,同比增长4.7%,增速较上年仅提高0.4个百分点。2012国内原油表观消费量4.75亿吨,同比增长4.7%,增速较上年提高1.4个百分点。由于原油进口量继续增长,国内原油对外依存度已达56.6%,较上年提高1.5个百分点。成品油(汽、煤、柴油)表现消费量2.77亿吨左右,同比增长5.4%,增速较上年下降2.2个百分点。

(1) 国内石油市场现状

国内原油产量小幅增加,原油、石油对外依存度继续提高。

2012年成品油及化工产品需求增速逐步放缓,原油产量较为平稳。1~11月国内原油产量1.90亿吨,同比增长1.8%增速比上年高1.2个百分点。全年国内原油产量约为2.07亿吨,同比增长2.0%。由于国内原油产量增速低于石油消费增速,石油进口量进一步增加。1~11月,石油净进口量2.59亿吨,同比增长7.3%,增速比上年同期降低0.7个百分点。全年石油净进口量2.84亿吨,同比增长7.3%,增速比上年同期降低0.2个百分点。石油对外依存度达58%,比2011年同期上升1.5个百分点。1~11月我国原油净进口量2.45亿吨,同比增长7.7%,增速比上年同期上升1.4个百分点。2012年全年我国原油净进口量达到2.69亿吨,同比增长7.3%,增速比上年提高1.5个百分点。原油对外依存度达到56.6%,较上年同期上升1.5个百分点。由此出现了石油和原油对外依存度双提高的局面。原油进口量持续攀升,国际原油价格高位震荡,给国内炼油企业带来了巨大的成本压力(图2-23)。

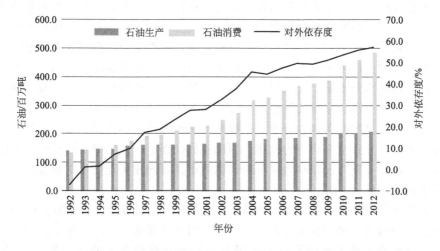

图2-23 我国石油生产、消费、进口及对外依存度

(2) 国内成品油市场现状

2012年国内成品油需求增速总体放缓，柴油消费量增速大幅下降，汽油消费刚性较快增长，煤油消费平稳增长。全年炼厂开工率呈先降后升走势，市场资源较为宽松，进出口贸易活跃度降低，柴油从净进口转为净出口，从而出现了2007年以来汽煤柴油全面净出口的局面。价格机制更为制度化。全年国际油价波动频率高、幅度大，但国家价格调整较为及时，为价格机制改革以来首次实现年内降价和调价基本同步。

国内成品油消费量增速总体放缓，柴油消费增速大幅下降，汽、煤油增长较快。受国内宏观经济增速放缓等因素影响，国内成品油表观消费量增速总体放缓，2012年国内成品油表观消费量2.77亿吨左右。其中，汽油消费8667万吨，同比增长12%，增速较上年提高3.9个百分点；柴油消费17018万吨，同比增长1.8%，增速较上年大幅下降5.8个百分点；煤油消费2003万吨，同比增长9%，增速较上年提高3.9个百分点。

① 汽油消费受到多方面原因抑止，增速放缓。

汽油消费量增速与汽油车保有量、单车油耗增速、单车行驶里程增速以及替代燃料增速密切相关。受国家节能补贴政策影响，小排量汽车销量继续提升，综合估计单车油耗仍在下降，将对汽油消费形成一定的抑制。近年来，我国城市逐步实施限行限购和城市轨道交通的快速发展，汽油车单车行驶里程也呈下降趋势。此外，天然气汽车等替代能源呈较快发展趋势，加上调合油对国标油的替代共同抑制汽油消费。上述原因造成近年来我国汽油消费增速放缓。

② 柴油消费增速大幅下降，远低于近十年的平均增长水平。

柴油作为基本的生产资料，广泛应用于国民经济的各大部门。根据2010年统计局公布的柴油行业消费分布显示，交通运输业、工业、农林牧渔业是柴油消费的主要部门，分别占柴油消费的58%、15%和8%（图2-24）。2012年受全球经济复苏放缓和国内需求持续低迷的影响，我国出口工业在全球欧美国家需求疲软、国内劳动力成本上升、出口退税取消以及国际油价高企等多重作用下生产持续走低；国内部分重化工业受房地产调控政策影响，产能过剩矛盾日益凸显，水泥、钢铁等工业品价格持续下滑，企业利润大幅减少，生产动力明显不足。2012年夏天迎峰度夏期间各地各行业基本都未出现错峰用电的情况，加之高位震荡的国际油价，工业柴油需求更为低迷。国际贸易低迷、工业生产不旺导致货运需求减少，物流企业整车出车率大幅下降，商用车销量同比负增长，交通运输用柴油消费量同步下行。

近年来柴油消费的各主要方面有了一些值得注意的变化。金融危机以来，国际油价不断攀升，柴油在工业发电领域的价格优势逐渐消失，柴油正逐渐演变为用电高峰时期辅助发电燃料，工业用柴油占柴油总消费量的比例从2008年的19%下降到2012年的15%。交通运输业的柴油需求主要体现在商用车用油，与商用车销量、公路货物周转量有着直接联系，属于国际贸易、工业生产与电子商

第 2 章 石油天然气的资源分布与消费

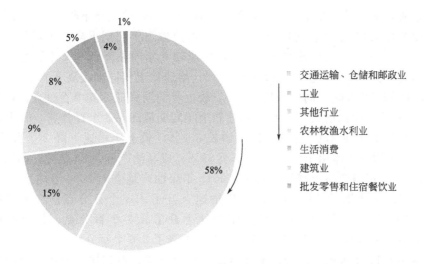

图 2-24　2012 年柴油消费结构

务的派生需求。近年来，随电子商务和物流业的蓬勃发展，交通运输用柴油占比从 2008 年的 57% 提升至 2012 年的 58%。

③ 国内航空运输增长支撑煤油消费，煤油消费量稳步较快增长。

航空运输业的煤油消费量占煤油消费总量的 90%，航空客货运周转量与煤油消费量高度相关。2012 年以来，全球经济复苏乏力，欧洲经济持续疲软，国际商务和贸易活动减少，我国进出口增速大幅下降。1～11 月国内进出口增速为 5.8%，较上年同期回落 17.8 个百分点。贸易低迷导致国际航空运输需求减少。1～11 月民航运输总周转量为 556.5 亿吨公里，同比增长 5.8%，增速较上年同期回落 0.9 个百分点。其中国际航线周转量 176.3 亿吨公里，同比降 0.9%，增速较上年同期回落 2.1 个百分点。国际航空运输需求的低迷给煤油消费增长带来了一定的负面影响。但随着国内居民收入持续提高、通胀水平逐步回落以及国家促内需政策逐步见效。

国内旅游需求旺盛，民航国内航线运输需求保持了较高的增长速度。1～11 月国内航线周转量 380.1 亿吨公里，同比增 9.3%，增速仅比上年同期回落 0.4 个百分点。综合来看，2012 年国内煤油消费增速总体较为平稳，1～11 月煤油表观消费量 1819 万吨，同比增 8.5%，增速比上年同期提升 3.3 个百分点。估计 2012 年全年煤油表观消费量 2003 万吨，同比增 9%，增速较上年提高 3.9 个百分点。

④ 成品油供需总体宽松，汽煤柴油 2007 年以来首次全面净出口。

2012 年国内需求不旺，加上国际油价高位震荡，国内主营炼厂亏损严重，炼厂开工率受到影响。三季度以来，随着宏观经济形势有所好转，国内炼厂开工率降幅有所收窄。1～11 月中石油和中石化炼厂开工率分别为 87% 和 88%，较上年分别下降了 1 个百分点。地炼开工率为 36.5%，较上年下降了 3 个百分点。原油加工量 4.25 亿吨，同比增长 3.2%，增速较上年同期下降 3 个百分点。成品油产量 2.57 亿吨，同比增长 5.4%，增速较上年同期降低 0.7 个百分点。其中，汽油产量 8143 万吨，同比增长 9.8%，增速比上年同期提高 3.8 个百分点；柴油产量 15572 万吨，同比增长 2.3%，较上年同期降低 3.6 个百分点；煤油产量 1942 万吨，同比增长 13.4%，增速较上年同期提高 5.3 个百分点。估计 2012 年全年原油加工量 4.65 亿吨，同比增长 3.8%，较上年增速下降 2 个百分点；全国炼厂平均开工率由上年的 87% 降至 85%；成品油产量 2.82 亿吨，同比增长 5.5%，较上年增速略有减缓。其中，2012 年煤油产量突破 2000 万吨达到 2140 万吨，同比大幅增长 13.9%，较上年增速上升了 4.3 个百分点；汽油产量为 8950 万吨，同比增长 9.9%，较上年增速上升了 4.1 个百分点；柴油产量为 1.71 亿吨，同比仅增长 2.4%，较上年增速下降了 2.6 个百分点。

尽管 2012 年国内成品油产量增速总体有所下降，但相比于增速放缓的成品油消费，全年国内成品油市场供需仍略为宽松，进出口贸易活跃程度下降，汽煤柴油 2007 年以来首次出现全面净出口。全年产大于需约 482 万吨，产需盈余较 2011 年扩大 79 万吨。其中，汽油产大于需约 283 万吨，柴油产大于需 62 万吨，煤油产大于需约 137 万吨，为 2007 年以来首次出现三大油品供需同时宽松的局面。反映在进出口上，1～11 月成品油净出口 455 万吨。其中，汽、煤油与上年一样同为净出口，分别净出口 267 万吨、122 万吨；柴油则由上年的净进口 20 万吨变为净出口 66 万吨。从进口和出口分别来看，1～11 月我国成品油进口量 629 万吨，同比降 17.8%；成品油出口量 1084 万吨，同比降 7.4%。其中，汽油进口 0.5 万吨，与上年基本持平，出口 267.5 万吨，同比降 30.8%；柴油进口 83 万吨，同比大幅降 61.8%，出口 149 万吨，同比降 24.4%；煤油进口 545 万吨，同比降 0.5%，出口 667 万吨，同比增 13.6%（表 2-47）。

表 2-47　2012 年 1～11 月我国石油进出口统计

产品名称	进口量/万吨			出口量/万吨			净进口量/万吨		
	1～11 月	上年同期	同比/%	1～11 月	上年同期	同比/%	1～11 月	上年同期	同比/%
石油	28310	26718	6.0	2412	2573	−6.3	25898	24145	7.3
原油	24744	23063	7.3	235	219	7.3	24509	22844	7.3
成品油	629	765	−17.8	1084	1171	−7.4	−455	−406	12.1
汽油	0.5	0	—	267.5	387	−30.8	−267	−387	31.0
煤油	545	548	−0.5	667	587	13.6	−122	−39	212.8
柴油	83	217	−61.8	149	107	−24.4	−66	20	−430
燃料油	2415	2411	0.2	1052	1109	−5.1	1363	1302	4.7
石脑油	273	223	22.4	22	47	−53.2	251	176	42.6

第 2 章　石油天然气的资源分布与消费

⑤ 成品油价格调价较为及时，煤油价格市场化试水效果明显。

近年来国际油价高位震荡、波动剧烈，自 2009 年 5 月国家出台《石油价格管理办法（试行）》以来，国内成品油价格调整 21 次，其中 13 涨 8 跌。2012 年以来国内成品油价格调整较为频繁，截至 11 月，国内成品油定价参考的国际三种原油平均价格共有 8 次价格变动率超过 4%，国家均相应调整了国内成品油价格，4 次上调，4 次下调，成品油价格调整机制更为制度化。从调价次数来看，2012 年国内成品油价格调整次数近年来首次与成品油调价窗口开启次数一致；从调价及时性来看，2012 年成品油价格调整窗口开启时间和实际调价时间的平均时差最短，较为及时。但是从调价幅度来看，国内成品油价格调整仍然存在上调欠量、下调过量的问题，始终保持调整后的成品油出厂价对应的国际原油价格低于三地原油价格 22 日移动平均值。成品油出厂价对应的国际原油价格与三地原油价格 22 日移动平均值的差额维持在低于 10 美元的范围内，炼厂可以消纳部分亏损，但当二者差额高于 10 美元时，炼厂出现亏损，且随二者差额扩大，炼厂亏损程度相应加剧。2012 年二者价差较 2011 年有所收窄，国内炼油企业亏损幅度有一定的减小，但仍未达到盈亏平衡。

值得指出的是，煤油价格市场化改革效果较为显著。2011 年 7 月国家发改委发布《关于推进航空煤油价格市场化改革有关问题的通知》，明确规定航煤出厂价将逐步实行市场化定价。2012 年国际油价高位震荡凸显价格市场化优势。由于煤油价格变动较国内现有定价机制更为及时、到位，炼厂煤油生产积极性大幅提高。1~11 月煤油产量 1942 万吨，同比增长 13.4%，增速比上年同期提高 5.3 个百分点，估计 2012 年全年煤油产量突破 2000 万吨达到 2140 万吨，同比大幅增长 13.9%，较上年增速上升 4.3 个百分点。2012 年，在汽柴油进出口贸易均较低迷的形势下，煤油出口得益于价格优势，仍保持 9.3% 的较快增长。

⑥ 消费税改革范围扩大至调油原料，将有效抑制隐性资源。

2012 年 11 月 20 日，国家税务总局发布《关于消费税有关政策问题的公告》，从 2013 年 1 月起，统一对液体石油产品进行征税，征缴范围扩大到除沥青以外包括 MTBE、芳烃、混合芳烃等用于调油和化工原料的所有液体石油产品。主要内容包括：第一，对按征收规定的复合汽油、柴油、石脑油、溶剂油、航空煤油、润滑油和燃料油征收规定的产品，按相应规定征收消费税；第二，其他产品，在与国家标准或行业标准名称、质量标准一致，且按有关产品检验证明在主管税务机关进行备案的，不征收消费税，否则，视同石脑油征收消费税；第三，沥青产品的出厂必须符合国家质量标准且在主管税务机关有相关产品质量检验证明备案，否则都需按燃料油征收消费税；第四，明确了工业生产企业之外的石油贸易商将其外购的未缴纳消费税产品以消费税应税产品对外销售的，或者将外购低消费税率产品以高税率应税产品对外销售的，都需按规定销售产品类别缴纳消费税。

目前调合油市场规模约在 400 万～500 万吨/年的水平，全国约有数千家调油商，主要集中在山东、河北、河南、江苏等地，且其批发价一般低于国标油 500～1000 元/吨。消费税政策调整将极大降低部分地方炼厂和调油企业的避税空间，经销调合油的民营加油站价格优势将明显降低，长期来看有利于市场规范。

2.6.2.2 我国天然气市场

2000 年以来，我国天然气市场进入快速发展时期。天然气消费量连续十年保持两位数增长，2010 年首次超过 1000 亿立方米，2011 年达到 1307 亿立方米，成为世界第四大天然气消费国。2006 年我国开始进口天然气，5 年内进口量从 9.4 亿立方米增至 2011 年的 314 亿立方米，年均增速高达 102%。2011 年我国天然气产量首度突破 1000 亿立方米大关，达到 1025 亿立方米，成为世界第六大产气国。

2012 年，我国天然气市场继续呈现蓬勃发展态势，天然气消费量达到 1475 亿立方米，同比增长 12.9%。天然气进口量达到 428 亿立方米，同比增长 36.3%。产量达到 1077 亿立方米，同比增长 6.5%。我国天然气价格改革继续推进，广东、广西试点改革初见成效，多省市积极探索调整价格机制，为下一步市场化改革奠定基础。

(1) 我国天然气市场消费特点

① 国内天然气消费继续保持两位数增长。

2012 年以来，陕京三线、西气东输二线、中贵联络线等干线工程陆续投产，2011 年投产的江苏如东和大连 LNG 项目满负荷运营，全国天然气市场规模进一步扩大，1～11 月我国天然气表观消费量达到 1327 亿立方米，全年消费量达到 1475 亿立方米，同比增长 12.9%，较上年增速下降 7.9 个百分点，但仍远远高于石油（约 4%）和煤炭的增长速度（图 2-25）。天然气占一次能源消费的比重由 5% 上升到 2012 年的 5.4% 左右。

② 城市燃气成为拉动天然气消费增长的主要动力。

我国用气行业分为城市燃气、工业燃料、天然气发电和天然气化工。2000 年以来，我国天然气消费结构向多元化发展，城市燃气成为增长最快的用气部门。2012 年，我国城市燃气继续快速增长，新增燃气用户继续增多，乌鲁木齐、天津、山西等地的煤改气工程带动取暖用气快速增长。天然气汽车进入加速发展时期，各地加大加气站建设力度，加快天然气公交车、出租车推广应用。发电用气稳定增加，广东省受水力发电充足、工业用电需求下滑等因素影响，夏季天然气发电量大幅下降；迎峰度夏期间，江苏发电用气同比增长 31%。受全球经济疲软和国内经济增长放缓影响，钢铁、建材、冶金等相关用气行业发展缓慢，带动工业燃料用气量缓慢增长。受资源供应和经济性制约，化工用气所占比重继续下降。2000～2012 年，我国城市燃气消费量由 43 亿立方米增至 578 亿立方米，

第2章 石油天然气的资源分布与消费

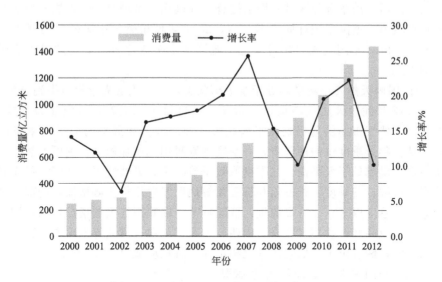

图 2-25 我国天然气消费量和增长率

占消费总量的比重由 17.6% 上升至 39.2%；工业燃料用气由 101 亿立方米增至 425 亿立方米，所占比重由 41% 降至 28.8%；发电用气由 10 亿立方米增至 260 亿立方米，所占比重由 4.1% 上升至 17.6%；化工用气量由 91 亿立方米增至 212 亿立方米，所占比重由 37.2% 下降至 14.4%（图 2-26）。

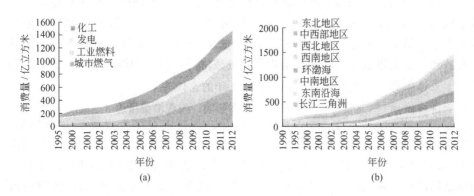

图 2-26 天然气消费现状

③ 消费区域继续扩展，城市用气人口突破两亿。

2012 年，我国长三角、环渤海、东南沿海、西南等传统消费地区的天然气消费量继续增长，西北、中西部地区由于新用气项目投产和煤改气等工程的实施天然气消费量大幅增加。分省市看，四川和江苏省天然气消费量位居前两位，北京天然气消费量达到 86 亿立方米，同比增长 12.4%。随着管道干支线的建成和广东、江西、山东等地区域管网的完善，我国用气区域进一步扩展到更多的地级和县级城市，据国家统计局数据显示，2011年城市燃气中天然气用气人口达到1.9亿，2012年用气人口超过2亿，城镇气化率达到29%，远超过人工煤气和LPG用气。

④ 国内天然气市场供需处于紧平衡状态，部分用气需求没有得到满足。

2012年我国天然气产量稳定增长，进口量大幅上升，供应能力有效提升，但全国天然气市场供需仍处紧平衡状态，局部地区和局部时段供气紧张仍然存在。从全年分季度供需形势看，一季度受取暖用气增加影响，国内天然气产量处于高位，供需处于紧平衡。二季度取暖季节结束，天然气消费下降，供应紧张形势有所缓解；三季度，长三角和珠三角等地区发电用气大幅增加，局部地区供应趋紧；四季度以来，北方提前进入取暖季节，取暖用气大幅增加，储气调峰设施的缺乏造成高峰时段用气紧张，山西、山东、天津、河北等地出现出租车加气排长队现象，武汉市由于取暖用气大幅增加，日供应缺口达40万立方米。

(2) 中国国内小型LNG市场状况

① 国内小型LNG建设快速推进，产能超过2000万立方米/日。

我国小型LNG生产始于2001年。近年来，适应天然气市场发展的调峰需求和管网未接入地区清洁能源发展的需要，我国小型LNG进入快速发展时期。2012年，我国小型LNG总产能达到2014万立方米/日（73.5亿立方米/年），是上年的2倍多。我国小型LNG厂主要分布在新疆、内蒙古、四川、山西、宁夏、陕西、甘肃、青海等西部资源地，陕西小型LNG产能位居全国首位，占全国总量的23.8%；宁夏、内蒙古、四川分别占17.1%、12.1%和10.9%。随着国内天然气市场的快速发展，小型LNG已成为开拓市场的先锋和管道天然气的重要补充，在促进边际气田和非常规资源高效利用、城市调峰和事故应急、运输工具的替代燃料等方面发挥重要作用。

② 我国小型LNG市场已形成多主体竞争格局。

我国小型LNG市场已经形成中央企业、民营企业多元发展的竞争格局，2012年我国小型LNG市场参与主体达到30家企业，竞争日趋激烈。中石油小型LNG产能最大，达到500万立方米/日，占国内市场份额的23.8%；宁夏哈纳斯新能源集团是第二大LNG生产商，总产能为300万立方米/日，占国内市场份额的14.3%；陕西延长和新疆广汇并列第三，总产能为150万立方米/日，占国内市场份额的7.1%（图2-27）。

③ 未来小型LNG市场需求增速减缓，应因地制宜审慎发展。

随着我国天然气市场的快速开发，小型LNG应用范围进一步拓宽。北京、苏州、开封、淄博、潍坊、青岛、长沙等多个城市均建有LNG气化站。未来随着我国天然气管网及储气调峰配套设施的不断完善，小型LNG应用范围将主要集中在城市调峰用气和交通领域，需求增速有所减缓；随着在建小型LNG工厂

第 2 章 石油天然气的资源分布与消费

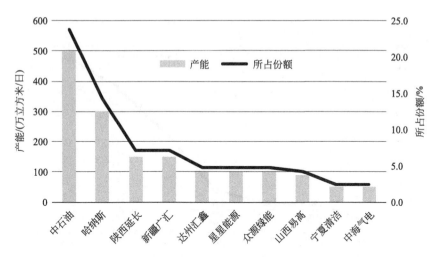

图 2-27 2012 年我国主要小型 LNG 生产商产能

陆续投产,可能出现供应过剩局面。同时,随着天然气价格机制改革的不断深入,气源成本提高将使小型 LNG 竞争力减弱。因此,未来应明确小型 LNG 在我国天然气产业发展中扮演的角色,制定行业发展规划,对其规模、地域分布、运输优化等方面进行指导,因地制宜审慎发展,充分发挥小型 LNG 在我国天然气市场中的作用。

(3) 中国天然气进口状况

随着江苏和大连 LNG 接收站的稳定运行和中亚管道气进口能力的进一步增强,2012 年我国实现管道气和 LNG 进口量双快增长,全年进口量达到 428 亿立方米,同比增长 36.3%,对外依存度达到 29%,比上年同期增加 5 个百分点。其中,管道气进口量约 228 亿立方米,占 53.3%;LNG 进口 1440 万吨(约合 200 亿立方米),占 46.7%。管道气进口量首次超过 LNG 进口量,在我国天然气供应中的作用日益突出。随着天然气进口的快速增加,我国已经形成国产气、进口管道气和进口 LNG 并存的多气源供气格局。

① 管道气进口总量达到 228 亿立方米,首次超过 LNG 进口量。

我国积极构建中亚、中缅、中俄三大管道气进口通道,实现进口来源多元化。中亚天然气管道于 2009 年底建成投产,进口量逐年提升。2012 年 8 月,我国开始从乌兹别克斯坦进口管道气,气源由土库曼斯坦增至中亚两国。1~11 月管道气累计进口 198 亿立方米,全年进口量达到 228 亿立方米,同比增长 58.3% (图 2-28)。未来几年中亚气进口量将继续上升。

中缅管道气引进取得积极进展。中缅管道天然气工程 2008 年启动实施,由云南瑞丽进入我国,主要为云南、贵州、广西三省区供气,最终与西气东输二线联网。该管道设计输气能力 120 亿立方米,于 2013 年 7 月国内段与国外段同步

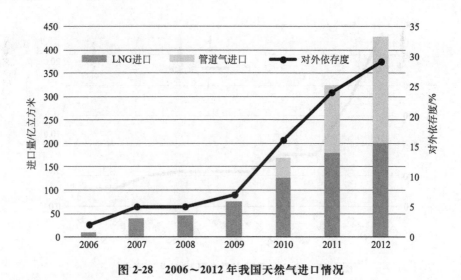

图 2-28　2006~2012 年我国天然气进口情况

投产,向云南、贵州、四川、重庆等管道沿线省市输送缅甸进口气,标志着我国西南油气通道正式建成。

中俄管道天然气进口谈判继续推进。2012 年,中俄双方分别于 6 月和 12 月进行两轮能源谈判和对话,就天然气合作进行深入沟通,价格问题仍是中俄天然气贸易面临的最大困难。

② LNG 进口稳定增长,全年进口 1440 万吨,同比增长 17.9%。

2012 年我国 LNG 进口量稳定增长,1~11 月进口量为 1286 万吨,同比增长 20.2%(表 2-48)。全年进口量达到 1440 万吨,占国内消费总量的比重达到 13.7%。

表 2-48　2012 年我国分接收站 LNG 进口　　　　单位:万吨

LNG 接收站	进口海关	2011 年进口量	2012 年(1~11 月)进口量	2012 年占比/%
辽宁大连	辽宁海关	12.7	125.7	9.8
上海洋山	上海海关	167.0	176.7	13.7
江苏如东	江苏海关	124.4	183.2	14.2
浙江宁波	浙江海关	—	18.7	1.5
福建莆田	福建海关	254.1	253.0	19.7
广东大鹏	广东海关	663.1	528.5	41.1
合　计		1221.3	1285.8	100

我国 LNG 进口主要来自卡塔尔、澳大利亚、印度尼西亚、马来西亚的合同气,1~11 月进口量分别占 LNG 进口总量的 34.7%、25.2%、17.4% 和 12.4%。同时还从也门、俄罗斯、尼日利亚等国进口现货,现货进口量占我国

LNG 进口总量的 10.3%。

(4) 中国天然气价格特点及发展趋势

2012 年以来，广东和广西价格改革稳步推进；安徽、广西和广东等地实行价格联动机制，对终端用户价格实行动态管理，为我国天然气价格的市场化改革奠定了基础。2012 年 7 月，上海石油交易所推出首个天然气现货交易平台，探索建立适用于高峰用气需求的市场化定价体系。我国进口天然气价格大幅上涨，进口气价与天然气销售价继续倒挂。

① 广东和广西价格改革顺利推进。

国家发改委在广东省、广西自治区开展天然气价格形成机制改革试点已近一年，广西由于尚未有管道气通入，影响和效果暂未体现，但广东省试点效果明显。国家发改委为广东省制定的最高门站价为 2.74 元/立方米，该价格与当地液化气、燃料油等替代能源价格相比明显偏低，有利于天然气市场的快速发展。2012 年底，随着广东清远-南宁支干线的建成投产，广西将开始利用管道天然气。国家发改委为广西制定的最高门站价为 2.57 元/立方米，价格优势同样明显。为推动价格改革的深入实施，广西和广东分别于 2012 年 10 月和 12 月印发管道天然气价格管理办法，对管道燃气价格进行动态管理，实行管道燃气销售价格与门站价格联动机制。今后几年，随着两广地区用气量增多，价格改革试点效果将进一步显现。

② 多省市积极调整价格机制，为全面推广价格改革奠定基础。

2012 年以来，我国安徽、广东、广西陆续实施城市天然气价格联动机制，四川实行天然气综合价格，北京提高居民用气价格，南京拟推行阶梯气价，为我国天然气价格市场化改革奠定了基础。3 月，安徽省物价局调整合肥、蚌埠、淮南、滁州、马鞍山、铜陵 6 市居民生活用气价格，并建立天然气上下游价格联动机制。四川省制定新的天然气价格政策，规定 10 月 1 日起，除居民生活、车用压缩天然气（CNG）和化肥生产用气外的其他用气实行全省统一最高门站价格，价格标准为 1.98 元/立方米，化肥生产用气实行全省统一最高门站价格，价格标准为 1.34 元/立方米，居民用气和 CNG 用气暂不调整。12 月，北京市发改委将管道天然气居民用气销售价格统一上调 0.23 元/立方米。南京市举行天然气价格改革听证会，有望推出"阶梯"收费。在国家新发布的《天然气利用政策》和《天然气发展"十二五"规划》中均将完善天然气价格形成机制作为重要工作内容，预计未来几年各省市将陆续调整天然气价格形成机制，推出价格联动、阶梯气价等定价方式，为天然气价格改革全面推广打下基础。

③ 首次推出天然气现货交易平台，探索建立市场化定价机制。

2012 年 7 月，天然气现货交易在上海石油交易所上市，我国首次采用市场竞价确定调峰气价格。本次交易有中石油、中海油、申能集团、新疆广汇等 6 家公司调配 1 亿立方米天然气投放于上海石油交易所天然气现货竞买平台，交易窗口期为6月15日～9月15日，成交价格为4650～4750元/吨。虽然交易量小，但这种以交易所为交易平台，通过多个市场主体，以竞价手段形成天然气价格的方式，是继价改试点之后，对我国天然气定价机制的进一步探索。

(5) 中国天然气市场发展应重点关注的问题

我国天然气市场快速增长，市场化建设取得积极进展。2012年，国家颁布了《天然气发展"十二五"规划》，出台了新的《天然气利用政策》，鼓励天然气行业加快发展，放宽天然气利用领域限制，天然气市场发展空间将进一步扩大。我国天然气市场快速发展中暴露出来的一些问题应引起高度重视，包括市场投资主体多元化引发的行业监管问题、城市燃气规模快速扩张引发的管网和储气调峰设施能力不足问题、天然气对外依存度的不断提高引发的供应安全等问题，这些问题的妥善解决对我国天然气市场的健康持续发展至关重要。

① 城市燃气安全稳定供气压力加大，必须加快储备调峰。

近年，我国城市燃气快速发展，消费量急剧增加，2012年城市燃气占消费总量的比重近40%。城市燃气尤其是取暖用气的快速发展加大了城市用气的峰谷差，北京峰谷差高达11∶1，上海3∶1，重庆2∶1，我国安全稳定供气和调峰压力加大。随着各地取暖用气的增加，季节性峰谷差将继续加大，需要解决的日调峰和小时调峰等系列问题也已出现。我国储气库建设滞后于市场发展，工作气量仅占全国消费量的1.7%，需加快储气调峰设施建设，制定合理有效的储气调峰制度，明确供用各方责任，共同确保稳定供气。由天然气生产和销售企业建立天然气商业储备，满足市场季节性调峰和资源供应中断时的应急用气需求，城镇燃气企业和社会民间资本建立天然气商业储备，满足所供区域的日、小时调峰和应急用气要求。

② 市场投资主体日趋多元化，亟待加强行业监管。

2012年，我国进一步扩大市场准入，国家能源局发布了《关于鼓励和引导民间资本进一步扩大能源领域投资的实施意见》，鼓励民间资本及外资以多种方式参与天然气勘探开发和基础设施建设。根据我国页岩气发展规划，国家将鼓励民间资本参与页岩气的勘探开发。中游领域，西三线建设首次引入了社会和民营资本，由中石油与社保基金、宝钢集团等企业共同投资建设，实现了投资主体的多元化。下游开发利用领域已经形成央企、地方国企、民企、外企等共同参与的多主体竞争格局。随着天然气市场的逐步开放，建立健全天然气监管体系，加强行业监管对促进天然气市场的健康发展非常重要。

③ 对外依存度不断提高，供应安全应引起重视。

为了保障天然气稳定供应，我国积极构建进口通道，实现进口来源的多元化，2012年我国天然气进口总量达到428亿立方米，占全国天然气消费总量的29%，未来该比重将继续上升，我国成为世界天然气消费量最大的四个国家（美国、俄罗斯、伊朗、中国）中唯一需要大量进口天然气的国家。我国大量进口管道气和 LNG，大幅提升了供应能力。但由于资源掌控和运、储、用过程中的不确定性，有必要尽早关注引进资源的供应安全。我国可用作地下储气的地质单元较少，管道气储备系数远低于国际水平；而我国多数 LNG 接收站尚处于一期建设阶段，LNG 储存能力不足。故应尽早采取多种措施解决好天然气储备问题，保障资源供应安全。

参 考 文 献

[1] 孙艾茵等. 石油工程概论. 北京：石油工业出版社，2008.
[2] 陈荣书. 石油及天然气地质学. 北京：中国地质大学出版社，1994.
[3] 蒋裕强等. 石油与天然气地质概论. 北京：石油工业出版社，2010.
[4] 冯连勇. 国际石油经济学. 北京：石油工业出版社，2009.
[5] 李国玉. 世界石油地质. 北京：石油工业出版社，2003.
[6] 柳广弟等. 石油地质学. 北京：石油工业出版社，2009.
[7] 李士伦等. 天然气工程. 第 2 版. 北京：石油工业出版社，2008.
[8] 蒋有录. 石油天然气地质与勘探. 北京：石油工业出版社，2006.
[9] 英国石油公司（BP）. BP 世界能源统计年鉴，2013. 百度文库［2014-10-28］. http：//wenku.baidu.
[10] 中国石油集团经济技术研究院. 2012 年国内外油气行业发展报告. 北京：中国石油集团经济技术研究院，2013.

第 3 章

石油天然气勘探开发

3.1 世界石油天然气勘探开发历程

150多年的石油天然气勘探开发历程,是世界上叱咤风云的大跨国石油公司不断形成、发展和壮大的过程,经历了四个主要阶段。

第一阶段是约翰·洛克菲勒的标准石油公司,曾经垄断美国石油炼制、石油运输、成品油销售量的90%及原油产量的90%,垄断了美国以外油品销售市场的80%。其市场除美国外,油品消费的主要市场在欧洲。

第二阶段是著名的石油"七姊妹"——埃克森、美孚、壳牌、雪佛龙、德士古、英国石油和海湾石油这7家。它们组成了垄断资本主义石油市场的卡特尔。在美国以外资本主义世界,它们垄断了80%以上的石油租借地,90%的原油储量和几乎全部石油贸易量。它们决定着市场的价格。

第三阶段是20世纪90年代末以来,经过结构重组后形成的6个超级石油巨头——埃克森美孚、英国石油(BP)、皇家荷兰壳牌、雪佛龙、道达尔和康菲。它们的年营业额均在2000亿美元以上,位列世界500强前茅。

第四阶段是21世纪以来,新七姐妹(沙特阿拉伯国家石油公司、俄罗斯天然气公司、中国石油天然气集团公司、伊朗国家石油公司、委内瑞拉国家石油公司、巴西国家石油公司和马来西亚国家石油公司)已发展为目前世界上最有影响力的能源公司。与此同时,近几年来美国通过页岩气革命、俄罗斯能源战略重心向亚太地区转移,逐步影响和改写全球能源版图。

3.1.1 世界早期的石油发现和世界现代石油工业的兴起

中国是世界上最早发现和利用石油的国家之一。在中国发现和利用石油天然气的过程中,世界上其他国家和地区也在不断发现、不断利用石油天然气。古波斯遗留下的石板记录中,有上层贵族使用石油照明或治病的记录;7世纪的日本,将石油称为"可燃水";8世纪,巴格达街道上铺有天然沥青;9世纪,阿塞拜疆的巴库油田已有投产的记录。

世界现代石油工业史的序幕，从俄国和美国拉开。俄国工程师谢苗诺夫于1848年在黑海的阿普歇伦半岛的比比和埃巴德两地边境处开凿了一口俄国历史上的第一口油井。1854年，以美国律师乔治·比斯尔和詹姆斯·汤森为首的投资群体，成立了世界第一家石油公司——宾夕法尼亚石油公司。1859年8月27日，美国德雷克上校在宾夕法尼亚州打出第一口现代工业油井，这是世界现代石油工业的开端。这口井用一台蒸汽机驱动的油泵抽油，井深21.7m，日产原油35桶，被命名为"德雷克井"。这是世界上首次以工业或商业为目的钻探石油的活动，标志着现代石油工业的开端。

1859年，美国人德雷克在宾夕法尼亚州打出了第一口工业性油井后，精明的洛克菲勒在1870年创立了美孚石油股份公司（标准石油公司）。1888年，公司开始进入上游生产，收购油田。1890年，标准石油公司成为美国最大的原油生产商。标准石油公司对美国石油工业的垄断一直持续到1911年。1890年，美国国会通过了反托拉斯法。洛克菲勒对托拉斯采取明撤暗存的办法，把重心转移到新泽西标准石油公司，因为新泽西州的法律允许该州的公司持有其他州公司的股权，从而在"合法"旗帜下，把"队伍"重新集合起来，注册资本从1000万美元扩大到1.1亿美元。1899年，新泽西标准石油公司改组为控股公司，原先标准托拉斯的成员公司基本上变成了它的子公司。1911年，联邦最高法院裁定它违背反托拉斯法，把它解体为34家公司。这是石油史上第一次采用法律手段进行的反垄断。

在美国现代石油工业兴起之时，现代石油工业的进程在委内瑞拉发、俄国、英国、沙特阿拉伯、科威特、墨西哥、伊朗等国家也在推进和发展。

3.1.2　世界石油天然气勘探开发的快速发展

世界现代石油工业的发展从石油"七姊妹"开始，"七姊妹"指当初洛克菲勒的标准石油公司解散后，成立的三家大石油公司和另外四家有国际影响力的石油公司。这脱颖而出的石油"七姊妹"，有三家是标准石油公司的血缘至亲，即埃克森（新泽西标准石油公司）、美孚（纽约标准石油公司和真空石油公司）、雪佛龙（加州标准石油公司）；两家来自欧洲资本，就是皇家荷兰壳牌集团和英国石油公司；另外两家是美国资本的德士古和海湾石油公司。

3.1.3　结构重组确立的世界油气勘探开发新格局

20世纪70年代，欧佩克国家实现石油工业国有化。这使得那些大跨国石油公司失去了90%的上游资产。80年代中期和90年代末，世界大跨国公司进行了两轮大兼并、大改组。这些兼并，在世界石油工业乃至整个世界经济中产生巨大反响。经过上述重组活动，石油行业的原有格局彻底改变了，多年来一直被石油界称为"七姊妹"的世界七大石油公司演变为6个超级石油巨头——埃克森美孚、英国石油（BP）、皇家荷兰壳牌、雪佛龙、道达尔和康菲，它们的年营业额均在2000亿美元以上，位列世界500强前茅。

3.1.4 世界油气勘探开发的国有化时代和新跨越

"七姊妹"时代和结构重组才过了半个多世纪,权力格局就发生了深刻的变化。在第二次世界大战后出现的控制中东石油的欧美石油大公司即老石油"七姊妹"却在走下坡路,有的陷入生存危机。"新七姐妹"是指那些在经合组织以外国家的最有影响力的能源公司。"新七姐妹"名单是英国《金融时报》在咨询了很多业界高层人士后确定的。她们是:沙特阿拉伯国家石油公司、俄罗斯天然气公司、中国石油天然气集团公司、伊朗国家石油公司、委内瑞拉国家石油公司、巴西国家石油公司和马来西亚国家石油公司。这些国有石油公司控制着世界1/3的石油天然气产量,并且还拥有超过1/3的全球油气总储量。原来老的"七姊妹"在20世纪90年代合并后,变成了4家,只剩下美国的埃克森美孚、雪佛龙,欧洲的BP和壳牌集团。她们的石油天然气产量约占世界总量的10%,而只控制着总储量的3%。由于这4家公司业务上下游一体化,即不仅从事石油和天然气生意,而且还出售汽油、柴油和石化产品。这使得她们的收入明显高于那些市场新成员。

近几年来,美国通过页岩气革命,开始摆脱对中东石油进口的依赖,能源战略重心向西半球转移,并在逐步影响和改写全球能源版图。随着美国战略新布局的实施,亚太、非洲、南美成为全球关注的油气热点地区。俄罗斯能源战略重心也向亚太地区转移,通过远东开发,为实现其梦寐以求的强国梦提供战略支撑。包括中国在内的亚太地区国家的石油对外依存度节节攀升,成为全球石油消费增长最快的地区。

3.2 我国石油天然气勘探开发历程

中国是世界最早发现和利用石油、天然气的国家之一。说起她的沧桑,既有先期和早期的荣耀,又有近代的落后,更有当代的奋起。中国人早在3000多年前,就发现并开始利用石油和天然气。在遥远古代中国发现油气苗的情形,曾被载入多种史书。本节主要介绍我国近代和当代石油天然气勘探开发的历程。

3.2.1 石油勘探开发发展历程

3.2.1.1 中国石油勘探历程及现状

我国石油勘探经历了1949年以前的石油地质勘探、1949~1978年地质勘探的大发展和1978年以后(改革开放后)的石油地质勘探三个阶段。

(1) 1949年以前的石油地质勘探

中国近代早期的石油地质勘探,是在继承中国古代早期油气的实践经验的基础上,在接受了国外先进的科学技术,尤其是近代地质科学知识后才逐渐开始的。

近一二百年在西方形成的近代地质学自19世纪70年代传入中国后,促使了中国近代地质学的产生和早期地质学家的出现，并为中国近代早期石油地质勘探提供了条件。最早的石油地质调查工作是从 20 世纪 20 年代开始的，主要集中于陕北、甘肃玉门、新疆、四川及青海柴达木盆地边缘等地区。

1938 年，孙建初等人到玉门，勘查发现了玉门油田。1942 年，黄汲清、翁文波等人先后到新疆独山子、库车等地勘查，为进一步开发打下了基础。国民党统治区的石油地质勘查工作取得了一些成果，尤其是探明了甘肃、新疆地区的石油资源，对以后中国石油工业的发展意义重大。

这一时期的勘查成果对于"中国贫油"的论调是有力的批驳。陆相生油理论在世界引起了震动，打破了陆相不能生油说的定论。

(2) 1949～1978 年地质勘探的大发展

20 世纪 50 年代初期的勘探活动主要在陕北地区、天山山前带和龙门山山前带等的一些局部构造上进行，仅在老君庙油田周围发现了几个小型油田。

20 世纪 50 年代中期，借鉴苏联在俄罗斯地台发现第二巴库的经验，确立了到盆地内构造相对稳定区找大油气田的思路。在准噶尔盆地，从天山山前带转向西缘断阶带；在四川盆地，也从龙门山山前带转向川中"地台"。这一转变，带来了克拉玛依油田和川中油田的发现，特别是克拉玛依油田的发现使我国出现第一个石油储量增长的高峰，仅用两年的时间便新增探明储量 2 亿吨。

1955 年石油工业部成立后，国务院对全国范围内开展石油普查勘探工作进行了重新分工和统一部署，地质部负责搞普查和部分详查，准备构造；石油部做部分详查、细测及钻探工作；中科院承担综合科学理论研究工作。

1958 年，石油勘探战略东移，找油领域由传统的山前拗陷带，转移到东部覆盖沉降区。经过地质部和石油部的大量普查工作，松辽石油勘探局于 1959 年 9 月 26 日在松辽盆地中部大庆长垣钻探的松基 3 井喷油，从而发现了大庆油田，使我国石油储量增长出现第二次高峰。

这一时期中国石油工业持续蓬勃发展起来。大庆油田发现不久，我国石油勘探重点转移到渤海湾盆地。1961 年在东营凹陷华 8 井喷油，揭开了华北地区渤海湾盆地石油勘探的序幕。1963～1964 年黄骅拗陷黄 3 井与港 5 井先后获得工业油流，发现了大港油田。1964 年东营凹陷坨 2 井获高产油流，次年又相继钻成数口日产千吨的井，从而证实了渤海湾断陷盆地中第一个高产大油田——胜利油田。1965 年 7 月在太平房构造获得工业油流，至 1969 年相继发现了兴隆台等 6 个工业油流的构造。胜利、大港、辽河油田的发现有力地证明了在渤海湾盆地这样构造复杂的地质条件下同样可以找到大油田。

这一阶段高速发展的油气勘探实践，极大地推动了我国石油地质学理论的进展。大庆油田和渤海湾油气区的发现，使陆相生油理论得以确立并不断深化、系统化。

(3) 改革开放后的石油地质勘探

石油天然气的开发与利用

我国系统开展了油气资源评价工作,进一步摸清了油气资源潜力。这一时期我国石油工业稳步发展。但是进入 20 世纪 80 年代以来,东部主力油田进入了开采中后期,寻找稳定的油气资源战略接替区,日益紧迫地提上了油气勘探的议事日程。在此情况下,我国系统开展了油气资源评价工作。1987 年完成了全国第一次油气资源评价。评价结果,全国石油总资源量 787 亿吨。1986 年底,累计探明石油储量 125.2 亿吨,探明程度为 15.9%。1994 年完成了全国第二次油气资源评价。评价结果,全国石油总资源量 940 亿吨。1993 年底,累计探明石油储量 164.8 亿吨,探明程度 17.5%。2003 以来,完成了新一轮全国油气资源评价和 2010 年、2011 年油气资源动态评价,获得了石油、天然气、煤层气、油砂和油页岩 5 种资源最新的评价结果及空间分布。全国第三次油气资源评价结果,全国石油总资源量 1072.7 亿吨。经过 50 余年大规模的石油勘探,我国那些赋存条件相对简单、品质较好的大多数油气资源的探明程度都已相对较高,剩余油气资源的赋存条件相对复杂,品质也较差。

石油基础地质工作稳步推进,陆域、海域油气调查获得重要成果。2002 年以来,开展了银额盆地及邻区、松辽盆地外围、中上扬子海相盆地、柴达木盆地古生界、重点海域新区等一批石油新区、新领域、新层系基础地质调查项目。初步证实横贯我国北方的东西向天山-兴蒙构造带是我国新区、新层系油气勘探的目标区,松辽盆地外围、银额盆地、羌塘盆地等具有良好油气资源前景。海洋油气调查取得一批重要发现。

石油战略调查与选区取得重要成果,新区新领域油气发现获得突破。2004 年起,组织实施了全国油气资源战略选区调查与评价,在深水海域、老油区及外围的新领域、新层系和青藏高原、南方海相、秦岭大别造山带两侧等地质地形复杂地区以及煤层气、页岩气等非常规领域,取得了一系列石油地质新发现和新认识。大庆外围盆地方正断陷获得高产工业油流,渤海湾盆地临清坳陷前第三系油气勘探获得突破。

10 年多来,我国石油年均探明地质储量 10 亿吨以上,产量一举跃上 2 亿吨大关。非常规油气资源勘探开发加速推进,煤层气初步进入产业化、商业化生产阶段,油页岩处于产业化、商业化、一体化开发利用初期,页岩气勘探开发加速推进并取得较大进展。石油储量高位增长,累计探明亿吨级油田 15 个。10 年新增石油地质储量 112.2 亿吨,占新中国成立以来累计探明储量的 1/3。相继探明南堡、华庆、塔河、蓬莱 19-3 等 15 个地质储量大于 1 亿吨的油田;发现和落实了松辽岩性、渤海湾滩海、鄂尔多斯、华庆、准噶尔西北缘、塔里木塔河等超亿吨级规模储量区,为产量逐年稳定增长提供了资源基础。

10 年多来,我国火山岩油气藏、碳酸盐油气藏、岩性油气藏、致密碎屑岩、海相天然气、海洋深水等油气勘探开发领域均取得重大理论和技术进展。隐蔽油气藏成藏理论的深化及高分辨率地震、测井等配套技术的应用等在大量油气发现中发挥了关键作用。具有多项自主创新知识产权的12000m超深钻机和第六代深水半潜式钻井平台"海洋石油981"成功开钻，拉开了我国深部和深海油气勘探开发的序幕。

10年多来，我国剩余石油可采储量持续升高。截至2011年底，全国石油剩余可采储量32.1亿吨，同比增长2.19%。其中中石油2005年来剩余石油可采储量基本保持平稳，占全国总量的一半左右，中石化2011年的石油储量继续走低，同比下降4%，中海油石油储量快速上升，同比增长5.5%。

3.2.1.2 中国石油开发历程及现状

在经历了新中国成立以前的缓慢发展时期之后，在1949年中华人民共和国成立后，揭开了中国现代石油工业新的篇章。50多年来，中国油田开发经历了20世纪50年代的艰难起步初具规模、60～70年代的自主创新快速增长、80年代的调整巩固稳步推进、90年代的油气并举持续发展和21世纪初的全新跨越式发展5个时期（图3-1）。

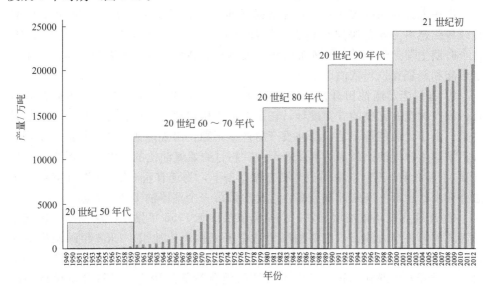

图3-1 中国石油开发历程划分

(1) 油田开发缓慢发展时期（新中国成立以前）

中国第一口近代油井于1878年在台湾省苗栗钻成。1945年抗日战争胜利后，中华民国政府在台湾设立油矿探勘处。至1948年共打井265口，发现出磺坑油田。

中国大陆近代第一口油井诞生于陕西省延长县。清光绪三十一年（1905年），清政府筹建延长石油厂。清光绪三十三年（1907年6月5日），在延长县西门外延河北岸开钻第一油井，史称延一井。1934～1935年，陕北油矿探勘处用 5 部钻机先后钻探的 7 口井中，有 2 口井获"旺油"，并发现永坪油田。1935年 4 月，延长石油官厂和陕北油矿探勘处合并为延长石油厂。抗日战争胜利后延长石油厂受到较大影响，1948 年恢复生产，当年生产原油 158 万吨，全国产量达到 820 万吨。1939～1946 年，延长石油厂共生产原油 3155t。新疆独山子地区于 20 世纪初开始了近代石油钻采，1909 年在独山子构造选定井位，钻获油流。

中国第一个现代化油田玉门油田，位于甘肃西北部的玉门，被国内外地质家认为是加快开发国内石油资源的有利地区。1939 年使用从延长调去的钻机钻了老君庙 1 号井，发现了老君庙油田。从确定了第一批井位，到 1949 年，玉门油田实际探明可采储量 1700 多万吨，年产原油 7 万多吨，在将近 11 年的开发中，共生产原油 50 多万吨，占全国同期产量的 90% 以上。

1949 年，全国投入开发的油田 4 个，年产原油 7 万吨。共有石油职工 1.6 万人，其中技术人员和管理人员为 1750 多人，石油工业基础薄弱。

(2) 油田开发艰难起步，初具规模（20 世纪 50 年代）

中华人民共和国成立后，非常重视石油工业的恢复和发展。1950 年 4 月 13 日政务院燃料工业部决定组建石油管理总局。1955 年 9 月成立了石油工业部。这个时期主要是学习借鉴国外油气田开发理论、技术经验，主要开发建设了玉门老君庙和新疆克拉玛依油田。

① 玉门老君庙油田开发。老君庙油田于 1939 年发现，是一个构造背斜油藏。投产时没有完整的方案设计，它是在油田构造顶部集中钻井，依靠天然能量开采。由于天然能量不足，油井投产后产量不稳，出现迅速递减，气油比急剧上升，平均生产气油比最高达到 $238m^3/t$，超过原始气油比的两倍多，形成了次生气顶。1954 年，玉门矿务局在苏联专家帮助下，为老君庙油田"L"油藏编制了边外注水、顶部注气的开发方案。这是中国第一个整体油田开发方案。

② 新疆克拉玛依油田开发。克拉玛依油田于 1955 年发现，这是新中国成立后发现的第一个大油田，主要油层为三叠系克拉玛依油组。1958 年编制出克拉玛依油田 1～4 区总体开发方案，并于 1960 年初对该方案进行了修订。方案确定后，针对开发中遇到问题，加强了对油田地质特征的研究，采取分阶段调整措施，油田开发效果逐步得到改善。

20 世纪 50 年代后期还在陕北延长、青海冷湖和四川川中地区开展了部分油藏的试采工作，冷湖油田 1959 年产量达到 30.7 万吨。1958 年 3 月，川中龙女寺、南充、蓬莱镇等构造分别钻探见油，形势很好，石油工业部于当年 10 月组织开展"川中夺油大会战"，后因地质情况复杂，储层非均质严重，会战未能取得预期效果。

20 世纪 50 年代老君庙和克拉玛依等油田的开发建设，是中国油气田开发工作的起步和重要实战。油田正规开发工作从无到有，原油产量从 1949 年的 12.09 万吨迅速增长到 1959 年的 373.37 万吨。

(3) 油田开发的自主创新，快速增长（20世纪60~70年代）

自20世纪50年代后期开始，中国油气资源勘探实行战略转移，60~70年代末，相继在中国东部松辽、渤海湾等陆相沉积盆地内，发现并开发了多层砂岩油藏、复杂断块油藏、凝析气藏、常规稠油油藏，以及碳酸盐岩油藏、变质岩等基岩油藏。1978年原油年产量达到1.04亿吨，进入世界产油大国行列。

① 大庆油田开发。1959年9月26日松辽盆地松基3井喷油，发现了大庆油田，使中国石油工业发生了历史性的转变，也是中国油气田开发技术的崭新开端。

大庆油田的开发工作，在总结老君庙油田和克拉玛依油田开发经验的基础上，走了一条以科学技术带动生产发展的新路子。1961年在萨尔图油田先期进行了注采工艺、油层改造以及油气集输流程等10余项技术工程试验。大庆油田在开发实践中不断探索创新，投产以后一直坚持"科技先导"的方针。针对大庆陆相多层砂岩的油藏特点，开展了油田开发规律性研究，超前实施技术储备；根据油田生产过程中出现的问题，及时采取相应对策。地质研究提出了"油砂体"和内陆湖盆河流三角洲沉积的新概念；采油工程针对多层砂岩油藏出水和动用状况差异大的问题，逐步完善了一套分层段开采工艺技术。到20世纪70年代后期已经实现了高峰年产量5000万吨的目标。

② 渤海湾油区开发。1962年9月23日，山东东营凹陷的营2井获得日产555t的高产油流，拉开了渤海湾盆地油气藏勘探开发的序幕。到20世纪70年代末，渤海湾地区陆续发现并开发建设了一大批新油田，主要有胜利的东辛、胜蛇、孤岛、临盘，大港的北大港、王官屯、枣园，辽河的兴隆台、曙光、欢喜岭，华北的任丘等。到1978年渤海湾地区原油年产量已占全国1亿吨产量的近42%。

③ 海域油田开发。20世纪60~70年代，中国近海石油勘探开发在资金、技术、现代化管理经验都比较缺乏的情况下，自力更生、艰难起步，花了近20年的时间，发现7个油田，13个含油气构造，探明石油地质储量6299万吨；1970年起，在渤海海域先后有6座采油平台建成，并在3个油田2个含油构造上进行试采。1979年海上原油年产量达到17万吨。

(4) 油田开发工作调整巩固，稳步推进（20世纪80年代）

20世纪80年代初，石油工业部在中央"调整、巩固、充实、提高"方针的指引下，争取到了在全行业施行"一亿吨原油产量包干"政策，有较充裕的资金，大量引进国外的先进设备和技术，提高了油气田开发领域的技术水平和装备能力。1982年2月8日中国海洋石油总公司成立，加快了对外合作勘探开发海上油气资源的步伐。

这个时期的油田开发工作，主要贯彻周恩来总理关于"恢复两论起家基本功"的重要指示，健全各级管理机构，制定必要的规章制度；并针对前一阶段产量快速增长、油田生产基础不稳定的实际状况，加强了油田的全面调整工作；同时，大力发展新技术，开发稠油、高凝油、低渗透油藏田，实现了油田开发工作更加扎实和富有成效地向前推进。

制定规章制度，强化科学管理。1978年，石油工业部制定了《油田开发条例（草案）》，在全国推行。同时，在各油气田单位设立地质处、采油处，任命开发总地质师和采油总工程师，恢复中断多年的岗位责任制大检查。抓住改革开放的大好时机，派出专业考察团，学习借鉴国外先进经验，全面更新和提升了油气田开发业务工作水平。

全面调整，改善老区油藏开发效果。大多数油藏主要生产层进入高含水期以后，显示出诸多方面的问题需要做出调整。为了促使老油藏的开发层系、井网、采油方式和地面设施得到改善，达到增储上产目的，全国陆上油田年平均钻调整井2000～4000口，细分开发层系和增加井网密度。这些调整措施显见成效，10年间老油田增加可采储量6.33亿吨，占同期陆上新增可采储量的44%，年新增产油量占总产量的近30%。

运用新技术开发稠油和低渗透油藏。20世纪80年代，通过国际交流合作，有针对性地引进、消化、吸收国外先进技术和装置，使过去难以动用的稠油和低渗透油藏投入开发，扩大了石油资源的利用。辽河、新疆、胜利、河南等稠油油藏，通过引进蒸汽锅炉和采用系统配套技术，稠油热采产量大幅度上升，1990年达到734万吨，90年代又进一步提高到年产1300万吨，使中国成为世界主要的稠油热采生产国之一。同时，专项引进了一批大功率的压裂车组，在大庆等油气区的低渗透油藏采取压裂增产措施，到1990年，全国低渗透油藏年产量超过1000万吨，占全国总产量的7.2%。

海域油田开发。根据国家总体部署，积极引进国外资金和技术，合作开发海上油气田。埕北油田于1972年11月由中方勘探发现，1987年6月全面投产，它是中国近海按国际规范建设的第一个现代化海上油田。1983～1984年间，美国、法国、英国等国8家石油公司组成作业集团，在南海几个海域与中方合作，出现了海上合作勘探开发的高潮。1990年近海海域共有7个油田在生产，近海年产原油达到143.18万吨。

进入20世纪80年代，由于有了较丰富的经验积累，中国的油田开发工作逐步走向成熟，具备了较强的驾驭全局的能力。原油产量由1980年的1.06亿吨，上升到1990年的1.38亿吨，陆上石油工业保持了稳步推进态势。

(5) 油气并举，持续发展（20世纪90年代）

进入20世纪90年代，国家对油气的需求更为迫切，为适应这一形势，相应制定了"稳定东部、发展西部""油气并举"和"开拓海外市场"的战略部署；中国海洋石油总公司在海域贯彻合作和自营并举方针；全国石油生产持续发展。

稳定东部。东部各油气区是中国油气开发生产的主战场，针对当时大部分油田进入高含水期、含水率上升快、产量不稳定的问题，大庆油田首先提出了在油田开发高含水中后期，实行"调整注水结构、产液结构、储采结构，控制水油比，提升储采比"的"控水稳油"工程，从而实现了在年产 5000 万吨的高点上持续稳产。"八五"期间在全国推广"控水稳油"经验，也都见到好的效果。

稳定东部的另一项重大举措，就是逐步扩大"三次采油"的工业化规模。在这一时期，东部各油气区在过去小规模试验研究的基础上，通过引进和自主研发生产化学驱油剂，及时加大、加快了聚合物驱和复合驱采油的工业应用力度。到 20 世纪 90 年代末，实施三次采油地区的油田面积 209.8 平方公里，地质储量 4.33 亿吨，三次采油地区的年产油量达到 1187 万吨，三次采油技术和应用规模均达到世界先进水平，为实现东部生产稳定做出了重要贡献。

发展西部。进入 20 世纪 90 年代，为实现原油生产持续稳定增长，中国石油天然气总公司调整战略布局，在稳定东部油气区的同时，加大了西部油气区勘探开发的力度，并按社会主义市场机制实施经营管理，出现了石油生产全面增长的崭新局面。

塔里木油气区 1989 年开始的塔里木石油会战，是在中国改革开放的大潮推动下展开的一场新型石油会战。至 1997 年，塔里木油气区年产原油超过 400 万吨。在这一时期，地质矿产部所属地区石油局和中国新星石油公司，在塔里木发现并开发建设了塔河油田，年产油规模达到 100 万吨以上。吐哈油气区是在发展西部、推行"两新、两高"工作方针中开辟的又一个新油气区。该油气区按系统工程进行开发建设，实施整体压裂改造、气举采油、超前注水、利用和控制裂缝等工艺技术卓见成效。新疆油区 1991 年及以后，先后发现和开发了彩南、石西、石南、沙南等油气田。新疆油区原油年产量在 90 年代已成为中国西部第一个年产上千万吨的大型油气区。长庆油区安塞油田是特低渗透油藏，于 1990 年投入开发，实行早期注水、整体压裂改造，产量稳定增长，至 1997 年年产量上升到 100 万吨；靖安油田于 1996 年开发，借鉴安塞经验进行注水和整体压裂，至 2000 年年产量上升到 119 万吨。

海域油田开发。20 世纪 90 年代是中国海上石油持续发展的重要时期。继 1986 年第一个海上合作油田投产，1993 年中国最大的海上自营油田绥中 36-1 投产，至 2000 年海域原油年产量达到 1810 万吨。南海东部海域是全面对外合作区，先后有 10 个油田投入开发，形成中国最大的海上高产油田群。从 1996 年起年产量连续 6 年保持在 1000 万吨以上，高于总体方案设计指标。

海域对外合作为自营油田的开发创造了条件。至 2000 年底，中海油在非合作区或外国合作商退出的区域勘探开发，共找到油气田 16 个，投入开发的自营油气田有 8 个，2000 年自营油田年产原油 613 万吨，天然气 5.06 亿立方米，占到海上油当量总值的 33.5%。

（6）深化改革，实现全新跨越式发展（21 世纪初）

石油天然气的开发与利用

21世纪到来之前的1998年,中国石油工业管理体制发生了重大变革,中石油、中石化、中海油三大公司重组,形成了上、下游一体化,此后这三大公司所属的三大石油股份公司分别上市成功,为企业走向市场竞争注入了活力。随着21世纪的到来,面对世界能源格局的动荡变幻,我国石油工业继续高举改革开放的旗帜,深入贯彻落实科学发展观,中国陆上继续坚持"稳定东部、发展西部、油气并举",海上深入贯彻合作与自营两条腿走路的方针,油气生产加快发展。我国石油勘探开发实现了从东部到西部、从陆地到海洋的战略突破。东部大庆油田在原油5000万吨连续稳产27年后,实现了原油4000万吨10年持续稳产的辉煌成就;渤海湾盆地陆上油田继续稳产,保持年产5000万吨以上。西部鄂尔多斯盆地破解了低渗透油气藏经济开发难题,油气产量超过5000万吨,成为"西部大庆"。近海2010年实现油气当量超过5000万吨,成功建成"海上大庆"。

2005年以来,我国石油产量除因金融危机短暂回调外,基本保证上升势头,2010年石油产量首次突破两亿吨,2011年和2012年持续增加,2013年达到2.1亿吨。

东部继续稳定。 中石油东部主要油气区大庆、辽河、吉林、大港、华北,深化老油藏精细描述研究,积极推进老油田整体调整改造,不断提高采收率,延长油田稳产期。2000~2004年,三次采油年产油量一直保持在1000万吨以上,2005年达到1294万吨,占当年总产油量的12.2%,为老油田保持相对稳定做出贡献。

中石化坚定地实践"稳定东部、发展西部"战略,胜利、中原、江苏、河南等几个东部油气区深化油藏研究,实施精细油藏管理,完善注水井网、加强调剖堵水,扩展三次采油。2005年三次采油区块的年产量已达387.3万吨,东部油气区原油产量基本稳定。

西部加快发展。 随着新世纪的到来,西部老油田稳步上产,新油田接连投产,天然气开发利用出现了更大场面。

中石油长庆油气区的靖安油田、西峰油田,塔里木油气区的哈得逊油田,新疆油气区的陆梁油田、石南油田等一批年产百万吨级以上的新油田陆续投产。

中石化西北分公司塔河油田,加快储量动用和产能建设步伐,采用了整体部署滚动建产的模式,开发效果良好,2005年年产原油398万吨。

陕西延长石油在这一时期将延长油矿管理局和14个县区钻采公司进行整合重组,在已开发油田规模化实施注水调整并继续扩大开发新区,到2005年组建陕西延长石油(集团)有限责任公司时,年产原油已由2000年的246万吨跃升到838万吨。

海域油田开发。 进入21世纪,海洋石油工业继续坚持合作开发与自营并举两条腿走路的方针,保持了海上油气田开发优质快速发展的好势头。2001~2005

年间，共投产油气田 22 个，其中合作油田 13 个，产量快速上升。秦皇岛 32-6 油田、渤中 25-1/南油田、蓬莱 19-3 油田、曹妃甸 11-1/2 油田等一批大中油田的投入开发和一批油气田群联合开发，使得海域油气产量大幅度提高。至 2005 年，中国海域年产油当量超过 3000 万吨。

3.2.2 天然气勘探开发发展历程

3.2.2.1 中国的天然气勘探历程及现状

我国天然气勘探经历了新中国成立以前、起步、积累、快速增长四个阶段（见图 3-2）。

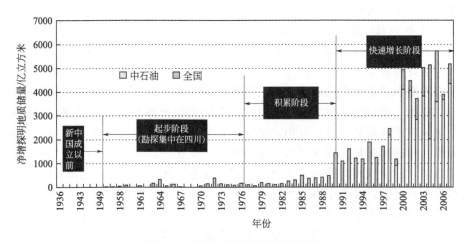

图 3-2 全国天然气勘探历程划分

一是新中国成立以前，仅发现了 7 个小气田。其中四川盆地发现了自流井、石油沟和圣灯山 3 个气田，在台湾省发现锦水、竹东、牛山和六重溪 4 个气田。

二是 1949～1976 年，中国大陆共发现气田 51 个。勘探主要集中在四川盆地（45 个气田）。这一阶段发现的气藏主要以三叠、二叠系裂缝气藏为主，新增天然气探明地质储量 2091 亿立方米，其中四川盆地新增 1543 亿立方米，占总新增探明储量的 74%，中国的天然气勘探在这一阶段总体上呈现四川盆地一枝独秀的局面。

三是 1977～1990 年，中国天然气勘探全面铺开，初显六大气区端倪。以 1977 年川东相国寺构造相 18 井石炭系获工业气流为标志，四川盆地不断取得新突破，发现了一批石炭系气藏，实现了从裂缝型储层勘探向孔隙型储层勘探的转变，四川盆地探明天然气地质储量达到 3036.19 亿立方米。同时，这一阶段在塔里木盆地发现了柯克亚、雅克拉气田；鄂尔多斯盆地发现靖边气田；柴达木盆地发现台南气田；南海琼东南盆地发现崖 13-1 气田；东海盆地平湖构造平湖 1 井获高产油气流。此外，这一阶段在松辽、准噶尔、渤海湾、依兰—伊通、珠江口、北部湾、三水等盆地发现和探明一批中小气田；在二连、百色等盆地发现工

石油天然气的开发与利用

业气流井。

四是 1991 以来，一批大气田相继发现和探明，探明储量大幅度增长。四川、鄂尔多斯、塔里木、柴达木、松辽、准噶尔盆地已成为陆上的六大天然气主探区；南海北部、东海成为近海的两大天然气主探区。此阶段在塔里木盆地塔北—库车地区、巴楚隆起勘探取得重大突破，发现了克拉 2、和田河、迪那 2、大北、塔中 1 号等大气田，为保证西气东输工程的长期大规模稳定供气奠定了坚实的资源基础；鄂尔多斯盆地下古生界气藏预探和评价勘探取得良好成效，奥陶系大气田基本探明，上古生界天然气勘探取得突破性进展，相继发现并探明了榆林、乌审旗、苏里格、大牛地、子洲、神木等上古生界大气田，使鄂尔多斯气区迅速崛起，2011 年底累计探明天然气地质储量 2.71 万亿立方米，成为国内探明储量规模最大的盆地，不仅为陕京供气系统和周边地区提供充足的资源保证，而且以其特殊的地理位置发挥供气枢纽作用。四川盆地石炭系、三叠系飞仙关鲕滩、侏罗系勘探不断取得重大发现和突破，发现和探明了五百梯、沙坪场、磨溪等石炭系气田，普光、渡口河、罗家寨、铁山坡等飞仙关组鲕滩气田以及新场、白马庙、广安等侏罗系浅层低渗砂岩气田，资源基础更加扎实可靠，实现了"川气出川"的夙愿。柴达木盆地东部地区认识不断深化，涩北一、涩北二、台南气田储量大幅度增加，三个气田均跻身于大气田之列，促进了涩宁兰管道的实施；东海盆地勘探取得新突破，发现了春晓大气田，为东海盆地大规模开发创造了条件；莺歌海盆地发现和探明了东方 1-1、乐东 22-1 等大气田，为南海气区的全面开发奠定了基础；松辽盆地深层火山岩气藏勘探取得重大突破，在北部探明了目前世界上最大的火山岩气田——徐深气田，在南部也探明了长岭 1 号大气田；渤海湾盆地发现千米桥气田；准噶尔盆地探明呼图壁、莫索湾等中小型气田，陆东—五彩湾石炭系火山岩气藏取得重要发现。此外吐哈、焉耆、保山、陆良、海拉尔、苏北等盆地也发现和探明了一些中小型气田。从 2000 年开始，伴随大气田的不断发现，我国天然气探明地质储量进入增长高峰期，年均净增 5386 亿立方米。2011 年全国天然气新增探明地质储量再创新高，达到 7660 亿立方米。

截至 2011 年底，全国累计探明气田 436 个，天然气地质储量 10.32 万亿立方米，可采储量 5.49 万亿立方米。其中常规天然气累计探明地质储量 9.90 万亿立方米（含溶解气探明地质储量 1.64 万亿立方米，可采储量 0.52 万亿立方米），可采储量 5.28 万亿立方米；煤层气探明地质储量 4156 亿立方米，可采储量 2041 亿立方米；页岩气等其他非常规天然气尚无探明储量。

全国基本形成八大天然气主要探区。 在 25 个探明储量的盆地中，四川、鄂尔多斯、塔里木、松辽、柴达木和准噶尔盆地已成为陆上六大天然气主探区；莺—琼、东海成为近海的两大天然气主探区，八大探区天然气探明地质储量占全国的 90%以上。其中鄂尔多斯、四川和塔里木为三个万亿立方米以上储量规模的大气区，探明地质储量分别达到 2.73 万亿立方米、2.36 万亿立方米和 1.31

万亿立方米。

已探明储量主要集中在大气田。 探明可采储量大于 250 亿立方米的大型气田 33 个，合计可采储量约 3.54 万亿立方米，占 74%；探明可采储量在 25 亿～250 亿立方米的中型气田 97 个，合计可采储量 9500 亿立方米，占 20%。

3.2.2.2 中国的天然气开发历程及现状

我国的天然气的开发利用，从古代的四川开始。在《汉书·郊祀志》《蜀都赋》《博物志》《盐地赋》等许多史志典藏类书刊中都有记载。在位于四川省自贡、富顺和荣县境内的自流井气田，人们对浅层天然气进行开发，用作烧饭、熬盐等。《天工开物》中有"井火煮盐图"，用图文表示了四川钻井采气的作业流程。《四川盐政史》卷二记载，清乾隆三十年（1765 年），老双盛井井深 530m，日产天然气 160m^3。1840 年前后，在四川自流井气田用竹木材料所钻的磨子井，钻至井深 1200m 处发生井喷，日产气量高达 20 万立方米以上，被称为"火井王"。

四川巴县石油沟巴 1 井是中国用近代技术钻成的第一口天然气井。该井于 1939 年 11 月 25 日钻至 1402.2m 完钻测试，获日产天然气无阻流量 5600m^3，发现了石油沟气田。1943 年 12 月，四川圣灯山 2 号井完钻井深 844.97m，日产气 5600m^3，发现了圣灯山气田。1949 年，全国投入开发的气田 7 个，年产天然气 0.11 亿立方米。

新中国成立后，我国天然气工业逐渐得以发展起来。到 2011 年，全国天然气工业产量达到 1031 亿立方米。回顾新中国成立以来我国天然气的开发历程，主要经历了开发初始阶段、开发启动期和快速增长期三个阶段（见图 3-3）。

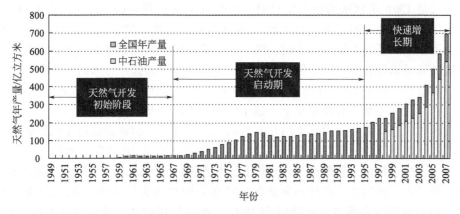

图 3-3 全国天然气开发历程划分

一是 1949～1968 年的天然气开发初始阶段。 这一阶段主要是开展油气普查，仅在四川盆地发现一批小型气田并进行了初步开发。在这一时期，四川油气区的

石油天然气的开发与利用

二叠系、三叠系碳酸盐岩裂缝型气藏大量发现并陆续投入开发。1967年威远震旦系整装大气田投产，威远-成都输气管线建成，气田生产规模不断扩大。到1968年全国天然气产量为14.4亿立方米，主要是以气层气为主。

二是1969～1995年天然气开发启动期。这一时期以气层气和油田溶解气都获得较大幅度的增长为特点。一方面全国原油产量大幅度增长，带来溶解气产量的快速上升，1970年以前溶解气集输利用量较少，在此之后加强溶解气的开发利用，1995年溶解气工业产量达到75亿立方米；另一方面，除四川天然气产量有了大幅度的增长外，海洋、大庆、长庆、新疆、胜利、中原、华北、大港等产油区也已有正规的气层气开发，从而打破了中国的气层气完全产自四川盆地的格局。1979年四川地区年产气量达到64亿立方米，规模化大气区基本形成。与此同时，其他各个产油地区也都加强了对天然气的勘探开发，强化了对油田伴生气（原油溶解气）的综合利用及供气工程的配套建设。至1979年，全国天然气年产量达到145.15亿立方米，其中气层气为79亿立方米，油田溶解气为66亿立方米。

在实施"一亿吨原油产量包干"政策的同时，国务院推出了"以气养气"的新举措，同意四川油气区天然气商品量常数包干，超产部分按高价销售，高、平差价收入作为天然气勘探开发专项基金，以补充天然气工业建设资金不足。四川油气区努力用好国家政策，重点开发建设了川东石炭系裂缝-孔隙型整装气田，并对老气田加大调整挖潜的工作力度，1990年产量上升到64.28亿立方米，全国天然气产量达到152.98亿立方米。天然气开发保持了稳步推进态势，气层气产量1995年达到99亿立方米，是1968年12.2亿立方米的8倍。1995年全国天然气产量达到174亿立方米，是1968年的12倍。

三是1996年以来的快速增长期。1996年以来随我国国民经济的快速发展，人民生活水平的不断提高，对天然气的需求不断增加。陕京线、崖城13-1～香港、涩宁兰、西气东输、忠武线、陕京二线等长输管线相继建成投产，以及气区周边的局域输气管线不断延伸和完善，一批新气田陆续投产，天然气产量进入加快增长阶段，其中1996年南海西部崖城13-1气田投产，年产能力37亿立方米。

在"油气并举"方针指导下，这个时期的天然气开发获得重大发展。中石油四川油气区集中力量开发建设川东石炭系高产气田，并积极开发川中磨溪碳酸盐岩气藏；新星石油公司在川西浅层次生气藏逐步建成了10亿立方米以上的年产气能力，川渝地区天然气产量稳定增长。与此同时，为适应市场需求，在鄂尔多斯、塔里木、柴达木、东海和莺歌海—琼东南地区加大了天然气勘探开发工作量。1995年启输的海气登陆管线和1997年靖边气田投产、陕京输气管线启输，有力推动了全国天然气生产，改变了全国用气靠四川的单一源头供气局面。1999年，全国天然气年产量达到252亿立方米，比1990年增加100亿立方米，年均增长10亿立方米。

第3章 石油天然气勘探开发

近10多年来，天然气勘探开发利用实现跨越式发展。以"西气东输"和"川气东送"工程建设为标志，中国天然气的勘探开发跨上了新世纪能源建设发展的快车道。克拉2气田，是为"西气东输"管道工程提供气源的主力气田。塔里木油气区在组织克拉2气田产能建设中，实行项目管理模式，采用倒计时安排进度，坚持高标准严要求，只用了15个月时间就完成了施工任务。2004年12月1日竣工投产，从开发井到天然气集输系统，全部实现自动化，达到国际一流水平。2005年年输天然气32亿立方米。

长庆油气区靖边气田于1997年8月28日向北京供气，为气化首都、成功申办奥运做出了贡献。21世纪开始，又承担了为"西气东输"提供气源的任务，2003年10月1日靖边天然气进入新投产的"西气东输"管道，作为"先行气源"输达上海。长庆油气区加大气田勘探力度，发现了特大型的苏里格气田，累计探明地质储量5336.52亿立方米。

近10多年来，四川油气区天然气新增储量大幅度增长，产能建设和配套工程及时跟进，大批主力气田逐步投入开发。2004年11月16日，四川正式向忠武线供气，实现了川渝石油人"川气出川"的夙愿。2005年，四川油气区年产天然气120.49亿立方米。

普光气田位于四川宣汉县普光镇，属川东断褶带黄金口构造带。中石化西南分公司2001年11月～2005年12月完钻6口井，均钻获高产工业气流，日产气42.37万～171.11万立方米，至2005年已探明天然气地质储量1143.63亿立方米，是中国在海相地层中已发现的储量规模最大、丰度最高的大型整装天然气田。

随着众多大中型天然气田的发现和开发，天然气产量迅速增长，2005年中国天然气的年产量已达到亿立方米。

截至2011年底，动用已探明气层气地质储量4.69万亿立方米，可采储量2.801万亿立方米，建成了苏里格、克拉2、迪那、榆林、靖边、普光、涩北、长岭、新场、崖城13-1和东方1-1等16个年产10亿立方米以上的整装气田，占全国总产量的近60%；形成了塔里木、鄂尔多斯、川渝三个年产量超过100亿立方米的大型天然气生产基地，塔里木、鄂尔多斯、川渝2011年年产气量分别达到187亿立方米、281亿立方米和229亿立方米，为天然气产量的持续增长奠定了基础，有力地保障了西气东输、涩宁兰、陕京线和川气东送等长输管道的安全稳定供气。

从1996年到2011年，天然气产量由201.2亿立方米上升到1031亿立方米，平均每年增产天然气约55亿立方米。尤其是2000年以来，中国天然气产能建设逐渐加快，天然气产量从2000年262亿立方米上升到2011年1031亿立方米，年均增长速度13.2%，远高于同期全球2.9%的天然气产量平均增长速度，全国天然气产量正处于快速上产阶段。天然气产量当量占油气总产量的比例不断上升,从 2000 年的 11.5%到 2011 年的 29%,在国民经济的发展中起着越来越重要的作用。

不仅天然气产量大增,天然气产量在世界排名从 2000 年的第 19 位跃升到 2011 年的第 7 位,增长势头强劲,迈入产气大国的行列。而且以西气东输主干线为代表的全国性管网和多元化供气体系基本形成,供气范围已从气田周边扩展到 31 个省市区。天然气消费年均增长 100 亿立方米,占一次能源的比重达到 4.5%,并有迅速增加的希望,逐步担负起改善我国能源结构的使命,成为我国转变经济发展方式、建设资源节约型环境友好型社会的重要抓手。

3.3 石油天然气勘探开发技术展望

3.3.1 世界油气勘探开发技术发展历程

(1) 油气勘探理论技术发展历程

油气勘探是指为了识别勘探区域或探明油气储量而进行的地质调查、地球物理勘探、钻探活动以及其他相关活动。油气勘探是油气开采工程的基础,其目的是为了寻找和查明油气资源,利用各种勘探手段了解地下的地质状况,认识生油、储油、油气运移、聚集、保存等条件,综合评价含油气远景,确定油气聚集的有利地区,找到储油气的圈闭,并探明油气田面积,搞清油气层情况和产出能力的过程。

20 世纪 50 年代石油地质新理论有台槽理论、背斜找油理论、海相生油理论和生物地层学理论,20 世纪 60~70 年代发展了板块构造学理论、年代地层学理论、沉积体系理论、地震地层学理论、分子地球化学技术、天然气地质理论和干酪根热降解生油理论,在新的找油理论推动下,全球的石油年产量由 50 年代的 5 亿吨迅速上升到 10 亿~20 亿吨。随着勘探难度的增加,80 年代又发展建立了层序地层学、成藏动力学、勘探评价系统、盆地分析模拟技术、定量有机地化技术和储层预测技术,使全球的石油年产量上升到 20 亿~30 亿吨,90 年代又相继发展了盆地分析模拟、高分辨率层序地层学、含油气系统、资源与远景目标评价一体化技术和多学科(数据库)综合技术。21 世纪前 10 年随着 IT 技术的迅速发展,正在推动和形成全球地球科学数据库与综合评价系统、四维地质模拟技术和新一代油气成藏动力学,全球的石油年产量达到 30 亿~35 亿吨(图 3-4)。

(2) 油气开发技术发展历程

油气开发的任务和工作目标是在油气田发现后,对油气藏的地质特点和地理环境进行全面的研究,按科学原理和先进适用的技术方法,制定开发方案,建设油气生产能力;在油气田投产后,实施经常性的油气藏管理,用经济有效的方式开采油气,并最大限度地提高油气采收率。

20 世纪 70 年代建立了压裂酸化技术,注气混相/非混相驱技术,油藏评价

第3章 石油天然气勘探开发

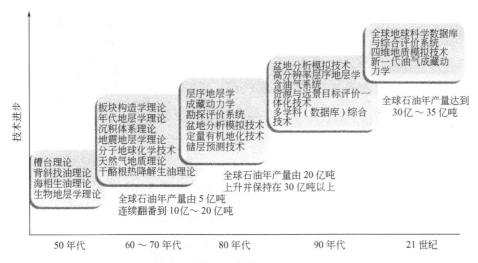

图 3-4 油气勘探理论技术发展历程

技术,蒸汽吞吐、蒸汽驱技术和电潜泵、水力活塞泵等人工举升技术;80 年代发展了油藏数值模拟技术,现代试井及解释技术,新型压裂液,油藏综合评价和描述技术,定向井开发技术,水平井、大位移、老井侧钻、多分支井开发技术;90 年代发展了蒸汽辅助驱技术,重油出砂冷采技术,聚合物驱技术,IOR(改善采收率)技术、EOR(提高采收率),压裂充填完井技术,油藏集成表征与综合建模技术,集成化油藏经营管理技术,水平井注水与压裂技术,四维地震测井等油藏动态监测技术,油藏虚拟现实技术,深水开发技术和智能完井技术;21 世纪前 10 年进一步发展了油藏动态建模与表征技术,数字油田技术,实时油藏经营管理技术,膨胀管钻完井技术,微孔井开采技术,CO_2 捕获驱油联产技术。整体向着实时化、可视化、智能化、集成化和数字化方向发展(图 3-5)。

(3)地震勘探技术发展历程

地震勘探是利用地下介质弹性和密度的差异,通过观测和分析大地对人工激发地震波的响应,推断地下岩层的性质和形态的地球物理勘探方法。地震勘探是钻探前勘测石油、天然气资源,固体资源地质找矿的重要手段。

20 世纪 80 年代建立了三维高分辨率地震技术、非零井源距/变井源距 VSP(垂直地震剖面)技术、储层/油藏参数静态地震描述技术;90 年代发展了多分量井间地震/RVSP(逆垂直地震剖面)技术、三维叠前深度偏移成像技术、四维地震监测+油藏动态描述技术、三维 VSP/RVSP/井间地震技术、三维虚拟可视化技术;21 世纪初又发展了实时地震监测/微震监测技术、综合油藏信息解决方案技术和随钻地震深度成像技术。依托的 IT 技术(信息技术)也由 20 世纪 80 年代的超级计算机到 90 年代的并行计算机、网络和 PC(个人计算机)集群,

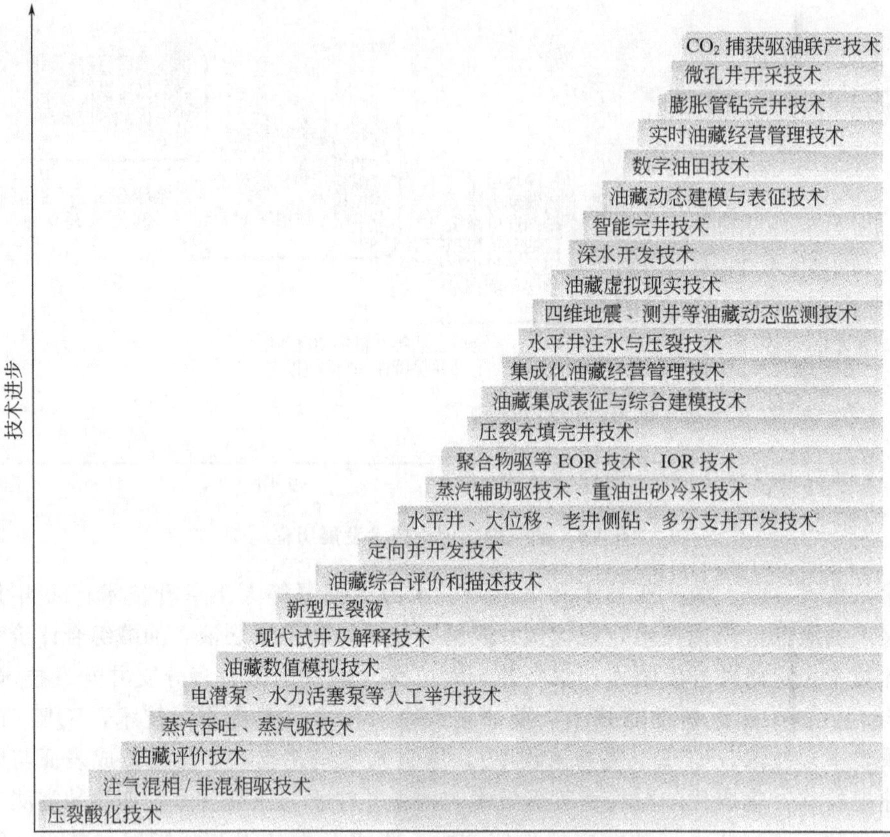

石油天然气的开发与利用

技术进步 →

- CO_2 捕获驱油联产技术
- 微孔井开采技术
- 膨胀管钻完井技术
- 实时油藏经营管理技术
- 数字油田技术
- 油藏动态建模与表征技术
- 智能完井技术
- 深水开发技术
- 油藏虚拟现实技术
- 四维地震、测井等油藏动态监测技术
- 水平井注水与压裂技术
- 集成化油藏经营管理技术
- 油藏集成表征与综合建模技术
- 压裂充填完井技术
- 聚合物驱等 EOR 技术、IOR 技术
- 蒸汽辅助驱技术、重油出砂冷采技术
- 水平井、大位移、老井侧钻、多分支井开发技术
- 定向井开发技术
- 油藏综合评价和描述技术
- 新型压裂液
- 现代试井及解释技术
- 油藏数值模拟技术
- 电潜泵、水力活塞泵等人工举升技术
- 蒸汽吞吐、蒸汽驱技术
- 油藏评价技术
- 注气混相/非混相驱技术
- 压裂酸化技术

图 3-5　油气田开发技术发展历程

使地震信息采集处理、解释的速度和质量大幅度地加快、改善和提高（图 3-6）。

（4）石油测井技术发展历程

石油测井是应用地球物理的一个分支，它是用地球物理方法，以不同岩石在各种物理性质上存在一定差异为基础，连续测定反映岩石某种物理性质的物理参数。研究油气储集层的储集特性及地下分布规律，评价油气储集层的生产能力。

20 世纪 60 年代采用模拟数据传输、检流计光电记录技术和单参数为主的电缆方法模拟测井；70 年代发展了数字磁带记录技术、单向编码传输技术和部分组合的电缆方法数字测井技术；80 年代发展了计算机控制技术、双向数据传输技术和多参数组合的电缆方法、随钻测井方法的数控测井技术；90 年代发展了阵列化、多探测、组合化和图像化的电缆方法、随钻测井方法的二维成像技术；21 世纪前 10 年又发展了全谱测量、宽频带扫描、三维空间测量和井下直接取样的电缆方法和随钻测井方法的多维成像技术，不断攻克了碎屑岩、各类非常规储层以及高温深层等油气储层的测井难题，解释符合率不断提升（图 3-7）。

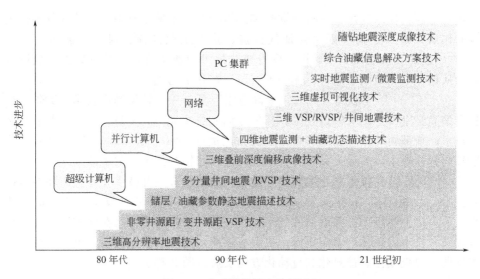

图 3-6　地震勘探技术发展历程

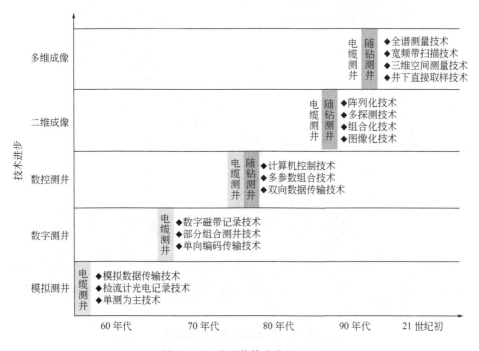

图 3-7　石油测井技术发展历程

(5) 石油钻井技术发展历程

钻井是勘探与开采石油及天然气资源的一个重要环节和手段。石油钻井是指利用专门设备、建立地面与地下油井通道的工程,将地下的油气沿着输送油管道采集到地面，加以利用。在石油勘探和油田开发的各项任务中，钻井起着十分重要的作用，诸如寻找和证实含油气构造、获得工业油流、探明已证实的含油（气）构造的含油气面积和储量，取得有关油田的地质资料和开发数据，最后将原油从地下取到地面上来等，无一不是通过钻井来完成的。

20 世纪 80 年代形成了 PDC（聚晶金刚石复合片）钻头制造技术、TSP（热稳定聚晶金刚石）钻头制造技术、几何导向随钻测量（MWD）技术、水平井钻井技术、顶部驱动钻井技术和多参数随钻测量（LWD）技术；90 年代发展了地质导向钻井技术、多分支井钻井技术、大位移井钻井技术、欠平衡（气体）钻井技术、小井眼钻井技术、连续管钻井技术、自动垂直钻井技术和旋转闭环导向钻井技术；21 世纪前 10 年又发展了可膨胀管技术、套管钻井技术、控压钻井技术、最大接触油层、微井眼钻井技术、单一井径钻井技术，正在探索激光钻井和海底钻井技术。整体技术向更深、更远的距离，更多的接触储层，更低的钻井成本发展，向集成化、信息化和自动化方向发展（图 3-8）。

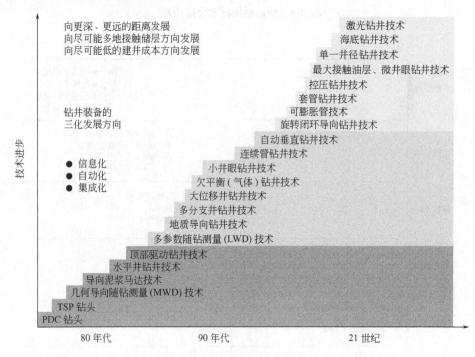

图 3-8　石油钻井技术发展历程

3.3.2　我国油气勘探开发技术发展历程

新中国石油工业发展的历史是一部艰难的创业史，也是一部科技创新与发展的历史。60 多年来依靠科学理论和技术创新，促进了石油工业的发展。

20 世纪 60 年代以来发现了大庆和渤海湾等东部大油田，相继在新疆、陕甘宁、四川和海上发现了一批大油田和大气田。60~70 年代，中国陆相油田注水开发技术和理论建立和发展，松辽、渤海湾盆地油田相继开发，产量快速增长；70 年代末至 90 年代中期，稠油热采、复杂断块油田开发技术取得长足发展，东西部油田加快发展，总产量持续增长；90 年代中后期，高含水油田、特低渗透油田及海洋开发技术取得突破，形成东部稳定、西部发展生产格局，产量稳定增长。

进入 21 世纪以来，大庆油田面对特高含水期开发的严峻挑战，突出转变发展方式这一主线，以观念更新为先导，以科技创新为支撑，以典型示范为引领，4000 万吨持续稳产实践给人们增强了巨大信心。长庆特/超低渗透油田实现了有效开发：针对特/超低渗透率岩性更致密、天然裂缝发育等特征，通过建立有效压力驱替系统、创新超低渗开发模式，发展"超前注水、井网优化和开发压裂"核心技术，使油藏开发的渗透率下限不断下移，拓宽了超低渗透油藏经济有效开发的空间，超低渗透油藏开发已成为长庆油田实现油气当量持续增长的现实方向。针对稠油高轮次吞吐，辽河油田积极实施开发方式转换，稠油 SAGD（蒸汽辅助重力泄油技术）明显提高采收率。国内原油产量 2010 年突破 2 亿吨，2013 年达到 2.08 亿吨（图 3-9）；国内天然气产量 2011 年达到 1010 亿立方米。

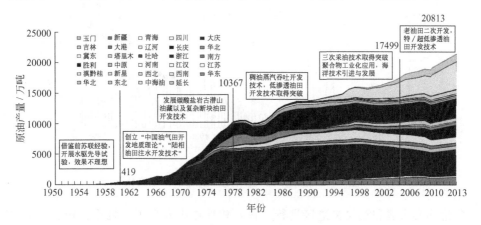

图 3-9　勘探开发技术进步助推全国原油产量提升历程示意图

（1）艰难的起步（1949~1959 年）

1949 年以前，中国石油工业极为薄弱，石油科学技术十分落后，但在 20 世纪 40 年代就提出陆相生油的观点。1949 年以后，50 年代是石油天然气勘探开发与开采油页岩矿炼制原油（俗称人造油）并举时期，也是石油科技艰难起步阶段。期间，进一步确立了陆相生油理论，初步建立了油气藏形成的理论认识，在引进前苏联等的地震、测井和钻井技术的基础上，摸索了适用的油气勘探技术方法。石油天然气勘探开发集中在西部地区，储量和产量增长缓慢（图 3-10、图 3-11）。石油勘探主要在酒泉、准噶尔、塔里木、柴达木、鄂尔多斯和四川等盆

石油天然气的开发与利用

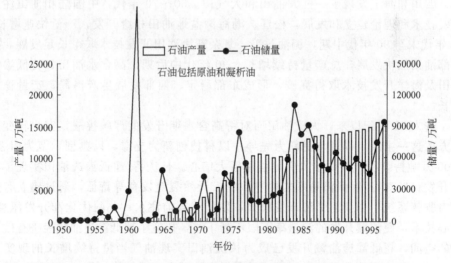

图 3-10　全国石油探明地质储量和产量变化

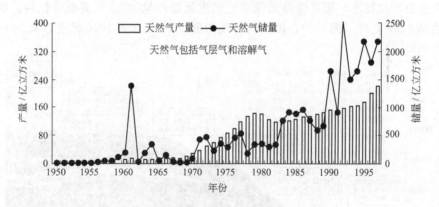

图 3-11　全国天然气探明地质储量和产量变化

地的边部露头区和浅层构造区进行，在陆相地层中发现了一批小油田。1955 年在准噶尔盆地西北缘发现了克拉玛依油田，准噶尔盆地克拉玛依地区和酒泉盆地玉门地区成为增储上产的主要地区，全国年产原油由 1949 年的 12 万吨，增加到 1959 年的 370 万吨。天然气勘探主要在四川盆地展开，并且主要勘探盆地南部的二叠系、三叠系，发现了一批新气田，全国年产天然气由 1949 年的 0.1 亿立方米，增加到 1959 年的 2 亿多立方米。

(2) 自力更生发展科技，促进油气田大发现（1960～1987 年）

1959 年 9 月 26 日，松辽盆地松基 3 井出油，石油勘探战略东移，进入油气大发现的时期，石油科技也跨入了自主创新、快速发展的新阶段。

1960 年开始的大庆石油大会战，证实陆相地层不但有油，而且有大油田，提出了陆相盆地"源控论"的成油系统思想,发展了大型陆相坳陷盆地成油、成藏理论,改进了勘探技术,拿下了世界级大油田——大庆油田,并围绕中央深坳陷发现了一批新油田,使中国石油储量增长出现特高峰。大庆油田开发实践和研究,形成了陆相油藏早期分层注水开发理论,包括早期注水、保持地层压力、分层开采、减少层间干扰,优化井网、提高水驱控制程度,科学地确定注采系统、分阶段进行调整等。

1964年开始的渤海湾石油会战,取得了复杂断块油藏和古潜山油藏勘探新突破,形成了"复式油气聚集带"理论,发展了陆相断陷型盆地成油、成藏理论,在渤海湾盆地的胜利、大港、辽河、冀中和中原五大油区取得重大勘探成果,形成了复杂断块油藏开发新理论,实行滚动勘探开发新方法,减少开发建设的风险,实现块间接替稳产。形成了具有中国特色的稠油注蒸汽吞吐开采技术。

天然气勘探逐步得到加强。重点依然为四川盆地,在川南、川西南、川东南地区不断发现二叠系、三叠系气田的同时,在川中发现了震旦系储层的威远气田,是当时全国最大、最重要的发现;其他探区在石油勘探的同时兼探天然气,不但增加了溶解气储量,也发现了一批中小型气田和与油藏伴生的气藏。天然气勘探的发现促进了天然气的开发,1987年全国天然气产量135亿立方米。

石油工程技术不断发展。地震勘探技术由"51型"光点地震仪发展到模拟地震仪,20世纪80年代引进了数字地震仪;钻井技术由千米钻头、快速钻井技术、打直井技术等,发展到大型钻机、喷射钻井、平衡钻井以及丛式井、水平井、超深井的钻井技术;测井技术由"851型"全自动测井仪、磁性定位射孔技术,发展到数字测井仪,80年代引进了数控测井技术;解决了石油勘探开发中一系列技术难题,成为强有力的技术支持。

(3) 科技创新,形成油气增长新高峰(1988~1997年)

在"稳定东部、发展西部""油气并举"的战略方针指引下,石油地质理论不断发展,勘探开发技术取得长足进步。

东部地区在复式油气聚集带理论的基础上,进一步发展了富油凹陷满凹含油规律认识;由二维地震发展为三维地震连片采集、处理和解释技术,提高了陆相高精度层序地层学分析和储层预测能力与水平;由数控测井发展为成像测井,提高了各种复杂油气层测井处理和解释技术;东部地区岩性地层油气藏勘探和老区精细勘探取得重大成果。松辽盆地总结了大型坳陷湖盆三角洲砂体岩性油藏成藏规律,以岩性反演为核心的储层预测技术和油藏描述技术开始了工业化应用。大庆油田结合开发地震和生产测井新技术,发展精细油藏描述技术,形成"稳油控水"配套开发技术;同时以聚合物驱为主发展三次采油新技术,逐步形成了较为完整的聚合驱配套技术,1997年三次采油产量558万吨,聚合物驱油技术和生产规模居世界前列。东部其他老区推广"稳油控水"技术,完善提高复杂断块油田滚动勘探开发技术,发展稠油热采和低渗透油藏开发技术,实现了持续稳定发展,到1997年十年间年产油一直维持在6000万吨以上。

西部鄂尔多斯盆地进行安塞低渗透油田开发攻关并取得成功后,逐步理清三叠系三角洲砂体、主河道砂体以及富油砂体的分布规律,研发砂体预测方法,扩大了安塞油田的规模,形成了低渗透油藏开发技术。原油产量逐年提高,1988年为141万吨,到1997年达到330万吨。提出并发展了煤成油、低熟油、古生界海相生油等新的理论认识,扩展了油气勘探领域。沙漠地震、山地地震、黄土源地震等勘探技术的发展,也打破了一些勘探禁区。准噶尔盆地腹部沙漠区,发现了较大型的彩南侏罗系油田。塔里木和吐哈盆地山地多、沙漠广阔、勘探目的层埋藏深,经过石油勘探开发会战发展成为增储上产的新油区,十年新增石油探明地质储量5.3亿吨,1988～1997年从无产油量到产油量达到720万吨。

天然气勘探开发转入以气层气为主快速发展的新阶段。天然气成因理论发展为煤成气和油型气"二元论",并初步形成了多期成藏、晚期成藏以及大中型气田形成理论,发展了沙漠地震、山地地震、黄土源地震等勘探技术。在西部地区开展了烃源岩的各类气藏勘探,不断取得重大突破。鄂尔多斯盆地发现了以石炭-二叠系煤成气为主的、奥陶系古岩溶碳酸盐岩储层的靖边气田,研发了风化壳与沟槽识别技术,拿下了大气田并搞清了储量规模;在勘探奥陶系气藏的同时,坚持开展了上古生界天然气科技攻关,提出了石炭-二叠系近海大型河流-三角洲砂体岩性圈闭成藏理论。柴达木盆地发展了生物气成因理论和第四系天然气成藏规律新认识,提高了地震圈闭识别和测井气层识别技术。四川盆地老气区,通过发展地质、地球物理模式相结合的处理解释技术,完善深化高陡构造成藏模式,发现了五百梯等一批大气田;发展了生物礁和鲕滩气藏成藏理论与模式,研发了鲕滩有效储层的识别与圈定技术。在引进消化国外先进技术和自己研发创新的基础上,已形成了气藏早期描述与数值模拟技术、以试井为核心的气藏动态分析及评价技术、碳酸盐岩气藏开发综合技术、中低含硫气田的防腐技术、低渗透砂岩气藏改造技术、气田地面高压集输技术等配套技术,提高了气田开发水平和整体经济效益。

(4) 中国石油科技进入发展新阶段 (1998至今)

1998年下半年石油石化行业重组改制,成立中国石油天然气集团公司和中国石油化工集团公司,重新划分了两大集团公司的石油勘探开发区域和石油石化生产企业,实行上下游一体化独立经营。由于竞争环境和意识增强,生产压力加大,油气勘探开发难度加大,因此科技创新要求越来越高。

面临新的要求和挑战,石油勘探开发技术在石油地质新理论与新技术、天然气地质理论与勘探技术、地震勘探技术、测井技术、钻井技术、油气田开发技术、油气储运技术等方面取得了新的发展和突破,为全国原油产量突破2亿吨起到了关键的作用。其中,大庆油田面对特高含水期开发的严峻挑战,以科技创新为支撑,以典型示范为引领,发展了高含水老油田三次采油技术和高含水老油田

"二三结合"开发技术等,使 4000 万吨持续稳产成为现实。长庆针对特/超低渗透油田,针对特/超低渗透率岩性更致密、天然裂缝发育等特征,通过建立有效压力驱替系统、创新超低渗开发模式,发展"超前注水、井网优化和开发压裂"核心技术。针对稠油高轮次吞吐,辽河油田积极实施开发方式转换,稠油 SAGD 明显提高采收率。

3.3.3 世界油气勘探开发技术展望

展望未来的全球油气生产,技术研发、进步仍然是主旋律和主要挑战。未来的全球能源发展的关键技术包括勘探技术、常规油气井开采技术、深水技术、碳的捕集埋存技术、非常规天然气开采技术、非常规烃开采技术、油页岩开发技术、天然气水合物开采技术、煤制油技术、生物能源、核能技术等。

CO_2 捕集与埋存。随着全球对 CO_2 排放的限制日益严格,CO_2 的捕集与封存技术(CCS)正在快速发展,预计未来十年,CO_2-EOR 技术、CCS 技术将取得重大进展。目前 CO_2 捕集与埋存不仅在技术上可以实现,并已开展了几个示范项目,CO_2-EOR 已工业化应用,但注入规模远未达到预期目标。CO_2 的捕集与封存技术的发展将有利于化石燃料的继续使用。

先进钻井技术。对于常规油气井来说,未来水平井、多分支井、加密井等先进钻井技术的发展,会使井眼与油藏的接触面积越来越大,单井控制储量越来越多,井场占地面积也越来越小,从而有效提高油气采收率,减少环境影响。

非常规天然气资源的开发利用。随着技术的进步,致密气、煤层气和页岩气等非常规天然气资源的开发利用会变得越来越重要。

油页岩勘探开发技术。油页岩勘探开发技术将得到发展,其中就地转化技术虽然目前尚在研发中,但已引起了行业的广泛关注,预计 2020 年油页岩将成为一种商业资源,2030 年将得到大规模开发。

四维地震技术。勘探开发技术的进步大大减缓了资源发现量的递减。随着未来勘探技术的进步,勘探成功率可能还会持续上升。20 世纪 80 年代三维地震技术的发展,使勘探成功率不断提高,成本不断降低,四维地震技术将是下一个地震技术发展方向。

海底天然气水合物开采方法。对于天然水合物,到目前为止,还没有经济可行的开采技术和方法。通过现场试验和模拟等研究,预计 2020 年逐步开发出极地天然气水合物开采方法,2030 年研究出海底天然气水合物开采方法。

各种资源的开发和利用。尽管技术发展前景很好,但没有哪种单一、简单的技术解决方案能保证长期的能源安全,未来的技术解决方案必将涉及各种资源的开发和多种有潜力的技术的研发与推广。

3.3.4 我国石油勘探开发技术展望

我国石油公司重组上市后的十年来,在勘探开发一体化优化思想的指导下,岩性油藏勘探硕果累累,适时步入非常规资源勘探,给人启迪与寻味。重大开发试验技术探索、水平井规模应用、老油田二次开发、加强注水基础、提高单井产量等技术和措施的探索实践，为保障油田开发持续有效发挥了重要作用。

回顾世界200年的油气开发史，理念创新和技术进步引领全球油气工业实现了一次又一次跨越。通过不断解放思想、跟踪世界油气勘探开发新技术、实施转换勘探开发理念、持续创新理论技术，支持我国油气勘探开发事业取得一个又一个辉煌，助推我国油气行业跨入世界先进行列。面对国家对能源的迫切需求和油田开发对象愈加复杂的严峻现实，开发难度加大、开发技术亟须突破、投资回报的矛盾日益尖锐，主体技术依然在苦苦探索之中。需要国家层面、各大油公司、科研院所等部门，加强科技投入及攻关，针对重点技术领域开展协同攻关，集中力量攻克面临的关键瓶颈技术，为持续有效发展做好技术储备。特别需要一场思想和技术的革命，不得不突破传统理念的束缚，开拓创新开发思路，用非常规的理念解决日趋复杂的常规的开采对象，积极应对油田勘探开发新时代的挑战。展望未来，自主创新技术将支撑我国未来油气勘探开发，要瞄准国际油气勘探开发的最新成果，紧密结合自身资源现状，积极实施自主创新战略。

① 改善非常规资源勘探技术，提高非常规资源勘探成效。

对于勘探新领域，如何提高勘探成效是需要重点探索的问题。我国未来油气藏主要赋存于深层系等区域，以圈闭复杂的致密岩气、页岩油、稠油等非常规资源为主，因此未来勘探开发技术发展重点是隐蔽油气藏勘探、地球物理勘探及数据处理能力提升等领域，探索改善非常规资源勘探的重点技术，提高勘探成效。我国未来的石油勘探应发展地震技术、可控源电磁测量技术、解释技术、地球系统模拟技术、地下测量技术等五大核心技术。

② 开拓创新开发思路，用非常规的开发理念解决日趋复杂的常规开采对象。

目前，我国油气开发面临的主要问题是：大多数主力油田处于高含水和高采出阶段，稳产难度大；新发现的油气储量中，低渗透等难采储量比例逐步提高，动用难度大；稠油开采技术、三次采油技术和低压、低渗、低丰度气田开采技术应用范围小，成熟技术有待进一步完善。对于水驱老油田，如何经济有效地提高特高含水期油层动用程度和控制含水上升率？对于特低渗透油藏，低采收率能否突破、如何突破，低品位储量如何规模有效动用？对于超稠油，如何转换开发方式实现有效开发？对于三次采油，如何寻求大幅度提高采收率的新技术、新方法？这些问题的研究解决，不仅可以形成油气开发配套攻关技术，更能够突破传统理念的束缚，提高开发效率和开发水平。

根据上述生产和技术需求，需要深入研发老油田二次开发技术、低渗透油藏加密调整技术、稠油热采和三次采油特色技术、二氧化碳和顶部注气技术、特色工程技术、深水开发技术和特色软件等方面，提高钻采工艺水准及相关设备制造能力，发挥科技的生产力作用，为持续有效发展做好技术储备。

③ 针对不同的油藏类型，研发配套、有效的专项技术，提高不同的油藏类

型的开发效果。

对于中高渗透水驱老油田,应以剩余油分布描述为基础,以二次开发为引领,提高水驱控制和动用程度,积极探索二次采油和三次采油相结合的大幅度提高采收率新途径。对于低渗透和致密油藏,通过水平井和体积压裂技术,有效补充地层能量技术,大幅度提高单井产量,提高已开发油田采收率,降低储量动用界限。

对于三次采油油藏,在聚合物驱基础上,加快配套复合驱现场试验,形成大幅度提高采收率有效途径和技术方法。

对于稠油热采油藏,配套完善蒸汽驱、SAGD 技术等转换开发技术,实现稠油有效开发;深化储层非均质性、剩余油与次生水体研究,配套完善蒸汽驱、SAGD 技术,攻关试验平面火驱、多介质复合驱技术,推进垂向火驱辅助重力泄油现场试验,探索火烧蒸汽复合驱技术。

对于低渗透油田,在已开发低渗透油田提高采收率总体战略规划框架下,立足在似块状储层非均质性再认识、储层动态裂缝、缝网关系及其水淹、水洗规律认识基础上,首先通过水动力学调整,解决主侧向井排压力均衡,扩大不同井网类型的加密调整试验规模,积极推进离子匹配精细水驱现场试验,储备二氧化碳近混相驱和新驱替体系技术。在新区,有效组合水平井和体积压裂技术,大幅度提高单井产量,争取较高的弹性开采累计产油量,一定时期后利用注气吞吐进一步提高累计采油量。

3.3.5 我国天然气勘探开发技术展望

技术创新是推动公司天然气持续有效发展最关键的环节,没有技术创新,就没有大气田的发现,没有技术创新,就没有天然气储量的快速增长和有效开发。苏里格超低渗气田产量突破、龙岗气田的发现无不显示出技术创新的重要作用。技术创新不仅支撑,并且引领着我国天然气业务的发展。随着天然气业务的快速发展,天然气勘探开发遇到一系列新的技术挑战,迫切需要转变发展思路,以解决资源有效接替为战略目标,全面谋划天然气技术发展路线,加快形成一系列符合我国气藏条件的先进且经济有效的配套技术和核心工程技术,引领天然气业务快速稳定发展。力争到 2030 年,突破天然气勘探开发技术瓶颈,配套发展七大主体技术系列。

天然气勘探开发是复杂的技术问题,绝非一项技术突破能够解决全部问题,需要配套发展,形成体系。经过多年发展,目前已经形成以深层异常高压气田开发配套技术、低渗-致密气藏开发配套技术、深层高压凝析气田开发配套技术、第四系长井段多层疏松砂岩边水气田开发配套技术、煤层气开发配套技术等五个方面的配套技术,基本满足了常规气田的开发,保障了一批复杂气田的开发要求。但未来天然气加快发展仍然面临一系列技术瓶颈,重点需要配套解决八套主体技术系列,包括四套勘探开发技术、三套非常规技术以及一套超前储备技术。

(1) 发展四大勘探开发主体技术，解决复杂气藏勘探开发难题

随着勘探不断深入，前陆盆地、岩性气藏、火山岩气藏、碳酸盐岩等地质条件更加复杂的气藏成为未来勘探的主要领域，深层气藏所占比例越来越大，勘探对象的地下、地面条件越来越复杂，进一步发现大气田难度增大。实现储量高速增长，必须攻克复杂气藏勘探技术。公司复杂气藏的探明地质储量占总探明储量的比重接近60%，年产气量占总产量的比重约为40%。未来天然气储量增长的主要领域仍然集中在超深高压气藏、含硫气藏、火山岩气藏等资源类型。关键要深层高压气藏开发、高含硫气藏开发、火山岩气藏的有效开发技术，保证有序开发长期稳产。

大中型气田勘探技术。大型气田是天然气储产量增长的主要推动力。我国气田大部分埋深大于3000m，以岩性圈闭为主，稳定构造区域小，盖层不发育，勘探发现难度大，产量规模偏小。寻找大中型气田应着力发展储层预测、识别技术和烃类检测，复杂构造建模技术和地球物理识别，全过程欠平衡、垂直钻井等快速钻井技术，以MDT（模块式地层动态测试器）为重点的快速油气层评价技术，海上气藏测井技术等五类关键技术。

深层高压气藏开发技术。公司的深层高压气藏包括塔里木克拉2、迪那2、大北1等。该类气藏的特征为高温、高压、埋藏深，气藏层间差异大、平面矛盾突出，保持长期稳定供气和安全平稳生产难度大。公司应着力攻关超深井的钻完井、超深井水平井、6000m高温高压井的储层改造、动态监测技术等四类关键技术。

高含硫气藏开发技术。高含硫气藏的勘探开发目前在四川已形成规模，高含硫气藏开发关键是抗硫防腐技术。高含硫气藏开发着重解决三个方面问题：系统的安全性、抗硫材质国产化以及集输净化处理技术的系统配套技术。重点发展高含硫气田安全快速钻井、高含硫气田提高单井产量、抗硫设备工具的国产化、天然气集输与净化技术、高含硫气田相态实验技术、HSE管理技术六类关键技术。

火山岩气藏勘探开发技术。火山岩开发的技术关键是储层预测和钻井压裂。公司工作区域内的火山岩气藏埋藏深，地温梯度大，高含CO_2，储层物性变化大，非均质性强。应着力配套发展火山岩气藏储层描述与建模、天然裂缝形成机理及空间展布规律、提高单井产量、火山岩气藏的成因机理及分布研究、流体的分布研究等关键技术。

(2) 攻克三大非常规主体技术，实现资源有效接替

致密砂岩气、煤层气、页岩气是现实的接替资源，也是近期技术攻关重点。致密砂岩气、煤层气已经进入商业开发阶段，目前我国基本掌握了勘探开发技术，但不同地质条件资源的针对性高效开发工程技术仍需不断突破。页岩气勘探开发刚刚开始，资源评价和开采技术都处于探索阶段。按照未来天然气发展规划，2020年非常规气产量要突破年产1000亿立方米的目标，技术上面临巨大挑

战。天然气水合物和水溶气在未来20～30年内难以开发利用，但需要加强跟踪调研，掌握技术进展和发展趋势。

致密气藏开发技术。 我国致密气资源［平均渗透率 K 小于 0.1mD（1mD＝$0.9869233×10^{-3}\mu m^2$）］广泛分布于鄂尔多斯、四川、吐哈、松辽、渤海湾、柴达木、塔里木及准噶尔等10余个盆地。国外开发经验表明，致密砂岩气藏开发技术突破的核心在于低成本钻井和提高单井产量。

煤层气勘探开发技术。 与国外相比，我国的煤层气地质条件相对复杂、储量品位低，含煤区构造复杂、应力高，煤层埋藏深，特别是原始渗透率低。煤层气主要攻关方向是不同煤阶的评价与技术配套及经济适应性研究。

页岩气技术。 公司发展页岩气主要面临两项技术瓶颈：一是页岩气的资源评价及储层识别；二是页岩气的钻井和压裂技术需要突破。页岩气的勘探开发首要问题是解决出气关，核心是资源的评价、钻井工艺和压裂技术的突破。

另外，针对天然气水合物的研究主要以技术跟踪调研为主。长远看，应积极参与国内外相关机构研究，作好技术储备。近期研究领域和方向主要包括天然气水合物的动力学机制、资源评价技术和地球物理勘查技术等。关注固体水合物技术，这项技术可能导致天然气储运技术的变革。长期研究应放在天然气水合物钻井和开采技术及对全球环境变化和海底稳定性的潜在影响方面。

3.4　我国石油天然气勘探开发潜力

未来的我国石油天然气勘探开发的重点是：加大投资，改造技术，持续挖掘中东部老油田潜力，加大西部油气田勘探开发力度。海域油气资源，尤其是深海油气资源，将是我国未来油气接替的主要来源。随着油砂、页岩气、煤层气等资源的勘探开发力度不断加大，非常规油气在我国油气供应中将扮演越来越重要的角色。

我国陆上油气勘探将继续围绕深化东部、强化西部展开，东部深入挖潜主要产油区的资源潜力，加强老油田稳产改造，延缓老油田产量递减速度，西部推进风险勘探和低渗透油气勘探，实现规模有效开发，确保全国石油产量稳定并保持稳步提升。加快西南、鄂尔多斯、塔里木、松辽、柴达木、中原地区和东海七大天然气基地的建设步伐，2015年天然气产量有望超过1600亿立方米。海上将继续加快南海油气开发，突出海洋油气的战略地位，实现海洋油气勘探向深水域拓展。

中石油需要继续坚持资源战略，持续推进储量增长高峰期工程，加强重点目标和重点领域的勘探，保持油气储量高峰增长。同时需要加大天然气产能建设力度，2015年中石油国内天然气产量有望占其国内总油气当量的50%，其中非常规天然气产量增产将发挥重要作用。2015年将在四川实现页岩气规模开发，年产量有望达到10亿立方米，煤层气产量也将提高到60亿立方米。

中石化需要继续通过高效勘探带动上游全面发展，重点实现胜利油田、塔里木盆地、鄂尔多斯盆地、四川盆地和非常规油气的增储上产。同时页岩气开发也是中石化天然气开发潜力的重要方面。

中海油需要继续推进区域开发和深海投资建设，到2015年，将有30多个新油田投产。中海油油气勘探开发潜力除了加大成熟区域的勘探开发外，煤层气和页岩气也是重要发展方向。预计中海油2015年国内油气当量将达到6000万~6500万吨油当量，2012年深水油气总产量将达到5000万吨油当量。

3.4.1 石油勘探开发潜力

（1）石油储量潜力

新一轮全国油气资源评价表明全国石油地质资源量939亿吨，可采资源量246亿吨；油页岩折合页岩油资源量为476亿吨，可回收120亿吨；油砂油地质资源量60亿吨，可采资源量23亿吨；2010年底，全国累计探明石油地质储量312.8亿吨，剩余技术可采储量31.4亿吨，其中未动用储量60多亿吨，未动用储量可动用约20多亿吨。

自1986年开始，我国石油新增地质储量总体呈上升趋势，2009年新增石油探明储量12.5亿吨，"十一五"以来年均新增11.3亿吨。综合预测显示，未来我国储量发现的高峰仍将延续较长时间，预计"十二五"期间年均探明储量规模10亿吨左右，到2050年仍可每年探明6亿吨。其中，中石油预计每年可探明石油地质储量6亿吨以上，中石化预计每年探明2.5亿吨左右，中海油预计每年探明2亿吨左右。

由于我国油气资源探明程度总体不高，因此剩余的油气资源总量还比较丰富。我国剩余石油资源量主要分布于渤海湾、松辽、塔里木、鄂尔多斯、准噶尔、羌塘、珠江口、措勤八大盆地，这八大盆地拥有的剩余石油地质资源量400多亿吨。其中剩余石油地质资源量大于100亿吨的为渤海湾盆地，剩余石油地质资源量在50亿~100亿吨的有塔里木、鄂尔多斯和羌塘盆地，剩余石油地质资源量在10亿~50亿吨的有松辽、准噶尔、珠江口和措勤盆地，其他盆地的剩余石油地质资源量小于10亿吨。

根据新一轮全国油气资源评价结果，我国剩余油气资源的赋存条件相对较差。从剩余油气资源赋存的地理环境统计结果来看，我国陆上和近海115个含油气盆地中，除25%的剩余石油分布在平原区外，其余都分布在复杂地理环境中，其中沙漠、戈壁、黄土塬和高原的剩余资源为252.3亿吨，占总剩余资源的49%。复杂环境地区剩余油气资源所占比例较大，说明我国未来的油气勘探对象将逐步向自然地理位置十分恶劣的沙漠、高山和高寒不毛之地转移，油气勘探的难度会越来越大，勘探技术要求也越来越高。

统计表明，我国剩余石油资源中，低渗透油、特低渗透油与重油等"低品位"资源所占比例呈进一步增加的态势，已增至 64%。我国东部的松辽盆地、中部的鄂尔多斯、四川盆地，以及西部的柴达木、吐哈、酒泉盆地剩余石油资源的主体为低渗透或特低渗透，准噶尔、塔里木等盆地低渗透也占有相当大的比重。

（2）油田开发潜力

我国已开发储量采收率不高，进一步挖潜的余地较大，全国已开发油田采收率 30.1%，其中中石油已开发油田的标定采收率为 32.5%，中石化为 27.2%，中海油仅有 27%。大庆油田最高，采收率达到 46%。2000 年美国和全世界油田开发平均采收率分别为 40.5% 和 33.9%，预计到 2050 年，全世界油田开发平均采收率可达到 50%，而美国可达到 55% 以上。我国的开发实践也表明，老油田提高采收率的潜力巨大。1999～2009 年中石油、中石化老油田年提高采收率在 0.2～0.5 个百分点，老油田实施二次开发、三次采油等技术后可以大幅度提高采收率。

通过多种预测模型分别对我国石油产量进行宏观预测。预计在 2025 年前，我国石油产量将持续稳定增长，高峰期产量达到 2.2×10^8 t 的产量规模（图 3-12）。

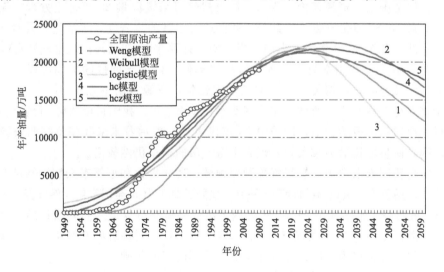

图 3-12 我国原油产量预测结果之一

采用储采比控制法预测我国原油未来发展趋势。预测结果为全国原油高峰产量 2.2×10^8 t 左右，高峰期在 2020 年，到 2050 年产量下降到 1.7×10^8 t 左右。2010～2020 年新增探明可采储量约 20×10^8 t，动用 16.5×10^8 t，未开发储量动用 23×10^8 t，老油田提高采收率增加 6.6×10^8 t，累计产油 23×10^8 t。2020 年底剩余动用可采储量 21.7×10^8 t，储采比 10.9 年。如果降低生产强度，可保持在 2×10^8 t 左右较长一段时间（图 3-13）。

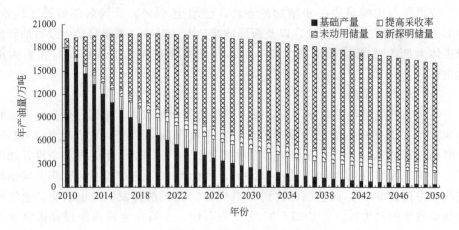

图 3-13　我国原油产量趋势预测结果之二

3.4.2　天然气勘探开发潜力

（1）我国天然气勘探仍处于早期阶段，资源潜力大

根据全国三次资源评价，我国常规天然气可采资源量 22 万亿立方米，煤层气资源量 10.87 万亿立方米，此外，我国还有丰富的页岩气、水溶气和天然气水合物资源。截至 2009 年底，全国常规气资源探明率为 19.6％；煤层气资源探明率仅为 0.46％。我国常规天然气资源探明率低，仍处于勘探的早期阶段，尚有较大的发展空间。根据美国储量增长历程资料，资源探明率在 10％～45％ 之间储量将保持较高的增长速度，年均探明率在 1％ 左右。我国目前大体相当于美国储量快速增长阶段的初期，即美国 30 年代水平，预示着未来我国待探明资源前景广阔，储量增长潜力较大，发现大中型气田的概率仍然较高。

结合我国未来常规天然气资源勘探领域、勘探潜力和近年来天然气储量增长趋势，采用翁氏、灰色-哈伯特等多种方法预测了 2030 年前全国常规天然气探明地质储量发展趋势。预计 2010～2030 年我国天然气储量将持续进入高峰增长期，年均探明地质储量约 5000 亿立方米，储量高峰增长时间可持续到 2025 年前后。探明储量的快速增长将为我国天然气开发奠定雄厚的资源基础。

我国煤层气资源探明率仅为 0.5％，结合煤层气未来勘探领域，利用翁氏旋回法，预测未来 20 年全国煤层气探明地质储量年均增长在 1000 亿立方米左右，南方海相页岩气预计在 2015 年前后进入商业开发，2010～2030 年页岩气年均新增探明地质储量有望达到 800 亿立方米左右。

（2）我国天然气产量快速增长，未来上产空间大

目前国内天然气储量准备充分，2009 年全国天然气储采比与世界一些主要产气国相比，仍处于较高的水平，上产基础进一步加强。气层气剩余可采储量增长迅速，由 1998 年的 9405 亿立方米增至 2009 年的 35851 亿立方米，年均增长

2404亿立方米；截至2009年我国天然气储采比高达47年，表明具有较大的建产潜力和产量增长空间。低渗透、高含硫、超高压和火山岩等复杂气藏开发取得重要进展，目前塔里木盆地、鄂尔多斯盆地、四川盆地和松辽盆地等一批大中型气田正处于前期评价或产能建设初期，这批气田已投入开发或将陆续投入开发，天然气产量仍将保持持续快速增长。

我国煤层气经过20多年的不断探索、评价和试验，已实现商业化运作；页岩气前期评价工作也在紧锣密鼓地进行；水溶气和天然气水合物尚处于初步的技术跟踪调研阶段，近中期难以经济有效地开发。

采用翁氏、灰色-哈伯特等方法预测，我国常规天然气的高峰年产量为2400亿~2800亿立方米，产量增长高峰期将持续到2045年左右。预计2010~2015年，年均天然气增长100亿立方米以上，到2015年产量突破1500亿立方米；2020年，常规气产量突破2000亿立方米，非常规气达到200亿立方米以上，油气产量当量基本相当；2030年，常规天然气产量达到2500亿立方米左右，考虑煤层气、页岩气等非常规天然气今后的产量增长潜力，总产量有望超过3000亿立方米，之后将进入一个较长时期的稳产阶段。

参 考 文 献

[1] 中国石油天然气集团公司编. 石油. 北京：石油工业出版社，2012.
[2] 中国石油天然气集团公司编. 科技. 北京：石油工业出版社，2012.
[3] 潘志坚等编著. 中美石油开发对比研究. 北京：石油工业出版社，2013.
[4] 唐炼. 我国石油天然气勘探开发技术进展和与发展趋势. 当代石油化工，2004，12 (10).
[5] 傅诚德著. 石油科学技术发展的对策和思考. 北京：石油工业出版社，2010.
[6] 李熙喆等编著. 复杂气藏开发技术. 北京：石油工业出版社，2010.
[7] 刘振武等编著. 21世纪初中国油气关键技术展望. 北京：石油工业出版社，2003.
[8] 国土资源部矿产资源储量司. 全国油气矿产储量通报. 北京：国土资源部矿产资源储量司，2012.
[9] 《中国油气田开发志》编委会. 中国油气田开发志：综合卷. 北京：石油工业出版社，2011.
[10] 中国石油技术经济研究院. 2012年国内外油气行业发展报告. 北京：中国石油经济技术研究院，2013.

第4章

石油天然气的加工与利用

4.1 石油的加工

石油加工业是国民经济的基础工业之一,与国民经济和人民生活息息相关,是提供交通运输燃料和有机化工原料的最重要的工业。据统计,全世界总能源需求的约40%依赖于石油产品,汽车、飞机、轮船等交通运输工具使用的燃料几乎全部是石油产品,有机化工原料也主要来源于石油炼制,世界石油总产量的约10%用于生产有机化工原料。

4.1.1 世界炼油产业发展现状

4.1.1.1 世界炼油能力持续增长,炼油中心逐步向亚洲倾斜

世界炼油能力在2001~2013年间保持稳定增长,年均增长率约为1.1%。

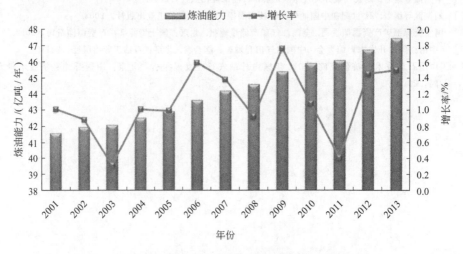

图4-1 2001~2013年世界炼油能力增长情况

(资料来源:BP能源统计2002~2014)

特别是在全球油价不断高企、炼油毛利持续增加的推动下，2003～2008年世界炼油业迎来了新一轮景气周期，尽管2008年的全球经济危机导致一些炼油项目延迟甚至取消，但由于中国、中东等新兴市场地区炼油能力持续增加，世界总炼油能力仍得到不断提高，2013年世界炼油能力已达到47.5亿吨/年。2001～2013年世界炼油能力增长情况如图4-1所示。

世界各地区炼油工业的发展不平衡，其炼油能力的变化也不尽相同，炼油行业布局出现明显的东西分化趋势。2001～2013年世界各地区炼油能力增长状况见表4-1。2001～2013年世界炼油能力净增加5.87亿吨/年，其中增长最多的是亚太和中东地区，占世界炼油能力总增量的80%和18%。北美和非洲地区的炼油能力也有所增长。

表4-1　2001～2013年世界各地区炼油能力增长状况

单位：万吨/年

地区	2001年	2013年	2001～2013年新增能力	新增能力占比
北美	100917	106945	6028	10%
中南美	31232	30146	-1056	-2%
中东	33730	44110	10285	18%
亚太	109265	156422	47157	80%
欧洲	125810	119436	-5809	-10%
非洲	15820	17585	2120	4%
合计	416774	474644	58726	100%

注：资料来源：BP《世界能源统计年鉴》，2002～2014。

欧美地区受经济衰退影响导致石油需求下降，炼厂关闭和出售的事件频现，欧洲地区炼厂关闭导致其炼油能力大幅减少。部分公司如美国马拉松石油公司、康菲公司已经或正在剥离炼油业务。2010年以来欧美地区关闭和出售的炼油装置见表4-2。

表4-2　2010年以来欧美地区炼油装置关闭和出售情况

公司名称	炼厂	炼油能力/(万桶/日)	状况
美国瓦莱罗(VLO)公司	阿鲁巴炼厂	23.5	关闭
	Paulsboro炼厂	19.5	2010年9月被黑石集团旗下公司购买
	美国特拉华市炼厂	18.5	2010年被PBF能源公司购买,计划2011年重启
道达尔公司	敦刻尔克炼厂	16	关闭
	法国Gonfreville炼厂	9.1	关闭部分装置
	荷兰Vlissingen炼厂	25.3	卢克购买45%股权
	英国Lidsey炼厂	22.3	待售

续表

公司名称	炼厂	炼油能力/(万桶/日)	状况
太阳石油公司	美国 EaglePoint 炼厂	14.5	永久关闭
	美国 Philadephia 炼厂	33	2011年9月初提出出售
	美国 Marcus 炼厂	17.5	2011年9月初提出出售
壳牌	英国 Stanlow 炼厂	26.7	2011年2月同意出售给印度伊莎公司
	德国海德炼厂	9.3	售出
	德国汉堡炼厂	9.3	待售
	加拿大蒙特利尔炼厂	13	关闭(变成终端)
	瑞典哥德堡炼厂	7.8	芬兰的 St1 公司计划购买
埃尼公司	意大利利沃诺炼厂	8.4	待售
	意大利 PortoMaghera 炼厂	7	闲置
瑞士 Petroplus 公司	英国提兹赛德炼厂	11.7	2010年5月关闭
英力士公司	法国拉瓦莱炼厂	21	中石油收购41%股权
	苏格兰炼厂	21	中石油收购51%股权
康菲石油	德国 Wihelmshaven 炼厂	22	出售或变成终端
	美国宾夕法尼亚炼厂	18.5	2011年9月27日提出出售
雷普索尔	西班牙 Bilbao 炼厂	9	2010年9月关闭部分装置
雪佛龙	英国 Pembroke 炼厂	21	2011年7月被美国瓦莱罗17亿美元收购
西方炼油公司	美国 YorktownViginia 炼厂	6.6	2010年9月关闭
BP	美国得克萨斯州炼厂	47.5	2011年初计划出售以融资
	加利福尼亚州卡森市炼厂	26.5	2011年初计划出售以融资
墨菲石油公司	路易斯安那州 Meraux 炼厂	12.5	2011年10月被瓦莱罗收购
	威斯康星州 Superior 炼厂	3.3	2011年10月被 CLMT 收购
	威尔士 MilfordHaven 炼厂	13	待售
利安德巴塞尔公司	法国 BerreL'Etang 炼厂	10.5	2011年10月关闭

注:资料来源:《国际石油经济》2102年第5期。

随着亚太地区炼油工业的不断发展和地位的逐步提升,目前已形成了"亚太、欧洲、北美"三足鼎立的格局。亚太地区占世界炼油能力的比例从2001年的26.2%提高到2013年的33%,成为炼油能力最大的地区;欧洲从2001年的30.2%下降至2013年的25.2%。同期,中东地区所占的比例从8.1%上升至9.3%,是另一个比例上升的地区(图4-2)。

第4章 石油天然气的加工与利用

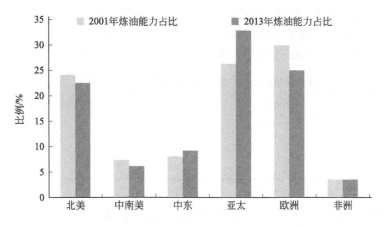

图4-2 2001年和2013年世界炼油能力分布情况
（资料来源：BP《世界能源统计年鉴》，2002~2014）

4.1.1.2 世界炼油业集中度不断提高，大型化、基地化、一体化发展趋势明显

为了增强竞争力，以欧美几大跨国石油石化公司大兼并为标志，世界炼油业集中度进一步提高，炼油厂规模进一步增大。由于一些小炼油厂关闭以及因公司合并而导致一些炼油厂合并，世界炼油厂数量进一步减少，从2001年的732座减少至2013年的645座。世界炼油厂平均规模逐步增大，从1992年的514万吨/年增加到2001年的570万吨/年和2013年的735万吨/年。2001~2013年世界炼厂平均规模变化状况见表4-3。

表4-3 2001~2013年世界炼厂平均规模变化状况

年份	炼厂数量/座	平均规模/(万吨/年)
2001	732	570
2002	722	583
2003	717	589
2004	674	628
2005	661	647
2006	658	660
2007	657	665
2008	655	677
2009	661	682
2010	662	685
2011	655	704
2013	645	735

注：资料来源：BP《世界能源统计年鉴》，2002~2013，Oil & Gas Journal。

大型和超大型炼厂的数量和规模不断提高，炼油能力超过（含）1000万吨/年的炼油厂数量从2000年的134座增加到2011年161座，超过（含）2000万吨/年的炼油厂数量从2000年的17座增加到2011年22座，见表4-4。

表4-4 2000～2011年世界大型炼厂的数量变化情况

年份	千万吨级炼油厂		2000万吨级炼油厂	
	数量	炼油能力/(亿吨/年)	数量	炼油能力/(亿吨/年)
2000年	134	19.75	17	4.45
2011年	161	24.34	22	5.73

注：资料来源：Oil & Gas Journal。

炼油能力超过（含）2000万吨/年的炼油厂的具体统计见表4-5。其中，印度信诚石油公司在贾姆纳加尔地区的两座炼厂的炼油能力分别达到3300万吨/年和2900万吨/年，合计总能力已达到6100万吨/年；委内瑞拉帕拉瓜纳炼油中心的炼油能力达4700万吨/年；韩国四大炼油厂中有三家跻身世界10强之列。

表4-5 2013年炼油能力达到或超过2000万吨/年的大型炼厂

排名	公司名称	炼厂所在地	炼油能力/(万吨/年)
1	委内瑞拉帕拉瓜纳炼油中心	委内瑞拉胡迪瓦纳	4700
2	韩国SK公司	韩国蔚山	4200
3	韩国GS-加德士公司	韩国丽水	3875
4	韩国双龙精油株式会社	韩国釜山	3345
5	印度信诚石油公司	印度贾姆纳加尔	3300
6	埃克森美孚炼制与供应公司	新加坡亚逸查湾裕廊岛	2963
7	埃克森美孚炼制与供应公司	美国得克萨斯州贝敦	2800
8	沙特国家石油公司（沙特阿美）	沙特拉斯塔努拉角	2750
9	中国台湾台塑石化公司	中国台湾麦寮	2700
10	美国马拉松石油公司	美国路易斯安那州加利维尔	2610
11	埃克森美孚炼制与供应公司	美国路易斯安那州巴吞鲁日	2513
12	科威特国家石油公司	科威特艾哈迈迪港	2330
13	壳牌东方石油公司	新加坡武公岛	2310
14	美国马拉松石油公司	美国得克萨斯州加尔维斯顿湾	2256
15	美国雪铁戈（Citgo）石油公司	美国路易斯安那州查尔斯湖	2200
16	壳牌荷兰炼制公司	荷兰佩尔尼斯	2020

续表

排名	公司名称	炼厂所在地	炼油能力/(万吨/年)
17	中石化镇海炼化公司	中国浙江省宁波市	2015
18	中石油大连石化公司	中国大连	2050
19	沙特阿美-道达尔	沙特阿拉伯朱拜勒	2000
20	沙特阿美-美孚	沙特阿拉伯延布	2000

注：资料来源：Oil & Gas Journal。

大型炼油厂需以装置大型化为基础，并非小装置堆积木式的大型炼油厂。随着炼厂大型化或超大型化，世界上出现了一些大型炼油装置，如表4-6所示。根据测算，在同等规模下，单套装置比双套装置投资约降低24%、装置能耗约减少19%，比3套装置投资约减少55%、能耗约减少29%。

表4-6 世界最大单套装置能力

装置名称	最大能力/(万吨/年)	所属公司
常压蒸馏	1750	加拿大合成原油公司
减压蒸馏	1568	加拿大合成原油公司
催化裂化	650	印度信诚公司贾姆纳加尔炼油厂
催化重整	316	埃克森美孚公司博蒙特炼油厂
加氢裂化	400	中海油惠州炼油厂
延迟焦化	675	印度信诚公司贾姆纳加尔炼油厂

注：资料来源：《炼油技术与工程》2011年第5期。

随着炼油能力的不断大型化，为了优化配置资源，集中综合利用炼油厂和石油化工装置的各种产品和中间产物，方便原料和产品的集中进出，减少水、电、汽、热、风等公用工程系统的投资和费用，提高经济效益，全球炼油化工一体化蔚然成风，相应的基地化建设明显加强，已形成了美国墨西哥湾沿岸地区、日本东京湾地区、韩国蔚山-丽川-大山、新加坡裕廊岛、比利时安特卫普等一批世界级炼化一体化工业区。据统计，位于美国墨西哥湾沿岸地区的得克萨斯州和路易斯安那州的炼油能力2011年就已达3.96亿吨/年，占美国总炼油能力的46%，乙烯生产能力占美国总能力的90%以上。炼化一体化之所以成为世界炼油业结构调整中的着力点，从经济上看，除了可以降低成本、优化物料配置外，还因为它可以使炼油厂25%的产品变成附加值较高的石化产品，资金回报率可提高2%~5%。目前，埃克森美孚公司75%以上的炼油装置实现了与化学品或润滑油基础油生产一体化，90%以上的化工与炼油或上游气体加工装置相邻和一体化。壳牌公司近50%的石化厂与炼油厂实现了一体化。

4.1.1.3 原油品质逐渐向重质化发展，清洁燃料的生产要求日益提高

随着常规原油资源的日益枯竭，重质化、劣质化和高硫化已成为世界原油品质变化的主要趋势，原油含硫量日益增高（表4-7），含硫原油和高硫原油的产量已占原油总产量的75%以上。

表4-7 世界原油质量变化情况

年份	平均密度(15.6℃)/(g/cm³)	平均硫含量(质量)/%
2000	0.8628	1.14
2010	0.8633	1.19

随着原油价格的上升和轻质原油资源的减少，轻/重、低硫/高硫、低酸/高酸原油价差拉大。2010年美国路易斯安那轻质低硫原油与墨西哥重质高硫Maya原油的平均价差为13美元/桶，较2009年的7美元/桶有大幅上升。据IEA统计，低硫低酸的塔皮斯原油与高硫的迪拜原油价差已从2010年的2美元/桶扩大到2011年9月的13.4美元/桶的峰值，随后几个月价差有所缩小，11月达到9.5美元/桶左右。在经济利益的驱动下，世界40%以上炼厂（美国约有2/3的炼厂）已开始增加对高硫重质原油的加工能力。

另一方面，作为石油加工的主要产品（占炼油产品收率的60%以上），汽柴油等燃料对于汽车发动机的性能、效率、环保等都有着重要的影响。因此，随着汽车工业的发展和环保要求日趋严格，对车用燃料的品质和质量不断提出了新的要求。2000年4月，美、欧、日三个汽车制造者协会发起组织的"世界燃料委员会"正式颁布了《世界燃料规范》，要求各国根据本国情况参照执行。

《世界燃料——车用无铅汽油规范》的分类、部分质量指标见表4-8。世界汽油燃料的总趋势是低硫、低烯烃、低芳烃、低苯。其中：

① 汽油中的硫会导致尾气处理器中的催化剂中毒，降低催化剂的转化效率，从而影响汽车尾气中 HC、CO、NO_x 等污染物的排放，尤其一些先进的尾气处理系统对硫含量非常敏感。即使常用的三效催化剂，由于汽油车的使用寿命不断延长，为保证使用寿命内都能达标，也希望尽可能降低硫含量。

② 烯烃是非饱和碳氢化合物，常作为汽油中的高辛烷值组分，但烯烃具有热不稳定性，可能会在发动机的进气系统中形成结焦和沉积物，导致发动机排放恶化。如果烯烃蒸发到大气中，由于其化学活性强，易于破坏臭氧层。另外，它们燃烧会形成有毒的二烯烃。

③ 芳烃也是一种高辛烷值组分，而且具有很高的能量密度。但由于芳烃会增加发动机的沉积物和尾气排放，包括 CO_2 排放，芳烃燃烧还会形成致癌物质苯，美国和欧洲的研究结果表明，低芳烃含量的汽油能有效降低苯的排放。

表 4-8 《世界燃料——车用无铅汽油规范》的分类、部分质量指标

指 标	Ⅰ	Ⅱ	Ⅲ	Ⅳ
硫含量/ppm	<1000	<200	<30	<10
苯含量(体积分数)/%	<5	<2.5	<1	<1
芳烃含量(体积分数)/%	<50	<40	<35	<35
烯烃含量(体积分数)/%	—	<20	<10	<10

注：资料来源：国际燃料质量中心。1ppm=10^{-6}。

进入新世纪以来，各国汽油标准中的硫含量、烯烃含量、芳烃含量和苯含量均呈明显下降态势，但不同的指标下降快慢不一，硫含量和苯含量下降速度快、控制更为严格，烯烃和芳烃含量下降速度则缓慢、控制较宽松，主要是由于烯烃含量和芳烃含量的降低与各国的炼油工业发展阶段和生产工艺结构特点紧密相关。美国和欧洲的车用汽油标准见表 4-9 和表 4-10。

表 4-9 美国车用汽油标准情况

项 目	美国 1990 年	美国加州 1996 年	美国 2000 年	美国 2006 年
硫含量/ppm	<338	<30	<140-170	<30
苯含量(体积分数)/%	<1.6	<0.8	<1.3	<1.3
芳烃含量(体积分数)/%	<28.6	<22	<25	<25
烯烃含量(体积分数)/%	<10.8	<4	<10	<4

表 4-10 欧洲车用汽油标准情况

项 目	欧洲 1997 年	欧盟 2000 年	欧盟 2005 年	欧盟 2010 年
硫含量/ppm	<300	<150	<50	<20
苯含量(体积分数)/%	<2.3	<1	<1	<1
芳烃含量(体积分数)/%	<45	<42	<35	<35
烯烃含量(体积分数)/%	<18	<18	<18	<15

美国和欧洲的汽油标准中对芳烃含量的限制均较宽松，主要是车用汽油的主要调合料之一是重整汽油，而重整汽油富含芳烃，是汽油辛烷值的主要来源。另一方面，为了保证汽油品质，美国大力发展烷基化油和异构化油汽油组分，两者在汽油组分中含量已经超过 80%，随着烷基化油和异构化油的大量加入，美国汽油中的烯烃含量非常低，可控制在 10% 以下，这也是美国相比欧洲可以对车用汽油中的烯烃含量控制更为严格的主要原因。

《世界燃料——车用柴油规范》的分类、部分质量指标见表 4-11。世界柴油

燃料的总趋势是低硫、低芳烃、低密度和高十六烷值。其中：

表4-11 《世界燃料——车用柴油规范》的分类、部分质量指标

指标	Ⅰ	Ⅱ	Ⅲ	Ⅳ
十六烷值	≥48	≥3	≥55	≥55
密度(15.6℃)/(kg/m³)	820~860	820~860	820~840	820~840
总芳烃含量(质量分数)/%	—	<25	<15	<15
多环芳烃含量(质量分数)/%	—	<5	<2	<2
硫含量/ppm	<3000	<300	<30	无硫

注：资料来源：国际燃料质量中心。

① 柴油中的硫在发动机排放尾气和大气中会形成硫酸盐，从而增加颗粒物的产生。同时，随着硫含量的增加，一些尾气后处理系统的转化效率会降低，甚至有些后处理系统会因为硫中毒而失效。无论从降低颗粒物排放还是从发动机和尾气后处理的性能及使用寿命角度均需大幅降低柴油的硫含量。

② 柴油密度降低意味着碳/氢比的降低，从而会导致柴油车的颗粒物排放和二氧化碳排放降低。

③ 国际主流柴油质量标准加强了对芳烃含量的限制，但以控制多环芳烃含量为主，对总芳烃含量的要求并不苛刻。柴油中芳烃含量增加将导致燃烧火焰温度提高，从而导致燃烧过程中的氮氧化物生成量上升，柴油中的多环芳烃作为炭烟前躯体成分直接导致柴油机的颗粒物和多环芳烃排放增加。

总体而言，相比对汽、柴油中烃类组成的限制，降低汽、柴油中的硫含量是世界各国清洁燃料生产的重点，也是降低幅度最大、要求最严格的指标项，各国汽、柴油产品主要向超低硫方向发展。图4-3和图4-4显示的是2012年底世界各地区对车用汽油和车用柴油中硫含量的限制情况。目前，欧盟及日本、韩国等国家已经要求车用汽柴油产品的硫质量分数小于10ppm，北美及澳大利亚等国家对硫质量分数的要求也在30~50ppm。欧Ⅳ车用柴油硫含量要求不超过50ppm，欧Ⅴ车用柴油硫含量要求不超过10ppm，比欧Ⅳ车用柴油硫含量减少80%。目前德国已要求柴油硫含量不大于10ppm，美国要求不大于15ppm。

4.1.1.4 炼油装置结构调整加快，加氢装置增速最快

随着全球原油资源逐步趋于劣质化以及燃料清洁化步伐不断加快，使得世界炼油工业在提高原油一次加工装置能力的同时，把炼厂的建设重点放在了原油的深度加工和清洁燃料生产方面。2001~2011年间，世界炼油能力年均增长率为1.1%，而以催化裂化、延迟焦化、催化重整、加氢裂化、加氢处理为主的二次加工装置能力年均增长率明显高于同期炼油能力的增长率，见表4-12。其中，延迟焦化装置能力增长最快，其次是加氢裂化和加氢处理。

第4章 石油天然气的加工与利用

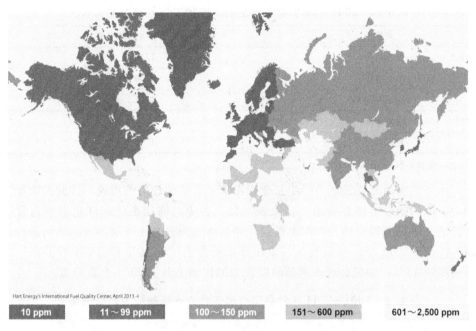

图 4-3　2012 年底世界各地区对车用汽油的硫含量限制
（资料来源：国际燃料质量中心）

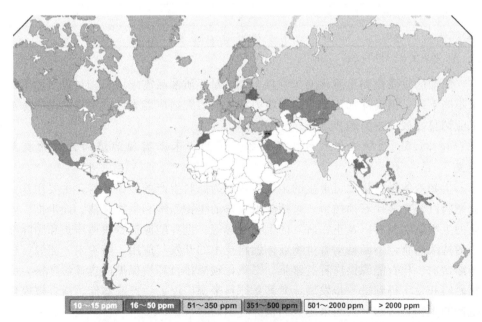

图 4-4　2012 年底世界各地区对车用柴油的硫含量限制
（资料来源：国际燃料质量中心）

表 4-12 2001～2011 年世界主要二次加工装置能力增长状况

装置	2001～2011 年年均增长率/%
催化裂化	1.68
催化重整	1.40
加氢裂化	4.79
加氢处理	3.21
延迟焦化	4.86

注：资料来源：Oil & Gas Journal。

由于二次加工装置能力的增长速度高于世界炼油能力的增速，因此二次加工能力占炼油能力比例逐步增加，见表 4-13。其中，催化裂化和催化重整占常压蒸馏能力的比例稍有提升，而加氢裂化和加氢处理占常压蒸馏能力的比例迅速提高。2001～2011 年，加氢裂化占常压蒸馏能力的比例上升了 2.6 个百分点，上升幅度达 45%，加氢处理占常压蒸馏能力的比例上升了 13.1 个百分点。

表 4-13 2001～2011 年世界二次加工能力占炼油能力的比例情况

年份	催化裂化/%	延迟焦化/%	催化重整/%	加氢裂化/%	加氢处理/%
2001 年	19.61	6.07	12.43	5.86	53.52
2005 年	20.50	7.01	12.48	6.63	57.13
2010 年	21.00	8.35	12.99	8.26	64.64
2011 年	21.03	8.86	12.97	8.49	66.62

注：资料来源：Oil & Gas Journal。

原油的重质化和劣质化趋势明显、全球对轻质油品需求增长和对重质燃料需求不断下降，提高深加工、精加工能力和炼油装置适应能力已成为目前世界炼油工业调整发展的主要趋势之一。

4.1.1.5 生物液体燃料已得到推广应用，未来有望为炼油行业的重要补充

生物液体燃料指以可再生的生物质资源为原料生产的液体燃料，主要用作交通燃料以补充替代石油燃料，包括技术成熟的生物乙醇和生物柴油、处于推广阶段的生物航空燃料以及正在研发的生物丁醇等。世界能源消费快速增长和国际油价的持续高企，不断推动着生物液体燃料技术的开发与应用。随着未来能源需求不断增加、化石能源供应日益紧张、二氧化碳减排及环境保护法规日趋严格，生物燃料开发将得到进一步发展，尤其是原料来源广泛、生产成本低、适合规模化生产的生物燃料的开发越来越受到世界各国的重视。

据美国哈特能源咨询公司预测，2030 年全球生物燃料使用量将增加到 500 万桶/日，届时全球生物燃料消费量将占汽柴油总消费量的 7.1%，其中，生物乙醇消费量达到353万桶/日，在全球生物液体燃料增长中占主导地位，北美、拉丁美洲和欧洲生物乙醇消费量将占全球消费总量的70%；生物柴油消费量达到146万桶/日，其中拉丁美洲、欧洲和亚太市场将占全球消费量的85%。据国际能源署预测，到2050年，生物燃料可望较大规模地替代传统柴油、煤油和喷气燃料，生物燃料的使用量将从2010年的5500万吨油当量增加到2050年的7.5亿吨油当量，占全球运输燃料的比例也将由2010年的2%提高到2050年的27%，每年温室气体排放量将因此减少21亿吨。

(1) 生物乙醇

生物乙醇是发展最为成熟的生物液体燃料品种之一，主要得益于美国和巴西的推动。2010年，世界生物乙醇产量为6770万吨，较2007年增长70%，较2000年增长150%，美国生物乙醇产能4221万吨/年，其中玉米乙醇产能4200万吨/年，实际产量4052万吨；巴西以甘蔗为原料的燃料乙醇产量约为2076.5万吨。

传统的第1代生物乙醇是以玉米、甘蔗和甜菜等粮食或者非主粮中的淀粉或糖类物质为原料，通过发酵等生物工艺进行生产，淀粉一般先经过酶催化水解，产生含糖溶液，接着通过微生物发酵阶段生产生物乙醇，而糖料可以直接被发酵生产乙醇。目前世界上的生物乙醇产量基本都是第1代生物乙醇，其中，美国以玉米为主要原料，巴西以甘蔗为主要原料。

由于第1代生物燃料替代石油的成本太高，替代能力和减排二氧化碳能力有限，并且可能影响粮食安全和破坏环境，国际上发展了薯类、甜高粱、甘蔗渣等为原料的第1.5代生物乙醇生产技术，以及正在研发的以农作物秸秆、木质纤维素等为原料的第2代生物乙醇生产技术。纤维素乙醇具有原料资源丰富、再生周期短、不增加温室气体总量、不引发粮食安全问题等众多优点，被公认为是未来生物乙醇可持续发展的重点方向。

第2代生物乙醇主要采用生物化学或热化学转化技术。生物化学转化法主要有预处理、水解和发酵3个关键步骤，其中，预处理技术的开发方向是能耗低、半纤维素水解率高、物料损失小并且有利于纤维素水解的预处理技术；纤维素水解酶是生产纤维素乙醇的关键因素，开发价格低廉、高效的纤维素水解酶是纤维素乙醇技术能否商业应用的关键；发酵工序的重点是开发糖转化率高、发酵酒精度高的C_5/C_6共发酵菌株。热化学转化技术路线首先将纤维素原料利用气化技术转化为合成气，然后再通过传统催化剂或微生物的作用生产生物乙醇，工艺的关键是开发高效生物质气化技术和高转化率的微生物或催化剂。

目前，世界上许多企业和研究机构在着力研究第2代生物乙醇。加拿大Iogen、丹麦的诺维信、美国的杰能科等公司在纤维乙醇技术开发，尤其是纤维素酶技术开发方面居世界领先地位。除此之外，美国、瑞典、法国、芬兰、奥地利、意大利、丹麦和日本等国有大量公司均已建立了中试生产线，美国通用汽车公司、德国大众公司和日本丰田公司也正在筹建纤维素乙醇装置。

由于第 2 代生物乙醇仍面临成本过高的问题，其中，仅用于酶的成本就高达 2 美元/加仑，而粮食基乙醇的生产总成本只有 2 美元/加仑。虽然某些纤维素乙醇的实验室生产成本已降低到了 2.5 美元/加仑，但大规模生产需要高昂建设投资，使得纤维素乙醇的生产成本高于粮食基乙醇。未来纤维素乙醇的发展仍需进一步降低生产成本，且需在政府的引导和扶持下发展壮大。为鼓励生物乙醇的发展，美国曾长期对粮食基乙醇实施免税 45 美分/加仑［1gal（加仑）＝3.78541dm³］的补贴政策，并且对国外进口的乙醇产品征收 54 美分/加仑的进口关税。虽然此项政策保护了其国内的生物乙醇生产商的利益，但另一方面阻碍了纤维素乙醇的发展。2012 年起，美国宣布取消针对传统生物乙醇的补贴，并用这部分资金支持对先进生物燃料的发展，这也将有助于纤维素乙醇产业的发展。

（2）生物柴油

生物柴油是另一个在全球大范围得到应用的生物液体燃料。2012 年，全球生物柴油总产量约 1890 万吨。欧盟是生物柴油的主产区和消费区，产量 810 万吨，占世界总产量的 43％。其中，法国达到 180 万吨，高于上年的 140 万吨，德国从上年的 280 万吨降至 250 万吨，西班牙从上年的 62.5 万吨降至 44 万吨。南美达到 580 万吨，高于上年的 510 万吨。南美地区的产量为巴西 240 万吨、阿根廷 300 万吨，均比上年有所提高。中北美地区产量 270 万吨，低于上年的 300 万吨。其中，美国产量 250 万吨，较上年减少 30 万吨。亚洲地区产量 230 万吨，略低于上年的 240 万吨。

第 1 代生物柴油是指用食用动、植物油脂与甲醇进行酯交换生产的常规生物柴油，即脂肪酸甲酯，已经实现工业化生产多年，技术很成熟，目前世界上的生物柴油大部分还是采用第 1 代技术生产。但在第 1 代生物柴油的生产过程中，会产生大量的含酸、碱、油工业废水，且由于酯交换反应生成的脂肪酸甲酯中含有氧和各种杂质，热值相对比较低，同时脂肪酸甲酯在化学组成方面不同于石油柴油，不能长期储存，在其与润滑油接触时会使润滑油污染，因此第 1 代生物柴油在普通石油柴油中的最大调入量只允许 7％。

近年来，生物柴油的生产工艺研究重点集中到改变油脂的分子结构，使其转变成脂肪烃类，以便与石油基柴油的分子结构更为接近、使用更为方便，逐步形成了第 2 代生物柴油生产技术。第 2 代生物柴油生产技术是基于催化加氢过程的生物柴油合成技术路线，即动植物油脂通过加氢脱氧、异构化等反应得到与柴油组分相同的异构烷烃，生产的非脂肪酸甲酯生物柴油也称为绿色柴油或可再生柴油。第 2 代生物柴油的性能优于第 1 代，在与常规柴油调合时有诸多优势：调合产品密度低、冷流动性质极好、十六烷值高、调合比例没有限制、能量密度高、运输和储存没有问题。虽然第 1 代生物柴油的十六烷值高，但比重也较高，并且比第2代生物柴油的沸程要窄。第2代生物柴油生产适应性广、产品具有优异的调合性质和良好的低温流动性，其工艺易于和炼油厂组合成一体化。因此，第2代生物柴油技术是目前生物柴油开发的重点技术，是未来生物柴油的主要发展方向。以 NeSte、UOP、埃尼、Topse 等公司为代表开发的第2代生物柴油生产技术已经逐渐受到关注。未来生物柴油的生产原料将从棕榈油、豆油和菜籽油等油脂拓展到高含油量的微藻等微生物油脂。

(3) 生物航空燃料

生物燃料不仅可以替代石油作为车用燃料，还能用作航空燃料。生物航空燃料是以动植物油脂或农林废弃物等生物质为原料，采用催化加氢技术生产，具有原料来源广泛、环境友好及可再生的特点，其性质与传统石油基燃料相当，部分指标甚至优于传统航空燃油，可以部分、甚至全部替代航空燃油，且无需制造商重新设计引擎或飞机，同时航空公司和机场也无需开发新的燃料运输系统。由于航空生物燃料采用可再生原料，在生产及使用过程中，温室气体排放量约 0.5～1.8kg/kg，明显低于传统航空燃油的 3.15kg/kg。生物航煤不仅可以减少航空业对石油资源的依赖，而且为解决航空业温室气体排放难题，提供了一条现实的解决途径。

航空运输业的二氧化碳排放量虽然只占全球排放总量的 2%，但排放量增速很快，1990～2008 年，航空业温室气体排放增长 74.8%，远超过同期交通运输业 13.9% 的温室气体排放增长率。同时，航空运输业是对全球减排二氧化碳最积极的一个行业，2009 年国际航空运输协会就承诺，全球航空运输业的燃油效率将从此年均提高 1.5%，2020 年实现碳排放零增长，到 2050 年比 2005 年减少 50%。其中，使用效率更高的新飞机每年可以减少二氧化碳排放 1.3%，是最重要的减排措施，但仍不能从根本上实现碳减排，无法完成国际航协的承诺，生物燃料仍将是航空运输业在需求增长的同时减少二氧化碳排放的重要途径。

为了遏制民航业温室气体排放量不断攀升的趋势，欧盟委员会 2006 年提出将民航业纳入温室气体排放交易体系。从 2011 年起，经营欧盟内部航线的航空公司将被分配一定的温室气体排放限额，排放总量低于限额的航空公司可出售其限额剩余部分，而排放总量超标的则必须购买超出限额的部分。2012 年起，所有在欧盟境内机场起飞或降落的航班，全程排放的二氧化碳都必须纳入欧盟排放交易体系。具体规则是以 2004～2006 年平均排放总量为标准，2012 年航空公司的累积排放额要缩减 3%，2013 年缩减 5%。在排放初期，欧盟给予了一定的免费额度，自 2012 年起 9 年内，航空公司可以获得 85% 的免费排放额，剩下 15% 则需以拍卖的形式购买，航空业面临有史以来最大的环保成本。

2008 年以来，全世界航空公司进行了多次试飞，并成功进行了两次商业飞行，证明航空生物燃料可以作为化石航空燃油的替代燃料，并降低温室气体排放。其中波音公司、空中客车公司和美国军方均参与了试飞工作。国内外进行的生物航空燃料试飞情况见表 4-14。2010 年 4 月，在波音公司的推动下，华盛顿州自然资源部同意为该州林业生物质生产可持续生物航煤提供支持，重点推进示范工程项目的实施。此外，阿拉斯加航空公司、波音公司、波特兰机场、西雅图机场和斯波坎机场，连同华盛顿州立大学和其他一些公司已建立了西北可持续航空燃料联盟，来共同推动生物航空燃料的使用。2011 年 7 月，美国材料与试验协会（ASTM）宣布生物航煤可以与传统航煤以 1∶1 的比例混合使用，并且飞机发动机生产商 GE 公司表示使用生物航空燃料对发动机没有任何不良影响。

表 4-14 国内外生物航空燃料试飞情况统计

时间	公司名称	生物航空燃料组成	机型
2008 年 2 月 24 日	英国维珍大西洋航空公司	20%以椰子油、棕榈油为原料生产的生物燃料，80%石油基航煤	波音 747-40
2008 年 12 月 30 日	新西兰航空公司	50%麻疯树油脂为原料生产的生物燃料，50%石油基航煤	波音 747-400
2009 年 1 月 7 日	美国大陆航空公司	50%海藻油脂(3%)和麻疯树油脂(47%)为原料生产的生物燃料，50%石油基航煤	波音 737-80
2009 年 1 月 30 日	日本航空公司	50%以亚麻荠油（84%）、麻疯果精炼油（15%）、海藻精炼油（1%）为原料生产的生物燃料，50%石油基航煤	波音 747-30
2009 年 11 月 23 日	荷兰皇家航空公司	50%亚麻荠油为原料生产的生物航煤，50%石油基航煤	波音 747
2010 年 3 月 25 日	美国空军	50%以亚麻荠油为原料的生物航煤，50%美国军用航煤	A-10 雷神 II 飞机
2010 年 4 月 22 日	美国海军	50%以亚麻荠油为原料生产的生物航煤，50%美国军用航煤	F-18 超级大黄蜂飞机
2010 年 11 月 23 日	巴西塔姆航空公司	50%以麻风树油脂为原料生产的生物航煤，50%石油基航煤	空客 A320
2011 年 6 月 17 日	霍尼韦尔公司	50%以亚麻荠油为原料生产的生物航煤，50%石油基航煤	
2011 年 6 月	波音公司	15%以亚麻荠油为原料生产的生物航煤，85%石油基航煤	747-8 货机
2011 年 6 月 29 日	荷兰航空公司	50%以地沟油为原料生产，50%石油基航煤	
2011 年 7 月 15 日	德国汉莎航空公司	试飞采用 50%以亚麻荠油、麻疯树油和动物油脂为原料生产的生物航煤和 50%石油基航煤，商业飞行中实际生物航煤使用比例为 10%	
2011 年 7 月	芬兰航空公司	50%以回收植物油为原料生产的生物航煤，50%石油基航煤	空客 A319

续表

时间	公司名称	生物航空燃料组成	机型
2011年10月28日	中石油、中国国航	50%以小桐子油为原料生产的生物航煤，50%石油基航煤	波音747
2013年4月24日	中石化、东方航空	50%以餐厨废弃油脂为原料生产的生物航煤，50%石油基航煤	空客A320

注：资料来源：《中国能源》、互联网。

生物航空燃料大规模发展的主要原因仍在于其生产成本过高。目前，生物航煤的生产成本（35美元/加仑，9.25美元/升）还很难抵消欧盟碳排放交易体系（ETS）的费用，航空公司如果使用价格如此高的生物航煤，其成本可能还高于购买碳税。美国军方也表示生物航煤的价格过高，短期内还难以替代传统航煤。

4.1.2 国内炼油产业发展态势

我国炼油工业从无到有、从小到大、由弱转强，经历了60多年的自主开发与建设，已形成了较为完整的工业体系，在促进国民经济和社会发展中发挥着重要作用。进入新世纪以来，我国炼油工业在国内经济快速发展、石油需求强劲增长的推动下，规模化、基地化、炼化一体化建设快速发展，通过改扩建和新建相结合，总体规模迅速扩大，炼厂布局有所改善，综合竞争力不断增强，已形成了多种所有制并存、内外资兼有的多元化竞争格局。

4.1.2.1 炼油能力快速增长至世界第二

全国炼油能力从2000年的2.77亿吨/年增至2005年底的3.55亿吨/年，年均增长3.2%；"十一五"期间，随着海南炼化、广州石化、青岛炼油、大连石化、兰州石化以及独山子石化等新建及改扩建炼油工程的相继建成投产，炼油能力在2010年猛增至5.13亿吨/年，5年间的平均增长率高达9.2%，呈规模加速扩张态势。由于国内需求的放缓，2010年和2011年，国内炼油能力的增速放缓，仅分别增加300万吨/年和2650万吨/年，2013年底，国内炼油总能力达到6.33亿吨/年（不含沥青厂、燃料油厂能力），但已成为仅次于美国的全球第二大炼油国，仍是全球炼油能力增长最快的国家。

从炼油工业市场主体情况看，我国已形成了以中石化、中石油为主导，中海油、中国化工、中国兵器等国企、陕西延长等地方炼油企业以及一些民企参加，道达尔、埃克森美孚、沙特阿美等外国大公司参股参与的多元化市场主体格局。2005~2013年国内炼油能力分布情况见表4-15。2013年底，中石化拥有35家炼油企业，炼油能力达2.681亿吨/年，占全国总能力的42.4%；中石油共有炼油企业26家，炼油能力为1.73亿吨/年，占27.4%；中海油共有炼油能力3250万吨/年，占全国总能力的5.1%；中国化工、陕西延长、兵器集团等在内的其他炼油企业126家合计炼油能力1.589亿吨/年，占25.1%。其中，中石化和中石油炼能合计占全国总能力的 69.7%，在国内占主导地位。中国化工集团通过收购地方炼厂不断扩大炼油业务，到 2013 年底已拥有 8 家炼厂，合计一次加工能力达到 2750 万吨/年；陕西延长集团拥有延安、永坪和榆林 3 座炼厂，合计一次加工能力 1630 万吨/年；中国兵器华锦石化 600 万吨/年炼油装置于 2010 年 1 月正式投产；2010 年，前十大地炼（包括已被中国化工收购的地炼）一次加工能力达到 3970 万吨，占全国地炼能力的 38%，但排在十大地炼之后的大部分炼厂的实际加工能力都不足 100 万吨/年。外资权益炼油能力 825 万吨/年，占我国炼油总能力的 1.5%。

表 4-15　2005～2013 年国内炼油能力分布情况　　单位：万吨/年

年份	中石油	中石化	中海油	其他	全国合计
2005 年	11935	16350	50	7137	35472
2006 年	12500	17650	50	6700	36900
2007 年	14015	19970	750	3265	38000
2008 年	12700	20600	750	9750	43800
2009 年	14800	22400	1950	11850	51000
2010 年	15430	23670	2500	9700	51300
2011 年	16930	24720	2700	9600	53950
2013 年	17300	26810	3250	15890	63250

注：资料来源：国家统计局资料，中石油、中石化、中海油公司年报。

近些年，我国炼油企业与资源国之间的大型合资炼油项目合作将深入发展。在已获准建设的大炼厂中，有中俄天津东方石化、中沙昆明石化、中委广东揭阳石化、中卡壳牌台州大炼化及中科湛江大炼油等中外合资项目。这些合资炼厂的主要油源将分别来自俄罗斯、沙特阿拉伯、委内瑞拉、卡塔尔和科威特等资源国。这些炼厂在 2016 年后陆续建成后，外资在华权益炼油能力将从目前的 825 万吨/年猛增至 4000 万吨/年以上，届时约占全国总炼油能力的 6%。除中石化和中石油进一步做大做强炼油业务外，中海油、中国化工、中化集团等大型国企也将通过新建、扩建和收购等方式进一步扩大炼油业务，陕西延长石油集团及山东地炼等也将通过扩能、提高深加工和综合利用能力等寻求新的发展。未来我国炼油市场格局多元化必将进一步发展。

4.1.2.2　炼油产能布局逐渐调整完善

在我国炼化工业发展的初期，我国炼油布局以靠近石油资源地为主，逐步形成了大庆石化、齐鲁石化等一批靠近石油资源地的炼化企业。由于我国原油生产集中分布在东北和西北地区，从而造成东北和西北炼油能力过剩，形成"北油南调、西油东进、逐步递推"的格局。

随着国内石油产品需求的不断增长，我国自产原油产量不足，原油对外依存度不断上升的趋势日益加剧，我国炼油工业能力在迅速增长的同时注重以消费市场为重心调整优化布局，区域分布构成有了明显的变化。2000年以来我国炼油工业布局以沿海地区为重点，陆续新建和扩建了镇海炼化、福建炼化、广州石化、茂名石化、上海金山石化、大连西太平洋石化、大连石化、广西石化、四川石化等一批大型炼油基地。

目前，我国炼油能力主要集中在华北、东北、华南和华东地区，2013年这四大地区分别占全国炼油能力的29%、19%、16%和14%（见表4-16），合计占78%。我国已形成了以东部为主、中西部为辅的梯次分布。山东是全国炼能最大的省，其次为辽宁和广东。2013年山东省炼油能力猛增1460万吨/年，达到1.37亿吨/年。2013年华中、华北所占比例同比有所上升，华北能力占比下滑，西南能力上升。目前，环渤海湾（包括山东、辽宁等）、长三角和珠三角三大经济圈的炼能分别为2.63亿吨/年、0.9亿吨/年和0.89亿吨/年，分别占全国炼油总能力的42%、14%和13%，合计为69%。

表4-16 中国炼油能力分地区构成

地区	2010年		2013年	
	能力/(万吨/年)	占全国比例/%	能力/(万吨/年)	占全国比例/%
华北(京、津、冀、晋、豫、鲁)	14150	27.58	18360	29.27
东北(辽、吉、黑、蒙)	10300	20.08	11850	18.89
华东(沪、浙、苏)	7030	13.7	8580	13.68
华中(湘、皖、赣、鄂)	3540	6.9	4490	7.16
华南(粤、闽、琼、桂)	8680	16.92	10230	16.31
西南(滇、川、渝、贵)	100	0.19	400	0.64
西北(新、甘、青、陕、宁)	7500	14.62	8820	14.06
合计	51300	100	62730	100

注：资料来源：《国际石油经济》2014年第5期。

4.1.2.3 对外依存度不断提高

由于国内石油产量增长缓慢，而炼油能力和加工量增长迅速，导致原油进口规模不断增大，进口依存度持续攀升。2000~2013年，国内石油消费量从2.12亿吨增长到4.99亿吨，年均增速6.8%，而国内石油产量仅从1.63亿吨增加到2.05亿吨，年均增长1.9%（见图4-5），导致供需缺口越来越大，石油对外依存度从23%提高到58%。

从进口来源看，主要进口来源是中东、西非和俄罗斯，前十大进口国占据了80%以上的进口比例，具体见表4-17。中东地区是最大的进口来源，近50%的进口原油依赖中东。

石油天然气的开发与利用

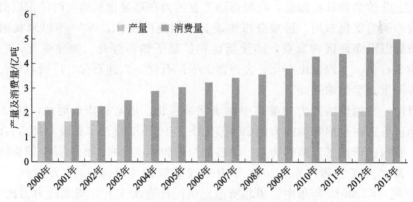

图 4-5 2000～2013 年我国原油生产和消费情况
（资料来源：国家统计局）

表 4-17 2000～2013 年十大原油进口来源国供油量   单位：万吨/年

国家	2000 年	2005 年	2010 年	2011 年	2012 年	2013 年
沙特	573	257	4464	5028	5392	5390
安哥拉	864	1746	3938	3115	4015	4000
伊朗	700	1427	2132	2776	2192	2547
俄罗斯	148	1278	1524	1973	2432	2435
阿曼	1566	1083	1587	1815	1957	2351
伊拉克	318	117	1124	1377	1568	2145
委内瑞拉	—	—	755	1152	1529	1575
哈萨克斯坦	72	129	1005	1121	1070	1198
科威特	43	165	983	954	1049	934
阿联酋	—	—	—	—	874	1028
全国总进口量	7027	12682	23768	25378	27102	28196
前十大进口国占进口总量比例	61.0%	48.9%	75.9%	81.2%	81.4%	83.7%

注：资料来源：中国海关总署。

4.1.2.4 大型化、基地化、一体化持续推进

在我国炼油能力快速增长的同时，以平均规模、基地化、集群化和一体化四个方面为主要特征的炼油综合竞争力也不断增强。

近十年来，我国炼厂的平均规模不断扩大，到 2013 年中石化与中石油炼油厂的平均规模已分别达到 766 万吨/年和 665 万吨/年，较 2005 年分别为 522 万吨/年和 453 万吨/年有明显增加。中石化和中石油 2013 年分别位列世界第三和第八大炼油公司，其旗下的一些炼厂规模已跻身世界级规模之列。中石化镇海炼化 2007 年炼油能力达到 2000 万吨/年（现已达 2300 万吨/年），中石油大连石化 2008 年炼油能力达到 2050 万吨/年，先后跻身炼油能力超 2000 万吨/年的世界级炼厂行列，2013 年分别排名为世界大型炼厂的第 15 位和第 8 位。

中国炼油业正在加快建立清洁、高效、炼化一体化的企业集群。目前，中石化初步形成了环渤海湾、长三角和珠三角三大炼厂集群，千万吨级炼厂合计能力已占其总能力的 58%，中石化茂名石化正在进行改扩建，其炼油能力即将从 1350 万吨/年扩至 2550 万吨/年，不久也将迈入世界级大炼厂行列。中石油已形成由大连石化、大连西太平洋、抚顺石化、吉林石化、辽阳石化、兰州石化、独山子石化、广西石化组成的八大千万吨炼油生产基地。我国已拥有 21 座千万吨级炼油基地，炼油能力占全国总能力的 40%，较 2005 年的 8 座增加了 13 座，另有广东石化等一批千万吨级炼油基地已获批并在建设中。中海油以惠州大亚湾为核心建设了千万吨级炼化基地，未来还将进一步将炼油能力提升至 2000 万吨/年以上。

近十几年来，炼化一体化发展模式得到了不断的深化和发展，使原油资源配置和利用更趋优化，有效提升了产业竞争力和抗风险能力。依托千万吨级大型炼厂的建设，结合大型乙烯工程的新建或改扩建，国内已经形成了一批大型炼化一体化基地。现有的 21 座千万吨级炼油基地中有 14 座与乙烯装置相伴，较好地发挥了炼化一体化的产业链协同效应和产业集群的带动辐射作用，如镇海 2300 万吨/年炼油+100 万吨/年乙烯+55 万吨/年 PX（对二甲苯）、上海石化 1400 万吨/年炼油+84.5 万吨/年乙烯+84 万吨/年 PX、福建炼化 1200 万吨/年炼油+80 万吨/年乙烯+70 万吨/年 PX 等。国内千万吨级炼油基地的分布情况见表 4-18。

表 4-18 国内千万吨级炼油基地的分布情况

所属集团	炼厂	一次加工能力/(万吨/年)	炼化一体化情况
中石油（9 座）	大连石化	2050	
	抚顺石化	1150	有乙烯装置
	兰州石化	1050	有乙烯装置
	广西石化	1000	乙烯装置在规划中
	独山子石化	1000	有乙烯装置
	四川石化	1000	
	大连西太	1000	
	吉林石化	1000	有乙烯装置
	辽阳石化	1000	有乙烯装置

续表

所属集团	炼厂	一次加工能力/(万吨/年)	炼化一体化情况
中石化(11座)	镇海石化	2300	有乙烯装置
	上海石化	1400	有乙烯装置
	茂名石化	1350	有乙烯装置
	广州石化	1320	有乙烯装置
	金陵石化	1300	与扬子石化乙烯装置隔江相望
	天津石化	1250	有乙烯装置
	福建炼化	1200	有乙烯装置
	高桥石化	1130	
	燕山石化	1100	有乙烯装置
	青岛炼油	1000	规划建设乙烯装置
	齐鲁石化	1000	有乙烯装置
中海油(1座)	惠州炼油	1200	有乙烯装置
总计(21座)		25800	

注：资料来源：中石油、中石化、中海油公司官方网站。

同时，我国当前各类炼油装置的规模也呈大型化趋势，国内常减压蒸馏装置最大规模达1200万吨/年，加氢裂化400万吨/年，延迟焦化420万吨/年，均成为世界目前同类装置中规模最大之一。

4.1.2.5 炼油装置结构逐步调整，满足油品质量升级要求

为了应对国际油价的高企，降低炼油成本，增加含硫原油等的加工能力，满足国内油品质量标准持续升级的要求，提高炼油经济效益，增强炼油企业的国际竞争力，我国炼油装置结构一直在不断调整，深加工、精加工能力和不同原油加工适应能力在不断提高。

高硫原油加工能力显著增加，中石化、中石油两大集团的高硫原油加工能力占一次加工能力的比例已提高到35%左右。以催化裂化、加氢裂化、重油加氢、延迟焦化为代表的深加工装置能力进一步增加，加氢裂化、重油加氢装置的比例增幅最大。从炼油工艺结构占比看，原先偏高的催化裂化能力占原油一次加工能力的比例不断下降，从2000年的36.1%降至2005年的32.5%，2013年已降至29.93%。生产清洁石油产品的深加工加氢装置增加迅猛，已成为我国炼油工艺的主力装置之一。加氢精制能力占原油一次加工能力的比例已由2000年的15.6%升至2005年的22.5%，2013年更跃升至32.85%。加工重油需要的延迟焦化能力占原油一次加工能力的比例已从2000年的7.7%升至2013年的15.24%。

为适应市场需求变化，最大限度地生产交通运输燃料，炼油工业加大了产品结构调整力度。与2005年相比，2011年国内汽油、煤油、柴油三大类成品油收率从59%提高到61%。中石化、中石油综合商品率、轻油收率明显提高，资源利用水平显著提高，炼油厂的轻油收率逐年提高，在加工的原油越来越重的情况下，轻油收率2010年已分别达到75.7%和77.04%，详见图4-6。

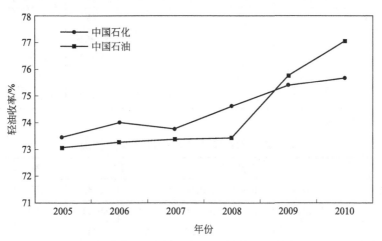

图4-6　中石化和中石油近年来轻油收率变化
（资料来源：《当代石油石化》2012年第6期）

随着我国经济的发展，汽车保有量的不断增加，汽车排放造成的大气污染问题受到越来越多的关注，汽车排放的有害物质已成为各大城市大气污染的最主要原因，政府也制定了日益严格的汽车排放标准，同时车用汽油和车用柴油的质量标准也越来越严格。炼油产业在产品收率提高的同时，车用汽油、柴油的质量也在不断提升。国内车用汽油和车用柴油的标准及实施情况见表4-19和表4-20。

"十一五"期间，国内车用汽油质量从2005年7月1日起执行国Ⅱ标准到目前执行国Ⅳ标准，硫含量从500ppm降至50ppm。车用柴油从2002年1月1日执行国Ⅰ标准到2011年6月执行国Ⅲ标准，硫含量由500ppm降至350ppm（与车用汽油类似，硫含量的变化也要对应执行标准的变化）。北京、上海已分别于2008年和2009年执行了相当于欧Ⅳ排放标准的车用汽油、柴油地方标准，硫含量均降至50ppm，2010年8月广州也已经开始执行相当于欧Ⅳ排放标准的粤Ⅳ车用汽柴油地方标准。2012年7月1日起北京已开始执行汽柴油硫含量小于10ppm的国Ⅴ汽柴油标准。按照国家的最新计划，到2017年，国内车用汽油中的硫含量将全面提升至欧Ⅴ标准的不大于10ppm。

表4-21列出了2005年和2010年国内汽油调合组分的变化。2005年的汽油调合组分中，催化裂化汽油的比例高达74.7%，而重整汽油仅占17.7%，解决催化裂化汽油硫含量问题成为关键，主要通过三个途径降低汽油产品的硫含量：

表 4-19 国内车用汽油标准及实施情况

项目	全国			北京		上海	广州
	国Ⅱ	国Ⅲ	国Ⅳ	国Ⅲ	欧Ⅳ	欧Ⅳ	粤Ⅳ
执行时间	2005-07-01	2010-01-01	2014-01-01	2005-07-01	2008-01-01	2009-11-01	2010-08-01
硫含量/ppm	500	150	50	150	50	50	50
烯烃(体积分数)/%	35	30	28	25	25	25	25
芳烃(体积分数)/%	40	40	40	35	60(烯烃+芳烃)	60(烯烃+芳烃)	60(烯烃+芳烃)
苯(体积分数)/%	2.5	1	1	1	1	1	1
锰含量/(g/L)	0.018	0.016	0.008	0.018	0.006	0.006	0.008

注：资料来源：国家标准、地方标准。

表 4-20 国内车用柴油标准及实施情况

项目	全国			北京		上海	广州
	国Ⅰ	国Ⅲ	国Ⅳ	国Ⅲ	欧Ⅳ	欧Ⅳ	粤Ⅳ
执行时间	2002-01-01	2011-06-30	2015-01-01	2005-07-01	2008-01-01	2009-11-01	2010-08-01
十六烷值	45	49	49	51	51	51	51
硫含量/ppm	500	350	50	350	50	50	50
多环芳烃(质量分数)/%	—	11	11	11	11	11	11
密度/(kg/m^3)	—	810～850	810～850	820～845	820～845	820～845	820～845

注：资料来源：国家标准、地方标准。

一是对催化裂化原料进行加氢预处理，通过改善催化裂化原料性质来降低催化裂化汽油产品中的硫含量；二是对催化裂化汽油进行脱硫处理；三是适度扩大连续重整装置的加工能力，通过增产重整汽油比例来进一步降低汽油产品的硫含量。到 2010 年，约有 31.5％的催化裂化汽油经过后精制处理，汽油调合组分中没有精制的催化裂化汽油的比例已经降低了 37.9％。重整汽油组分的比例也提高到了 20.2％，MTBE（甲基叔丁基醚）等高辛烷值组分有所增加。

表 4-21 2005 年和 2010 年国内汽油调合组分变化情况

项 目	2005 年	2010 年
催化裂化汽油(质量分数)/%	74.7	37.9
重整汽油(质量分数)/%	17.7	20.2
加氢汽油(质量分数)/%	2.5	31.5
MTBE(质量分数)/%	3.8	4.9
其他(质量分数)/%	1.3	5.5

注：资料来源：《炼油技术与工程》2012 年第 2 期。

4.1.2.6 炼油科技创新能力不断增强

通过自主研发，我国已全面掌握当代世界主要的先进炼油技术。在20世纪60年代成功培育出中国炼油技术"五朵金花"的基础上，我国炼油工业又先后成功开发重油催化裂化、超低压连续重整、中高压加氢裂化、渣油加氢等一系列具有自主知识产权的成套技术，部分技术达到国际先进水平，具有独创性的催化裂解技术（DCC），不但在国内建成数套大型工业生产装置，还出口到泰国等国家。"十一五"期间，为满足劣质原油加工和汽油、柴油质量升级的需要，炼油的催化剂及工艺技术水平不断提高，不仅研发出催化裂化汽油降烯烃、汽油选择性加氢脱硫、柴油深度加氢脱硫等系列催化剂，还自主设计和建设了不同规模的S-Zorb催化裂化汽油吸附脱硫装置，MIP-CGP、RDS/R催化裂化等汽油脱硫、降烯烃和超低硫柴油生产工艺等技术已在一批企业推广应用。目前，炼油工业不仅可以生产低硫和超低硫汽油、柴油产品，还可以根据原油品种、产品结构和质量标准，优化选择加工工艺技术的组合。

我国已掌握了大型化的现代成套炼油技术，已具备自主建设千万吨级炼油厂的成套技术和工程化能力。目前已建成投产和在建的几座千万吨级炼厂，如海南炼化和青岛炼厂等千万吨级炼厂，均依靠国内自有技术和国产化设备自主建设。同时，在沙特、哈萨克斯坦、俄罗斯、苏丹等国家也已开始利用中国的炼油技术承包当地千万吨级炼油厂和大型生产装置。

4.1.2.7 生物液体燃料进行了试点和推广

2000年，我国启动了以玉米、小麦等陈化粮为原料的生物乙醇生产项目，开始燃料乙醇试点生产并推广乙醇汽油，建成了黑龙江、吉林、河南、安徽四座燃料乙醇生产厂，产能102万吨/年，通过"定点生产、定向流通、封闭运行"的方式，在河南、安徽、黑龙江、吉林、辽宁5省全省，湖北、山东、河北、江苏4省的27个地市推广E10乙醇汽油，试点地区乙醇汽油市场平均覆盖率达到90%以上，我国成为在巴西、美国之后的第三大生物乙醇生产国和应用国。试点的成功实践证明：推广使用乙醇汽油，技术可行，在中国完全适用，试点初期确定的"拉动农业、保护环境、替代能源"三大战略初见成效，社会效益显著。

为扩大燃料乙醇来源，我国提出了燃料乙醇产业"不与粮争地、走原料多元化发展"的路线。目前燃料乙醇从消化利用玉米、陈化粮为主，逐步向以薯类、甜高粱、甘蔗等非粮作物为原料方向发展，纤维素乙醇技术也已成为业内研究的热点。2008年，广西中粮生物质能源有限公司在广西北海建成年产20万吨木薯燃料乙醇示范装置，是目前国内唯一一套以非粮为原料的燃料乙醇试点项目。从2008年4月1日起，广西全面封闭销售使用E10乙醇汽油，成为我国首个推广使用非粮原料乙醇汽油的省区。中国已自主开发了以甜高粱茎秆为原料的燃料乙醇生产技术，并已在黑龙江、内蒙古、山东、新疆等地开展了甜高粱种植及燃料乙醇生产试点。同时，不少企业还在积极开展纤维素制取燃料乙醇的技术研发，多家企业已建立和正在建设纤维素乙醇示范装置，其中，河南天冠、安徽丰原和黑龙江肇东已建成纤维素乙醇示范装置，中石化联手中粮集团和诺维信公司在黑龙江肇东建设 1 万吨/年的纤维素乙醇工业示范装置，中石油在吉林建立了中石油纤维素乙醇重点实验室。但国内目前还没有可实现商业运行的技术。

与国外相比，中国生物柴油发展还有相当大的差距，由于暂时还缺乏廉价、稳定、充足的原料供应，中国还未能形成生物柴油的产业化链条，目前仅以民营企业为主建成了一些小型生物柴油生产装置，主要以地沟油、植物油脚为原料。一些大型企业也在积极推动生物柴油的发展，2010 年 11 月中海油 6 万吨/年生物柴油装置在海南东方市投产，率先在海南省一些加油站试点销售。国家林业局根据中国林木及土地资源，编制了生物质能源林建设规划，并将与中石油、中粮等大企业共同合作建设大规模的生物柴油原料林基地，以期为今后生物柴油的发展提供稳定、充足的非粮原料。为了配合及规范生物柴油产业的发展，国家已出台了生物柴油调合组分油国家标准，生物柴油调合燃料（B5）国家标准已于 2011 年 2 月正式实施。同时，部分高等院校和研究机构正在开展相关技术研发工作，如超临界技术生产生物柴油、第 2 代加氢工艺生产生物柴油等。

我国生物航煤虽然起步较晚，但我国政府对发展航空生物燃料非常重视，由国家能源局牵头成立了航空生物燃料指导委员会及清洁交通工作小组，开始启动在中国建立可持续发展的航空生物燃料产业。2010 年 5 月，中石油与中国国航、美国波音公司及霍尼韦尔 UOP 公司共同签署了《关于中国可持续航空生物燃料验证试飞的合作备忘录》和《关于中国可持续航空生物燃料产业发展的合作备忘录》，共同开展中国可持续航空生物燃料产业发展演示飞行和战略研究。2011 年 10 月，中石油和中国国航联合在波音 747 飞机上进行了成功试飞，采用 50% 以小桐子油为原料生产的生物航煤和 50% 石油基航煤组成的混合燃料，是我国首次成功进行生物航空燃料的试飞。中科院青岛生物能源与过程研究所已与波音公司成立联合实验室，进行微藻生物航空燃料技术的研究。

根据国家发改委发布的《可再生能源发展"十二五"规划》，未来我国将继续大力发展替代能源。到 2020 年，我国生物乙醇年利用量将达 1000 万吨，生物柴油年利用量达到 200 万吨，总计每年替代成品油约 1000 万吨。未来以纤维素等为原料的第二代非粮乙醇汽油将在技术经济、规模化生产等方面的相关问题解决后得到较快发展。

4.1.3 石油加工技术发展

石油是十分复杂的烃类及非烃类化合物的混合物，组成石油的化合物的相对分子质量从几十到几千，相应的沸点从常温到 500℃ 以上，其分子结构也是多种多样。因此，石油不能直接作为产品使用，必须经过各种加工过程，炼制成多种在质量上符合使用要求的石油产品。石油产品种类繁多，市场上各种牌号的石油

第4章 石油天然气的加工与利用

产品达千种以上,主要包括燃料(汽油、柴油、喷气燃料、重质燃料等)、润滑油(内燃机油、机械油等)、有机化工原料(乙烯裂解原料、各种芳烃和烯烃等)、沥青(铺路沥青、建筑沥青、防腐沥青、特殊用途沥青等)、蜡(食用、药用、化妆品用、包装用石蜡和地蜡)、石油焦(电极用焦、冶炼用焦、燃料焦等)等。

根据目的产品的不同,原油加工方案大体上可以分为以下三种基本类型。

① 燃料型。主要生产用作燃料的石油产品。减压馏分油和减压渣油除了生产部分重质燃料油外,还通过各种轻质化过程转化为各种轻质燃料。

② 燃料-润滑油型。除了生产用作燃料的石油产品外,部分或大部分减压馏分油和减压渣油还被用于生产各种润滑油产品。

③ 燃料-化工型。除了生产燃料产品外,还生产化工原料及化工产品,例如某些烯烃、芳烃、聚合物的单体等。这种加工方案体现了充分合理利用石油资源的要求,也是提高炼厂经济效益的重要途径,是石油加工的发展方向。

实际生产中,各个炼厂的具体加工方案是多种多样的,并没有完全严格的区分,具体方案可根据经济效益和市场需求进行灵活调整。无论炼厂的具体加工方案如何,炼油生产的主体装置基本有以下几类。

① 原油分离装置。原油加工的第一步是把原油分离为多个馏分油和渣油,因此,每一个常规的炼油厂都有原油常减压蒸馏装置。在此装置中,还包括原油脱盐脱水设施。通常所说的原油加工能力就是指原油常压蒸馏装置的处理能力。

② 重质油轻质化装置。为了提高轻质油品收率,须将部分或者全部减压馏分油及渣油转化为轻质油,此任务由裂化反应过程来完成,如催化裂化、加氢裂化、焦化等。重质油轻质化的能力也是衡量炼厂水平的重要指标,在美国等国家,把催化裂化、加氢裂化和焦化三种过程的处理能力之和与原油加工能力之比称为转化指数 CI(conversion index),全世界的 CI 平均值约为 28.4%。

③ 油品改质及油品精制装置。此类装置的作用是提高油品的质量以达到产品质量指标的要求,如催化重整、加氢精制、电化学精制、溶剂精制、氧化沥青等。加氢处理、减黏裂化也可归入此类。

④ 油品调合装置。为了达到产品质量要求,通常需要进行馏分油之间的调合(有时也包括渣油),并且加入各种提高油品性能的添加剂。油品调合方案的优化对提高现代炼油厂的效益具有重要作用。

⑤ 气体加工装置。如气体分离、气体脱硫、烷基化、异构化、合成甲基叔丁基醚等。

⑥ 制氢装置。在现代炼油厂,由于加氢过程的耗氢量大,催化重整装置的副产氢气不敷使用,有必要建立专门的制氢装置。

⑦ 化工产品生产装置。如芳烃分离、含硫化氢气体制硫、某些聚合物单体的合成等。

综观石油加工技术发展的历史，石油加工技术的本质是如何从具有一定性质、组成的原油生产出能满足不断发展的质量要求和数量要求（各种产品的比例）的石油产品，也就是如何解决原油与石油产品之间在质量上和数量上的矛盾。石油加工的技术进步也主要围绕炼厂主体生产装置的工艺、催化剂以及全厂系统优化和节能降耗等领域进行。经过150年的发展，目前炼油技术已经形成了完整的体系，已经能为世界655座炼油厂提供各种原油加工的技术方案。近十余年，石油加工技术发展呈现以下几个重要的发展趋势。

① 重质油轻质化技术日益受到重视。以加拿大油砂沥青和委内瑞拉超稠油为代表的重油资源储量巨大，我国探明的稠油储量也不小，其产量逐年增加。重油的特点是密度和黏度大、胶质及沥青质含量高、凝点低，多数重油的硫含量较高，其渣油的残炭值高、重金属含量高。重油的轻质油含量很低，减压渣油一般占原油的60%以上。如何合理加工重油已成为炼油技术发展中的一个重要课题。

② 环境保护的要求逐渐成为推动炼油技术发展的一个新的、重要的动力。明显的例子是1990年美国的清洁空气修正法案从环境保护要求出发对汽油的质量提出了一系列新的要求，促使美国炼油厂对炼油过程的结构及工艺进行了一系列的变革，也促进了一些新工艺的开发。我国2013年起在全国执行轻型汽车污染物排放限值第Ⅳ阶段标准（国Ⅳ标准），也对我国炼油技术提出了新的挑战。从世界范围来看，环境保护将对炼油技术提出越来越高的要求。

③ 石油化学工业的发展将会在原料的品种和数量上对炼油工业提出更多的要求。从炼油厂本身来说，为了充分利用原油资源和提高经济效益，也必须更多地与石油化工相结合，对炼油厂的产品和副产品进行化工综合利用。

总体上，围绕着重质原油加工、清洁油品生产和炼化一体化生产，全球炼油技术在催化裂化、延迟焦化、渣油加氢、催化重整、清洁燃料生产等重点领域取得了较大进步。

4.1.3.1 催化裂化

催化裂化是重质石油烃类在催化剂的作用下反应生产液化气、汽油和柴油等轻质油品的主要过程，在汽油和柴油等轻质油品的生产中占有很重要的地位。传统的催化裂化原料是重质馏分油，主要是直馏减压馏分油（VGO），也包括焦化重馏分油（CGO，通常须经加氢精制）。由于对轻质油品的需求不断增长及技术进步，近20年来，一些重质油或渣油也作为催化裂化的原料，例如减压渣油、溶剂脱沥青油、加氢处理重油等。一般都是在减压馏分油中掺入上述重质原料，其掺入的比例主要受限制于原料的金属含量和残炭值。对于一些金属含量很低的石蜡基原油也可以直接用常压重油作为原料。当减压馏分油中掺入更重质的原料时则通称为重油催化裂化。

催化裂化工艺过程一般由反应-再生系统、分馏系统、吸收-稳定系统三个部分组成，对处理量较大、反应压力较高（例如>0.25MPa）的装置，常常还有再生烟气的能量回收系统。典型的催化裂化装置工艺流程见图 4-7。

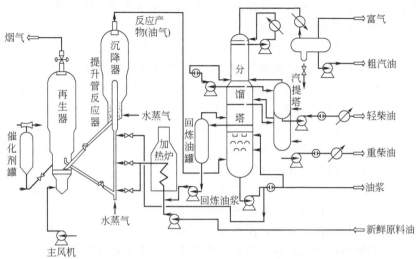

图 4-7 典型的催化裂化装置工艺流程

原料油在 500℃左右、0.2~0.4MPa 及与裂化催化剂接触的条件下，经裂化反应生成气体、汽油、柴油、油浆（可循环作原料）及焦炭。反应产物的产率与原料性质、反应条件及催化剂性能密切相关。在一般工业条件下，气体产率约 10%~20%（质量分数），其中主要是 C_3、C_4，且其中的烯烃含量可达 50%（体积分数）左右；汽油产率约 30%~60%（质量分数），其研究法辛烷值约 85~95，安定性较好；柴油产率约 20%~40%（质量分数），由于含有较多的芳烃，其十六烷值较直馏柴油低，由重油催化裂化所得的柴油的十六烷值更低，而且其安定性也较差；焦炭产率约 5%~7%（质量分数），原料中掺入渣油时焦炭产率更高些，可达 8%~10%（质量分数）。焦炭是裂化反应的缩合产物，它的碳氢比很高，其原子比约为 10∶(0.3~1)，它沉积在催化剂的表面上，只能用空气烧去而不能作为产品分离出来。

催化裂化工艺已发展成为一个重要的重质油轻质化过程，在炼油工业中的地位不可动摇，且技术已相对较成熟。特别是在我国，形成了炼油工业绝对以催化裂化工艺为主的局面，几乎每个炼油企业都有多套催化裂化装置，我国约 80%（质量分数）的汽油和 1/3 的柴油均来自该工艺，催化裂化的工艺技术进步在我国尤为突出。国内的催化裂化工艺技术呈快速多态发展趋势，一些针对性很强的催化裂化新技术竞相出现，如两段提升管催化裂化技术、多产异构烷烃催化裂化技术、生产清洁汽油和增产丙烯的 MIP 催化裂化技术、催化裂化汽油辅助反应器改质技术、灵活多效催化裂化技术、以多产低碳烯烃为目标的催化裂解工艺、以最大限度生产高辛烷值汽油和气体烯烃为目标的 MGG 工艺、以多产气体异构烯烃为目标的 MIO 工艺及以常压重油为原料的多产气体和汽油为目标的 ARGG 工艺等。这些新技术的出现为我国炼油业提高轻质油收率、清洁燃料生产、调整炼油产品结构多产低碳烯烃做出了重要贡献。

随着催化裂化工艺的发展，催化裂化催化剂的研发也不断进步。新型催化裂化催化剂更加倾向于"量体裁衣"，针对不同的原料和产品需求，深入研究原料特性，提高催化剂的活性和选择性。世界三大催化剂生产商 Grace Davison 公司、Akzo 公司和 Engelhard 公司占据着流化催化裂化催化剂市场的绝对优势，它们开发的催化剂也代表着 FCC 催化剂的发展方向。国内的中石化石油化工科学研究院在催化裂化催化剂的开发方面占据优势，兰州石化公司、洛阳工程公司等在特定领域也取得了较好的业绩。

从发展趋势看，石油资源的重质化、劣质化要求进一步提高重质油的加工深度；日趋严格的环保规范要求生产高标准的清洁汽柴油；石脑油不足，限制了蒸汽裂解制低碳烯烃工艺的发展，需要寻求其他原料和工艺来生产乙烯和丙烯，以调整炼油产品结构，降低乙烯、丙烯生产成本，这促使催化裂化工艺朝着优化操作、灵活调整和多效耦合的方向发展。提高劣质原料油的转化率、目的产物收率、汽柴油质量、多产丙烯等对催化裂化提出了更高的挑战。另外，随着国家对环境保护的逐渐重视，对大规模工业过程节能降耗减排的要求日益严格，催化裂化过程的节能降耗减排也是迫切需要解决的重要问题。

催化裂化技术未来将围绕以下几个主要方面不断发展：①加工重质原料。传统的催化裂化原料主要是减压馏分油。由于对轻质燃料的需求不断增长以及原油价格的提高，利用催化裂化技术加工重质原料油如常压重油、脱沥青油等可以得到较大的经济效益。如何解决在加工重质原料油时焦炭产率高、重金属污染催化剂严重等问题，是催化裂化催化剂和工艺技术发展中的一个重要方向。②劣质原料预处理。随着原油的日趋重质化、劣质化，劣质重油量逐渐增加。由于其残炭值高、重金属含量高、硫氮杂原子含量高等问题，不能直接作为重油催化裂化的原料，合适的预处理技术将成为关键问题。③降低能耗。催化裂化装置的能耗较大，降低能耗的潜力也较大。降低能耗的主要方向是降低焦炭产率、充分利用再生烟气中一氧化碳的燃烧热，以及发展再生烟气热能利用新技术等。④减少污染物排放。催化裂化装置排放的主要污染物是再生烟气中的粉尘、一氧化碳、硫化物和氮化物。随着环境保护立法日趋严格，减少污染的问题也日益显得重要。⑤适应多种生产需求的催化剂和工艺开发。例如，结合我国国情多产柴油，又如多产丙烯、丁烯，甚至是多产乙烯的新催化剂和工艺技术。⑥过程模拟和系统集成优化。

4.1.3.2 延迟焦化

焦化过程是以渣油为原料，在高温（480～550℃）下进行深度热裂化反应的一种热加工过程。在焦化过程的发展史中，曾经出现过多种工业形式，其中一些已被淘汰，目前主要的工业形式是延迟焦化和流化焦化。在现有焦化装置中，采用延迟焦化技术的占78%，采用流化焦化技术的占8%，采用灵活焦化和其他技术的占14%。在延迟焦化技术方面居领先地位的是美国康菲、Foster Wheeler/UOP 和 Lummus 公司。典型的延迟焦化装置工艺流程见图4-8。

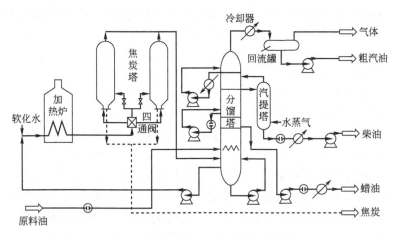

图4-8 典型的延迟焦化装置工艺流程

焦化过程的反应产物有气体、汽油、柴油、蜡油（重馏分油）和焦炭。减压渣油经焦化过程可以得到70%～80%的馏分油。焦化汽油和焦化柴油中不饱和烃含量高，而且硫、氮等非烃类化合物的含量也高，因此，它们的安定性很差，必须经过加氢精制等精制过程加工后才能作为发动机燃料。焦化蜡油主要是作为加氢裂化或催化裂化的原料，有时也用于调合燃料油。焦炭（亦称石油焦）除了可用作燃料外，还可用于高炉炼铁，如果焦化原料及生产方法选择适当，石油焦经煅烧及石墨化后，可用于制造炼铝、炼钢的电极等。焦化气体含有较多的甲烷、乙烷以及少量的丙烯、丁烯等，它可用作燃料或制氢原料等。

作为渣油轻质化的重要过程，焦化工艺有较多优点：①它可以加工残炭值及重金属含量很高的各种劣质渣油，而且过程比较简单，投资和操作费用较低；②所产馏分油柴汽比较高，柴油馏分十六烷值较高；③为乙烯生产提供石脑油原料；④生产优质石油焦。但焦化过程也存在一定缺点：①焦炭产率高，一般为原料残炭值的1.5～2倍，且多数情况下只能作为低价值的普通石油焦；②液体产物的质量差，需要进一步加氢精制。尽管焦化过程尚存缺点，但仍然是目前加工高金属含量、高残炭值劣质渣油的主要手段，并为催化裂化、加氢裂化和乙烯生产提供原料。

焦化技术的发展动向可概括为以下四个方面：一是提高效率和液体收率，开发了延迟焦化与其他装置集成的组合工艺，如溶剂脱沥青-延迟焦化组合工艺；二是提高石油焦价值的组合工艺，使用石油焦生产合成气，并联产多种产品，同

时能捕集 CO_2；三是控制延迟焦化石油焦的质量和结构，选择性生产弹丸焦，提高石油焦的价值；四是改进焦化塔进料结构、焦化加热炉设计，延长运转周期。

4.1.3.3 渣油加氢

加氢裂化是在较高压力下，烃分子与氢气在催化剂表面进行裂化和加氢反应生成较小分子的转化过程。加氢裂化按加工原料的不同，可分为馏分油加氢裂化和渣油加氢裂化，馏分油加氢裂化的原料主要有减压蜡油、焦化蜡油、裂化循环油及脱沥青油等，其目的是生产高质量的轻质油品，如柴油、航空煤油、汽油等，其特点是具有较大的生产灵活性，可根据市场需要，及时调整生产方案。

近年来，重油的高效加工和充分利用正成为全球炼油业关注的焦点。目前可供选用的几十种重油转化工艺其中，渣油加氢裂化工艺可以在氢气及催化剂作用下，对常压或减压渣油进行脱硫、脱氮、脱金属处理，以最大限度地获取轻质油品，是公认的经济环保的深加工工艺。渣油加氢裂化与馏分油加氢裂化有本质的不同，由于渣油中富集了大量硫、氮化合物和胶质、沥青质大分子及金属化合物，使催化剂的作用大大降低，因此，热裂化反应在渣油加氢裂化过程中有重要作用。一般来说，渣油加氢裂化的产品尚需进行加氢精制。按照反应器形式的不同，渣油加氢技术可分为固定床、沸腾床、移动床和悬浮床 4 种类型。

固定床渣油加氢技术是最成熟、工业应用最多的渣油加工技术，与其他渣油加氢技术相比，固定床渣油加氢技术的投资和操作费用低、运行安全简单，是目前渣油加氢技术的首选技术，占渣油加氢总加工能力 84%。但固定床渣油加氢对原料要求高，一般适用于处理原料油中金属含量小于 200ppm，残炭小于 20%（质量分数）的原料。未来几年，固定床渣油加氢技术占据渣油加氢技术主导地位的格局仍不会有太大的改变。固定床渣油加氢技术研发的重点集中在如何强化装置的运行周期和加工更劣质的原料上，其技术的改进将围绕催化剂体系、工艺流程改进、工艺级配和操作条件优化等方面展开。

沸腾床渣油加氢具有反应器内温度均匀、运转周期长、装置操作灵活等特点，是加工高硫、高残炭、高金属重质原油的重要技术，在近年来的劣质重油改质项目中应用较多，发展很快，约占渣油加氢能力的 15.5%。经过 40 多年的开发和工业应用实践，沸腾床渣油加氢裂化技术在工艺、催化剂、工程、材料设备以及工业运转等方面的许多技术问题都已得到完善和解决，装置的安全性和可靠性大大提高。由于沸腾床反应器可以频繁更换催化剂，因此可用于处理高金属含量和高残炭的劣质原料，可加工镍钒重金属含量大于 300ppm、康氏残炭可达 20%~25% 的原料。

移动床重油加氢技术的反应器是在固定床反应器基础上开发应用成功的一种工业反应器，所用催化剂仍为固定床反应器中的固体小球等，在实际应用中主要与固定床工艺联用。移动床重油加氢技术虽然已有一套工业装置，但总体上来看，工艺不完全成熟。反应条件苛刻，催化剂耗量大，装置操作难度大；但其转化率较高，产品性质较好，裂化蜡油和尾油均可作为催化裂化原料，催化剂可连续置换，能加工较劣质的原料。

悬浮床加氢裂化技术由于原料适应性强，适合于高金属含量、高残炭、高硫含量、高酸值、高黏度劣质原料的深加工，与当前其他重油加工技术比较，具有轻油收率高、柴汽油比高、产品质量好、加工费用低等优点，已成为近来研发工作重点，具有很好的应用前景。渣油特别是重质/超重质原油的劣质渣油悬浮床加氢裂化技术已成为当今炼油工业的发展热点，代表了世界炼油技术的发展趋势。悬浮床加氢裂化采用一种高度分散且未老化的催化剂以及一种新型等温反应器，可使原料油转化为馏分油的收率超过98%。目前正在开发中的悬浮床加氢裂化工艺主要有意大利埃尼公司、委内瑞拉石油公司、UOP公司、Chevron公司、BP公司和中石油的。六家公司的重油悬浮床加氢裂化工艺都有多年的研究基础，随着全球劣质原油资源的逐渐增加，近年来工业试验与工业应用的速度都在加快，取得了不同程度的进展。尽管目前悬浮床加氢裂化技术在建的工业化装置不多，在工业化过程中也还会出现一些问题。随着工艺的不断成熟与完善，悬浮床加氢裂化技术作为先进的重油和渣油加工技术，将在应对原油劣质化趋势加剧、重油深度加工能力扩大、提高重油转化率和轻油收率等方面发挥更为重要的作用。

4.1.3.4 催化重整

催化重整是在一定温度、压力、临氢和催化剂存在的条件下，使石脑油（主要是直馏汽油）转变成富含芳烃（苯、甲苯、二甲苯，简称BTX）的重整汽油并副产氢气的过程。催化重整汽油是高辛烷值汽油的重要组分，在发达国家的车用汽油组分中，催化重整汽油约占30%。BTX是一级基本化工原料，全世界所需的BTX有近70%是来自催化重整。氢气是炼厂加氢过程的重要原料，而重整副产氢气是廉价的氢气来源。

催化重整装置能生产符合环保要求的清洁燃料，并能提供重要的轻质芳烃和廉价氢源，环保要求日趋严格使得催化重整技术在现代石油炼制工业中显得越来越重要。2011年，全球催化重整能力已达到5.99亿吨/年，约占世界原油一次加工能力的13%。连续再生重整装置最大规模已达到316万吨/年，位于美国德克萨斯州的博蒙特炼油厂。催化重整技术的发展主要包括工艺和催化剂的发展两个方面，两者相辅相成。催化剂决定了催化反应过程的速率和深度，而工艺的发展又推动了催化剂的进一步研发。

长期以来，世界上最有竞争力的两种连续催化重整工艺是UOP公司的CCR连续重整工艺和法国石油研究院（IFP）的Octanizing连续重整工艺。UOP与IFP公司在技术开发的过程中不断完善，相继由第1代连续催化重整转变成第2代连续催化重整，UOP公司已有第3代连续催化重整。虽然在连续催化重整工艺中，体现了连续催化重整技术相互渗透、取长避短，但两者仍存在着本质上的区别，主要体现在反应器布置和再生回路流程上。

催化剂是催化重整工艺技术过程的重要因素，是催化重整过程的更新较快的核心技术。重整催化剂技术的进步推动着连续重整工艺条件不断向超低压、高苛刻度方向发展，反应压力已从 1.2MPa 降低到目前的 0.35MPa，氢油摩尔比由 5∶1 降低到 2∶1。反应苛刻度的增加导致积炭速率增大和再生频次的增加，对催化剂的活性、选择性、水热稳定性和机械强度提出更高的要求。各公司也不断推出新的催化剂，用以满足不同重整装置的需求。

4.1.3.5 清洁燃料生产

随着世界范围内对燃料的环保要求日益严格，尤其是未来超低硫车用汽、柴油中硫含量要求要达到 10ppm 以下，而同时又必须保证汽油和柴油较高的的辛烷值和十六烷值，这些都给清洁燃料的生产技术提出了更为苛刻的要求。清洁汽油生产技术主要集中在降低汽油硫含量、降低汽油烯烃含量和提高辛烷值汽油组分等方面，清洁柴油技术主要集中在柴油脱硫、柴油脱芳、提高柴油十六烷值和增产优质柴油等方面。

汽油脱硫可通过催化裂化原料加氢脱硫、催化裂化汽油加氢或吸附脱硫来实现。对催化进料进行加氢预处理是降低催化汽油硫含量最为有效的方法，但这需要在高压条件下操作，氢耗、能耗高，同时需要制氢装置，因此投资和生产成本较高，不适宜作为炼厂汽油脱硫的主要技术。催化汽油的选择性加氢脱硫和非选择性加氢脱硫既可有效降硫，又可降烯烃，我国的催化汽油中硫含量和烯烃含量均较高，是针对性和实用性很强的工艺，技术的关键是脱硫催化剂的开发，使脱硫汽油的辛烷值损失最小。法国 Axens 公司开发的 Prime-G＋技术采用双催化剂体系对催化裂化汽油进行选择性加氢脱硫，可生产出硫含量小于 10ppm 的超清洁汽油，且汽油辛烷值损失少、氢耗低，除加工催化裂化汽油外，也适用于加工乙烯裂解汽油、轻直馏汽油、焦化汽油和减黏汽油，现已有 87 套装置实现了工业化应用，是目前最具吸引力的汽油脱硫技术。此外，埃克森和阿苏克公司共同开发的 SCANfining 技术、埃克森公司的 OCTGAIN 技术以及 UOP 公司的 ISAL 技术均可在辛烷值损失较小的情况下加氢脱硫，生产出超低硫汽油。另外，对于没有氢源的中小型炼厂，寻求催化汽油的吸附脱硫和催化裂化脱硫等有效的非加氢脱硫技术是汽油脱硫的主要途径。

异丁烷与低分子烯烃（一般可以包括 $C_3 \sim C_5$ 烯烃，目前使用最多的是丁烯），在强酸催化剂的作用下反应生成的烷基化油，是一种异构烷烃混合物。它与含有大量烯烃的催化汽油和大量芳烃的重整汽油相比，具有辛烷值高、两种辛烷值的差值小、挥发性低、不含烯烃芳烃、硫含量低等特点，将其调入汽油中可以稀释降低汽油中的烯烃、芳烃、硫等有害组分的含量，同时提高汽油的辛烷值和抗爆性能，是理想的清洁车用汽油组分。烷基化油已成为重要的汽油调和组分，烷基化技术也得到了不断的发展，2011年，全球烷基化装置的能力已达到1亿吨/年。目前，用于规模化生产烷基化油的烷基化工艺主要有硫酸法和氢氟酸法，技术主要由 UOP、CDTECH、杜邦、ExxonMobil 等主要炼油技术商所掌握。其中，氢氟酸烷基化技术应用比较普遍，全球投入商业运营的212套烷基化装置中有111套使用该技术，占总产能的47%，硫酸烷基化技术用于其中的90套装置，占总产能的42%。虽然这两种方法烷基化油产率高、选择性好，但硫酸法工艺废酸排放量大，环境污染严重，氢氟酸是易挥发的剧毒化学品，一旦泄漏将会给环境和周围生态系统造成严重危害。此外，两种工艺都存在生产设备腐蚀等问题。烷基化工艺所面临的挑战是要同时满足环境保护的严格要求和清洁汽油的生产需求。为了克服液体强酸腐蚀性大和对人身危害的重大缺点，近些年来，国内外一直在不断改进现有的传统技术，并积极开发新一代固体强酸烷基化催化剂及工艺以替代目前的液体酸烷基化工艺技术，未来这些技术的商业化以及传统操作的进一步改进将有助于体现烷基化的作用。

柴油精制主要通过加氢的方法来实现，最具有代表性的柴油加氢处理技术是以脱硫为主要目的的单段加氢处理技术和同时对多环芳烃进行饱和以及通过缓和加氢裂化提高十六烷值的两段加氢处理技术。加氢精制技术的关键是催化剂的开发，利用新型催化剂来改造现有装置是生产清洁柴油的主要发展方向，特别是对于生产超低硫柴油催化剂的研发更为关键。新型催化剂的开发也更注重提高脱氮、脱硫活性，以及提高原料油的适应性。例如，Criterion 公司采用通过提高催化剂的颗粒分散度，最大限度提高催化剂的硫化度和优化活性中心组成，开发出一系列生产超低硫柴油的新一代催化剂，催化剂的脱硫、脱氮活性明显提高，Albemarle 公司推出的新型催化剂大幅提高稳定性且可应用于低压加氢操作。

4.2 天然气的综合利用

4.2.1 天然气利用发展现状

4.2.1.1 世界天然气利用现状

天然气作为一种优质、高效、清洁的能源和化工原料，在世界能源结构中的地位和作用不断提升。2011年，世界天然气消费量为3.22万亿立方米，在一次能源消费结构中占23.67%，成为仅次于石油和煤炭的第三大能源，加快天然气发展成为当今世界能源发展的重要趋势。2011年全球天然气消费增幅为2.2%，其中北美、亚太、中东天然气增幅分别为5.9%、3.2%和6.9%。促进世界天然气需求增长的因素主要包括：①北美页岩气产量继续增长，促进天然气需求增长，美国全年天然气需求增长4%左右；②日本核危机导致核电站关闭，增加了对天然气的需求，日本全年天然气需求增长近10%；③中国、印度等发展中国家对能源需求的增长以及环保要求日益提高，带动了天然气需求增长。

不同国家的天然气利用方向不同，利用领域分类也不同，比较常见的是居民、商业、工业、发电等，也有分类把交通领域单列。结合我国天然气的利用特点和习惯性说法，将天然气利用领域归纳为城市燃气、工业燃料、天然气发电和天然气化工四大领域。城市燃气包括居民、公共福利、天然气汽车、采暖、中央空调等用气；天然气作为工业燃料的利用领域众多，按行业可分为钢铁、有色金属、陶瓷、水泥、耐火材料、玻璃、石化、工业废物处理行业、轻工业、纺织业、医药、食品等；天然气发电包括大型的联合循环燃气轮机电厂、燃气蒸汽联合循环热电联产电厂、中小型燃气电厂和分布式燃气发电机组；天然气化工指以天然气为原料生产的一次化工产品，包括合成氨、甲醇、合成油、氢气、乙炔、氯甲烷、炭黑、氢氰酸等。

由于各国天然气发展状况存在差异，比较成熟的天然气消费市场主要分为以下3种类型：结构均衡型、发电为主型和城市燃气为主型。

（1）结构均衡型

结构均衡型就是在天然气利用结构中城市燃气、工业燃料（国际上通常将化工类利用列入工业燃料中）和发电的比例相对比较平均，基本上是"三分天下"。产生这种类型的原因是：在发达国家天然气已替代煤气；由于民用和商用需要大量投资建设配气管网等基础设施，用气成本较高，居民有承受较高气价的能力；经济发达国家环保意识较强，居民对环境与健康的要求较高，对清洁燃料有较大的需求。

国际上属于此种模式的国家以美国最为典型。2011年美国天然气消费量为6901亿立方米，天然气消费结构中城市燃气占32%、工业燃料占33%、天然气发电占31%。美国天然气市场已处于成熟期，自1970年消费量达到6000亿立方米以来，40年的时间里天然气消费量呈现相对平稳的增长过程。由于城市燃气市场相对稳定，预计未来美国天然气消费增长主要靠工业和发电拉动，但增长幅度有限，预计2030年美国的天然气需求量为7400亿立方米，仅比2010年增长不到600亿立方米，结构均衡型这一天然气利用模式在美国将持续下去。

（2）发电为主型

以发电为主型是指在天然气利用结构中天然气发电所占比例较大，基本上是"一电独大"。产生这种类型的主要原因是：在这些国家天然气是作为促进本国经济发展的宝贵资源，因此用于经济效益显著的发电项目；由于民用和商用的前期投资巨大，用气成本较高，居民承受能力有限；在大量的民用和商用中，用天然气代替廉价的煤炭不易被接受。

国际上属于此种模式的国家包括日本、韩国、俄罗斯等。以日本为例，2011年日本天然气消费量1055亿立方米，其中近60%用于天然气发电。日本的天然气消费是从20世纪60年代进口LNG开始快速发展起来的，为了大规模发展市场，日本把绝大多数天然气用于发电，在利用天然气的初期，天然气发电所占比例甚至超过70%。经过40多年的发展,尽管其他行业的天然气利用所占比例有所增加,但是天然气发电所占比例一直维持在60%左右。2011年发生的日本福岛核危机事件,对其天然气发电有一定的促进作用。今后天然气发电仍是主要方向,以发电为主型的天然气利用模式在日本还将持续下去。

(3) 城市燃气为主型

以城市燃气为主型指在天然气利用结构中城市燃气所占比例较大。国际上属于此种模式的国家包括荷兰、英国等。以荷兰为例,2010年,荷兰天然气消费量为436亿立方米,天然气消费结构中城市燃气占56%、工业燃料占33%、天然气发电占11%。从1959年发现格罗宁根大气田开始,荷兰的天然气消费量开始不断增加,1973年达到400亿立方米。经过近40年的发展,荷兰的天然气消费量基本上维持这一水平。目前,荷兰各行业的天然气普及率非常高,98%的民用部门、70%的商业部门、65%的工业部门、100%的暖房种植业都在利用天然气。荷兰的天然气市场现已高度成熟,在规模和普及率上保持稳定,以城市燃气为主型的天然气利用模式将持续下去。

4.2.1.2 国内天然气利用现状

天然气作为一种优质高效的清洁能源和化工原料,已被广泛地应用于我国国民经济生产和生活中的各个领域。2000年以来,我国天然气消费进入快速增长阶段。"十一五"期间,我国天然气消费增长尤其迅速,天然气消费量年均增长123亿立方米,年均增长率为18.5%。2010年,我国天然气消费量突破1000亿立方米大关,2011年我国天然气消费量达到1305亿立方米,在一次能源消费总量中所占比例为5%。

我国的天然气消费结构正逐步向多元化转变。"九五"前,由于没有天然气外输管道,国内天然气基本上是就近利用。2000年以前,中国天然气消费以化工用气和油气田生产工业燃料用气为主,城市燃气和发电用气仅占较少部分。近年来,随着长距离输气管道的建成投产,以及城市化水平和环境质量要求的提高,用气区域从油气田周边向经济发达的中东部地区扩展,天然气消费结构逐渐由以化工为主向多元结构转变,天然气利用结构不断优化。2000~2011年,天然气消费由最初的油气田周边自用向城市燃气转移,城市燃气作为主要利用方向,占比由18%增至38%;工业燃料用气由41%降至29%;同时受到天然气利用政策的引导和价格的抑制,化工用气由37%降至15%;长三角和东南沿海地区近年来新上较多燃气发电项目,发电用气占比增长较大,由4%增至18%。2000~2011年中国天然气消费结构变化趋势见图4-9。

(1) 城市燃气

城市燃气包括城市居民生活、公共服务、天然气汽车、采暖、制冷和分布式热电冷联产等应用。人口、城镇化率和气化率是影响城市燃气需求的重要因素。2000年以来,随着中国城镇化快速推进、天然气产量增加和基础设施的不断完

石油天然气的开发与利用

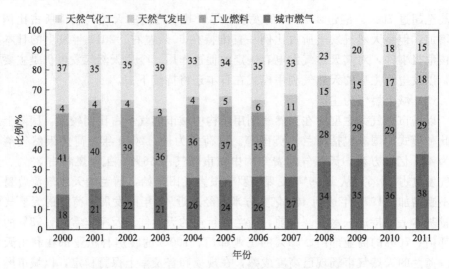

图 4-9　2000~2011 年中国天然气消费结构变化趋势
(资料来源:《中国油气数据概览 (2013)》)

善,天然气市场覆盖区域越来越广阔,我国城市燃气快速增长。

截至 2011 年底,我国大陆 31 个省会城市已不同程度地使用天然气,全国已有 220 个地级及以上的城市使用天然气。天然气普及率越来越高,逐步成为城市主要生活燃料。2011 年我国气化人口近 2 亿,气化率为 27.5%,近年来气化人口增速在 2500 万~3000 万人/年(图 4-10)。

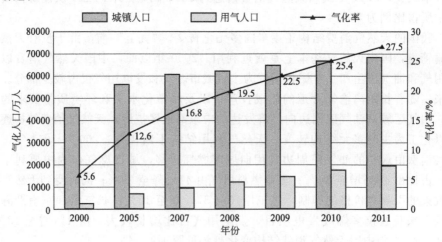

图 4-10　2000~2011 年城市燃气气化率发展趋势
(资料来源:国家统计局)

(2) 天然气发电

天然气发电在我国的应用越来越广泛,我国集中式天然气发电装机不断增加。2011年底，我国天然气发电装机容量达到3265万千瓦，占全国总装机的3.09%，发电量1048亿千瓦时，占全国总发电量的2.22%，发电用气占全国天然气消费量的15%左右。

但我国天然气发电的经营状况不甚理想。集中式天然气发电装机主要分布在京津塘、长江三角洲和珠江三角洲等电价承受能力强的大城市，三个地区装机容量占全国天然气发电装机总量的90%以上；由于当地政府给予一定补贴，基本上能处于保本微利状况，而中等城市的天然气发电项目则基本处于亏损状况。

目前，各地天然气消费市场及其基础设施建设处于不同的发展阶段，如上海、北京已形成较发达的消费市场和较完善的城市型管网，多气源联保格局初步形成，由城市管网公司给发电企业供气，而广东、江苏等省则属于典型的管输气网，油气公司直供发电企业。

(3) 工业燃料

2000年以来，由于天然气替代煤炭和燃料油的清洁化步伐加快，我国工业燃料消费天然气的规模稳定增长，绝对消费量由2000年的100亿立方米增长到2011年的380亿立方米，年均增长11.2%，但略低于全国天然气消费15%的增速，天然气在工业燃料中消费量占全国天然气消费总量的比重逐步降低，由2000年的41%降至2011年的29%。天然气工业燃料消费主要集中在石油和天然气开采、石化工业、建材、冶金和电子生产领域，2011年5个行业天然气消费量占工业燃料用气总量80%以上。

(4) 天然气化工

我国天然气化工经过半个世纪的发展，已形成一定的规模，可生产70多个品种的化工产品，但主要产品是合成氨和甲醇。近年来，我国以天然气为原料的合成氨和甲醇产量在不断增长，天然气化工消费天然气快速增长。2000~2007年我国化工用气由91亿立方米增至227亿立方米，占全国天然气消费总量的比例远高于世界5%的平均水平。2007年，《天然气利用政策》出台后，天然气化工应用受到限制，天然气在化工领域的消费量开始下降，2009年最低降至182亿立方米，占全国天然气消费比重降至20%。2010年和2011年，天然气在化工领域的消费量略有反弹，但增长规模较小，2011年，天然气在化工领域的消费量为201亿立方米，占全国天然气消费量的15.4%（图4-11）。从地域上看，我国的天然气化工主要分布在四川、重庆、新疆等天然气资源地。

(5) 天然气利用指导政策

2012年10月14日，国家发展和改革委员会颁布了新的《天然气利用政策(2012版)》。比照2007年8月出台的《天然气利用政策》，《天然气利用政策(2012版)》在基本原则和政策目标、天然气利用领域和顺序、保障措施等方面作了大幅度调整、修改和重新界定，并制定了适用规定。

① 调整了政策目标　随着天然气供应形势及发展趋势的改变，《天然气利用

石油天然气的开发与利用

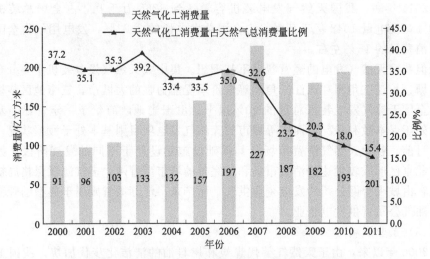

图4-11 2000~2011年天然气化工消费变化趋势
（资料来源：《中国油气数据概览（2013）》）

政策（2012版）》将原目标"缓解天然气供需矛盾、优化天然气使用结构和促进节能减排"改为"优化能源结构，发展低碳经济，提高人民生活质量，提高天然气在一次能源消费结构中的比例、提高利用效率"等，明确天然气利用要扩大利用范围，推进天然气替代成品油和煤等高碳能源，提高利用效率和人民生活质量。

② 明确了天然气的范围 《天然气利用政策（2012版）》将天然气界定为国产天然气、页岩气、煤层气（煤矿瓦斯）、煤制气、进口管道气和液化天然气（LNG）等。一方面使原《政策》中的"天然气商品"这个泛概念更加明确；另一方面是基于当前我国煤层气、页岩气和煤制气的发展现状与规划，将其纳入统一管理，确保资源的合理利用。

③ 明晰了天然气利用管理主体 《天然气利用政策（2012版）》明确指出国家发改委和国家能源局负责全国天然气利用管理工作，各省市发改委、能源局负责本行政区域内天然气利用管理工作。

④ 增加了天然气利用领域和用气项目 随着天然气消费量的增加，我国天然气利用领域在不断扩展，《天然气利用政策（2012版）》的天然气利用领域在原"城市燃气、工业燃料、天然气发电、天然气化工"4大类的基础上增加了"其他用户"类。同时，各利用领域的用户及用气项目总数由20个扩大至26个，且更加细化。"其他用户"领域和新增用户及用气项目主要是近年国家大力推进的高效利用用户（如天然气分布式能源、天然气热电联产）、环境效益好的用户（如以天然气为燃料的新建工业项目、城镇工业锅炉燃料用气项目）、利用效率高的用户（如以天然气为燃料的运输船舶、煤层气发电），以及调峰储气设施等。

⑤ 调整了利用顺序　作为主要修订内容之一，《天然气利用政策（2012版）》的"天然气利用顺序"作了较大调整。在数量上，优先类用户从4个增至12个，允许类和限制类由9个和4个分别减少到8个和3个；在用户类别上，有4类用户（集中式采暖用户、热电联产项目、燃气空调、工业燃料和化工用户中的可中断用户）从原来的允许类提升为优先类，天然气发电则由限制类提升为允许类（不包括13个大型煤炭基地基荷燃气发电）；在用户分类上，涉及民生的用户、可中断用户和高效利用项目列为优先类，以气代煤、代油项目和天然气发电列为允许类，而限制类和禁止类基本全是天然气化工项目。

《天然气利用政策（2012版）》对天然气用作工业燃料的利用顺序也进行了适当调整。例如，在允许类中增加了"城镇（尤其是特大、大型城市）中心城区的工业锅炉燃料天然气置换项目"。此条的加入，无疑是对国家加强PM2.5（细颗粒物）指数监控的呼应。通过放宽天然气在工业燃料领域的应用，特别是在中心城区的大量利用，有利于改善大气环境，提高利用效率，促进节能减排。

⑥ 保障措施更加具体　为确保有效履行"天然气利用顺序"，《天然气利用政策（2012版）》在"保障措施"中提出了具体要求，即"鼓励优先类、支持允许类、从严核准和审批限制类、不安排禁止类用气量"。同时，要求地方政府出台针对优先类用气项目和高效利用项目在规划、用地、融资、收费和价格等方面的扶持政策和支持政策，加快其发展速度。

（6）天然气价格改革逐步推进

2005年以来，中国着眼于建立与替代能源价格挂钩联动的天然气定价机制，先后4次对天然气出厂价、管输费进行调整，逐步缩小国内外天然气价格差距以及天然气与替代能源的价格差距，为理顺天然气价格机制奠定了基础。尤其是2011年12月26日，国家发改委发出通知，为进一步理顺天然气与可替代能源比价关系，引导天然气资源合理配置，促进节约用气，决定在广东省、广西自治区开展天然气价格形成机制改革试点。先行试点主要是探索建立反映市场供求和资源稀缺程度的价格动态调整机制，逐步理顺天然气与可替代能源比价关系，并选择合适的时机在全国范围内推进天然气价格改革。《天然气发展"十二五"规划》中明确提出，要建立反映资源稀缺程度和市场供求变化的天然气价格形成机制，加快理顺天然气与可替代能源的比价关系，充分发挥价格在调节供求关系中的杠杆作用，为天然气价格改革指明了方向。

4.2.2　天然气利用技术发展

4.2.2.1　天然气化工

天然气作化工原料是在20世纪20年代，以制造合成氨工业的原料氢为开端的，从此一直保持稳定发展。20世纪40年代中后期起发展较快，50~60年代进入鼎盛时期，曾在世界化学工业中占据十分重要的地位。70年代中期以后，虽然受到了廉价的石油乙烯化学加工的强大冲击，但天然气化工由于具有独特的技术经济优点，而一直保持较稳定的发展势头。天然气化工主要路径及下游产品示意图如图 4-12 所示。天然气化工至今主要有两条路径：其一是天然气乙炔路径；其二是天然气合成气路径。天然气直接转化制化工产品流程短，经济性更好，该领域的研究开发仍在持续进行，但目前尚未看到明显的工业化前景。

天然气作为相对稳定而廉价的化工原料，在生产合成氨及化肥、甲醇及其加工产品、乙烯（丙烯）及其衍生产品、乙炔及炔属精细化学品、合成气（CO+H_2）及羰基合成产品等大宗化工产品方面一直保持原料和技术经济领先的发展优势。目前，天然气化工仍然是世界化学工业的重要支柱，世界上约有85%的合成氨及化肥、90%的甲醇及甲醇化学品、80%的氢气、60%的乙炔及炔属化学品、40%的乙烯（丙烯）及衍生产品等是用天然气原料和天然气凝析液原料生产。以天然气为原料生产氨、甲醇、乙炔这三大宗产品在技术和经济上具有明显的优势，而且甲醇和乙炔下游又有几百种衍生产品，所以一直是天然气化工的首选产品。目前天然气化工制合成氨和甲醇在我国基本处于饱和状态，加上天然气的涨价预期和煤制天然气的冲击，未来天然气化工的市场空间将难以大规模发展。

(1) 天然气制乙炔路线

天然气部分氧化制乙炔发源于德国巴斯夫，目前国内外主要技术商分别为巴斯夫、乌克兰 ALVIGO 公司和中石化集团四川维尼纶厂。天然气乙炔路径方面，产品乙炔可以分别发展醋酸乙烯（VAC）、聚乙烯醇（PVA）及维尼纶、聚氯乙烯（PVC）、1,4-丁二醇（BDO）及下游产品等产品链；副产品乙炔尾气可用来生产甲醇以及分离工业气体如一氧化碳、二氧化碳和氢气等；甲醇则可以进一步发展甲醛及下游产品、甲胺系列产品［一甲胺（NMA）、二甲胺（DMA）、三甲胺（TMA）］、碳酸二甲酯（DMC）、醋酸及下游产品等衍生物产品链；氢气则可以发展合成氨等下游产品链。

天然气乙炔路线除了与石油乙烯路线相同的下游产品，如醋酸乙烯、丙烯酸酯及其深加工产品外，在聚氯乙烯和 1,4-丁二醇（BDO）及其下游产品方面，乙炔路线更具独特优势。

(2) 天然气制合成气路线

天然气合成气路线的主要产品类别有液体燃料、低碳烯烃、甲醇及其系列产品、甲醛及其系列产品、醋酸及其系列产品等。

① 液体燃料　以天然气为原料生产液体燃料（GTL），主要指天然气合成油（GTG）。对于天然气经合成气再转化为液体燃料的研究，世界大石油公司 Shell 公司、南非 Sasol 公司、美国 Exxon 公司、美国 Syntroleum 公司、美国 Rentech 公司、美国 Gulf/Chevron 公司、挪威 Statoil 公司等均投入巨大的人力物力开发 GTL 新工艺，其中 Shell 公司的中间馏分油（SMDS）工艺、Sasol 公司淤浆床

第4章 石油天然气的加工与利用

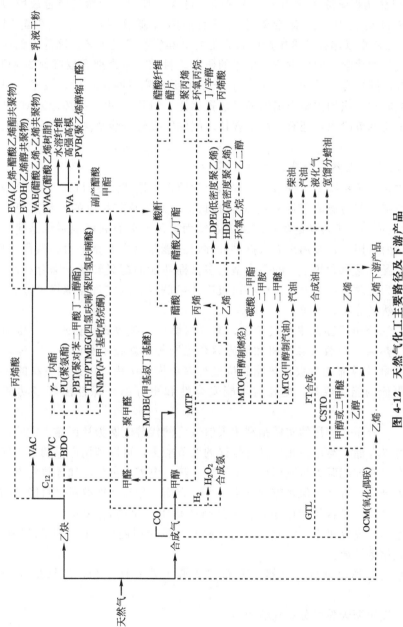

图 4-12 天然气化工主要路径及下游产品

生产馏分油（SSPD）工艺已成功实现工业化。

② 低碳烯烃　合成气直接制低碳烯烃就是 CO 和 H_2 在催化剂作用下，通过费-托合成法制得碳原子数小于 4 的烯烃的过程。其中，天然气经合成甲醇制烯烃是一个极具魅力又最有希望替代石脑油路线制烯烃的工艺。甲醇制丙烯（MTP）工艺则以选择性多生产丙烯为主的甲醇生产烯烃工艺。国际上的一些著名的大石油和化学公司均进行了多年的研究。目前，鲁奇拥有较成熟的 MTP 技术，中石化则拥有自己的 SMTO（上海石化研究院甲醇制烯烃）技术。但与技术上已经非常成熟的大型石脑油烯烃装置相比，MTO（甲醇制烯烃）/MTP 工艺还处于工业示范阶段，还有一些工程技术问题需要进一步解决，尚未大规模工业化推广。

4.2.2.2　天然气分布式能源技术

分布式能源系统是一种根据工程热力学原理，按"温度对口、热能梯级综合利用"原则，着力提高能源利用水平的概念、方法及其相应的能量系统。所谓"分布式"是相对于传统的集中式供能系统而言的。分布式能源系统是建在用户侧，直接面对用户，按用户需求提供各种形式能量（主要是电力、蒸汽、供冷、供热、去湿、通风和热水）的中小型、多目标功能的能量转换、综合利用系统。以天然气为主燃料，贴近负荷中心通过冷热电联供方式实现能源梯级综合利用，统称为天然气分布式能源。

天然气分布式能源集燃气轮机、燃气内燃机、吸收式冷热水机、压缩式冷热水机、热泵、吸收式除湿机和能源综合控制等高新技术和设备于一体，通过对输入能量及内部能流根据热能品位进行综合梯级应用，以达到更高的能源利用率、更低的能源成本、更高的供能安全性和更好的环保性能等多功能综合目标。

天然气分布式能源的实质是利用天然气管网代替电网为社区输入能源，由于天然气可以存储，与电力相比具有较好的调节能力，可以利用库存调节用气的峰谷差，在分布式能源大量应用后，由于冷、热、电需求突然增加导致对电网的冲击将大大降低，有利于保障电网安全。另一方面，分布式能源对燃料能量的梯级利用方式提高了燃料的利用率，正常运行的机组效率高达 70%，这一指标甚至高于大型燃气发电机组，因此分布式能源的大量应用还可以提高能源利用效率，减少二氧化碳排放。

按系统的规模划分，天然气分布式能源主要有楼宇型、区域型和产业型三种。

(1) 楼宇型天然气分布式能源

楼宇型天然气分布式能源面对的是某一建筑（如医院、学校、大型超市、公共设施、宾馆、娱乐中心等）的能量需求，其系统规模较小，由于在同一建筑内不同用户的需求差异不会很大，而且负荷变化方向又往往趋同，供需之间的缓冲空间不大，回旋余地就比较小。这就要求系统必须对用户的能量需求变化做出及时快速反应，联产系统的运行需要紧随负荷变化，运行工况必然要随时进行调整，始终处于被动状态。对系统的全工况性能要求就比较高。

楼宇型冷热电联产系统的特点是系统布置相对简单，通常采用燃气轮机-余热吸收型冷热电联供系统。由于燃气轮机的功率范围较宽，可从几千瓦到200多兆瓦，适用于各种容量规模的天然气分布式能源，其中又以20MW以下容量的机组应用得最为普遍。

燃气轮机余热吸收式冷热电联产系统，按热力循环不同，主要有两种类型：一种是简单循环型，其系统简单、易于维护，但发电效率较低、多在24%～30%之间，适合对电需求不高，但对冷热量需求较大的建筑用户，其冷热电比高达1.5～2.5，在1000kW以下的系统中应用广泛；另一种是回热循环型，适用于冷热电比较低的场合，冷热电比通常为1.0～1.5，热能用于发电的比例相对较高。目前，楼宇型天然气分布式能源应用最多的是单轴燃气轮机，其流程如图4-13所示。

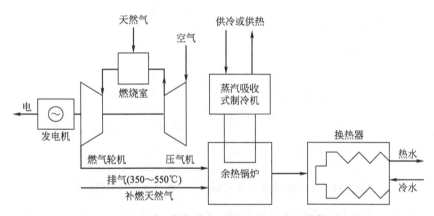

图4-13　简单循环燃气轮机-余热吸收型分布式能源流程

(2) 区域型分布式冷热电联供系统

区域型分布式冷热电联供系统面对的是一定区域内若干建筑共同构成的一片建筑群。与单一建筑相比，建筑群的能量需求规模扩大，且由于不同建筑的功能通常不同，相应的能量需求及其变化也会有所不同，不同用户的负荷变化很少同步，通常不会同时出现高峰或低谷的情况。因此，联产系统运行时需要考虑负荷的"同时使用系数"，这将加大供应与需求之间的回旋余地，从而降低了对联产系统的全工况性能要求。当规模适当大时，就可以引进高效的燃气轮机-汽轮机发电机组（$\eta=35\%～45\%$），实现燃气、蒸汽、电力、冷气、热水的最佳匹配，进一步提高一次能源利用率。如华电集团建造的目前全国最大的广州大学城区域能源站一期，是以2台7.8MW燃气-蒸汽联合循环机组为基础的天然气冷热电三联供系统。燃气能的38%先经燃气轮机转换为电能，500℃左右的烟气在余热锅炉产生4.0MPa蒸汽，然后进抽凝式汽轮机进一步作功发电，可以抽出部分0.5MPa蒸汽供给第一制冷站的溴化锂吸收制冷机，余热锅炉排出的50～100℃烟气用于加热、供应60℃生活用水，不足热量用蒸汽透平冷凝潜热补充。燃气能源利用效率达到78%以上（传统的火力发电厂，煤燃烧发电的利用率仅是35%左右；用煤做燃料发电并供热的热电厂，能源利用率也仅在45%左右）。能源站已于2009年成功运行，可为大学城内10所大学及周边20万用户提供全部电力、生活热水和空调制冷。

内燃机-余热吸收式制冷的天然气分布式能源，发电效率较高，且内燃机价格也比较便宜，在区域型天然气分布式能源中应用也相当普遍，其流程见图4-14。

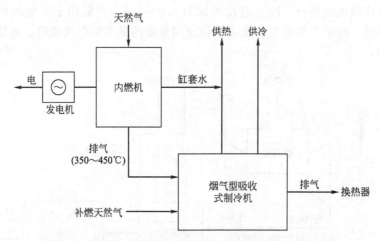

图4-14　内燃机-余热吸收式制冷的天然气分布式能源流程

(3) 产业型分布式冷热电联供系统

在产业相对集中的现代工业园区，建设天然气分布式冷热电联供系统，面对的可能是若干产业比较接近的企业，相应的用户负荷具有趋同的特征。系统运行时，很容易出现这些企业用户同时处于高峰（或谷底）用能的状况，加之负荷规模比较大，对系统的全工况要求必然很高。因此，在系统布置时，应充分考虑蓄能装置对联产系统高效运行与满足用户负荷的协调作用。当然，必要时还可采取管理措施，安排各企业错开时段用能，避峰填谷。

4.2.2.3　LNG冷能利用技术

冷能是指在常温环境中，自然存在的低温差低温热能，实际上指的是在自然条件下，可以利用一定温差所得到的能量。根据工程热力学原理，利用这种温差就可以获得有用的能量，这种能量称为冷能。LNG燃料以甲烷为主要成分，在1atm（1atm＝101325Pa）下，从－160℃极低温度升高到25℃，LNG吸收

920kJ/kg 的热焓，如果这些冷能能以 100% 效率转换成电力，则 1t LNG 相当于 250kW·h，所以 LNG 具有相当大的能量。LNG 汽化产生的大量冷能通过海水排入大海，不仅浪费大量的冷量，又对海洋生态环境产生不利影响。因此液化天然气冷能的梯级利用，不仅可以有效降低能源供给，而且相对于传统能源，液化天然气冷能在开发使用过程中，几乎没有任何污染物排放，是一种绿色环保能源，具有可观的经济效益、环境效益和社会效益。世界最早利用 LNG 的国家是日本，已有近 30 年的历史。

随着 LNG 产销量的迅速增长和全球性能源的日益紧张，LNG 冷能利用的前景十分广阔。目前 LNG 冷量利用方式大都是单一利用技术，但从能源的发展角度分析，应该开发 LNG 冷能梯级利用技术。

LNG 冷能利用主要是依靠 LNG 与周围环境（如空气、海水）之间存在的温度和压力差，将高压低温的 LNG 变为常压常温的天然气时，回收储存在 LNG 中的能量。可以根据利用过程的不同，分为直接利用和间接利用两种。直接利用包括 LNG 冷能发电、空气液化分离、制取液态 CO_2 和干冰、冷冻仓库、轻烃分离与切割、海水淡化等，间接利用包括低温粉碎废弃物、冷冻食品、LNG 蓄冷等。LNG 冷能在空气分离、深冷粉碎、冷能发电和深度冷冻等方面已经达到了实用化程度，经济效益和社会效益明显。小型冷能发电在日本也有运行，可供应 LNG 接收站部分用电需要。利用冷能进行海水淡化等应用还处于技术开发和集成阶段。总体上，世界 LNG 冷能平均利用率约 20%，主要国家或地区 LNG 冷能利用情况见表 4-22。

表 4-22　世界主要国家或地区 LNG 冷能利用情况

国家或地区	LNG 冷能利用率	LNG 冷能利用方式
日本东京湾	43%	空分、发电、液化 CO_2、深冷仓库
韩国	<20%	冷能空分、食品冷冻
中国台湾	<20%	冷能空分、食品冷冻

(1) 冷能发电

利用 LNG 冷能发电是以电能的形式回收 LNG 的冷能，主要是利用 LNG 的冷能使工质液化，然后工质经受热汽化在汽轮机中膨胀做功带动发电机发电。LNG 冷能发电是一种新兴的无污染发电方式，是一种节能的好方法，但它只考虑到 LNG 的冷能回收利用，并没有对 LNG 冷能品位的利用，这种方式对冷能的回收效率是相当低的。现实生产 1t LNG 要消耗 850kW·h 能量，即使 LNG 拥有的冷能以 100% 的效率转化为电能，1t LNG 的冷能也只相当于 240kW·h。因此，利用 LNG 冷能发电是最可能大规模实现的方式，但不一定是利用 LNG 冷能最科学的方式。

依靠动力循环进行发电是目前 LNG 冷能回收利用较为成熟的技术。LNG 冷能发电主要有直接膨胀法、二次冷媒法、联合法等。

① 直接膨胀法　LNG 从低温储罐或管道出来，经低温泵加压后，由天然气气化器气化为高压天然气，直接驱动透平膨胀机，带动发电机发电。这个过程主要利用 LNG 的压力能，冷能回收量取决于汽轮机进出口气体的压力比。该方法效率不高，发电的功率较少，冷能回收仅为 24%，但循环过程简单，所需的设备少。一般情况下与其他 LNG 冷能利用方法联合使用。

② 二次冷媒法（中间载热体的朗肯循环）　二次冷媒法是将低温的 LNG 作为冷凝剂，通过冷凝器，把冷量转移到另一介质上，利用介质与环境温差，推动介质进行蒸汽动力循环，实现对外做功，带动发电机发电。该方法的冷能利用效率与所选的低温介质有关，工作介质的选取相当重要。工作介质有甲烷、乙烷、乙烯、丙烷等单组分，或者采用它们的混合物。单工质循环系统的冷能回收率并不高，只有 18%；碳氢化合物混合工质循环的冷能回收率可大大提高到 36%。

③ 联合法　联合法是将直接膨胀法和二次冷媒法综合起来，进一步提高冷能回收率。低温的 LNG 首先被压缩提高压力，然后通过冷凝器带动二次媒体的蒸汽动能循环对外做功，最后天然气通过气体透平膨胀对外做功。这种回收方式的冷能回收率通常保持在 50% 左右，并且具有造价低、环保等优点。

(2) 液化分离空气

通常的空气分离办法就是将空气液化，通过工质为氟利昂冷冻机、膨胀透平制冷进行空气的液化分离，提取氮气、氧气、氩气等。LNG 冷能分离空气，是通过工质氮气换冷，利用氮气冷却来实现的。

利用 LNG 的低温特性不但可减少建设费用，而且生产液氮、液氧的单位耗能也大大降低了。在常温空分装置中的冷却器等换热装置中引入 LNG 冷能，每生产 $1m^3$ 的液氧的电力消耗从 1.2kW·h 减少到 0.5kW·h，同时减少了空气压缩中间冷却的用水环节，节能节水效果显著，总体上电能消耗可减少 50%，水消耗减少 30%，液氮、液氧的生产成本显著下降，经济效益相当可观。同时，回收的 LNG 冷能和两级压缩式制冷机冷却空气以制取液氧、液氮，制冷剂容易实现小型化。此外，低成本制造的液氮可以拓展 LNG 应用的温度领域，达到更低 (-196℃)，可以用于真空冷阱、生产半导体器材、食品速冻等。利用制取的液氧还可以进一步得到高纯度的臭氧，在污水处理方面用处很大。

LNG 冷能用于液化空气制液氧、液氮、液氩，在 LNG 冷能系统中被认为是最有效的利用方式，主要是由于它的节能效率高，也不受地点条件的限制，且液氮和液氧的产量较大，同时能减少气化站原来所需要的气化器的数量，进一步降低投资。LNG 冷能用于空气分离已有较为成功的实践，表 4-23 列出了日本一些实践案例。

表 4-23 日本利用 LNG 冷能的空气分离装置

LNG 接收基地	生产能力/(m³/h)			LNG 使用量 /(t/h)	电力电力消耗 /(kW·h/m³)
	液氮	液氧	液氩		
根岸基地	7000	3050	150	8	0.8
泉北基地	7500	7500	150	23	0.6
袖浦基地	6000	6000	100	34	0.54
知多基地	6000	4000	100	26	0.57

注：表中流量为标准状态。

(3) 制取液态 CO_2 和干冰

工业生产中很多地方都产生大量的 CO_2，尤其是发电厂、化工厂和油气田生产等，大量的 CO_2 排放引起全球性的气候变暖，温室效应加剧，因此如何处理 CO_2 已经成为一个棘手的难题。方法之一就是将其液化、固化。传统的 CO_2 液化工艺是将 CO_2 压缩至 2.5~3.0MPa 再利用制冷设备冷却后液化。利用 LNG 冷能则很容易获得冷却和液化 CO_2 所需要的低温，从而使制冷设备的工作压力降低到 0.9MPa 左右。以化工厂的副产品 CO_2 为原料，利用 LNG 冷能制造 CO_2 和干冰，不但耗电量减少，而且产品的纯度极高（可达 99.99%），比传统方法节约 50% 以上的电耗和 10% 的建设费。

(4) 冷冻仓库

LNG 接收站和大型的冷库基本都建在港口码头附近，因此，冷库利用 LNG 回收的冷能就很方便。利用 LNG 冷能作为冷源的冷库，只需将载冷剂冷却到一定的温度后经管道进入冷库、粮库、冷藏库，通过内部的冷却盘管释放冷能，实现对物品、粮食的冷冻和冷藏。虽然冷库使 LNG 的冷能几乎无浪费地使用，且不用制冷机，降低了建造费和运行费，但一般的冷库只需维持在 -65~-50℃ 即可，而将 -162℃ 的 LNG 冷能全部用于冷库制冷是不必要的。为了高效地利用 LNG 的冷能，可以将 LNG 分成不同的温度带，一般采用管路行程用串联的方式。这种方式是按液化天然气的不同温度带，用不同的冷媒进行热交换后分别送入超低温冷藏库（-60℃）、低温冷藏库（-35℃）、中温冷藏库（-18~0℃）以及高温冷藏库（0~10℃），冷能利用率就大幅度提高，运行成本较机械制冷下降 37.5%。

(5) 低温粉碎

轮胎、塑料以及其他的化学合成物在常温下不易粉碎也不容易降解，回收起来相当困难，但它们基本都具有低温冷脆性，当温度低到一定程度时，其强度大大降低，只需很小的冲击力就能将其粉碎。通过选择不同的低温可以有选择性地破碎具有复杂成分的混合物。利用 LNG 先冷却液体氮，再利用液氮冷冻废弃物，最后将废弃物粉碎以达到回收的目的。与常温破碎相比，它能把物质破碎成极小的可分离的微粒，且不存在微粒爆炸和气味污染。

(6) 轻烃分离和切割

天然气生产中通常要回收乙烷及乙烷以上的轻烃，除了使天然气达到商品外输要求外，还可以获得乙烯原料，提高经济附加值。而 LNG 冷能用于轻烃分离切割和裂解制乙烯装置中的裂解产物的深冷切割，是 LNG 冷能利用的最佳方式。LNG 冷能用于轻烃分离的产品主要是乙烷、丙烷和少量的丁烷，可以进一步切割，得到丙烷、LPG（丙烷和丁烷）、天然汽油（戊烷及以上）等商品分别出售，提高天然气处理厂的经济效益，用于乙烯裂解气的分离，可以大大降低乙烯的生产成本。

(7) 冷能的梯级利用

如果仅仅考虑 LNG 冷能的回收是不够的，还应考虑 LNG 冷能品位的利用，这样能量的利用率才有较大的提高。而对 LNG 冷能进行梯级利用是一个很好的途径。分离空气的温度范围是 $-190 \sim -150$℃，LNG 的汽化温度（-162℃）处于空分温度的范围之间，把空分作为 LNG 冷能梯级利用的第一级，能够充分利用 LNG 的低温特性；LNG 在第一级换热出来的温度大概在 -100℃ 左右，而 CO_2 的液化温度是 -70℃，干冰的生成温度是 -78.5℃，因此制取液化 CO_2 和干冰可以作为 LNG 冷能梯级利用的第二级。此后，LNG 温度与环境温度仍有很大的差距，而冷库的温度范围为 $-60 \sim 10$℃，此温度范围正适合作为 LNG 冷能梯级利用的第三级。三级之后，LNG 汽化的温度差不多达到供气的温度，经供气前处理后供给天然气用户。LNG 经低温储罐或管道出来后，经过三级冷能利用设备，温度不断地提高，同时各级换热温度匹配良好，较为充分地利用了 LNG 的冷能。

LNG 冷能利用前景相当广阔，积极合理利用蕴藏的冷能具有重要的意义。梯级利用冷能是提高 LNG 冷能利用率的最有效途径。特别指出的是，LNG 冷能的利用应向集成化、一体化、高效化发展，达到能源的综合集约利用和提高 LNG 产业经济效益的双重目的。

参 考 文 献

[1] 李雪静等. 世界炼油工业面临的形势和主要发展动向. 国际石油经济，2011 (12)：29-35.

[2] 徐海丰等. 炼油格局继续调整新兴经济体和产油国炼油业稳步发展. 国际石油经济，2011 (5)：48-56.

[3] 蔺爱国. 世界炼油行业发展动向和中国石油的对策. 国际石油经济，2011 (12)：36-39.

[4] 孙丽丽. 清洁汽柴油生产方案的优化选择. 炼油技术与工程，2012 (2)：1-7.

[5] 中国石油集团经济技术研究院. 石油基础数据要览（2013 版）. 北京：中国石油集团经济技术研究院，2013.

[6] 曹湘洪. 坚持绿色低碳方针改造与提升我国炼油产业. 当代石油石化，2012 (6)：1-7.

[7] 朱和. 我国炼油工业现状及未来发展思考. 中国石油和化工经济分析，2012 (11)：35-41.

第4章 石油天然气的加工与利用

[8] 朱和. 中国炼油工业现状、展望与思考. 国际石油经济, 2012 (5): 7-15.
[9] 金云等. 我国炼油工业"十一五"回顾与"十二五"展望. 国际石油经济, 2011 (5): 19-26.
[10] 王基铭. 我国炼油工业发展面临的挑战及对策. 当代石油石化, 2011 (10): 1-7.
[11] 瞿国华. 重质原油加工的热点与难点（I）. 石油化工技术与经济, 2013 (2): 1-7.
[12] 英国石油公司（BP）. 世界能源统计年鉴, 2001～2012. 百度文库［2014.10-28］. http://wenku. baidu.
[13] 孙楚桥等. 国内外清洁汽油质量分析及发展趋势. 广东化工, 2012 (13): 60-61.
[14] 苏秋红. 我国汽油质量升级过程及质量现状. 炼油与化工, 2011 (3): 4-6.
[15] 赵光辉. 生物柴油产业开发现状及应用前景. 化工中间体, 2013 年 (2): 6-10.
[16] 黄格省等. 第二代生物柴油技术开发现状与前景展望. 现代化工, 2012 (6): 6-10.
[17] 李振宇等. 燃料乙醇生产技术路线分析及产业发展建议. 现代化工, 2011 (8): 1-5.
[18] 姚国欣. 加速发展我国生物航空燃料产业的思考. 中外能源, 2011 (4): 18-26.
[19] 中国石油集团经济技术研究院. 2011 年国内外油气行业发展报告. 北京：中国石油集团经济技术研究院, 2012.
[20] 中国石油集团经济技术研究院. 中国油气数据概览（2013 版）. 北京：中国石油集团经济技术研究院, 2013.
[21] 张学青. 2011 年世界主要国家和地区原油加工能力统计. 国际石油经济, 2012 (5): 92-94.
[22] 石卫. 2010 年世界主要国家和地区原油加工能力统计. 国际石油经济, 2011 (5): 95-97.
[23] 石卫. 2009 年世界主要国家和地区原油加工能力统计. 国际石油经济, 2010 (5): 71-73.
[24] 石卫. 2008 年世界主要国家和地区原油加工能力统计. 国际石油经济, 2009 (5): 75-77.
[25] 石卫. 2007 年世界主要国家和地区原油加工能力统计. 国际石油经济, 2008 (5): 69-71.
[26] 卢向前. 2006 年世界主要国家和地区原油加工能力统计. 国际石油经济, 2007 (5): 58-59.
[27] 石卫. 2005 年世界主要国家和地区原油加工能力统计. 国际石油经济, 2006 (5): 51-52.
[28] 石卫. 2004 年世界主要国家和地区原油加工能力统计. 国际石油经济, 2005 (5): 60-61.
[29] 石卫. 2003 年世界主要国家和地区原油加工能力统计. 国际石油经济, 2004 (5): 62-63.
[30] 石卫. 2002 年世界主要国家和地区原油加工能力统计. 国际石油经济, 2003 (5): 51-52.
[31] 石卫. 2001 年世界主要国家和地区原油加工能力统计. 国际石油经济, 2002 (5): 52-54.
[32] 中华人民共和国工业和信息化部. 石化和化学工业"十二五"发展规划. 北京：中华人民共和国工业和信息化部, 2011.
[33] International Energy Agency. World Energy Outlook 2011 [2014-10-28]. http://www. worldenenyoutlook. org/publications/weo-2011/.
[34] 中华人民共和国国家发展和改革委员会. 产业结构调整指导目录（2011 年本）. 北京：中华人民共和国国家发展和改革委员会, 2011.
[35] 中华人民共和国国务院. 能源发展"十二五"规划. 北京：中华人民共和国国务院, 2013.
[36] 中华人民共和国国家能源局. 可再生能源发展"十二五"规划. 北京：中华人民共和国国家能源局, 2012.
[37] 徐春明等. 石油炼制工程. 第 4 版. 北京：石油工业出版社, 2009.
[38] 孙宇等. 延迟焦化在炼油工业中的技术优势及进展. 石化技术与应用, 2012 (5): 260-264.
[39] 孟凡忠. 炼油技术新近进展. 化学工业, 2012 (5): 16-19.
[40] 卜岩等. 烷基化技术进展. 当代化工, 2012 (1): 69-72.
[41] 王林等. 催化裂化汽油脱硫工艺技术进展. 炼油与化工, 2012 (2): 1-6.
[42] 张国辉等. 清洁柴油加氢精制催化剂的技术进展. 精细石油化工, 2011 (4): 77-82.
[43] 华贲. 天然气发电与分布式供能系统. 电力经济, 2011 (10): 1-6.

[44] 张勤. 天然气分布式能源的现状与问题. 大众科技, 2012 (7): 93-94.
[45] 中华人民共和国国家发展和改革委员会等. 关于发展天然气分布式能源的指导意见, 2011 [2014-10-28]. http://wenku.baidu.
[46] 刘惠萍等. 澳大利亚天然气分布式能源发展市场分析与借鉴. 上海煤气, 2012 (2): 31-35.
[47] 周昌贵等. 天然气化工技术开发趋势. 现代化工, 2012 (4): 1-5.
[48] 赵奎. 国内天然气利用新趋势及其推动因素研究. 能源与环境, 2012 (6): 16-18.
[49] 崔承龙. 我国天然气发电形势和发展出路. 山东电力技术, 2012 (3): 76-78.
[50] 张斌. 我国天然气发电现状及前景分析. 中国能源, 2012 (11): 12-16.
[51] 李娅等. 城市燃气技术现状及其发展趋势概述. 科技创新导报, 2012 (21): 48.
[52] 汪庆桓等. 深化认识天然气分布式能源的总体价值. 城市燃气, 2012 (1): 31-38.
[53] 杨朝红. 天然气分布式能源及其在我国的发展趋势. 国际石油经济, 2012 (1-2): 107-109.
[54] 宋翠红. 液化天然气 (LNG) 冷量的利用技术. 石油化工建设, 2012 (5): 52-53.
[55] 张爱明. 天然气化工利用与发展趋势. 天然气化工 (C1化学与化工), 2012 (3): 69-73.
[56] 安杰. 天然气制乙炔技术研究现状与思考. 现代化工, 2013 (1): 5-8.
[57] 吴齐伟. 天然气分布式能源技术及其应用. 上海煤气, 2012 (4): 24-30.
[58] 赵奎. 天然气分布式能源系统及其应用探讨. 应用能源技术, 2012 (9): 11-14.
[59] 樊栓狮等. 天然气利用新技术. 北京: 化学工业出版社, 2012.
[60] 金云等. 中国炼油业2013年回顾与趋势展望. 国际石油经济, 2014 (5): 21-31.
[61] 白雪松. 2013年中国炼油行业发展回顾及2014年展望. 化学工业, 2014 (4): 12-19.
[62] 徐海丰. 世界炼油行业2013年回顾与趋势展望. 国际石油经济, 2014 (1-2): 50-59.

第 5 章

石油天然气的储存与运输

5.1 石油的储存与运输

石油储运技术的发展始于 19 世纪中叶，最初主要靠木桶储存石油，并靠马车运输，继而发展为铁路运输为主，并逐渐有了钢制储罐。管道运输的发展则克服了马车夫、铁路公司等的阻挠，经历了锻铁管道、熟铁管道，到钢制管道的探索与发展，直到 1895 年有了钢制管道，管道建设才得以快速发展，石油运输成本大大降低。

5.1.1 石油运输发展

石油的运输方式主要分为管道运输、铁路运输、公路运输、水路运输。管道运输适合石油的大规模运输，具有安全可靠、不受气候影响、占地少、损耗小、对环境污染小、便于自动化管理等优点，但灵活性较差，不适合运量小且流向分散的运输；铁路运输既可满足较小的运量又可满足较大的运量需求，由于是非密闭运输，其运输成本、油气损耗均高于管道运输，适合在油田开发初期，运量较少尚不足以建设管道的情况下使用，且受铁路运力的限制运量不宜过大；公路运输最灵活，但运量小、费用高、运距短，只适合作为石油运输的辅助方式；水路运输又可细分为江河运输和海上运输，比其他运输方式相比，水运更具经济性，但受地理条件限制流向不够灵活。

在上述运输方式中铁路运输、公路运输的技术发展主要体现在运输车辆的规模变化，发展历程相对简单；江河运输无论在运输距离还是运输规模上，均难以与海上运输相提并论。故本文只对陆上的主要运输方式管道运输，水路的主要运输方式海上运输做重点介绍。

5.1.1.1 原油管道发展

(1) 原油管道类型

原油管道是陆上原油运输的最主要方式，按输送目的和服务对象的不同一般可分为集输管道和长输管道。

集输管道服务于油田内部，主要包括从单个油井到计量站或处理厂，以及处理厂到长输管道外输首站的管线。输送介质既包括未经处理的混项原油（含水、气及杂质），也包括处理后（脱水、脱气、脱除挥发性强的轻组分及杂质）的洁净商品原油。相对而言集输管道管径小、输送压力低、运距较短、输量较小。

长输管道主要是将油田所产原油输送至炼厂加工或输送至码头外运，输送介质一般是经过处理的商品原油。相对而言长输管道的管径大、输量大、输送压力高、运距长、沿途地形条件复杂、建设难度大，更能代表原油管道的技术发展水平。故本文只重点关注原油长输管道的发展与技术进步。

(2) 世界原油管道发展

① 总体发展　世界原油管道的发展起步于19世纪60年代，1865年世界第一条原油管道在美国宾西法尼亚州建成，该管道直径只有50mm，长10km，输量约265m^3/d（约8.5×10^4t/a），采用铸铁管建造，丝扣链接；1920年以后，逐渐用钢管替代铸铁管，电焊链接替代丝扣链接；第二次世界大战期间（20世纪40年代）输油管道的优势和重要作用被进一步认识；20世纪50年代后各国原油管道进入大发展时期。截至2012年，世界陆上原油管道累计建设总长度约73×10^4km，最大管径达到48in（1219mm），单条最大输量约1×10^8t/a。

从发展速度看，20世纪50~70年代是发展高峰期，建设长度年均增长量一路走高，70年代达到顶峰，年均建设长度超过2×10^4km；80年代，世界原油供需格局及流向趋向稳定，管网建设速度开始放缓，并呈持续下降之势；90年代以后原油管网基本成型，进入完善调整期，建设速度进一步下降。世界陆上原油管道各时期建设长度详见图5-1。

从区域分布看，北美是原油管道最发达的地区，特别是美国，原油管道发展起步较早，发展最快，大规模建设主要集中在20世纪80年代之前，累计建设总长度居世界之首，约占世界总长度的50%。截至2012年，北美地区仍保持领先地位，总长度约占世界的51%；其次是欧洲地区，总长度约占世界的20%，其中俄罗斯原油管道总长度约占世界的14%，居世界各国第二。世界原油管道建设总长度分布详见图5-2。

从区域发展速度看，近10年发展较快的区域是东欧和独联体地区、亚洲地区，分列近10年原油管道建设总长度的前两位，北美的原油管道建设长度下降到第3位。2003~2012年世界原油管道建设长度详见表5-1。

第5章 石油天然气的储存与运输

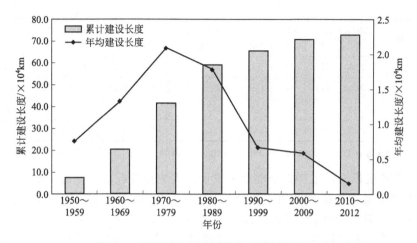

图 5-1 世界陆上原油管道各时期建设长度

（资料来源：Pipeline & Gas Industry；Oil&Gas Journal，1997~2002；
The World Onshore Pipelines Report，2008~2013，Douglas-Westwood）

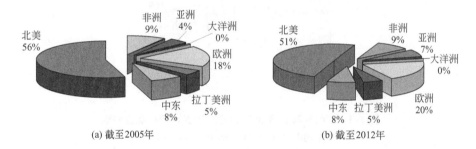

图 5-2 世界原油管道建设总长度分布

图中数据的统计年限为 1950~2012 年

（资料来源：Pipeline & Gas Industry；Oil & Gas Journal，1997~2002；
The World Onshore Pipelines Report，2008~2012，Douglas-Westwood；
俄罗斯输油公司网页）

表 5-1　2003~2012 年世界原油管道建设长度　　　单位：km

区域	2003年	2004年	2005年	2006年	2007年	2008年	2009年	2010年	2011年	2012年	合计占比
非洲	791	1544	1348	1192	647	155	130	322	313	230	10.0%
亚洲	1190	1962	2347	2406	1704	1755	1981	1513	1872	1765	27.8%
大洋洲	0	0	0	0	0	0	0	0	0	0	
东欧和独联体	1420	2143	1634	1696	2357	2871	2849	2522	2911	2702	34.7%
拉丁美洲	598	611	270	0	123	575	579	305	422	506	6.0%

续表

区域	2003年	2004年	2005年	2006年	2007年	2008年	2009年	2010年	2011年	2012年	合计占比
中东	276	329	86	126	645	781	358	454	273	502	5.8%
北美	368	475	897	1133	1123	1273	1031	1154	1680	1252	15.6%
西欧	0	56	0	0	20	0	0	0	0	0	0.1%
合计	4643	7120	6582	6553	6619	7410	6928	6270	7471	6957	100.0%

注：资料来源：The World Onshore Pipelines Report, 2008～2012, Douglas-Westwood。

从管径规模看，近年来原油管道建设以大中型管径居多，由2001～2014年新建原油管道规模统计可知，管径559～762mm的管道建设总长度占比最多，约占45%；其次为管径762mm以上的管道，约占36%；管径102～254mm的小口径管道，占比最少，仅占建设总长度的3%左右。2001～2014年世界新建原油管道管径规模构成详见图5-3。

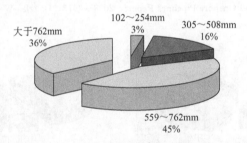

图5-3　2001～2014年世界新建原油管道管径规模构成

（资料来源：Oil & Gas Journal, 2001～2014）

从发展水平看，北美和欧洲是世界原油管道建设最先进的地区，也是管网最发达的地区，其中美国是世界原油管道起步最早、发展最快的国家，管道的建设技术和运行管理技术均代表了世界最先进水平；俄罗斯建有世界规模最大、系统最复杂的原油管道——友谊输油管道；加拿大的原油管道也以规模大、输送品种多而著称，拥有世界原油管道建设的先进技术和经验。

② 典型国家原油管道发展

a. 美国原油管道发展　美国是世界最早建设原油管道的国家，也是迄今管道最发达的国家。基于便于实现原油资源补充和成品油外运的考虑，美国炼厂主要设在交通发达的沿海地区，而位于中部内陆地区的油田附近炼厂规模都较小。因此，美国的原油和成品油管道都很发达。

自1865年建设了世界第一条原油管道后，美国又于1869年建设了第一条长输原油管道，该管道翻越了阿勒格厄山脉，长约174km，管径168mm，输量约954m³/d（约30×10⁴t/a），由潮水公司建设。20世纪以来，随着美国几大油田的不断发现,管道建设得到了大规模发展,特别是20世纪50年代以后管道建设进入快速发展期,50年代美国相继建成通往墨西哥湾和美国中西部的更大规模的管道,10年累计建设长度接近$6×10^4$km以上,管径规模提高到610mm;60年代,管道建设达到发展高峰,先后建成了以加拿大-美国五大湖地区跨国管道为代表的6大原油管输系统,建设总里程超过$6.7×10^4$km,最大管径达到813mm;70年代,原油管道建设继续高速发展,建成了以阿拉斯加原油管道等为代表的一批原油管道,基本形成了遍布各州的原油管网,最大管径达到1219mm,建设总长度超过$6.1×10^4$km;80年代,原油管道建设速度有所放缓,建设水平不断提高,建成了全美输油管道等代表当时最高技术水平的输油管道,管网系统更加完善,管道建设总长度达$4.16×10^4$km;90年代以后美国的原油管网系统趋于完善,基本不再进行大规模管道建设。美国原油管道各时期建设长度详见图5-4。

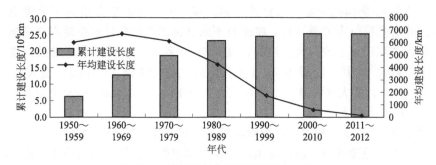

图5-4 美国原油管道各时期建设长度

(资料来源:Pipline & Gas Industry, Jan. 1996; Oil & Gas Journal, 1997~2013)

美国最具代表性的原油管道主要有阿拉斯加原油管道、全美输油管道等。

• 穿越北极圈的原油管道——阿拉斯加原油管道,该管道起自北冰洋普拉德霍湾,贯穿阿拉斯加南北,到达瓦尔迪兹港,全长1288km,管径1219mm,设计压力8.3MPa,设计输量约$10000×10^4$t/a,管材选用API 5L X60、X65及X70低温钢,施工历时3年,于1977年6月建成投产。该管道建设最大的挑战是有322km管道穿过北极圈,该区域全年有320天气温低于0℃,最低气温-49℃,最高气温24℃;644km通过永冻土区,永冻土厚度91~305m,管道采用架空敷设通过永冻土带,使用低温锚固法防止管桩因季节温变而上下移动;规划和建设期间完成了大量科技研究,通过环道实验、永冻土带阴极保护实验等克服沿线恶劣条件造成的一系列施工、环保和运行难关,开创了永冻土地带管道建设的先河。

• 最先进的热输原油管道——全美输油管道,该管道起自西海岸的加利福尼亚州南部的Los Floers港,经过亚利桑那州、新墨西哥州,达到东海岸的德克萨斯州的Webster港,贯穿美国南部大陆,全长2715km,干线管径762mm,输送压力 6.3MPa，设计输量 50000m³/d（约 1600×10⁴t/a），采用 API 5L X65 及 X70 钢管，沿线经过了沙漠、荒漠、农庄、高原、沙丘、美国最大的山体断层、大型河流等复杂地形，1987 年底建成投产，是当时世界上技术水平最先进的热输原油管道。

b. 俄罗斯原油管道发展　俄罗斯是世界上石油资源最为丰富的国家之一，因而也拥有较为发达的输油管道。其第一条原油管道建于 1878 年，是将巴库地区生产的原油输往附近的炼油厂，其大规模的原油管道建设则开始于 20 世纪 50 年代，随着伏尔加-乌拉尔盆地、西西伯利亚秋明地区等大油区的相继开发，以及围绕乌拉尔一带的炼油厂群的建成，俄罗斯原油管道建设得到大规模发展。俄罗斯的原油管道多采用管道走廊的建设方式，即多条大口径管道平行敷设于同一管道带内。较为著名的大型管道走廊主要包括：秋明油田的苏尔古特-阿尔梅季耶夫斯克、阿尔梅季耶夫斯克-鄂木斯克、阿尔梅季耶夫斯克-高尔基，以及阿尔梅季耶夫斯克-萨拉托夫等 4 大管道走廊。其中阿尔梅季耶夫斯克作为管道走廊的枢纽建有规模巨大的混油站，将来自不同油区的性质各异的原油混合成标准原油，供西部炼厂加工或向国外出口。截至 2011 年底，俄罗斯已建成原油管道约 5.9×10^4 km，其中干线管道 5.14×10^4 km，最大管径 1220mm，最大输量约 7000×10^4 t/a，最大的管道走廊并行敷设 4 条 1020~1220mm 的大型管道，总输量达 2×10^8 t/a 以上。

俄罗斯于 1962 年建成的友谊输油管道是世界上迄今为止连接国家最多、规模最大的跨国原油管道。该管道由前苏联、原东德、原捷克斯洛伐克、波兰和匈牙利 5 国合资建设，1960 年初动工，1964 年 10 月建成投产。管道起自阿尔梅季耶夫斯克，经古比雪夫、奔萨等地向东南行进至白俄罗斯的莫齐尔分为两路，一路向波兰和德国供油，另一路向原捷克斯洛伐克和匈牙利供油，总长度约 5500km，最大管径 1020mm，设计压力 5.88MPa，最大设计输量 7000×10^4 t/a，输油控制系统可实现泵机组和罐区远程控制、压力自动调节，是当时自控水平最高的输油管道。友谊输油管道的建成给各国带来巨大的经济效益，仅运费一年就比铁路运输节省了 2.5×10^8 卢布（20 世纪 60 年代老卢布）。1966 年友谊输油管道又建设了复线工程，管径 529mm，全长约 4500km。该管道工程无论是建设长度、管径规模，还是自动化程度，均代表了 20 世纪 60 年代的原油管道建设的最高水平。

c. 加拿大原油管道发展　加拿大原油管道的大规模发展主要在 20 世纪 50 年代以后，其所建原油管道主要是由西部资源大省阿尔伯塔省和萨斯喀彻温省输往东部工业地区、太平洋沿岸工业区及美国五大湖工业区和太平洋沿岸地区。其中 IPL 管道（省际管道）系统以其运距长、输送品种多、供油炼厂多而著称，TMPL 管道（贯山管道）以其两次翻越落基山脉、顺序输送原油和成品油而闻名于世。

- IPL 管道　该管道起自阿尔伯塔省的埃德蒙顿，建设初期终点是美国威斯康星州苏必利尔，后来又进一步延伸，经萨尼亚返回加拿大多伦多和蒙特利尔。自 1950 年建成埃德蒙顿-苏必利尔段之后，至 1985 年先后多次扩建，共由 20 余条管线构成，输送加拿大原油、美国南部原油及墨西哥原油，沿途向加拿大 12 家炼厂、美国 19 家炼厂供油，全长约 12000km，管径 324～1220mm，总输送能力达 1×10^8 t/a。该管道自 1970 年开始输送天然气液态产品，后来输送品种扩大至 65 种之多，主要包括天然气液态产品、石脑油、精制成品油、重质原油和油砂油等，采用混合输送和顺序输送。

- TMPL 管道　该管道起自埃德蒙顿，经温哥华到达美国的西雅图，全长 965km，管径 610mm，输送能力约 1000×10^4 t/a，该管道接收 18 条管道来油，顺序输送重质原油、中质原油、轻质原油、柴油、喷气燃料、汽油和甲醇等，是世界上唯一一条顺序输送原油和成品油的大型输油管道。该管道于 1953 年建成投产，1953～1983 年只输送原油，1983 年开始顺序输送原油和成品油。

(3) 我国原油管道发展

① 总体发展历程　我国的原油管道建设起步较晚，第一条原油管道是 1945 年建成的玉门油田-四台子炼厂（玉门炼厂前身）的供油管道，管径 114.3mm，长度只有 4km，输量约 10×10^4 t/a。第一条长输原油管道是 1958 年建成的克拉玛依油田-独山子炼厂的克独线，全长 147km，管径 168mm。20 世纪 60 年代之前，我国原油管道建设规模很小，累计建设长度只有 200km 左右。

20 世纪 70 年代，我国原油管道建设真正开始了大规模发展。随着东北、华北、西北、华东等地大油田的开发和上产，原油管道进入第一个建设高峰期，先后建成了满足大庆原油外输的以"八三工程"为核心的东北输油管网，以及胜利、华北、长庆等油田的原油外输管道，10 年累计建设长度超过 6000km，最大管径达到 720mm，最高设计压力为 6.4MPa。

20 世纪 80 年代，原油管道建设进入水平提升阶段。由于大型新油区的发现有限，原油管道建设速度有所减缓，10 年建设总长度下降到 2000km 左右，但通过向国外先进技术学习，管道建设水平得到全面提升，开始步入自动化管理、密闭输送的新时期。

20 世纪 90 年代，原油管道建设迎来了第二个高速发展期。随着新疆塔里木油田等西部新油区的大规模开发，先后建成了满足塔里木原油和克拉玛依原油外输的轮库线（轮南-库尔勒）、库鄯线（库尔勒-鄯善）、克乌线（克拉玛依-乌鲁木齐）等，并进一步完善了河南油田、江汉油田和大港油田等原油外输管线，十年间管道建设总长度超过 5000km，管道最高设计压力提高到 8MPa。

进入 21 世纪以来，随着我国能源战略通道的构建，原油管道建设继续保持高速发展，2000～2009 年管道建设总长度超过 7000km，最大管径提高到 864mm，在进一步完善区域性原油调配管线的同时，建成了与西北能源进口通道、海上能源进口通道相关的主要干线：中哈原油管道（境内段阿拉山口-独山子）、西部原油管道（鄯善-兰州）、沿江原油管道（仪征-长岭）、甬沪宁管道（宁波-南京，输送海上进口原油）等，管道运行管理和自控程度达到国际先进水平；2010～2012年，建成了东北能源进口通道的主干线漠大线（漠河-大庆）、西部能源进口通道的延伸线兰成线（兰州-成都）、海上进口通道的补充日照-东明原油管道，以及连接内陆炼厂的供油线长庆-呼和浩特等原油管道，总长度约4400km。

截至2013年，我国原油管道累计建设总长度超过2.6×10^4km，总输油能力超过5×10^8t/a，形成了以东北、西北、海上能源进口通道为起点，串接国内各大油田和主要炼化基地的东部、西部两大管网体系，其中东部管网由东北、华北和华东等管网构成，并与东北能源进口通道（中俄管道）、海上能源进口通道（甬沪宁管道）相连；西部管网由新疆、青海和长庆等管网构成，并与西北能源进口通道（中哈管道）相连。我国管道各时期建设规模详见表5-2。

表5-2 我国原油管道各时期建设规模

时间	建设长度/km	最大管径/mm	最高设计压力/MPa
1950～1959年	176	168	<4
1960～1969年	328	630	6.4
1970～1979年	6296	720	6.4
1980～1989年	1985	720	6.57
1990～1999年	5355	720	8
2000～2009年	7084	864	10
2010年	1422	864	10
2011年	1050	864	10
2012年	868	864	10
2013年	1058	864	10
合计	25622	—	—

注：资料来源：部分取自《中国油气管道》。

从发展速度看，我国原油管道建设的两个发展高峰期出现在20世纪70年代和21世纪最近10年，其中20世纪70年代的第一个发展高峰，年均建设长度约630km，比60年代10年的建设总长度还要多；80年代建设有所放缓，年均建设长度下降到200km左右；90年代以后再次进入发展上升期；进入21世纪后迎来第二个发展高峰，特别是2010年以后达到有史以来的发展顶峰，年均建设长度超过1000km。我国原油管道各时期累计建设长度与年均建设长度详见图5-5。

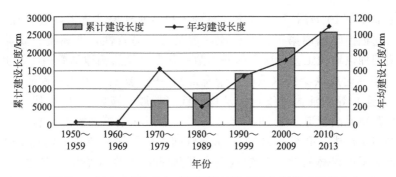

图 5-5　我国原油管道各时期累计建设长度与年均建设长度

从原油管道建设的区域分布看，20世纪90年代之前我国原油管道建设主要分布在东北、华东和华北地区，其建设里程分列前三位。90年代后，随着西部油田的大规模开发上产，管道建设迅速增长，截至2013年，西北地区管道建设里程已跃居各区域第一；华东地区随着海上进口原油的日益增多，管道建设里程也跃居各区域第二；东北地区则下降到第三位。我国原油管道建设里程区域分布详见图5-6。

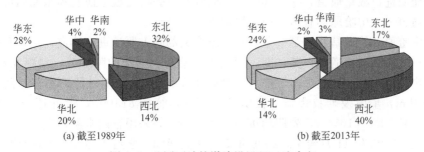

图 5-6　我国原油管道建设里程区域分布

② 典型工程介绍

a. 最大最完善的热输原油管网——东北输油管网。

"八三工程"也是东北输油管网的代名词，1970年为配合大庆油田开发，国家决定集中修建大庆原油外输管道，1970年8月3日，东北管道建设小组正式筹备，故命名为"八三工程"。

东北输油管网主要有庆铁线（大庆—铁岭），筹建于1970年，当时铁路运输无法满足大庆原油的外运需求，严重影响了大庆油田的生产能力，国家决定启动大庆原油外输管道建设工程，1970年8月3日，东北管道建设小组正式筹备，命名为"八三工程"，这也成为东北输油管网的代名词。

东北输油管网筹建于1970年，是配合大庆油田开发、满足大庆原油外输而开始兴建的，其建设的第一条管道是庆抚线（大庆—抚顺），该管道1970年9月开工，1971年10月正式输油，全长559km，管径720mm，设计压力6.4MPa，

石油天然气的开发与利用

输油能力 2000×10^4 t/a，是我国第一条的大口径长输原油管道，其管径、运距、输油能力均创当时国内第一，所输原油因具有三高特性，即高凝、高黏、高含蜡，而采用加热输油工艺，这也是我国第一条大口径热输原油管道。在此后的5年中，又相继建成铁秦线（铁岭—秦皇岛）、庆铁复线（大庆—铁岭）、铁大线（铁岭—大连）等输油大干线，以及抚鞍线（抚顺—鞍山）、中朝线（丹东—朝鲜）等短距离原油管道。至1975年9月，共建成8条输油管道，总长2471km，东北管网初步形成。截至2012年，东北管网主要干线管道长度已达3500km左右，又补充了向吉林石化、哈尔滨石化供油的长吉线（垂杨—吉化）、庆哈线（大庆—哈尔滨）等向炼厂的供油干线，以及中俄原油进口管道国内段漠大线（漠河—大庆），形成了连通国内外资源、直供东北各大炼化企业，并向华北部分炼厂补充油源的更趋完善的输油管网。东北输油管网的建设彻底改变了油田以运定产的被动局面，优化了原油运输方式（由铁路运输为主转为管道运输为主），腾出铁路运力更多地支持其他行业建设。

b. 陆上原油进口通道——中哈、中俄原油管道。

为有效保障国内石油消费，提高石油供应的安全性与可靠性，我国正在努力构建能源进口战略通道，并于2005年和2010年先后建成了西北和东北两大石油进口通道——中哈原油管道、中俄原油管道。

中哈原油管道是我国第一条具有战略意义的陆上原油进口管道，也是我国能源进口的西北战略通道。其一期工程起点为哈萨克斯坦的阿塔苏，经阿克纠宾，从阿拉山口入境，到达独山子炼厂。全长1209km，其中境外段阿塔苏—阿拉山口 963km，境内段阿拉山口—独山子246km，管径813mm，设计压力8MPa，设计输量 2000×10^4 t/a，先期输量 1000×10^4 t/a，采用密闭常温输送，2004年9月开工，2005年11月竣工，2006年5月正式通油。之后为提高供油可靠性，为未来输量提高准备更多油源，二期工程又修建了肯基亚克—库姆科尔段761km，与前期修建的阿特劳—肯基亚克段连通，2009年7月建成投产，未来将进一步连通肯基亚克—阿塔苏段原油管道，届时将实现自哈萨克斯坦西部至中国新疆地区的全线贯通，总长度将超过3000km。

中俄原油管道是我国能源进口东北战略通道，管道起点为俄罗斯远东管道斯科沃罗季诺分输站，从漠河入境，到达黑龙江省大庆市，全长1030km，其中俄境内长约65km，中国境内长约965km，管径813mm，设计压力8MPa，设计输量 1500×10^4 t/a，采用常温密闭输油工艺。管道于2009年4月和5月分别在俄中两国开工，2010年8月建成通油，对我国提高能源供应可靠性具有重要意义。该管道是国内第一条通过冻土带的原油管道，沿线经过岛状冻土及各种冻土过渡段约500km，并经过大段林区，许多施工难点是国内首次遇到，经过多项科研攻关，取得了重大突破，为我国管道建设积累了经验。

c. 第一条海上进口原油管道——甬沪宁原油管道。

甬沪宁原油管道起自浙江省宁波大榭岛油港，经上海到达南京，是我国第一条输送海上进口原油的管道，2002年8月开工，2004年6月建成投产。工程包括主线和复线两部分，主线最大管径762mm，最高设计压力10MPa，输油能力$2000×10^4$t/a，沿途向镇海石化总厂、上海石化总厂、上海高桥石化总厂、南京金陵石化和扬子石化等炼化企业供油，全长645km；复线起自舟山群岛的鱼山油港，到达镇海岚山油库后与主线并行至上海石化总厂的白沙湾分输站，全长184km，管径762mm。

该管道所输原油主要有沙特轻质原油、沙特中质原油和阿曼原油等，由于原油性质差异较大，需将部分原油混合以实现常温输送。甬沪宁管道的建成创造了当时原油管道建设的几项国内之最——设计压力最高、管径最大、分输站最多，同时杭州湾穿越段是国内压力最高、管径最大的海底原油管道。该管道建成后与输送胜利油田原油的鲁宁线以及后来修建的沿江管道（仪征—长岭，2005年建成）相连，使华东原油管网进一步扩展，资源调配更为灵活。

5.1.1.2 成品油管道发展

（1）成品油管道类型与特点

在国际上，成品油管道的含义与分类与我国略有不同，国外最初是以输送介质分类的，如汽油管道、柴油管道等；后来出现了输送多种介质的管道后，则以服务功能来区分类别，服务于企业内部的称作专用管道、服务于市场多个用户的称作成品油管道。我国则将上述类型的管道均简化统称为成品油管道。

成品油管道与原油管道的主要区别不仅是输送介质的差异、品种多少的差异，成品油管道最重要的是要保证同一管道中输送的不同油品的质量，这也是成品油管道运行的难点所在。为满足市场不同用户的需求，保证油品的质量，不但要严格执行根据市场需求编制的运行计划，同时还必须满足不同季节销售品种与销量的变化，最重要的是采用顺序输送输油工艺，这也是成品油管道最主要特征之一。

顺序输送工艺的核心是要保证输送油品的质量和降低混油量，而油品排序和控制流速又是降低混油量的主要关键点，其中油品排序是以将混油量降到最低为基本原则的，因此一般遵循将油品性质和密度均较为相近的油品排在一起输送、相邻油品产生的混油易于处理等两大原则；顺序输送的流速一般控制在1m/s以上，控制流速的根本目的是使油品在输送过程中保持紊流状态，因为此状态下产生的混油量最少。

（2）世界成品油管道发展

① 总体发展　成品油管道是20世纪初由原油管道发展演变而来，从最初输送单一品种发展到输送多个品种、面向多个市场用户、具有多个进出油口的现代意义上的成品油管道大约经历了30年时间。大致发展过程包括：1900年美国建设了世界第一条汽油管道，管径100mm，长度只有14km；1928年，英国壳牌

公司修建了第一条顺序输送多种油品的管道，该管道从本图拉至威尔明顿，全长156km，管径150mm，输送介质主要是蒸馏汽油、裂化汽油、天然汽油和液化石油气等，仍被称作汽油管道。直到1932年美国在其已建的汽油管道上实验，顺序输送汽油、煤油和柴油等多种油品成功，使管道能适应更多的用户需求，满足市场经营需要，才有了现代意义上多品种输送的成品油管道。

成品油管道的大规模发展则始于20世纪60年代末，并逐渐形成管网。截至2012年，世界成品油管道累计建设总长度约$31.6×10^4$km，最大管径达到42in（1067mm），最大管输系统输量接近$1×10^8$t/a。

从发展速度看，从20世纪80年代之前是发展高峰期，年均建设长度达6000km左右；90年代发展速度有所减缓，年均建设长度下降到不足4000km；进入21世纪后，成品油管道建设再次提速，特别是近10年，年均建设长度突破5000km。世界成品油管道各时期建设情况详见图5-7。

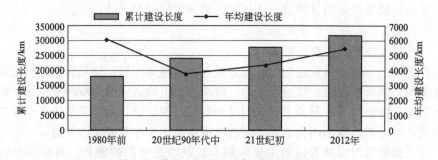

图5-7　世界成品油管道各时期建设情况

（资料来源：Oil & Gas Journal，2000～2005；The World Onshore Pipelines Report，2008～2012，Douglas-Westwood）

从区域分布看，北美地区一直是成品油管道最发达的地区，建设总长度始终保持世界成品油管道的50%以上；其次是欧洲，截至2012年的建设总长度约占世界的23%；大洋洲、非洲、拉丁美洲等地区成品油管道建设相对落后，

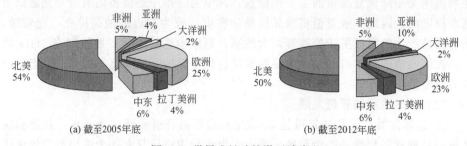

图5-8　世界成品油管道区域分布

（资料来源：Oil & Gas Journal，2000～2005；The World Onshore Pipelines Report，2008～2012，Douglas-Westwood）

总长度均占世界的5%以下；亚洲地区成品油管道建设近几年发展较快，总长度占比由2005年的4%提高到2012年的10%。世界成品油管道区域分布详见图5-8。

从区域发展速度看，2003～2012年发展最快的是亚洲地区，10年建设总长度约占世界新建成品油管道的51.8%；其次是北美地区，10年建设总长度约占世界新建成品油管道的23.3%；大洋洲和西欧近10年成品油管道建设基本处于停止状态。2003～2012年世界成品油管道建设区域分布详见表5-3。

表5-3　2003～2012年世界成品油管道建设区域分布　单位：km

区域	2003年	2004年	2005年	2006年	2007年	2008年	2009年	2010年	2011年	2012年	合计占比
非洲	0	292	450	0	50	260	325	165	160	192	3.6%
亚洲	2152	2645	2884	3045	2356	3252	2739	2855	2649	2770	51.8%
大洋洲	0	0	0	0	0	0	0	0	0	0	0
东欧和独联体	301	423	243	171	579	322	348	333	350	386	6.5%
拉丁美洲	911	847	967	512	435	255	243	252	278	249	9.4%
中东	81	147	29	169	577	476	259	282	333	385	5.2%
北美	887	1760	1676	287	1198	929	1407	1751	1114	1280	23.3%
西欧	0	0	0	71	51	11	0	0	0	0	0.3%
合计	4332	6114	6249	4255	5246	5505	5321	5638	4884	5262	100%

注：资料来源：The World Onshore Pipelines Report，2008～2012，Douglas-Westwood。

从管径规模看，近年来成品油管道建设以中型管径占比最多，由2001～2014年新建成品油管道规模统计可知，管径305～508mm的管道建设长度最多，约占70%；其次为559～762mm的大中型管道和102～254mm的小口径管道，建设长度均占15%左右；管径大于762mm的大口径管道很少，仅占总长度的1%左右。近年世界新建成品油管道管径规模构成详见图5-9。

② 典型国家成品油管道发展

a. 美国成品油管道发展　美国是世界上成品油管道建设起步最早、发展最快的国家，也是管道建设规模最大、技术水平最先进的国家。自从1932年发明了顺序输送多种油品的成品油管道以来，美国自20世纪50年代开始进入成品油管道规模化发展期，截至2012年，成品油管道累计建设长度超过$14×10^4$km，布局相对集中在东南部工业发达地区和人口稠密的消费区，且呈现主要从外围向内陆输送的流向。

从发展速度看，从20世纪50年代开始，年均建设长度持续增长约30年，60年代以后进入快速发展期，形成了非常发达的成品油管网；直到80年代以后，随着管网的日益完善建设速度开始放缓；21世纪以来，成品油管网主要以

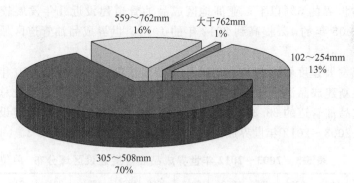

图 5-9 2001~2014 年世界新建成品油管道管径规模构成
(资料来源：Oil & Gas Journal，2001~2014)

调整完善为主，2010 年之后建设速度有所回升。美国成品油管道各时期建设情况详见图 5-10。

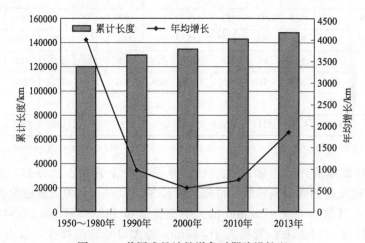

图 5-10 美国成品油管道各时期建设情况
(资料来源：Basic Petroleum Data Book，API，2013；
Oil & Gas Journal，2010~2013)

在美国众多的成品油管道中最典型的有普兰迪逊成品油管道、科洛尼尔成品油管道等，前者是美国建设最早、发展扩建期长的成品油管道，后者是世界规模最大的成品油管道。

• 普兰迪逊成品油管道是美国第一条具有现代意义上的各种功能的正规成品油管道，起点位于路易斯安那州的巴吞鲁日，终点是北卡罗来纳州的格林斯巴勒，1941 年建成投产，建成初期干支线总长为 1956km，输送能力约 270×10^4 t/a。第二次世界大战期间，为满足国家战时需要，管道向休斯敦和大西洋海沿岸的里士满港口延伸，通过增加泵站将输送能力提高到 450×10^4 t/a。1965 年为满足供应需求进一步扩建,增加了两条平行敷设复线,输送能力进一步提高。1980年进行了第三次扩建,平行敷设第三条复线,总长度达到9732km,约为建设初期的5倍,输送能力提高到2260×10^4t/a,约为建设初期的8倍,沿线共有17个进油站、46个卸油站,可顺序输送108种油品,平均月输送批次60个。普兰迪逊成品油管道主要扩建过程详见表5-4。

表5-4 普兰迪逊成品油管道主要扩建过程

时间	管道长度/km	管径范围/mm	输送能力/($\times 10^4$t/a)	扩建内容
1941年	1956	102~305	270	
1945年	2650	102~305	450	干线延长,提高输量
1965年	4667	102~356	1520	干线终点延伸分支,增加2条复线,提高输量
1980年	9732	102~762	2260	原有1条复线延长,增加1条新的复线,提高输量

注:资料来源:《国外成品油管道运行与管理》,梁翕章。

- 科洛尼尔成品油管道自20世纪60年代建成初期就是世界规模最大的成品油管道,经过数次改扩建后,至今仍保持着世界规模最大成品油管道的殊荣。该管道从20世纪50年代开始酝酿筹划,历经了近9年的前期筹备,于1962年开工,1964年建成投产,干支线总长4681km,其中干线起点位于得克萨斯州的休斯敦,途经路易斯安那州、密西西比州、亚拉巴马州、佐治亚州、南卡罗来纳州等14个州,到达终点站新泽西州的林登,全长2479km,管径分为762mm、813mm和914mm三种规格,最大输量达3600×10^4t/a,设计压力4MPa,管道材质采用X52钢;支线在佐治亚州的亚特兰大分出,共3条,总长度2202km,管径为152~559mm。

为满足沿线不断增长的成品油消费需求,该管道共进行了10次扩建改造,其中1965~1969年进行了4次增输改造,输量由3600×10^4t/a提高到5200×10^4t/a,1972~1979年进行了6次改扩建,主要是分批建设与主干线并行敷设的复线工程,复线的干线管径为914~1016mm,是当时首次在成品油管道上使用1016mm管径。经过历时15年之久的多次改扩建之后,科洛尼尔成品油管道建成了由2条主干线、5条供油管线和37条分支线组成的庞大输油系统,干支线总长度增加接近8600km,最大输量提高到9300×10^4t/a,沿线共设干线泵站53座、支线泵站30座、输入站10座、供油站281座,可顺序输送118种不同牌号的成品油。管径、输量和长度规模均创当时成品油管道建设的世界之最。

1996年科洛尼尔管道又对所有管段和150余座分输油罐进行了检测和必要的修补,使输量进一步提高了7%,输油能力近1×10^8t/a。

b. 加拿大成品油管道发展 加拿大也是世界上成品油管道较为发达的国家,截至2012年,其成品油管道总长度达1×10^4km左右,其中大多数是原油和成品油顺序输送的管道，单纯的成品油管道并不多。其管径规模大多在 300mm 以下，1980 年以后建设的管道管径逐渐放大到 500mm 左右。

  c. 俄罗斯成品油管道发展 俄罗斯成品油管道的大规模发展从 20 世纪 50 年代开始，到 80 年代末期已形成由东至新西伯利亚，西至文茨皮尔斯、乌日哥德罗的东西主干线及多条南北支线构成的，连接 15 个炼油厂和众多用户的较为完善的管网系统。截至 2011 年，俄罗斯干线成品油管道总长度达 $1.64×10^4$ km，管径以 325~529mm 居多，支线管径则大多在 250mm 以下。

  世界主要国家和地区成品油管道建设与分布特点详见表 5-5。

表 5-5 世界主要国家和地区成品油管道建设与分布特点

国家和地区	规模特点	建设及分布特点
美国	1. 总长度超过 $14×10^4$ km。 2. 中小口径的管道居多（70%以上的成品油管道为 406mm 以下）。 3. 20 世纪 60 年代起转向长距离、大口径（700~900mm）、有支线的管道系统。拥有世界上规模最大的成品油管道系统（管径 1016mm，总长 8558km）	1. 基本流向是从石油工业发达的南部各州，向东北部工业发达和人口稠密的地区（大西洋沿岸和大湖地区）辐射。 2. 为降低成本，许多大公司联合起来修建管道，使输量尽可能大，分支线尽可能多，且运输品种多
加拿大	1. 总长度约 10000km。 2. 1980 年之前大部分管道的直径在 330mm 以下；1980 年以后新建管道管径逐渐放大，以 305~508mm 的居多	1. 大部分管道分布在阿尔伯塔和萨斯喀彻温两个产油省，以及加工业发达的东部安大略省和魁北克省。 2. 许多成品油利用原油管道与原油进行顺序输送，故常规成品油管道较少。 3. 输送品种多，最多的管道达 65 种油品
独联体	1. 独联体国家的成品油管道总长度超过 $2.2×10^4$ km，其中干线约 $1.7×10^4$ km，支线管道约 5000km，绝大多数分布在俄罗斯（成品油干线已达 $1.64×10^4$ km）。 2. 干线成品油管道的直径主要为 325~529mm，支线管道的直径主要为 100~250mm	1. 20 世纪 70 年代前的成品油管道系统主要集中在乌拉尔—伏尔加河沿岸地区；80 年代已形成连接 15 个大型炼油厂和众多用户的管网。 2. 成品油管道的自动化水平相对落后于原油和天然气管道的水平
法国	1. 共有 4 条大中型成品油干线管道系统，20 余条成品油管道。 2. 总长度超过 7000km，干线管道直径主要为 300~500mm，支线管道直径多为 200mm 以下	1. 西欧地区成品油管道最为发达的国家之一，成品油的输送和向用户的配送大多实现自动化，由中心调度站实行遥控。 2. 主要流向是自炼厂向分配油库及大型工业用户输送成品油。 3. 输送油品达 30 余种
英国	1. 干线成品油管道和地方成品油管道总长超过 4000km。 2. 管径在 300mm 以下的管道约占总长度的 70%	干线成品油管道系统均起自炼油厂，通向人口稠密的工业区，由英国石油公司经营

第5章 石油天然气的储存与运输

续表

国家和地区	规模特点	建设及分布特点
伊朗	1. 共有3条干线成品油管道系统和大量独立的成品油管道,总长超过10000km。 2. 管径在350mm以下的管道约占一半,最小管径为76mm,最大管径为1067mm	1. 中东地区成品油管道最发达的国家之一,所有成品油管道都归伊朗国家石油公司经营。 2. 主要从6座炼油厂向首都德黑兰、各省省会、工业中心及波斯湾的港口输送成品油

(3) 我国成品油管道发展

① 总体发展 我国的成品油管道建设起步较晚,从1958年开始修建机场专用成品油管道,而真正意义上的长输成品油管道建设是从20世纪70年代开始的,第一条成品油是1976年建成的格拉管道(格尔木—拉萨),虽然规模较小,输量只有20×10^4t/a,但它以建设海拔最高而闻名于世;80年代,我国长输成品油管道建设基本处于停滞状态,仅建设了少量短距离、小规模的炼厂专用供油线;90年代,长输成品油管道建设再次发展,先后建成抚营线(辽宁抚顺—营口)和克乌线(新疆克拉玛依—乌鲁木齐王家沟),10年建设总长度超过500km,管径提高到377mm,建设规模与技术水平几乎落后于美国等发达国家40年。

进入21世纪以来,我国的成品油管道建设才真正迎来快速发展期,前10年建设总长度突破1×10^4km,初步建成了由兰成渝管线(兰州—成都—重庆)、兰郑长管线(兰州—郑州—长沙)、西部成品油管道(鄯善—兰州)、茂昆线(茂名—昆明)构成的"两纵两横"输油干线,以及遍布19个省(市、自治区)的区域性管网,最大管径提高到660mm,设计压力提高到14MPa;2010~2013年,新增干线成品油管道约5480km,区域性管网进一步完善,管道供油地区进一步扩大。

截至2013年,我国干线成品油管道累计建设总长度达2.1×10^4km左右,总输油能力超过2.0×10^8t/a,形成了以"两纵两横"为主干,以区域间管道做补充的全国性管网布局。区域成品油管道涉及东北(辽吉)、西北(新青陕甘)、华北(京津冀晋)、华东(鲁皖苏浙沪闽)、华中(豫鄂湘赣)、华南(粤桂)、西南(川渝云贵藏)各大区域27个省(市、自治区)的地区,有效改善了成品油供应方式,提高了供应的可靠性。各时期成品油管道建设规模详见表5-6。

从发展速度看,基本呈现出2个阶段,20世纪是起步和积累阶段,年均建设长度不足100m,21世纪是飞跃发展阶段,成品油管道年均建设长度达到1300km左右,是20世纪年均建设长度的20倍左右,与20世纪20年累计建设的总长度接近。我国成品油管道各时期管道长度规模与年均建设长度情况详见图5-11。

表 5-6 我国各时期成品油管道建设规模

时间	建设长度/km	最大管径/mm	最高设计压力/MPa
1976~1989 年	1080	159	6.4
1990~1999 年	536	377	6.4
2000~2009 年	12970	660	14
2010 年	2396	660	14
2011 年	961	660	14
2012 年	1137	660	14
2013 年	1389	660	14
合　计	20068		

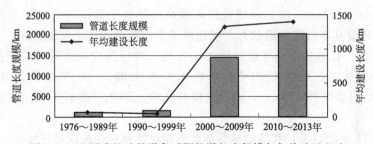

图 5-11 我国成品油管道各时期管道长度规模与年均建设长度

从区域分布看，21 世纪之前只有西北和东北两个资源产区建有成品油管道，其中西北的建设长度约占 85%；21 世纪以来成品油管道更多集中在从生产地向主要消费区域建设。截至 2012 年底，我国各大区域均建有成品油管道，按建设长度排序西北、华南以 28% 和 20% 的占比位居前两位，华东和华中以 17% 的占比并列第三。东北地区因发展相对缓慢而仅居第 7 位。我国成品油管道建设区域分布详见图 5-12。

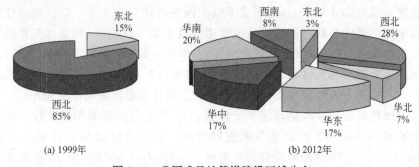

(a) 1999年　　　　　　　　(b) 2012年

图 5-12 我国成品油管道建设区域分布

② 典型工程介绍

a. 格拉管道——世界最高海拔的管道。

格拉管道是我国自行设计建设的第一条长输成品油管道，也是沿线自然条件最为恶劣的成品油管道，其起点是青海省格尔木市，一路行进在世界屋脊青藏高原上，翻越唐古拉山后到达西藏自治区拉萨市，全长1080km，1973年3月开工，1976年11月投产试油。

格拉管道采用20号无缝钢管，管径159mm，设计压力6.4MPa，输送能力25×10^4t/a，顺序输送汽油、柴油、航空煤油和灯用煤油4种油品。2003年进一步完成了升级改造，更换了老化设备与锈蚀管道，将原有的旁接油罐流程改为全密闭流程，提高了顺序输送的自动化控制水平。

这条号称世界最高海拔的管道80%以上敷设在海拔4000m以上的高寒地区，最高翻越点海拔达5200m，且560km以上敷设在常年冻土带，冰椎、冰丘、热融滑塌、热融湖塘、厚层地下冰及爆炸性冲水鼓丘等不良地质现象频发。在当时我国尚无长输成品油管道建设经验的情况下，其建设难度之大、困难之多可以想象，虽然当时国外的成品油管道建设和工艺技术已相当成熟，但在如此高海拔高寒地区的管道建设尚无可借鉴经验，通过顺序输送模拟试验、动力设备高原试验、桩基冻土力学试验等大量科研攻关，成功完成我国第一条长输成品油管道建设，为后来的成品油管道建设积累了宝贵经验，也为西藏地区的油品供应保障做出了重要贡献。

b. 兰成渝管道——第一条与国际水平接轨的成品油管道。

兰成渝管道起自甘肃省兰州市，翻越秦岭后经广元、绵阳、德阳等到达四川省会成都市，并继续向东南经资阳，到达重庆市，全长1252km，其中兰州—成都段长度885km，管径为508mm和457mm，设计输量500×10^4t/a；成都—重庆段长度367km，管径为323.9mm，设计输量250×10^4t/a，采用X60、X52管材，设计压力达10MPa，采用全线密闭输送工艺顺序输送90号汽油、93号汽油和0号柴油及其他液体石化产品，通过SCADA系统（数据采集与监控系统）和模拟仿真系统实现高水平自动化控制管理。该管道于2001年6月开工建设，2002年9月建成投产，由于川渝地区成品油需求增长迅速，很快使管道达到了设计输量，2012年又进行增输改造，通过增加泵站使设计输量提高到700×10^4t/a。

兰成渝管道建设的最大难点是翻越海波1500~3000m左右的秦岭山脉及横亘在途中的8道山岭，以及避让地震活动断裂带，为此通过10多个线路走向方案的反复比选，最终确定了线路走向。该管道沿线最大落差达2268m，输送工艺设计的难点是控制大落差造成的压力过高和混油量的增加，在建设中通过变径变壁厚设计、设置减压站和泄放系统保护、通过SCADA系统远程控制紧急切断阀等方式避免大落差造成的超高压影响；通过在线全程监控混油界面、安装高精度密度计，以及在混油界面增加对油品无污染的荧光剂等方式实现混油段的准确切割,控制和减少混油量,并采取掺混和分馏两种方式处理混油,即在成都和重庆设置小型炼油装置对无法掺混的混油进行回炼分馏,以确保油品质量。

兰成渝管道在当时创造了国内成品油管道建设的多项第一:线路最长、输量最大、设计压力最高、管径最大、运行工况最复杂、自动化程度最高,并有多项达到国际先进水平。管道建成后大大提升了川渝地区的成品油供应可靠性,有效促进了沿线地区的经济发展。

5.1.1.3 石油管道技术进步

(1) 石油管道技术发展历程

① 国外石油管道技术发展历程 从19世纪末世界第一条原油管道建设开始,石油管道的技术发展历经了100多年的艰难历程,建设规模、输送工艺、施工技术、自控技术、设备材料等均得到了量变和质变的飞跃性发展,为促进石油工业和世界经济发展做出了巨大贡献。国外石油管道技术发展重要里程碑详见表5-7。

表5-7 国外石油管道技术发展重要里程碑

时间	国外石油管道技术发展重要里程碑
1865年	美国建成第一条原油管道(铸铁管,螺纹连接,管径50mm,长10km,输量8.5×10^4t/a)
1900年	美国建成第一条汽油管道(铸铁管,螺纹连接,管径100mm,长度14km)
1906年	俄国建成世界第一条中间增压长输成品油管道——巴库-巴统的成品油出口管道(铸铁管,螺纹连接),管径203mm,长883km,16座中间泵站(蒸汽往复泵增压)
1920年	美国已能生产26in(660mm)的无缝钢管,并用电焊连接代替了螺纹连接
1928年	前苏联建成第一条钢制焊接原油管道——格罗兹内-图阿普赛管道(压力5MPa,管径273mm,618km);美国创造了全位置手工电焊技术
1933年	美国创造出机械化流水作业管道施工法,大幅提高了建设速度,管道建设开始进入现代管道发展期
1934年	美国在伊拉克敷设了2条管径305mm现代机械化施工的原油管道,穿越了1000km荒漠,是现代机械化施工的第一块里程碑
1939~1945年	第二次世界大战期间建设了数条为抗战供油的管道,发挥了重要作用
1943~1944年	美国建成"大英寸"原油管道(610mm,2150km)、"次大英寸"成品油管道(508mm,2373km),均为当时管径最大的管道
1943年	英国建成多品种成品油管网(长度1000km,压力6.9MPa),分批输送不同等级的航煤和装甲部队用油
1944年	英国敷设了1条穿越英吉利海峡的成品油管道,使用铠装柔性管,管径76mm。分20管段,每段48km,卷在48m的卷筒上,拖至海面进行敷设,是世界第一次使用卷装法施工的海底管道
1945年	中国与美国合作建成印度加尔各答港—中国昆明的成品油管道,为抗日部队补给油料,全长3200km,管径114.3mm,最高压力3.5MPa,输油能力约23×10^4t/a。抗战胜利后,1946年7月中国境内段拆除

第5章 石油天然气的储存与运输

续表

时间	国外石油管道技术发展重要里程碑
1945~1950年	世界长输管道管径基本在325~529mm,压力5.5MPa,管材X42~X52
20世纪50年代	这一时期制管工业发展很快,已可生产管径36in(914mm)直缝焊接管碳钢,管材主要为X42~X52钢,操作压力小于等于7MPa,管段按API-5L标准生产,焊接要求按API-1104
1958年	输油管道最大管径已达到914mm,长度超过1000km
20世纪60年代	管道继续向大口径、高压力方向发展,随着海洋油田的开发,开始了大规模海洋管道建设;欧洲原油管道建设进入高峰期
1964年	前苏联建成世界最大的原油管道工程——友谊输油管道(管径1020mm,长5327km);1970年二期工程竣工,长4412km,首站设有世界最大的混油基地
1964年	美国在管道建设中首次发明用聚乙烯热收缩套补口和修理防腐层;首先使用管道在线闭环计算机控制系统;建成科洛尼尔成品油管道(管径914mm,长2479km),是迄今为止规模最大、技术最先进、系统最复杂的成品油管道
1967年	西欧的意大利、奥地利和西德共同建成横贯阿尔卑斯输油管道(TAL),管径1016mm,长约460km,具备了通信可靠、在线监测和完善的水击控制手段
20世纪70年代	管输自动化控制水平快速提高,软件和硬件的发展促使SCADA系统的应用有了突破性进展,标准化SCADA软件包发展成熟;施工技术的进步使得管道建设延伸到极地、高原等各种条件恶劣地区;管径规模进一步扩大到1420mm;开始使用X70钢
1972年	厄瓜多尔建成横贯本国翻越安第斯山脉的原油管道(管径508/660mm,长500km,最高点4052m),首次使用移动式原油净化装置为柴油机提供燃料
1973年	壳牌石油公司首次在管径630mm的管道上工业应用PEP-4型减阻剂
1974年	美国首次在管径610mm的管道上使用环氧树脂涂层;首次使用定向水平钻穿越河流;首次在科洛尼尔成品油管道上使用可编程控制器
1977年	美国建成世界第一条穿越北极圈的原油管道——阿拉斯加管道(管径1219mm,长1288km);秘鲁建成翻越安第斯山脉的原油管道——北秘鲁原油管道(管径914mm,长500km),首次在山区使用微波通信和燃气轮机带泵
1978年	美国首次采用大型水平钻机穿越河流(管径610mm,套管762mm,钻孔914mm,长230m);自动焊机已在7000km管道施工中得到应用
1979年	美国在阿拉斯加原油管道上进行规模最大的减阻剂工业性应用,取得成功;新建管道大部分使用X60管材,海洋管道水深突破150m;标准化SCADA软件包已发展成熟,计算机控制已在管道上普遍使用;前苏联建成"友谊"管道复线,一二期总长5327km,前苏联境内3688km,并建成世界最大的热输原油管道,采用直接火焰加热和分段密闭输油技术
20世纪80年代	管径和管材没有新的突破,海洋管道实现突破性发展,最大敷设深度突破600m,输送压力突破20MPa,采用内涂层、减阻剂、提高压力等方法提高输量;输气管道建设长度远高于输油管道
1986年	美国建成全美原油管道(管径762mm,长2715km),首次利用燃气轮机余热直接加热原油,SCADA系统具有动力优化运行、测漏、工程模拟、训练模拟等功能,代表当时最先进水平;美国制造出能检查管内缺陷的多功能机器人

续表

时间	国外石油管道技术发展重要里程碑
20世纪90年代	早期建设的许多大型管输系统进入大修期和更新改造期：美国阿拉斯加管道开始大修；俄罗斯管道长度60%以上超过15年，10%以上超过30年，迫使其进入长输管道的大修和改造期；英国成品油管网更新SCADA系统；管道自动控制、泄漏检测、地理信息系统应用等技术进一步发展
1990年	美国推出新一代环氧树脂涂层，更加符合环保要求
1991年	英国在不停输状态下完成成品油管网SCADA系统更新改造；挪威在Zeepipe管道建设中进行长距离清管工艺及脱水实验取得成功，创造了新一代智能型和非智能型清管器，使世界最长的海底管道(815mm)清管不设中间平台，一通到底
21世纪	SCADA与GIS(地理信息系统)卫星通信、遥感和数据成像等技术得到综合应用；高等级钢管X80在新建管道中广泛使用；管道设计、建造和运营中的新技术不断涌现，促进了管道建设速度、建设质量、优化运行水平的提高

注：资料来源：《世界管道手册》。

② 我国石油管道技术发展历程　我国的石油管道建设从起步到现在，已发展了近70年，管道规模从最初的单管年输送数十万吨到目前的单管输送数千万吨，增长了近百倍；建设里程和建设能力从最初的年均数十公里发展到目前的上千公里，增长了30倍左右；输送工艺从简单的开式流程，到半密闭流程，再到全密闭自动化控制流程，使输送效率大幅提高、能耗大幅降低。通过近50年对国外先进技术引进学习与消化吸收，建设规模、技术水平、设备材料等均已接近国际水平，这不仅得益于我国石油工业快速发展的大环境，同样也为石油工业的发展和国家经济建设注入了强大推动力。我国石油管道技术发展重要里程碑详见表5-8。

表5-8　我国石油管道技术发展重要里程碑

时间	我国石油管道技术发展重要里程碑
1945年	建成国内第一条原油管道，即玉门油田—四台子炼厂(玉门炼厂前身)的供油管道，管径114.3mm，长度4km，输量约10×10^4t/a； 与美国合作建成印度加尔各答港—中国昆明的成品油管道，为抗日部队补给油料，全长3200km，管径114.3mm，最高压力3.5MPa，输油能力约23×10^4t/a；抗战胜利后，1946年7月中国境内段拆除
1958年	建成第一条长输原油管道——克独线(克拉玛依油田—独山子炼厂)长147km，管径168mm；开始修建机场专用成品油管道
20世纪60年代	开始生产426mm的螺旋焊钢管；50、60年代原油管道从开式流程起步，即"罐-泵-罐"流程
20世纪70年代	管道建设第一个高峰期到来，原油管道运量占比由20%左右提高到60%左右；开始生产和使用720mm的螺旋焊钢管，输送流程改为旁接罐流程；管道配件、施工技术和检测设备有了较大改进和提高

第5章 石油天然气的储存与运输

续表

时间	我国石油管道技术发展重要里程碑
1971年	建成东北管网的首条原油管道——铁抚线(铁岭—抚顺),管径720mm,长44km,设计压力4.5MPa,输送能力2000×10^4t/a,管径和输量均为当时国内最大规模
1972年	开始应用检测焊接和防腐质量的无损探伤设备
1974年	新建管道站场的油罐全部采用金属储罐(之前因缺乏钢材,大多采用钢筋混凝土油罐)
1975年	建成最大的热输原油管道系统——东北八三管道(共8条管道);施工技术装备得到较大改善,开始使用从运管、布管、组装,到管沟开挖、回填的全过程机械化施工
1976年	建成第一条长输成品油管道——格拉管道(管径159mm,设计压力6.4MPa,输送能力25×10^4t/a,顺序输送汽、煤、柴等4种油品),是世界海拔最高的管道
1979年	开始使用密闭性和开关灵活性更好的球阀和平板阀
20世纪80年代	管道建设的技术提升期,建设速度有所放缓,进一步将管道的旁接罐流程改造为密闭流程,减少了油品损耗;开始使用管道自动控制技术;管道最大设计压力提高到6.57MPa
1985年	原油管道的密闭输送和自动控制开始在铁大线和东黄复线上实施,铁大线在不停输的情况下成功实施技术改造;开始敷设海底管道
20世纪90年代	通过向国外学习,管道建设的设备材料、工艺技术整体得到快速提高,技术水平开始与国际接轨;管道材质提高到X60、X65钢,设计压力提高到8MPa;90年代末开始生产直缝钢管,并开始研发X70钢管
1997年	建成国内20世纪技术水平最高的原油管道库鄯线(库尔勒—鄯善原油管道),长476km,管径610mm,设计压力(8MPa)、管材等级(X65)和自控水平均创国内原油管道建设新纪录
21世纪	原油管道和成品油管道同时迎来了建设高峰期,原油管道最大管径提高到864mm,设计压力提高到10MPa;成品油管道最大管径提高到660mm,设计压力提高到14MPa
2002年	建成第一条与国际技术水平接轨的成品油管道——兰成渝管道(兰州—成都—重庆),长1252km,最大管径508mm,设计压力达10MPa,采用SCADA系统和模拟仿真系统实现高水平自动化控制,顺序输送多种油品
2004年	建成第一条海上进口原油管道——甬沪宁管道(宁波—上海—南京),长645km,设计压力(最高10MPa)、管径规模(762mm)和分输站数量(4座)均创当时国内记录
2005年	建成第一条陆上进口原油管道——中哈原油管道一期工程(阿塔苏—阿拉山口—独山子),全长1209km(境内段963km),管径813mm,设计压力8MPa,设计输量2000×10^4t/a(一期1000×10^4t/a)
2010年	打通东北能源进口管道,建成中俄原油管道(斯科沃罗季诺—漠河—大庆),中国境内长965km,管径813mm,设计压力8MPa,设计输量1500×10^4t/a

注:资料来源:《中国油气管道》。

(2) 石油管道技术发展趋势
① 原油管道技术发展趋势

a. 原油管道的建设趋向大型化、国际化，融资更加多样化。随着石油开发规模的不断提高，以及国际间石油贸易等不断增加，管道的输量需求不断扩大，使得管道的建设规模不断向国际化、大型化发展，而大型跨国管道建设所需巨额投资，也促成了融资形式的多样化。

b. 管道的设计、建设和运营中更注重经济效益，且向着高压、薄壁、大站距的方向发展。管道压力等级的提高可使同样口径的管道输送更多的油品，降低单位输送成本；薄壁管道建设是管道材质不断提高的结果，可有效减少耗钢量；大站距可减少站场数量，节约征地、简化管理。这些都是提高经济效益的有效途径，因此已成为管道建设的发展方向。

c. 管道的设计与建设更加注重新技术的应用，更加注重安全性、可靠性与环境保护。随着自动焊机、质量控制技术组装模块化等新技术的不断出现，管道建设速度与质量不断提高；定向钻机、岩石开掘设备等的使用，不但提高了施工效率，也攻克了许多施工难点，使管道建设征服了更多的恶劣环境，敷设范围进一步扩大。

d. 普遍推广使用 SCADA 系统，提高自动化管理水平，减少人员，降低成本。

② 成品油管道技术发展趋势

a. 从单一管道向多分支复杂管网发展。即从简单的沿线分输供油向主干线引出分支管线为更远距离、更大范围的区域供油。且遵循从小到大的建设规律，管径一般在 400mm 以下，不做太多的输量预留，如后期输量增加，则扩建敷设平行管道，以保证获得更好的经济效益。

b. 输送介质越来越多，满足不同用户需求。从最初输送单一油品的简单输送工艺，逐渐发展为输送上百种油品的复杂工艺系统，可更多更好地满足不同用户的需求，大大提高了管输经济效益。

c. 顺序输送工艺与计算机控制技术有机结合，管理水平与控制精度日趋完善。通过建立成品油管道的 SCADA 系统，实现对成品油输送的全过程监控、混油面的准确切割，有效控制顺序输送过程的最优化。

(3) 石油管道国内外技术发展对比

我国石油管道（原油管道、成品油管道）的发展与国外先进国家相比起步较晚，且建设规模、技术水平等均存在较大差距，其中起步时间的差距主要与石油工业的起步和发展有关；建设规模（输送种类、管径等）的差距主要与资源规模和市场需求规模有关；这两方面不可简单从数据上判断。而技术水平（管材、建设技术和自控技术等）的差距则客观存在，是我国一直在努力学习和追赶的，通过近半个世纪的学习、引进与消化，我国自 20 世纪 90 年代前后新建的原油管道和成品油管道已基本与国际水平接轨，特别是 21 世纪以来，一些新建管道的技术指标甚至达到了国际先进水平。国内外石油管道技术发展对比详见表 5-9。

表 5-9　国内外石油管道技术发展对比

对比项	国外石油管道技术发展	我国石油管道技术发展
建设起步	美国 1865 年建成世界第一条原油管道（铸铁管道，螺纹连接），管径 50mm，长 10km，8.5×10^4 t/a 前苏联 1928 年建成世界第一条钢制焊接长输原油管道，压力 5MPa，管径 273mm，长度 618km 1900 年美国建设第一条汽油管道（管径 100mm，长度只有 14km）； 1932 年美国在已建汽油管道上实验多油品顺序输送成功，有了现代意义上多品种输送的成品油管道	1945 年建成国内第一条原油管道，即玉门油田—四台子炼厂（玉门炼厂前身）的供油管道，管径 114.3mm，长度 4km，输量约 10×10^4 t/a 1958 年建成国内第一条长输原油管道——克独线（克拉玛依油田—独山子炼厂），全长 147km，管径 168mm 1958 年开始修建机场专用成品油管道； 1976 年建成第一条长输成品油管道——格拉管道
输送种类发展	1900 年输送单一油品（汽油）；1932 年开始顺序输送多个油品；1941 年顺序输送油品数十个；1979 年美国完成世界最大的成品油管输系统科洛尼尔管道的数次改扩建，输送品种达 118 个	1958 年开始单一油品管输； 1976 年输送汽煤柴等 4 个品种； 2002 年建成了与国际技术水平接轨的全线自动化控制的顺序输送成品油管道，但输送品种仍较少（10 个左右）
管径发展	20 世纪 50 年代美国、前苏联、欧洲和中东等多国的输油管道最大管径达到 700mm 以上； 60 年代最大管径达到 1020mm； 70 年代最大管径达到 1420mm	20 世纪 70 年代最大管径达到 720mm； 21 世纪最大管径达到 864mm
管材发展	20 世纪 40 年代末期~50 年代主要使用 X42~X52 钢； 60 年代开始使用 X60~X65 钢； 70 年代开始使用 X70 钢； X80 以上的钢级一般只用在压力较高的输气管道上（其发展见天然气管道部分）	20 世纪 70 年代主要使用 A3F 螺旋焊管（屈服强度仅为 X52 钢的 65% 左右）； 80 年代开始使用 X52、X60 钢； 90 年代开始使用 X65 钢管（库鄯线首次使用），90 年代末开始生产直缝钢管，并开始研发 X70 钢管； X70 以上的钢级目前只用在输气管道上，尚未在输油管道上使用（其发展见天然气管道部分）
建设技术发展	1934 年美国率先使用管道建设采用现代机械化施工	1975 年开始使用从运管、布管、组装，到管沟开挖、回填的全过程机械化施工
自控技术发展	20 世纪 60 年代开始使用在线闭环电子计算机控制系统； 70 年代标准化 SCADA 软件包发展成熟，SCADA 系统应用有了突破性进展	20 世纪 80 年代开始使用管道的自动化控制；90 年代开始使用 SCADA 系统进行自动控制

注：资料来源：《世界管道手册》、《中国油气管道》。

5.1.1.4　石油海上运输发展

(1) 世界石油海运发展

石油天然气的开发与利用

世界石油海运的发展主要源于石油贸易发展的带动,洲际间的石油贸易主要通过海运完成。石油海运的发展历史大致可追溯到19世纪60年代,开始是用啤酒桶分装石油再装船运输,但这种方式不但需要装桶的环节,而且油桶自身的体积和重量影响了船舶的空间利用率与装载量,增加了运输成本,这就促使人们研制新型运油船舶。直到19世纪70年代,世界第一艘专门装载散装油料的油轮诞生后,才真正开启了油轮运输的时代。目前,石油海运量约占全球海运量的1/3,石油贸易量的50%以上是通过海运完成的。自20世纪90年代中期以后的近18年,世界石油海运量以年均2.2%的增速稳步增长,截至2013年底,世界石油海运量达$30.46 \times 10^8 t$,其中原油海运量为$20.90 \times 10^8 t$,约占69%;成品油海运量为$9.56 \times 10^8 t$,约占31%。详见表5-10。

表5-10 世界石油海运量　　　　　　　　　　　单位:$\times 10^8 t$

时间	原油海运量	成品油海运量	合计
1996年	14.69	5.14	19.83
1997年	15.50	5.09	20.59
1998年	15.44	5.01	20.45
1999年	15.78	5.26	21.04
2000年	16.47	5.14	21.61
2001年	16.49	5.55	22.04
2002年	16.35	5.46	21.81
2003年	16.95	4.40	21.35
2004年	18.50	6.36	24.86
2005年	18.85	6.91	25.76
2006年	22.89	7.79	30.68
2007年	22.62	8.23	30.85
2008年	21.11	7.93	29.04
2009年	20.25	8.34	28.59
2010年	20.66	8.83	29.49
2011年	20.32	9.12	29.44
2012年	20.75	9.37	30.12
2013年	20.90	9.56	30.46

注:资料来源:中国航运网数据库。

① 石油海运主要航线　世界石油运输主要围绕从中东和非洲等石油资源地出发的各航线。

a. 原油运输航线　在世界原油主要出口地区(中东、加勒比海、西非、北非、黑海、印尼等)和主要进口地区(北美、西欧、日本、中国、东南亚、南非等)之间形成了以下 7 条原油主要运输航线。这 7 条主要航线的原油海运量约占世界原油海运量的 70％以上,其中东行航线约占 40％,西行航线约占 60％。此外还有黑海—地中海航线、东南亚—日本航线、中国—日本航线等区域性航线。这些航线的航程较短,运量也较小,一般适用于中小型油船。

世界原油运输主要航线及船型详见表 5-11,主要航线示意图详见图 5-13。

表 5-11 世界原油运输主要航线及船型

序号	名　称	航线	主要船型	备注
1	中东到东南亚和日本航线	波斯湾—霍尔木兹海峡—阿拉伯海—印度洋—印度半岛西海岸—科伦坡—马六甲海峡/龙目海峡—中国、日本、韩国	大型油轮(经马六甲海峡)和超大型油轮(经龙目海峡)	东行航线
2	中东经好望角到西欧或北美航线	波斯湾—霍尔木兹海峡—阿拉伯海—印度洋—非洲东海岸—莫桑比克海峡—好望角—大西洋—西欧沿海国家/北美东海岸港口	大型油轮和超大型油轮	西行航线
3	中东经苏伊士运河到西欧或美洲航线	波斯湾—霍尔木兹海峡—阿拉伯海—曼德海峡—红海—苏伊士运河—地中海—直布罗陀海峡—大西洋—西欧沿海国家/北美东海岸港口	苏伊士型	西行航线
4	北非到西北欧航线	北非地中海—直布罗陀海峡—西北欧	20 万载重吨以下船型	西行航线
5	西北非到北美航线	西北非—大西洋—北美	—	西行航线
6	西非到西欧航线	西非—大西洋—西欧	—	西行航线
7	西非到中国和日本航线	西非—大西洋—日本、中国	大型油轮和超大型油轮	东行航线

b. 成品油运输航线　海上成品油运输以灵便型油轮为主。成品油运输航线具有起止点多、油品种类较多的特点,航线不是很固定。以亚洲市场为例,典型航线有:中东—远东(韩国、日本)航线,运输油品以石脑油为主,由于航程较长,运输船型以阿芙拉型为主;以新加坡为中心向韩国、日本、中国、泰国、菲律宾、马来西亚、印尼、澳大利亚、新西兰等国延伸的放射性航线,这些航线长短不一、油种较多,有时一船要装三四种成品油。因此,这些航线的成品油运输主要以灵便型油轮为主。

② 世界油轮运力发展　随着世界石油贸易的稳定发展,油轮运力规模呈持续增长之势,运力增速也出现了超过 5 年的连续增长,2007 年后受单壳油轮拆

石油天然气的开发与利用

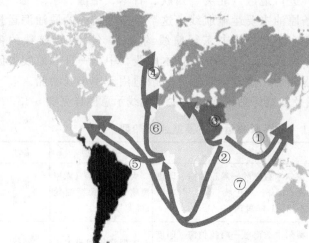

① 中东到东南亚和日本航线
② 中东经好望角到西欧或北美航线
③ 中东经苏伊士运河到西欧或美洲航线
④ 北非到西北欧航线
⑤ 西北非到北美航线
⑥ 西非到西欧航线
⑦ 西非到中国和日本航线

图 5-13 世界原油运输主要航线示意图

解量增加的影响，运力增速有所放缓，2009 年出现短暂反弹后，再度受到欧债危机影响，运力增速自 2010 年开始连续 2 年下降，2012 年反弹后再次下挫，2013 年达到近 10 年的增速低点，出现 2.7% 左右的负增长，总运力规模下降，截至 2013 年底，世界油轮船队万吨以上的油轮数量约 4912 艘，总运力达 4.72 亿载重吨。2002 年以来世界油轮运力走势详见图 5-14。

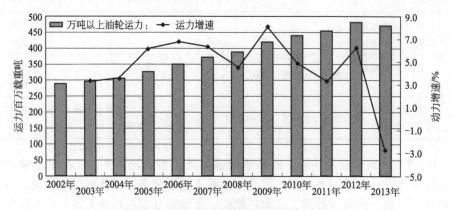

图 5-14 2002 年以来世界油轮运力走势

(资料来源：《安信证券海运数据周报》，2011 年 5 月 11 日；OPEC Annual Statistical Bulletin，2013～2014)

从船型结构看，超大型油轮（VLCC）的运力占比最大，约占 38.2%，是原油运输的主力船型；其次为灵便型油轮，约占 21.4%，是成品油运输的主力船型。2013 年世界油轮船型构成详见表 5-12。

表 5-12　2013 年世界油轮船型构成

船　型	油轮数量/艘	运力/×10⁴t	运力占比/%
超大型(VLCC,20 万吨级以上)	651	19970	38.2
苏伊士型(Suezmax,12 万～16 万吨级)	523	8090	15.5
阿芙拉型(Aframax,8 万～12 万吨级)	927	9940	19.0
巴拿马型(Panamax,6 万～8 万吨级)	434	3130	6.0
灵便型(Handsize,1 万～5 万吨级)	3501	11180	21.4
合　计	6036	52310	100.0

注：资料来源：Clarksons，2013 年。

从经营者类型看，世界油轮船队主要分为独立船东、石油公司附属船队和国有船东三种类型。石油公司附属船队曾是主流运作形式，直至 19 世纪 50 年代初油轮船队几乎全部由石油公司控制，这主要是因为当时原油的运输成本约占 CIF（到岸价）油价的 40%；50 年代大量独立船队和国有油轮公司开始出现；到 60 年代初期，石油公司控制的运力降至世界油轮总运力的 1/3。70 年代以后随着超大型油轮的出现运输成本占 CIF 油价的比重逐渐减少，独立船东逐渐壮大，与石油公司之间的分工日益明显，使得石油公司继续、更新改造自有船队的欲望减弱。进入 21 世纪以来，独立船东运力进一步扩大，已达到占世界油轮总运力的 80% 以上，石油公司（包括私人石油公司和国有石油公司）附属船队运力继续呈现萎缩趋势，运力占比缩小到 8% 左右。各类油轮公司油轮构成详见表 5-13。

表 5-13　各类油轮公司油轮构成

船　东	油轮数/艘	载重/百万吨	平均船龄/年	比重/%
独立船东	4614	385	8.0	83
石油公司附属船队	146	14	8.3	3
国有石油公司附属船队	197	21	14.3	5
国有船东	462	42	9.8	9
总　计	5419	462	8.4	100

注：资料来源：INTERTANKO, Key Tanker Figures (2011) at a Glance。数据截至 2010 年 3 月。

从运力分布看，主要石油进口国、出口国及海运发达的国家，大都拥有规模庞大的油轮船队，以保证石油运输的可靠性和经济性，但各国运力控制形式有所差异。由世界主要油轮船队排名情况可知，美国、日本等主要石油进口国以及挪威、希腊等海运发达国家，其独立油轮公司的运力规模较为突显，并在世界排名中占据主要位置；俄罗斯、沙特阿拉伯、科威特等主要石油出口国，其石油公司（国有公司）船队的运力规模占主导地位，并在世界排名中占据主要位置；我国作为主要石油进口国是以国有公司船队的形式控制运力，在世界前 10 的排名中拥有第 3 和第 7 两席位置。世界主要油轮船队排名情况详见表 5-14。

表 5-14 世界主要油轮船队排名情况

前 10 位独立油轮公司			前 10 位石油公司/国有公司船队		
公司	油轮数/艘	载重/百万吨	公司	油轮数/艘	载重/百万吨
挪威 Frontline Ltd	82	19.1	俄罗斯现代商船公司(Sovcomflot group)	136	11.7
日本 MOSK	105	14.4	马拉西亚 AET/MISC Group	78	10.2
德国 Teekay	111	12.6	中国海运集团(China Shipping Group Co)	85	7.5
美国 OSG	101	11.9	沙特阿拉伯国家航运公司(National Shipping SA)	45	6.5
伊朗 NITC	45	10.7	沙特阿拉伯石油公司(Saudi Aramco)	23	5.7
日本邮船(NYK)	52	10.3	印尼 India Govt	43	5.3
希腊 Maran Tankers Management	37	8.1	中国远洋运输集团(COSCO)	32	5.2
比利时 Euronav NV	33	7.8	英国石油公司 BP Plc	33	3.2
新加坡 Tanker Pacific Management	49	6.2	科威特石油公司(Kuwait Petroleum Corp)	18	3.1
德国 Dr. Peters Group	30	5.8	巴西石油公司(Petrobras)	42	2.4
前 10 位合计	645	106.9	前 10 位小计	535	60.8
前 10 位占比	13.5%	28.3%	前 10 位占比	74.0%	82.5%

注：资料来源：INTERTANKO, Key Tanker Figures (2011) at a Glance。

③ 油轮船队发展趋势

a. 油轮的船型结构向大型化发展。

从世界油轮运力的船型结构看，大型油轮的运力占比呈逐年上升之势。以 2001 年和 2013 年的对比为例，20 万吨级以上超大型油轮（VLCC）的运力占比已从 2001 年的 27% 提高到 38%，排名从第三位跃居首位；12 万～16 万吨级的苏伊士型油轮（Suezmax）运力占比虽然仍居第 4 位，但提高了 11 个百分点；5 万吨级以下的灵便型油轮（Handsize）运力占比虽然仍居第 2 位，但下降了 8 个百分点。2001 年和 2013 年油轮船型结构变化对比详见图 5-15。

b. 更新频率加快，双壳油轮占比快速增长。

近年来，随着各国对油运安全重视程度的不断提高，油轮的更新速度不断加快，油轮船队的船龄总体朝着年轻化的方向发展。2011 年世界油轮平均船龄较

第5章 石油天然气的储存与运输

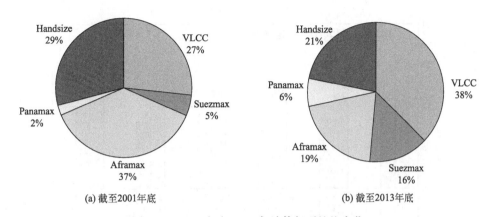

图 5-15　2001 年和 2013 年油轮船型结构变化

（资料来源：Clarksons，2013 年；《安信证券海运数据周报》，2011 年 5 月 11 日）

2003 年下降了 5.7 年，其中 6 万～8 万吨级船型船龄降幅最大，平均下降 8.7 年，其次为 1 万～6 万吨级，平均下降了 6.9 年；20 万吨级以上的超大型油轮船龄降幅最小，平均下降了 2.0 年，这主要是由于 21 世纪以来超大型油轮发展迅速，其船龄相对其他船型已经处于最低水平，因而下降幅度最小。同时，受国际海事组织（IMO）颁布的加快淘汰单壳油轮的新法令影响，安全环保系数更高的双壳油轮占比迅速增长，万吨级以上双壳油轮占比已从 2001 年的 47％提高到 2011 年的 95％以上，并将在 2017 年全部取代单壳油轮。近年油轮船龄变化详见图 5-16。

c. 油轮船队向大型专业化油轮联营体方向发展。

油轮运输市场受国际政治、经济、石油贸易等复杂因素影响，波动较大，经营风险高。为规避风险，提高装载率，发挥规模经济的优势，油轮公司联合组建船队的优势已逐渐被认识，成为众多船东的发展选择。首先联营可以迅速形成规模，提高议价能力，增强货源控制力；其次，油运安全至关重要，越来越受到重视，按照《油轮油污责任暂行补充规定》石油公司对溢油污染负有连带责任，为确保油运安全，石油公司更倾向选择具有良好声誉和丰富管理经验的承运者，联营可以实现优势互补，增强整体实力；再次，统一运作可以降低和分散经营风险，油轮运输风险由联合体共同分担，实现"风险共担、利益共赢"。

（2）我国石油海运发展

① 我国原油进口来源与主要航线　2006 年以前我国原油进口主要靠海运完成，陆路原油进口仅占 10％左右，主要是来自俄罗斯、哈萨克斯坦等周边国家的铁路运输量。随着陆上原油进口通道的开通，通过海上运输的进口原油占比略有减少，但仍占总进口量的 85％左右。我国的海上进口原油主要来自中东、非洲、中南美和东南亚等地区，2011 年海上原油进口量中中东约占 42％、非洲约占 19％（其中西非占 13％）、中南美约占 9％、东南亚及亚太国家约占 11％、其

石油天然气的开发与利用

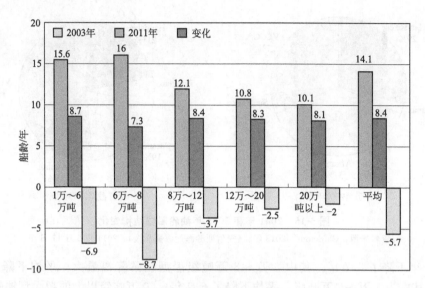

图 5-16　近年油轮船龄变化

[资料来源：Tanker Facts 2003，INTERTANKO；Key Tanker Figures (2011) at a Glance，INTERTANKO]

他地区约占 4%，且来自非洲的进口量有逐年增加的趋势。

根据进口来源地的不同，我国原油进口的主要航线有中东—中国、西非—中国、墨西哥湾—中国、东南亚—中国等，国内主要卸油码头有广东、广西、舟山、宁波、黄岛、大连等。

② 我国成品油进口来源与主要航线　我国成品油进口主要依托海运，进口国家比较分散，2011 年的进口国家和地区约为 10 个。进口量主要集中于亚洲和俄罗斯，分别占 2011 年成品油进口量的 60.2% 和 16.1%。另外从委内瑞拉的进口量也比较大，占总量的 12.4%。

因成品油进口来源地区众多，航线则较为分散，但最主要的航线有日韩—东南沿海、东南亚—东南沿海、南美—东南沿海等。

③ 我国油轮运力发展　我国的石油运输基本是从小型油轮开展近海、沿江运输，逐渐发展为以大型油轮开展远洋运输，大型油轮的远洋运输起步较晚，直到 2002 年才开始运营 30 万吨级油轮。目前，从事远洋石油运输的国有企业主要有中国远洋运输集团（以下简称中远集团）、中国海运（集团）总公司（以下简称中海集团）、招商局能源运输股份有限公司（以下简称招商局）、中国外运长航集团有限公司（以下简称中外运长航）等；民营企业主要有河北远洋运输集团股份有限公司、大连海昌集团有限公司等。进入 21 世纪以来，我国油轮运力快速增长，年均增速达 15% 左右，截至 2011 年底，万吨级以上油轮的总运力已达到 2600 万载重吨左右，四大国内航运企业运力合计超过 2300 万载重吨，约占总运

力的90%，其中中海集团以72艘油轮、总运力685万载重吨位居榜首；且油轮的大型化发展趋势明显，2002～2011年的10年间，超大型油轮（VLCC）从无到有，运力占比已超过60%。我国主要远洋运输企业油轮运力现状详见表5-15。

表5-15 我国主要远洋运输企业油轮运力现状

公司名称	船队总规模		其中VLCC		VLCC占比	
	油轮数量/艘	油轮运力/万吨	数量/艘	载重/万吨	数量	载重
中海集团	72	685	11	329	15.3%	48.0%
中远集团	31	536	13	388	41.9%	72.3%
招商局	21	442	13	352	61.9%	79.6%
长航油运	61	658	14	421	23.0%	64.0%
合计	185	2321	51	1490	27.6%	64.2%

注：资料来源：中海发展股份有限公司2011年年度报告、招商局能源运输股份有限公司2011年年度报告、各公司网站。

(3) 油轮建造技术发展

20世纪中期以前，英国一直是近代世界第一造船大国，从50年代末开始，造船中心逐渐转向日本，70年代开始转向韩国，我国造船能力自1995年开始一直保持着世界第三的地位。

① 国外油轮建造技术发展 油轮的建造历史起源于19世纪80年代，第一艘具有现代油轮特征的油轮是由英国建造的隔舱结构的散装油轮，载重仅3000t左右，经过120余年的发展，已有多国具备了建造超大型油轮的能力，最大油轮载重超过50万吨。国外油轮建造技术发展主要里程碑详见表5-16。

表5-16 国外油轮建造技术发展主要里程碑

时间	油轮技术发展主要里程碑
1886年	英国建成世界第一艘油轮——风帆蒸汽机动力散装油轮(14个隔舱)，载重2300～3000t，长97m，德国-美国石油公司所有
1914年	最大油轮是德国-美国公司的朱比特号，载重12000t原油
1928年	德国建造的世界最大油轮斯迪尔曼号(C. O. Stillman)，载重23060t原油，长178m，4300hp(1hp=0.7457kW)柴油机驱动
1953年	德国建成蒂娜奥纳西斯号(Tina Onassis)，载重48000t
1959年	日本建成世界第一艘10万吨级油轮——宇宙阿波罗号(Universe Apollo)，长290m，总功率27500轴马力(20.5MW)，载重10.45万吨，航速15.5节
1965年	日本建成载重15万吨的东京丸号，成为当时最大的油轮
1966年	日本石川岛拨磨重工建成世界第一艘20万吨级油轮——出光丸号，长344.28m，载重209413t，宽48.84m，最大吃水17.685m，总功率2461kW

续表

时间	油轮技术发展主要里程碑
1968年3月	日本石川岛播磨重工建成世界第一艘30万吨级油轮——宇宙·爱尔兰号,长345m,宽53.4m,载重326586t,最大吃水17.685m,总功率37400kW,航速14节
1976~1979年	法国阿尔斯通公司大西洋船厂,陆续建成4艘巴提留斯(Batillus)级油轮,长414.23m,宽63.05m,舷高36m,吃水28.6m,最大载重55.5万吨,配备4台蒸汽机,双轴推进,总功率64800hp,航速16节
1977年	日本日立重工为埃索石油公司建成2艘51万吨级油轮——埃索大西洋号、埃索太平洋号,船长406.6m,宽71m,舷高31.2m,吃水25m,航速15.65节
1978年	瑞典建成一艘49.9万吨级油轮——纳尼号(Nanny),长365m,吃水22.3m,航速16节,宽79m(世界最宽)
1975~1979年	日本1975年开始建造48万吨级油轮——海上巨人号,建造期间希腊船王破产将其转卖给香港船王董浩云,要求更改设计,加长一段船舱,增加8.7万吨载重,达到56.4763万吨,1979年完工,1984年在波斯湾被伊拉克飞机炸沉,1989年被打捞上来修复,后几经转手,2010年1月被拖至印度阿朗拆船基地的浅滩上搁浅
1993年	丹麦欧登塞造船厂建成世界第一艘30万吨级双壳超大型油轮
2002~2003年	韩国大宇重工建成T1级巨型油轮ULCC,载重441585t,是目前在航的最大油轮,也是世界首批同级别双壳油轮,长380m,舷宽68m,满载吃水24.53m,航速16.5节

注:资料来源:油轮120余年的发展史,《航海》,2012年第2期。

② 我国油轮建造技术发展　我国油轮的建造历史起步于20世纪10年代,1917年自行建造了第一艘油轮,到现在已发展90余年,从最初的300多吨载重量的小油轮,到目前的30万吨级超大型油轮,规模增长了近千倍。我国油轮建造技术发展主要里程碑详见表5-17。

表5-17　我国油轮建造技术发展主要里程碑

时间	油轮建造技术发展主要里程碑
1917年	美孚洋行在上海订造一艘载重343t的油船,长36.3m,同年在江南造船厂订造1艘88t的双螺旋桨拖轮——美滩号,长41.15m,拖带能力126t,用于上海—重庆间拖带油驳船
1969年	大连红旗造船厂建成我国第一艘1.5万吨级油轮——大庆27号,长163.4m,宽20.6m,深11.1m,总吨10494t,载重15150t,吃水8.87m,功率6490kW,航速14.5节
1976年	上海海运局委托大连造船厂建成2.4万吨级油轮——大庆42、43、44、51、61、62、63、65共8艘,长178.6m,宽25m,深12.5m,总吨16464t,载重24744t,载货22300t,吃水9.5m,功率5620kW,航速15节,续航距离7000海里
1976年8月	大连造船厂建成我国第一艘5万吨级油轮——西湖号,长234.2m,宽31m,深16.8m,航速15.5节,续航能力1.5万海里
1987年	大连船厂为挪威克纳森航运公司建成11.5万吨穿梭油轮——兰希德·克纳森号
1987年12月	沪东船厂和上海船舶研究设计院联合设计并建造6.3万吨级巴拿马型油轮——大庆91号
1977年	台湾高雄造船厂建造伯曼奋进号44.5万吨级巨型油轮
2002年	大连船厂建成我国第一艘30万吨级VLCC油轮——伊朗·德尔瓦号,长333.5m,宽58m,深31m,载重299500t,航速15.8节,结构吃水22.2m,15个货油舱,2个污油舱对压载水舱

续表

时间	油轮建造技术发展主要里程碑
2007年3月	南通中远川崎建成世界第一艘承运重质加温原油的VLCC——天喜号,长333m,宽60m,型深29m,设计吃水21.15m,载重31.5万吨,业主为日本邮船公司
2008年10月	上海外高桥造船厂为新加坡海洋油船有限公司建成"华山"号31.8万吨级环保型超大型油轮,是世界第一艘全面满足国际船舶社协会(IACS)制定的最新《沟通结构规范》,载重吨最大、款式最新的超大型油轮,长333m,宽60m,型深30.5m,设计吃水21m,航速16.1节,续航约29000海里
2009年10月	上海外高桥造船厂建成"九华山"号31.9万吨级油轮

注：资料来源：原油运输船舶的发展史，百度文库。

5.1.2 石油储存发展

石油从井口采出，到炼厂加工、运输和销售等各环节均离不开储存设施。自石油被开发利用以来，储存容器经历了坑穴储存、陶器储存、石臼储存等各种方式的演变，到19世纪70年代才开始使用钢制容器储存石油。

按照储存安全和隐秘性的要求，以及储存规模与经济性的要求不同，石油的储存形式大致可分为：油罐储存、地下水封库储存、地下盐矿储存和废弃矿坑储存等多种形式，其中油罐储存是使用管理最简便、适用条件最广泛、建造最多、造价最省的储存形式，其他储存形式因选址和建造复杂、投资高等因素影响，应用较少，本文只对油罐的发展进行概述。

5.1.2.1 油罐种类

油罐的分类方法有多种标准，通常按照材质、形状、护体结构和安装位置等不同进行分类。

按建造材质的不同可分为金属油罐和非金属油罐。金属油罐的材质多为钢材。非金属油罐的材质有钢筋混凝土、砖石等，一般只在钢材紧缺或建造钢制油罐有困难的情况下，才建造非金属油罐。

按形状的不同可分为立式圆筒油罐、卧式圆筒油罐、球形油罐等。其中立式圆筒油罐是最为常见的形式，可建在油田、炼厂、管道首末站和销售油库等多种场合，按其罐顶结构的不同又可分为拱顶油罐、浮顶油罐、内浮顶油罐等常用类型。卧式圆筒油罐相对立式圆筒形体积较小，多用于加油站或生产中使用小型油罐的环节，按其结构不同又可分为平顶油罐、拱顶油罐和锥顶油罐。几种常用形式的油罐特点详见表5-18。

表5-18 几种常用形式的油罐特点

油罐类型	结构特点	适用范围	常用容积范围/m³
拱顶油罐	罐顶为拱形(球缺形)，液面与罐顶间有气体空间，易产生蒸发损耗	常用于闪点较高、挥发性较差的油品储存，如柴油、重油、润滑油等	100～30000

续表

油罐类型	结构特点	适用范围	常用容积范围 /m³
浮顶油罐	罐顶是浮在液面上,随液面上下浮动的盘状结构,罐顶与液面间基本没有气体空间,大大减少了蒸发损耗,但罐顶和管壁间有间隙,会有少量沙尘、雨雪渗入罐中	常用于闪点较低、挥发性较高,但对防水防尘要求不太高的油品储存,如原油等	1000~100000及以上
内浮顶油罐	在拱顶罐基础上加设浮盘,既有拱顶罐的密闭性好的特点,又有浮顶罐蒸发损耗小的优点	常用于闪点较低、挥发性较高,且品质要求严格的油品储存,如汽油、航空煤油等	100~30000
卧式油罐	由圆桶和椭圆形封头组成,多数情况下埋地使用	常用作小型油罐,储存易挥发油品,如汽油、液化石油气等	10~200
球形油罐	球形结构,承压性好,耗钢较少,但施工质量要求高	常用于液化石油气、轻汽油储存	50~10000

注：资料来源：《油品储运设计手册》上册第五章罐区设计。

按照护体结构的不同可分为洞式油罐、掩体油罐和埋地油罐等,其中洞式油罐一般指建在山洞内的油罐；掩体油罐指建造在人工修建的钢筋混凝土或砖混结构的掩体内的油罐；埋地油罐顾名思义是指直接埋入地下的油罐。这三类油罐一般用于隐蔽性和安全性要求较高的场所,如军用油库、机场油库及早期修建的国家储备库等。

5.1.2.2 大型油罐建造发展

世界上大型油罐的建设始于20世纪60年代,建造技术较为先进的国家主要有美国、日本及部分欧洲国家。世界第一台$10\times10^4 m^3$超大型油罐是美国在1962年建造的,为单盘浮顶罐结构,同期日本也具备了$10\times10^4 m^3$超大型储罐的建造技术,目前世界最大油罐的单罐规模已超过$20\times10^4 m^3$。国外大型油罐建设简要发展历程详见表5-19。

表5-19 国外大型油罐建设简要发展历程

时间	发展历程
1962年	美国建成世界第一台$10\times10^4 m^3$超大型浮顶油罐,直径87m,高21m
1967年	委内瑞拉建成$15\times10^4 m^3$超大型浮顶油罐,直径115m,高14.6m
1971年	日本建造$16\times10^4 m^3$超大型储罐,直径109m,高17.8m
20世纪80年代	日本建造$18\times10^4 m^3$油罐,沙特阿拉伯建成$20\times10^4 m^3$超大型浮顶油罐,直径110m,高22.5m
21世纪	美国建成$23\times10^4 m^3$特大型浮顶油罐

注：资料来源：潘家华,圆柱形金属油罐设计//《潘家华油气储运工程著作选集》第3卷。

我国在20世纪70年代之前只能建设$5\times10^4 m^3$以下规模的立式储罐,大型油罐建设起步于 70 年代后期，80 年代通过引进国外技术开始建造 $10\times10^4\,m^3$ 超大型油罐，通过对国外技术的引进、消化和吸收，目前已具备了自主建造 $15\times10^4\,m^3$ 油罐的技术水平。我国大型油罐建设简要发展历程详见表 5-20。

表 5-20　我国大型油罐建设简要发展历程

时间	发展历程
20 世纪 70 年代	受技术和材料等限制，只能建造 $5\times10^4\,m^3$ 以下油罐
1975 年	在上海陈山码头建成第一台 $5\times10^4\,m^3$ 浮顶油罐
20 世纪 80 年代	通过技术引进开始建造 $10\times10^4\,m^3$ 超大型油罐，设计、施工、高强度钢板及热处理成品部件等全部配套引进
1985 年	秦皇岛输油公司从日本引进 2 台 $10\times10^4\,m^3$ 单盘浮顶油罐，从此开启了我国超大型油罐的建造历史
20 世纪 90 年代	自主设计和施工，只引进高强度钢板和热处理成品部件
21 世纪初	自主设计、施工及焊后热处理，只引进高强度钢板
2003 年	茂名石化公司率先建造了两台 $12.5\times10^4\,m^3$ 超大型浮顶油罐，油罐内径 90m，罐高 21.8m
2005 年	中石化工程建设公司和洛阳石化工程公司联合设计建造了 $15\times10^4\,m^3$ 超大型浮顶油罐（内径 100m，罐高 21.8m），是目前国内最大的油罐
21 世纪 10 年代	设计、施工、高强度钢板和热处理全部国产化

注：资料参考：李宏斌，我国超大型浮顶油罐的发展，《压力容器》，2006 年第 5 期。

5.2　天然气的储存与运输

5.2.1　天然气运输发展

早期石油勘探中发现的天然气由于运输问题得不到解决，往往被放空烧掉。后来，人们尝试用原木挖空做管子运输天然气，接缝处用毛毡浸沥青密封，由于漏气和压力无法保持，这种方式很快被铸铁管道代替。20 世纪 20 年代开始使用钢制管道输送天然气。

天然气的常见运输方式主要包括：管道运输、LNG（液化天然气）运输、CNG（压缩天然气）运输。

天然气在常温常压下为气体，具有流动性好、可压缩性强的特点，最适宜管道运输。

天然气在常压下冷却到 -162℃时，由气态转为液态，称为液化天然气（liquefied natural gas，LNG），其体积约为等量气态天然气的 1/600，可极大地提高运输能力，可以用于建设管道困难且不经济地区的天然气运输。由于天然气液化所要达到的低温条件对技术要求严格，工艺设备复杂、投资较大，一般陆上运输较少采用，多用于天然气的海上运输。陆上以汽车罐车运输，海上以 LNG 船运输。

天然气经压缩机压缩增压后，形成压缩天然气（compressed natural gas，简称 CNG）。CNG 仍为气态，压力一般在 10～25MPa，由带储气瓶的汽车运输。

管道运输是陆上大宗天然气运输的唯一方式，LNG 船运是海上大宗天然气运输的唯一方式，陆上 LNG 和 CNG 汽车运输是管道运输的有益补充，可用于运量少且分散的用户供气。本文将重点关注天然气陆上和海上的主流运输方式——天然气管道运输和 LNG 船运的发展与技术进步。

5.2.1.1 天然气管道发展

(1) 天然气管道类型

天然气管道主要包括集输管道、长输管道、城市输配管道等几种类型。

集输管道主要是将气田各单井产出的气集中起来输送到天然气净化厂，输送介质基本是未经净化处理的井口产出气，集输管道一般使用无缝钢管，输送压力取决于地层压力，短则几公里，长则上百公里，多为枝状或放射状布置。

天然气长输管道主要是将气田所产的净化商品气输送至用户的长距离输送管道，一般使用高强度专用钢制成的螺旋焊钢管或直缝钢管，输送压力多为 4～10MPa，沿途可接收气体或分输气体。干线运距短则百公里以上，长则几千公里；支线一般较短，有些仅几十公里。

城市输配管道主要是将经过加臭的净化天然气配送到城市中的各类用户（民用燃气用户、工业用户等）。输送压力一般在 0.01～4MPa，0.4MPa 以上的管道多采用无缝或有缝钢管，0.4MPa 以下的管道则广泛使用 PE 聚乙烯管，各种压力等级的管道都布置成环状，以保证均匀稳定供气。

上述几类管道中长输管道压力高、距离长、沿途地形复杂、工程难度大，其发展历程基本反映了天然气管道的建设水平与技术进步，故以下本文重点关注的天然气管道发展与技术进步均指长输管道。

(2) 世界天然气管道发展

① 总体发展　自 1870 年美国建成世界第一条天然气管道以来，世界天然气管道的建设随着天然气开发和市场的不断扩大而发展壮大，最初的发展主要集中在天然气开发较早的北美地区。天然气管道虽然起步晚于原油管道，但发展速度较快，特别是美国，到 20 世纪 30 年代，其天然气管道建设长度已超过 20000km，第二次世界大战之前已建成了多气源、多用户结构的全国性管网。截至 2012 年，世界天然气干线管道总里程已超过 129×10^4 km，最大管径已达到 1422mm，最大输送压力已超过 20MPa。

从发展速度看，20 世纪 60 年代是天然气管道发展的第一个高峰期，欧美地区均开始大规模发展，管道长度年均增速超过 1×10^4 km，达到历史高点；70 年代，输气管道建设受天然气开发速度的影响总体有所放缓；80 年代是管道建设发展的第二个高峰期，年均建设长度超过 2×10^4 km；90 年代主要是管道技术发展期，建设速度有所减缓；进入 21 世纪后，随着亚太地区等天然气工业的崛起，管道建设再次出现持续稳步增长的态势。世界天然气管道各时期建设情况详见图 5-17。

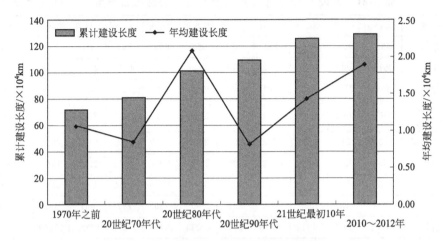

图 5-17　世界天然气管道各时期建设情况
（资料来源：《世界石油工业关键技术现状与发展趋势》；Oil & Gas Journal，1998～2002；The World Onshore Pipelines Report，2008～2013）

从区域分布看，北美地区天然气管道建设最发达，截至 2012 年，其管道总里程约占世界的 42.4%；其次为欧洲，约占世界总里程的 38.9%，其中东欧和独联体地区约占世界的 23.6%，西欧约占世界的 15.3%；非洲的管道建设相对落后，总里程仅占世界的 2.2%，详见图 5-18。

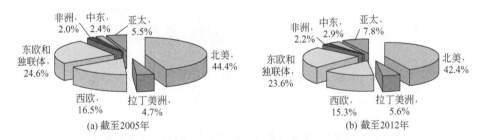

图 5-18　世界天然气管道区域分布
（资料来源：《世界石油工业关键技术现状与发展趋势》；Oil & Gas Journal，1998～2002；The World Onshore Pipelines Report，2008～2013）

从区域发展情况看，2003～2012 年北美地区天然气管道建设总长度居世界首位，累计建设长度超过 4.3×10^4 km，占世界新增天然气管道的 25.2%；其次是亚洲地区，10 年累计建设天然气管道也超过了 4×10^4 km，占世界新增天然气管道的 23.1%；发展相对较慢的是大洋洲、非洲和西欧等地区，10 年累计建设长度均不足 1×10^4 km。2003～2012 年世界天然气管道分区建设长度详见表 5-21。

表 5-21　2003~2012 年世界天然气管道分区建设长度　　　单位：km

区域	2003年	2004年	2005年	2006年	2007年	2008年	2009年	2010年	2011年	2012年	合计
非洲	960	924	1027	990	1074	902	606	591	833	751	8658
亚洲	2575	3209	2908	3223	3928	5101	4673	4794	4544	5108	40063
大洋洲	553	714	260	1281	1466	646	70	794	829	1071	7684
东欧和独联体	2459	2099	2547	2274	2746	3066	2661	3203	2598	2855	26508
拉丁美洲	1058	2217	2520	2372	2293	3091	3273	2429	2191	2655	24099
中东	1609	937	941	1222	1187	1185	1863	1670	1543	1451	13608
北美	3852	4142	3662	3418	4492	5273	4575	4304	4828	5135	43681
西欧	1208	1311	1048	425	824	769	736	767	967	943	8998
合计	14274	15553	14913	15205	18010	20033	18457	18552	18333	19969	173299

注：资料来源：The World Onshore Pipelines Report，2008~2012。

从管径规模看，天然气管道建设以大型管径居多，特别是 21 世纪以来，管径 762mm 以上的管道建设总长度占比最多，约占 51%；其次为管径 559~762mm 的管道，约占 26%；管径 102~254mm 的小口径管道，占比最少，仅占建设总长度的 4% 左右。2001~2014 年世界天然气管道建设的管径规模构成详见图 5-19。

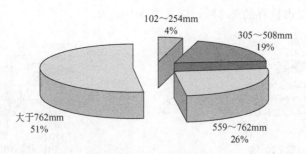

图 5-19　2001~2014 年世界天然气管道建设的管径规模构成
（资料来源：Oil & Gas Journal，2001~2014）

从发展水平看，美国是天然气管道起步最早、管网最为完善且规模最大的国家，俄罗斯和加拿大也是天然气管网较为发达的国家，分别建有代表世界先进水平的输气管道系统。

② 典型国家天然气管道发展

a. 美国天然气管道发展　美国的天然气管道发展始于 19 世纪 70 年代，第一条天然气管道是 1870 年用原木挖空做成的，接缝处以毛毡浸沥青密封，管径 393.7mm，长度 40km，因漏气只使用了 2 年。1872 年又建成了第一条铸铁管道，长度仅 9km 左右，年输量仅 $11\times10^4 m^3$，主要用于民用取暖和炊事的供气。20 世纪 60 年代，随着美国天然气产量达到历史高点，其天然气管道建设也达到高峰期，管道里程年均增速高达 8.4%，建成了连接 48 个州的全国天然气管网；70 年代以后，勘探难度逐渐加大，天然气开发成本不断上升，天然气产量大幅降低，每年建设的管道长度较 60 年代减少了一半以上，年均增速下降到 2.2%左右；80 年代后，随着美国天然气逐步解除井口气价控制、解除天然气使用限制、开放管道运输业等一系列政策的调整，使得天然气产量和运输量出现回升，但受当时经济不景气的影响，管道建设年均增速继续下降，但总里程继续增加，1990 年管道总里程超过 33×10^4 km，达到历史最高水平；1990 年以后由于老管线进入淘汰更新期，总里程反而有所降低；进入 21 世纪以来，管道总里程开始稳步反弹。

经过 100 多年的发展，美国天然气管道已成为世界最发达的国家之一。截至 2012 年，美国天然气管道建设总长度已接近 32×10^4 km，最大管径达 1422mm。美国天然气干线管道里程发展与年均增速详见图 5-20。

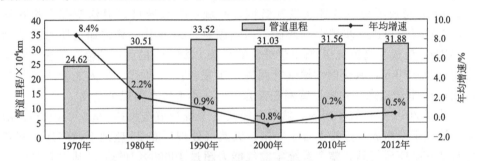

图 5-20 美国天然气干线管道里程发展与年均增速

（资料来源：《世界管道手册》；API, Basic Petroleum Data Book, 2011; Oil & Gas Journal, 2011-4-4; Oil & Gas Journal, 2012-5-7）

美国最具代表性的天然气管道有阿拉斯加输气管道，它是世界上最长的低温天然气管道，全长约 7800km，贯穿美国和加拿大，管径 914～1422mm，设计压力 6.3～10MPa，最大输气量 $330\times10^8 m^3/a$。该管道起于阿拉斯加的普鲁霍气田，向南经过阿拉斯加与加拿大的约肯边界，向东南进入加拿大约肯自治区和克伦比亚，在詹姆士分东西两路进入美国，东线到达美国中部、南部和东海岸，西线到达美国西海岸的旧金山。因管道经过阿拉斯加永冻土地带，为了不破坏永冻土，采用低温输送，天然气用丙烷冷冻，温度控制在 $-17℃$。

b. 加拿大天然气管道发展　加拿大天然气生产主要集中在阿尔伯塔省，其天然气管道的走向基本是从阿尔伯塔省通往东部工业区或向美国输出。其最大的输气管道管径达 1422mm，最长的管道连接极北地区、马更些三角洲、加拿大和美国，境内长度达 5000km 左右。

加拿大已建大型输气管道主要有横贯加拿大的 TCPL 输气管道、阿尔伯达输气管道、西海岸天然气管道等。这三条管道均向美国输出天然气，其中 TCPL 输气管道全长约 8500km，在加拿大境内长度约 3780km，管径 500~1067mm，连接安大略省和魁北克省，向美国出口天然气，年输气量 $300 \times 10^8 m^3$。阿尔伯塔输气管道全长约 7000km，向 TCPL 管道、西岸输气系统供气；西海岸输气管道也向美国供气。

c. 俄罗斯天然气管道发展　俄罗斯是世界最主要的天然气产地和消费地，其天然气管道建设规模和发展速度居世界首位。其天然气管道建设起步于 20 世纪 40 年代，第一条输气管道是 1941 年建成的达沙瓦-列沃夫输气管道，长度只有 69km，管径 325mm；第一条长输天然气管道是 1946 年建成的萨拉托夫-莫斯科管道，长度 843km，管径 325mm；50 年代，其天然气管道最大管径已发展到 820mm，并开始使用自行建造的往复式燃气压缩机；60 年代，建成了连接各大产气区的中央、西部、东乌克兰、伏尔加河流域及乌拉尔等干线输气系统，并开始向捷克斯洛伐克等部分东欧国家出口天然气；70 年代，最大管径提高到 1420mm，形成了统一的环状供气管网，区域供气系统可以灵活调配、相互补充，天然气出口进一步扩大到西德等西欧国家；80 年代，管道输送压力提高到 7.5MPa，建成了乌连戈伊-格里佐维茨等 7 条 1420mm 的大口径输气干线，总长度超过 20000km，其全国性输气管网进一步完善；90 年代，进入老管线更新改造期；21 世纪以来，主要以管网完善为主，基本不再有大规模建设。

截至 2012 年，俄罗斯的天然气干线及支干线管道全长达 16.2×10^4 km，由多条输气干线组成，连接上百个气田、天然气处理厂和 25 座地下储气库，配套建有 200 余座压气站，整个系统年输气能力超过 $10000 \times 10^8 m^3$。其中著名的天然气管输系统主要包括：

• 乌连戈伊—中央输气系统

该系统包括 6 条输气管线，管径均为 1420mm，输送压力均为 7.5MPa，分别从乌连戈伊输往莫斯科、诺沃普斯科夫、彼得罗夫斯克、中央输气管道Ⅰ线、中央输气管道Ⅱ线、捷克乌日哥罗德，分别于 1981~1987 年陆续投产，总长度 2 万余公里，总输气能力 $2000 \times 10^8 m^3/a$。沿途经过上百公里永冻土地带，为保证不对永冻土地带造成破坏，输气温度降至 -2℃，6 条管线间建有连通站，以便相互间调节输气量。

• 亚姆堡—耶列茨—中央输气系统

该系统包括亚姆堡—耶列茨干线的Ⅰ线和Ⅱ线、亚姆堡—乌日哥罗德、亚姆堡—图拉Ⅰ线和Ⅱ线，以及亚姆堡—伏尔加流域的 6 条输气管道，管径均为 1420mm，输送压力均为 7.5MPa，线路总长度 2.3×10^4 km，总输气能力 $2000 \times 10^8 m^3/a$，每年向东欧供气 $220 \times 10^8 m^3$。

• 亚玛尔—欧洲输气系统

该系统由6条平行敷设的输气管道组成,管道途经俄罗斯、白俄罗斯、波兰,到达德国法兰克福,并与西欧管网和克兰管网相连,总长度4847km,管径均为1420mm,设计压力7.4~8.3MPa,总输气能力$900×10^8m^3/a$。

- 俄罗斯—土耳其输气管道

该管道起于俄罗斯的斯塔夫罗波尔,经克拉斯诺尔后,在黑海的朱布加穿越黑海,从土耳其萨姆松上岸,总长度1213km。黑海穿越段为双线管道,穿越长度380km,水深2150km,设计压力25MPa。

(3) 我国天然气管道发展

① 总体发展历程 我国利用管道输送天然气的历史最早可追溯到公元前200多年(秦汉时期),当时用竹子制成管道输送天然气。而现代意义上的输气管道建设起步于20世纪50年代初,50年代(1951~1958年)是我国天然气管道建设的起步阶段,主要是配合四川天然气的开发利用而建设的短距离小管道,累计建设天然气管道仅27.7km,管径80~159mm。

60年代,正式进入天然气长输管道的发展期,1963年建成的四川省巴渝线(巴县石油沟—重庆孙家湾配气站)是我国第一条长输天然气管道,管径426mm,设计压力2MPa,全长54.4km,采用A3螺纹焊接钢管,这一时期最大管径达到630mm,设计压力为4MPa,建设总长度为575km。

70年代是我国天然气管道建设的第一个快速发展期,这10年中天然气管道建设总长度达2139km,是60年代的3.7倍,管径也提高到720mm。

80年代是天然气管道建设的缓冲期,受国家基建投资调整影响,忠武线等大型建设项目延缓,输气管道建设总长度为1330km,只有70年代的60%左右,管径规模没有发展,但设计压力有所提高,最大达到了5.8MPa。

90年代,随着我国天然气在西南、西北、东北及中部等油气田的全面开发,天然气管道建设迎来了第二个快速发展期,管道建设总长度达6279km,是80年代的近5倍,管径规模虽然没有新的突破,但管道最高设计压力进一步提高到6.4MPa,特别是90年代末建成的陕京线工程,输气系统的自动化控制水平得到大幅提高,达到国际先进水平。

21世纪以来,随着我国天然气开发利用的整体快速发展,天然气管道建设也进入了全新的发展期,以西气东输为代表的一批达到国际先进水平的干线管道先后建成投产,管道建设和控制管理的技术水平得到全面提高,21世纪前11年的建设总长度近$2.3×10^4$km,是20世纪近50年管道建设总长度的2倍以上,最大管径提高到1016mm,最高设计压力10MPa,均已步入国际先进行列。2010年后继续保持强劲发展,2012年建成的西气东输二线使最大管径和最高设计压力又上新台阶,最大管径达1219mm,最高设计压力达12MPa。截至2012年底,我国天然气管道总长度约$4.4×10^4$km,总输气能力超过$4000×10^8m^3/a$,形成了以西气东输一二线、陕京线一二三线、忠武线、涩宁兰、川气东送等骨干输气系统为纽带，以西南、环渤海、长三角、珠三角等区域性输气管网为支撑的全国天然气管网系统。我国陆上天然气管道建设规模详见表 5-22。

表 5-22　我国陆上天然气管道建设规模

时间	建设长度/km	最大管径/mm	最高设计压力/MPa
20 世纪 60 年代	575	630	4
20 世纪 70 年代	2139	720	4
20 世纪 80 年代	1330	720	5.8
20 世纪 90 年代	6279	720	6.4
2000 年	1205	720	6.4
2001 年	1362	720	6.4
2002 年	473	720	6.4
2003 年	1753	720	6.4
2004 年	3851	1016	10
2005 年	1345	1016	10
2006 年	610	1016	10
2007 年	1281	1016	10
2008 年	1994	1016	10
2009 年	4656	1016	10
2010 年	4206	1016	10
2011 年	3674	1016	10
2012 年	6815	1219	12
合计	43548	—	—

注：资料来源：《中国油气管道》。

　　从发展速度看，我国天然气管道进入 21 世纪后才迎来高速发展期，21 世纪前 10 年的建设长度超过了之前 40 年的累计建设长度，年均建设长度达 1800km 左右；2010 年以后，伴随清洁能源发展的大趋势，天然气管道建设再次翻倍提速，2010~2013 年的 4 年建设长度与其之前 10 年的建设长度相当，年均建设长度超过 4700km 左右。我国陆上天然气管道各时期累计建设长度与年均建设长度详见图 5-21。

　　② 典型工程介绍　我国各个时期较具有代表性的天然气管输系统主要包括西南输气管网、陕京线输气系统、忠武线输气工程和西气东输系统等，下面分别加以介绍。

　　a. 起步最早的输气管网——西南输气管网。

　　西南地区的四川盆地是我国最早开发的大型天然气基地，也是天然气管道建

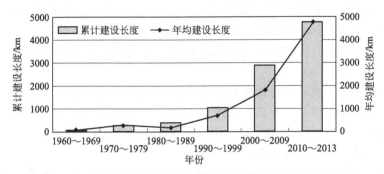

图 5-21 我国陆上天然气管道各时期累计建设长度与年均建设长度

设的发源地，20 世纪 70 年代随着四川盆地高产气井不断开发，输气管道建设有了迅速发展。

1979 年建成了川渝南半环管网，该管网汇集了川东、川南、川西南和川西北 4 个气区 70 多个气田的天然气，干线全长 723km，管径 720mm，沿线未设增压站，主要靠气田井口压力输送，必要时在气田增压后再加入干线。

1986 年建成四川北半环管网，全长 327km，管径 720mm，X60 管材，设计压力 4MPa，输送能力 $18\times10^8 m^3/a$，设有压气站、线路截断阀室和阴极保护站等设施，采用正反输工艺流程和密闭清管工艺。大型河流穿越首次采用混凝土预制加重块扣接稳管，大口径弯头全部采用当时最新研制的整体一次模压成型工艺制造。首站设有硫化氢、水露点在线监测仪表，连续检测气体质量，高低限报警可就地或远程操作，事故自动紧急截断，代表了 80 年代国内天然气管道技术水平。

目前以北干线、南干线、北内环为骨干的环形管网，以及川西天然气管网和川东北天然气管网组成了调配灵活的川渝输气管网，实现了向川渝地区大多数城市供气。川渝管网又与若干枝状外供管道共同构成了涉及西南 3 省（四川、云南、贵州）1 市（重庆市）的西南输气管网。截至 2011 年底，西南地区已累计建设天然气管道约 5000km，供气用户除民用燃料以外，还涉及发电、化工、冶金、机械和电子等多个行业，使西南地区成为我国天然气使用率最高、用户最多的地区，也为西南地区保持良好生态环境，减少大气污染发挥了重要作用。

b. 筹划期最长的输气管道——忠武线输气管道。

忠武线（重庆市忠县—湖北省武汉市）原名川汉线，是我国筹划时间最长的天然气管道，1974 年开始由国务院组织召开了管道建设领导小组讨论会，讨论了四川气田开发及配套输气管道建设问题，70 年代末已完成长江穿越、公路建设等配套工程，80 年代由于国家基建投资调整而暂停建设，90 年代末随着川渝天然气开发规模的不断扩大和建设资金到位，川汉线建设再次提到议事日程，2003 年 8 月忠武线正式开工建设，2004 年 12 月建成投产。

忠武线输气管道由一干三支构成,途经 3 省(市)、15 市和 31 县,线路总长度 1375km,设计输量 $30 \times 10^8 \text{m}^3/\text{a}$。全线共设 21 座工业站场、39 座线路阀室,采用 SCADA 系统实现自动化控制管理,在国内首次采用了高强度抗硫管道钢。

忠县—武汉干线,起自重庆忠县干井镇,自西向东基本沿川汉公路和 318 管道铺设,经恩施、巴东、宜昌、荆州、潜江等到达武汉市江夏区,全长 719km,管径 711mm,设计压力 6.3~7.0MPa,管道材质 X60 钢,采用聚乙烯三层复合结构和熔结环氧粉末分段防腐。

荆州—襄樊支线,长 238km,管径 406mm,设计压力 6.3MPa,使用 X52 钢管,途经宜城,向宜城、襄樊等地分输供气。

武汉—黄石支线,长 78km,管径 323.9mm,设计压力 6.3MPa,途经鄂州,向鄂州、黄石等地分输供气。

潜江—湘潭支线,途经湖北省监利、湖南省岳阳、长沙、株洲等市县,长 341km,管径 610mm,设计压力 6.3MPa,向监利、岳阳、长沙、湘潭等地分输供气。

c. 国内最先达到国际水平的输气管道——陕京线输气工程。

陕京线输气工程是将长庆靖边气田的天然气输往京津地区的天然气管道工程,目前已建成陕京一线、陕京二线和陕京三线工程,未来还将启动陕京四线工程,供气市场覆盖京津地区及环渤海区域。

陕京一线起自陕西靖边,终点为北京石景山区,途经陕西、山西、河北、天津和北京 5 省(市),全长 1098km,管径 660mm,设计压力 6.4MPa,采用 X60 钢管,输送能力 $33 \times 10^8 \text{m}^3/\text{a}$,1992 年开工建设,1997 年 10 月建成投产。全线采用 SCADA 系统自动控制,通过卫星通信实现控制中心与各站场间的实时数据采集与集中控制,是当时国内自动化程度最高的输气管道,也是国内首个达到国际水平的天然气管道工程。

陕京一线建成后,由于京津地区和沿线天然气市场发展迅速,很快就出现了用气紧张局面,为此陕京二线于 2004 年 3 月开工建设,起点仍为陕西靖边,途经陕西、山西、河北等地,到达北京大兴区采育镇,全长 935km,管径 1016mm,设计压力 10MPa,采用 X70 钢管,输送能力 $120 \times 10^8 \text{m}^3/\text{a}$,2005 年 7 月建成投产,有效满足了京津地区快速增长的天然气用气需求。

陕京三线起自陕西榆林,途经陕西、山西、河北等地,到达北京房山区良乡,全长 896km,管径 1016mm,设计压力 10MPa,采用 X70 钢管,输送能力 $150 \times 10^8 \text{m}^3/\text{a}$,2011 年 1 月建成投产,为环渤海经济带提供清洁能源,进一步缓解京津地区供气压力。

d. 迄今世界最长的天然气管道——西气东输工程。

西气东输工程是将我国西部地区所产天然气及从西部引进的进口天然气输往

东部地区的天然气管道工程的统称，目前已建成西气东输一线、西气东输二线工程，并已启动西气东输三线工程建设，未来还将启动西气东输四线工程，供气市场覆盖中部地区、长三角及东南沿海地区等。

西气东输一线起自新疆塔里木油田的轮南，途经新疆、甘肃、宁夏、陕西、山西、河南、安徽、江苏、浙江和上海10个省（区市），到达上海西郊白鹤镇，干线全长约4000km，管径1016mm，设计压力10MPa，采用X70钢管，输送能力$120 \times 10^8 m^3/a$，2002年7月开工建设，2004年10月建成投产。全线采用了遥感选线、SCADA系统自动控制、高压内涂敷输送、大口径高钢级管材、全自动超声波检测和系统调峰分析等先进技术，是当时国内规模和投资最大、技术水平最先进的天然气管道工程，创造了多项领先技术：管径最大，首次使用1016mm大口径钢管；钢管等级最高，首次使用X70钢；输量最大，首次达到年输量百亿立方米以上；工程条件最复杂，穿越戈壁、荒漠、高原和水网等各种复杂地形等。

西气东输二线起点土库曼斯坦，与中亚天然气管道相连，经新疆霍尔果斯入境，气源是土库曼斯坦和哈萨克斯坦等中亚国家天然气，国内气源作为备用。国内工程包括1条干线8条支线，干线起自新疆霍尔果斯，东达上海，南抵广州和香港，途经新疆、甘肃、宁夏、陕西、河南、湖北、湖南、江西、广西、广东、浙江、安徽、江苏和上海等15个省（区市），全长4978km，8条支干线长3726km，工程总长度达9000km左右，是迄今为止世界最长的跨国输气管道，也是我国首条引进境外天然气资源的战略性管道。干线管径为1219mm，设计压力12MPa，采用X80钢管，输送能力$300 \times 10^8 m^3/a$，这4项指标均创国内管道记录，规模和技术水平堪称国内第一和国际先进。该工程2008年2月正式开工，2012年12月全线建成投产，与西气东输一线、涩宁兰管道等多条管线联网，并与国外及国内西部地区多个气源相连，形成了多气源保障、调配灵活的天然气供气管网。

西气东输三线西起新疆霍尔果斯，东至福建省福州，途经新疆、甘肃、宁夏、陕西、河南、湖北、湖南、江西、福建和广东10个省（区），全长7378km，设计输量$300 \times 10^8 m^3/a$，气源主要来自土库曼斯坦、乌兹别克斯坦和哈萨克斯坦的天然气进口资源以及新疆伊犁地区的煤制气，该工程已于2012年12月正式开工建设，预计2015年全线贯通。该工程在线路选择、环境保护和成本节约等方面将更为优化，约有近20座站场与西气东输二线合建，实现两条线联合运行、管理与维护，并将与西气东输一线、陕京线、川气东送等已建主干管网联网，共同构建横跨东西、纵贯南北的天然气基础管网，有效提高供气可靠性，促进能源结构优化和经济发展。

(4) 天然气管道技术进步

① 天然气管道技术发展历程

a. 国外天然气管道技术发展历程　国外天然气管道建设自19世纪70年代

起步以来，至今已大约经过了 140 年，但全球性的规模发展基本是第二次世界大战后开始的，在最近这 60～70 年中，天然气管道建设在全球范围内飞速发展，管道技术也在不断创新，无论是输送工艺和设备材料，还是施工技术和自控管理技术等均发生了质的飞跃，对天然气这一清洁高效能源的推广起到了巨大的推动作用。国外天然气管道技术发展重要里程碑详见表 5-23。

表 5-23　国外天然气管道技术发展重要里程碑

时间	国外天然气管道技术发展重要里程碑
1872 年	美国建成世界第一条铸铁天然气管道，长 9km，管径 60mm，输量 $11×10^4 m^3/a$
1886 年	美国建成第一条长输天然气管道，宾夕法尼亚州凯恩—新泽西州布法罗，长 140km
1909 年	美国建成西弗吉尼亚—俄亥俄州辛辛那提的天然气管道，长 295km，管径 508mm，是第一条管径达到 500mm 以上的天然气管道
1931 年	美国建成德克萨斯州潘汉德尔—芝加哥的输气管道，长度 1609km，管径 508～660mm，其长度和规模均为当时世界最大
1935 年	美国输气管道已达 20000km，开始使用电动离心泵和透平驱动离心压缩机
1941 年	前苏联建成其第一条输气管道，长 69km，管径 325mm
1946 年	前苏联建成其第一条长输天然气管道，长 843km，管径 325mm
1952 年	美国机械工程师学会颁布 B31.8 输气及配气管段规范(后上升为国家规范)，开始采用防腐涂层结合阴极保护的方法
1956 年	前苏联建成斯塔夫保尔—莫斯科天然气管道，管径 720mm(首次使用)
1959 年	前苏联建成谢尔普霍夫—列宁格勒天然气管道，管径 720mm，长 800km，其中 34km 穿越沼泽地，446km 是水淹地
20 世纪 60 年代	天然气管道发展的第一个高峰期，欧美地区均开始大规模发展管道建设，年均建设长度超过 $4.5×10^4 km$，达到历史高点；前苏联 1m 以上大口径管道超过 14000km，居世界之首
1960 年	美国建成世界第一条液化石油气管道，管径 310mm，主干线长 2720km
1962 年	前苏联建成克拉斯诺达尔—赛普霍夫输气管道，长 1000km，管径 820mm/1020mm(首次超过 1m)
1968 年	前苏联建成乌赫塔—托若克输气管道，长 1500km，首次使用 1220mm 管径，60 年代前苏联建成管径 1m 以上的管道达 14000km 以上，为世界之冠
1966 年	阿尔及利亚建成 2 座较大规模的液化天然气厂，向法国出口 LNG
20 世纪 70 年代	最大管径提高到 1420mm，管道施工建设水平进一步提高，建设速度有所减缓
1975 年	前苏联首次在秋明气田彭加—乌赫塔输气管道使用 1420mm 管径
1976 年	前苏联向意大利订购 5 座预制压缩机站，安装在奥伦堡—丘斯特输气管道上(管径 1420mm，长 2720km)，成功应用模块化和预制化技术，一年内完成供货和现场安装，沿线环境恶劣，全年雨雪多，冬季低温达 −45℃
20 世纪 80 年代	管道建设发展的第二个高峰期，年均建设长度超过 20000km，输气管道建设长度远高于输油管道
1980 年	前苏联开始建设乌连戈伊气田的 6 条超大型输气管道，同沟敷设(1220mm/1420mm)，1981～1987 年陆续投产

第5章 石油天然气的储存与运输

续表

时间	国外天然气管道技术发展重要里程碑
1981年	美国和加拿大建设阿拉斯加天然气输送系统,采用X65、X70管材
1983年	跨洲际管道阿意输气管道投产,首次在海底穿越管段中使用X65钢管,最高出站压力21MPa(穿越点)
1986年	挪威在北海建成穿越挪威海沟(深350m)的海底管道,管内采用环氧树脂涂层防腐和减阻增输(管径914mm,压力13.5MPa,输量达$200×10^8 m^3/a$,相当于2条管径1016mm、压力5.6MPa管道的输量),实现了输送工艺的突破,并首次采用管道模拟技术,通过卫星通信传输模拟实验数据指导运行操作
20世纪90年代以后	管道建设进入技术提升期,新技术、新材料不断得到应用,总体技术水平进一步提高
1992年	美国建成克恩河—莫哈维输气系统,首次在输气管道上应用GIS(地理信息系统)
1993年	德国赫尔纳—施吕希滕输气管道建成投产,在世界上首次采用X80级钢管
1994年	英国北海Dunbar平台—苏格兰沿岸油气水三相混合输送管道建成,为防止形成水化物采用套管结构保温,内管直径406mm,外管直径508mm,套管与内管间的环形空间填充渗铝保温层和惰性气体
1996年	阿意复线投产,长度2200km,管径1219mm
1999年	美国和加拿大建成第一条富气管道,首次使用高韧性X70针状铁素体钢管,并首次采用单机功率备用压缩机流程
2002年	加拿大建成TCPL管道,管径1219mm,壁厚14.3mm,X100级钢管,1km试验段
2004年	Exxon Mobil公司与新日铁公司合作研制的X120焊管在加拿大建成1.6km管道试验段,管径914mm,壁厚16mm

注:资料来源:《世界管道手册》。

b. 我国天然气管道技术发展历程 我国自20世纪50年代开始现代天然气管道建设以来,经过不断学习和引进国外先进技术,不断消化吸收和自主创新,管道的设计水平、建设水平、工艺自控水平和设备材料制造水平等不断提升。设计和建设水平的进步使建设里程和建设能力从最初的年均数十公里发展到目前的数千公里,增长了百倍左右;工艺和制造水平的进步使管径提高了10倍左右、输送压力提高了3~4倍、输送能力提高了10余倍,大大提高了输送效率。经过近60年的发展,最新建成的西气东输等工程达到了国际先进水平,为我国天然气的开发利用及清洁能源的推广起到了极大的促进作用。我国天然气管道技术发展重要里程碑详见表5-24。

表5-24 我国天然气管道技术发展重要里程碑

时间	我国天然气管道技术发展重要里程碑
20世纪50年代	累计建设专用供气管道27.7km,管径80~159mm
1951年	开始建设专用供气管道,长度只有几千米,管径80~101mm
20世纪60年代	随着四川天然气的开发利用,天然气管道建设正式进入发展期,累计建设长度超过500km,最大管径达到630mm,设计压力为4MPa

续表

时间	我国天然气管道技术发展重要里程碑
1963年	建成第一条长输天然气管道——巴渝线，管径426mm，设计压力2MPa，全长54.4km，采用A3螺纹焊接钢管
20世纪70年代	天然气管道建设的第一个快速发展期，10年中累计建设总长度超过2000km，最大管径提高到720mm
1976年	四川建成威青复线（威远越溪—成都），是国内首条使用720mm管径的输气管道，长度163km，设计压力4MPa
1979年	建成四川南半环管网，汇入了川东、川南、川西南和川西北4个气区70多个气田的天然气，干线全长723km，管径720mm，沿线未设增压站，主要靠气田井口压力输送，必要时在气田增压后再加入干线
20世纪80年代	受基建投资紧缩影响，天然气管道建设速度放缓，管道设计压力提高到5.8MPa
1986年	建成四川北半环管网，全长327km，管径720mm，X60管材，设计压力4MPa，输送能力$18\times10^8 m^3/a$，采用正反输工艺流程和密闭清管工艺，首站设有硫化氢、水露点在线监测仪表，连续检测气体品质，高低限报警可就地或远程操作，事故自动紧急截断，代表80年代国内天然气管道技术水平
1987年	四川南北干线连接，形成川渝天然气环网，可双向输气，输气量约$30\times10^8 m^3/a$
20世纪90年代	吸取国外先进经验，以自主设计为主，联合设计为辅，实现国内天然气管道建设水平与国际水平接轨，管道设计压力提高到6.4MPa
1997年	建成渡两线（渡舟—重庆两路口），首站实现计算机系统站场控制，半自动密闭清管，在线分析天然气组分和热值，预留SCADA通信接口
1997年	建成第一条与国际水平接轨的天然气管道——陕京线（陕西靖边—北京），长1098km，管径660mm，设计压力6.4MPa，采用X60钢管，输送能力$33\times10^8 m^3/a$，全线采用卫星通信和自动化控制，在国内首次使用三层PE防腐技术
21世纪	天然气管道建设速度与建设水平全面提升，以西气东输为代表的一批输气干线达到国际先进水平，管道设计压力提高到12MPa，最大管径提高到1219mm，管道材质提高到X80
2004年	建成西气东输一线（新疆轮南—上海），干线全长约4000km，管径1016mm，设计压力10MPa，采用X70钢管，输送能力$120\times10^8 m^3/a$，长度、管径、压力、输送能力、管道材质和技术水平均创国内新纪录
2012年	建成西气东输二线（霍尔果斯—广州），包括1条干线8条支线，总长度接近9000km，干线管径1219mm，设计压力12MPa，采用X80钢管，输送能力$300\times10^8 m^3/a$，各项规模和技术指标创国内纪录，达到国际先进水平

注：资料来源：《中国油气管道》。

② 天然气管道技术发展趋势

a. 管道建设规模向高输压、大口径、大站距方向发展。这三大发展方向都是降低输送成本，提高管输效益的有效途径，因此同时成为石油管道和天然气管道建设的发展方向。

b. 管道材质向高强度、高韧性钢管发展。高等级管道钢不但可满足更高的输送压力要求，而且在管径和压力一定的情况下，可有效减少耗钢量。因此，提高管道材质等级的研究从未间断。目前X80钢管已在天然气管道上成功应用20年左右；X90钢与X80相比优势不够明显，其研究基本停留在实验阶段；X100、

X120 等高等级钢管则成为研究重点,其试验段和示范段已在加拿大等国建成,有待进一步推广使用。

c. 计量技术不断更新。随着天然气贸易的发展和对计量精度的不断追求,计量技术也经历了从体积计量、质量计量,到热值计量的发展过程,从 20 世纪 80 年代开始,热值计量得到推广使用,特别是北美和西欧等天然气贸易发达的地区应用较为普遍。

d. 清管与检测技术有机结合。国外已有越来越多的国家通过使用智能清管器,在清管的同时对管道内表面进行缺陷检测,确定各种缺陷(涂层剥落、裂纹等)的大小、位置及深度等,进而对管道的维护计划做出合理安排,对管道的剩余使用寿命做出准确判断,杜绝了安全隐患,也避免了盲目的修理和管道更换。

e. 计算机技术在管道建设与运行管理中的应用范围不断扩展。如 SCADA 系统(数据采集与监控系统)、管道仿真技术、GIS(地理信息系统)技术等,都是通过计算机技术的应用,实现管道设计、建设和运行管理的技术水平提升。

其中 SCADA 系统在长输油气管道已成为普遍采用的自控技术,通过设在控制中心的计算机系统,对管线、站场和截断阀室等进行实时监控和管理。

管道仿真技术主要用于管道优化设计与方案优选、在线运行管理及操作人员培训等方面,有效提高了管道建设与运行的经济性和安全性。

GIS 技术是在融合 SCADA 系统自动控制功能的基础上,进一步将地理信息与管道相关数据(管道信息、运行参数和设备数据等)的采集与传输、线路图制作等有机结合、统一作业,以实现对管道勘测、设计、施工和运行管理等各阶段的优化运行管理。

③ 天然气管道国内外技术发展对比　如果从古代管道的使用和建设算起,我国的管道起步大约比国外早了近两千年,如果从现代的天然气管道建设算起,我国的起步大约比国外晚了 80 年,这主要与近代天然气开发的发展规模与速度有关。从天然气管道的建设规模和技术水平(施工技术、工艺技术、自控管理技术、设备材料制造技术等)方面比较,我国各方面均与国外存在较大差距,经过近半个世纪的追赶,直到 20 世纪 90 年代末才逐步接近国际水平,21 世纪以后发展速度与技术水平迅猛提高,已逐渐达到国际先进水平。国内外天然气管道技术发展对比详见表 5-25,其中建设技术和自控技术比较参见表 5-9。

表 5-25　国内外天然气管道技术发展对比

对比项	国外天然气管道技术发展	我国天然气管道技术发展
建设起步	1821 年美国开始用圆木挖空输送天然气	公元前 200 年开始用竹子做管道输送天然气
	1872 年美国建成世界第一条铸铁天然气管道,长 9km,管径 60mm,输量 $11\times10^4\text{m}^3/\text{a}$	1951 年在四川开始建设专用供气管道,长度只有几千米,管径 80~101mm

续表

对比项	国外天然气管道技术发展	我国天然气管道技术发展
建设起步	1886年美国建成世界第一条长输天然气管道（宾夕法尼亚州凯恩—新泽西州布法罗），长140km	1963年建成第一条长输天然气管道——巴渝线，管径426mm，设计压力2MPa，全长54.4km，采用A3螺纹焊接钢管
管径发展	1909年管径首次达到500mm以上；1956年最大管径首次达到720mm；1962年最大管径首次达到1020mm；1968年最大管径首次达到1220mm；1975年最大管径首次达到1420mm	1966年管径首次达到500mm以上；1976年管径首次达到720mm；2004年管径首次达到1016mm；2009年管径首次达到1219mm
管材发展	1993年德国在赫尔纳—施吕希滕输气管道上首次使用X80钢；2002年加拿大建成X100管道试验段1km；2004年ExxonMobil公司与新日铁公司合作研制的X120焊管在加拿大建1.6km管道试验段	2004年建成的西气东输一线首次使用X70钢；2012年建成的西气东输二线首次使用X80钢

注：1. X70以下的管道材质比较参见表5-9国内外石油管道技术发展对比。
2. 资料来源：《世界管道手册》、《中国油气管道》。

5.2.1.2 LNG船运发展

LNG船运主要用于长距离大运量的远洋运输，整个运输系统涉及LNG船舶、LNG接收终端码头、LNG接收站等主要环节。LNG船运始于20世纪50年代末，首船LNG运输是从美国运往英国的，运量只有5000m^3。随着天然气开发利用的不断发展与贸易需求的不断增长，LNG贸易量也呈快速发展之势，由于LNG贸易全部靠船运完成，LNG船运量也在快速增加。2000～2013年LNG贸易量年均增速达8.2%，超过了天然气贸易的年均增速，2013年世界天然气贸易中近1/3靠LNG船运完成，运量高达3253×$10^8 m^3$，总体呈不断增涨之势，2011年后增速略有回落。2000～2013年LNG船运在世界天然气贸易中的占比详见表5-26。

表5-26 2000～2013年LNG船运在世界天然气贸易中的占比

单位：×$10^8 m^3$

项目	2000年	2005年	2006年	2007年	2008年	2009年	2010年	2011年	2012年	2013年	年均增速
管道贸易量	3893	5327	5371	5497	5873	6338	6776	6946	6966	7106	5.6%
LNG贸易（船运）量	1370	1888	2111	2264	2265	2428	2976	3308	3242	3253	8.2%
天然气贸易量	5263	7215	7482	7761	8138	8766	9752	10254	10208	10359	6.3%
LNG贸易（船运）占比	26.0%	26.2%	28.2%	29.2%	27.8%	27.7%	30.5%	32.3%	31.8%	31.4%	1.7%

注：资料来源：法国Cedigaz公司数据；BP《世界能源统计年鉴》，2014年1月。

(1) LNG 船舶发展

LNG 船是在极低温度下（-162℃）运输 LNG 的专用船舶，由于 LNG 具有易燃易爆、超低温、快速相变等危险特性，使其船舶建造具有技术要求高、制造难度大、造价高昂、安全性能要求高等特点。

① LNG 船舶类型及特点

LNG 船型按其储罐形式不同可分为薄膜式和自撑式两种。

a. 薄膜式又可细分为 Technigaz（波纹内壁，简称 TZ 型）和 Gaz-transport（平板内壁，简称 GT 型）两种，前者可有许多预制件，造船周期较短，保温层较薄，但保温材料较贵；后者许多部件为不可预制，建造周期较长，保温层较厚，保温材料用可渗透珍珠岩添加惰性气体，费用较低。两种内壁的船型均设置了完整的二级防漏隔层，专利属于法国燃气公司的子公司 GTT 公司。两种薄膜式船的特性除上述所列差别外，总体特点相似：即船型设计紧凑、尺寸较小；低温钢用量少、功率低、燃料消耗低；船甲板空间较大、视觉好、受风阻面积少；不需要复杂的应力计算，船厂投资少。但该薄膜型船液面易晃动、装载受限、不能实现任意装载量、不能对保温层进行检查，且劳动强度大。

b. 自撑式又分为棱形（也称 IHI SPB 型或 SPB 型）和球形（也称独立球形或 MOSS 型），前者设置了完整的二级防漏隔层，专利属于日本石川岛播磨重工；后者设置了部分二级防漏隔层，专利属于挪威 Kvaerner 公司。独立球形（MOSS 型）船的主要特点是：独立舱体可分开制造、不易被伤害、建造周期短、质检容易；液面晃动效应少；保温材料用量少；内壳维护较容易；不受装载限制，操作灵活，紧急情况下，可在任何装卸阶段离港。但船体较重、船甲板空间非常有限、受风阻面积大、外部维护较难，且船厂投入大。

IHI SPB 型船具有很好的晃动特性，且具有温度压力控制简单、装载量灵活、容易维护等优点，但造价昂贵，因此应用很少，仍等待业界认可。

从总体比较来看，MOSS 型 LNG 船具有装载限制较少等操作上的优点，在早期的 LNG 海运中，占据较大优势；薄膜型 LNG 船在船型结构和耗钢耗能等方面具有优势，是当今应用最多的船型。

四种主要 LNG 船型特点比较详见表 5-27。

表 5-27　四种主要 LNG 船型特点比较

比较项	薄膜式		自撑式	
	TZ 型	GT 型	IHI SPB 型	MOSS 型
尺寸	紧凑	紧凑	紧凑	大
船重	较轻	较轻	轻	最重
气化率	低	高，≥0.1%	最低，0.05%	低，0.08%
压力控制	最复杂	最复杂	简单	复杂

续表

比较项	薄膜式		自撑式	
	TZ 型	GT 型	IHI SPB 型	MOSS 型
温度控制	复杂	复杂	简单	复杂
不可泵送液体	多,200~400m³/罐	多,200~400m³/罐	最少,3m³/罐	少,6m³/罐
上甲板空间	不受限制	不受限制	完全不受限制	非常受限制
储罐数量	多	多	少	多
任意装载量	不可能	不可能	可能	可能
外部维护	容易	容易	容易	不容易
内壳/保温层维护	很难	很难	最容易	容易
安全防护	完整二级防漏隔层	完整二级防漏隔层	完整二级防漏隔层	部分二级防漏隔层
制造商	日本 NKK、韩国三星和现代等	法国大西洋船厂、意大利 Fincantieri、韩国现代和大宇、日本三菱重工和三井等	日本石川岛播磨重工、韩国三星等	日本三菱重工、川崎重工、三井造船、韩国现代、芬兰克瓦纳马萨船厂等

注:资料来源:海洋石油陆上终端与 LNG 接收终端;LNG 船简介,百度文库,李绍凯。

② 世界 LNG 船舶发展趋势 LNG 船舶运力快速增长。截至 2013 年底,世界 LNG 船舶总数已达 376 艘,总运力达到 $5512 \times 10^4 m^3$。从近 10 年以来世界 LNG 船舶发展看,年均船舶数量增速约 10%,年均总运力增速约 12.6%,平均运力增速约 2.3%,其中前 5 年增速较快,特别是 2008 年达到增长高峰,总运力同比增速超过了 30%,2008 年之后受金融危机影响增速放缓,5 年总运力平均增速只有 3.5%;船舶数量增速约 3.2%,平均运力增速只有 0.4%左右,表明近年船型变化不大,基本稳定。详见表 5-28。

表 5-28 近 10 年世界 LNG 船舶运力规模发展

项目	2004 年	2005 年	2006 年	2007 年	2008 年	2009 年	2010 年	2011 年	2012 年	2013 年	年均增速
船数/艘	159	179	204	239	293	332	354	363	364	376	10.0%
总运力/$\times 10^4 m^3$	1898	2182	2523	3072	4070	4797	5161	5304	5321	5512	12.6%
新增运力/$\times 10^4 m^3$	251	284	341	549	998	727	364	143	17	191	—
平均运力/$\times 10^4 m^3$	11.94	12.19	12.37	12.85	13.89	14.45	14.58	14.61	14.62	14.66	2.3%

注:1. 船舶数量统计不包括已经或正在转为浮式天然气储存和再气化的船。
2. 资料来源:LNG Journal,2014-1。

LNG 船型向大型化发展。自 1959 年建造第一艘 5000m³ LNG 船舶以来,20 世纪 70 年代后期最大船型已发展到 $12.5 \times 10^4 m^3$;21 世纪初最大船型达到

$20.9\times10^4\,\mathrm{m}^3$;目前最大船型已达到 $26.7\times10^4\,\mathrm{m}^3$。从世界 LNG 船型规模的构成看,主流单船平均容积保持在 $(12\sim14)\times10^4\,\mathrm{m}^3$ 左右,$10\times10^4\,\mathrm{m}^3$ 以上的大型船的运力占总运力规模的比重不断上涨,2013 年已达 97%。世界 LNG 船舶运力规模分布详见表 5-29。

表 5-29 世界 LNG 船舶运力规模分布

船型规模 /×10⁴m³	2000 年		2005 年		2010 年		2013 年	
	运力 /×10⁴m³	占比 /%	运力 /×10⁴m³	占比 /%	运力 /×10⁴m³	占比 /%	运力 /×10⁴m³	占比 /%
<1	0.2	0.01	0.8	0.04	0.8	0.01	0.8	0.01
1~2	7.6	0.59	7.6	0.35	9.1	0.18	9.1	0.16
2~4	9.4	0.73	9.4	0.43	9.4	0.18	9.4	0.17
4~6	8.1	0.63	8.1	0.37	13.1	0.25	13.1	0.24
6~10	107.1	8.32	107.1	4.91	122.1	2.36	122.1	2.21
>10	1155.5	89.72	2048.9	93.90	5006.5	97.01	5357.5	97.20
合计	1287.9	100	2181.9	100	5160.9	100	5511.9	100

注:资料来源:LNG Journal,2014-1。

大型船趋于年轻化,小型船老化严重。从不同船型的船龄结构看,$10\times10^4\,\mathrm{m}^3$ 以下船型中,20 年以上船龄的船舶数量最多,约占 60%;11~20 年船龄的数量次之,约占 30%;10 年以下船龄的数量仅占 10% 左右,5 年以下船龄占比为 0。$10\times10^4\,\mathrm{m}^3$ 及以上船型中,20 年以上船龄的船舶数量仅占 13%;11~20 年船龄的数量约占 21%;5~10 年船龄的数量占比最多,约 42%;4 年以下船龄的数量占比约 24%。同样表明了 LNG 船的大型化趋势,近年建造的新船均为 $10\times10^4\,\mathrm{m}^3$ 以上大型船。LNG 船舶不同船型的船龄结构详见图 5-22。

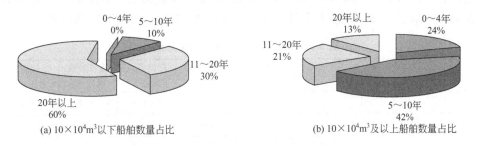

图 5-22 LNG 船舶不同船型的船龄结构
(资料来源:LNG Journal,2014,数据截至 2013 年)

船舶制造主力由欧洲转向亚洲。LNG 船舶建造是船舶制造业中要求最严格、技术工艺最高、需要大量熟练技术劳动力的工种,曾一度以欧洲船厂为主,主要技术专利掌握在法国和挪威等国家;20 世纪 80 年代以后,日本和韩国先后引进

MOSS 型和薄膜型船舶制造技术与专利，并逐渐形成了日本以 MOSS 型为主、韩国以薄膜型为主的建造格局；21 世纪以来日韩两国建造的 LNG 船已占世界船队的一半左右。

③ 我国 LNG 船舶发展　我国 LNG 船舶建造起步于 21 世纪初，第一艘 LNG 船是配合我国第一个 LNG 接收站——广东深圳大鹏湾 LNG 接收站，由上海沪东中华造船（集团）有限公司建造，采用了法国大西洋造船厂的专利技术。广东 LNG 项目同时签署了 2 艘 LNG 船舶建造合同，总投资约 4 亿美元。2 艘船规模和船型相同，均采用薄膜型（GTT NO.96E-2）货仓，设计仓容 $14.72 \times 10^4 \mathrm{m}^3$，船长 292m，宽 43.35m，型深 26.25m，设计航速 19.5 节，第一艘船于 2004 年 4 月开工，2008 年 4 月交付使用。近年来，我国又相继建成了大鹏月、大鹏星、闽榕等多艘 LNG 船舶，均为薄膜型船。

由于 LNG 船舶造价昂贵，其建造主要依托 LNG 进口项目来实施，到 2015 年我国 LNG 进口项目预计将达到 13 个左右，届时配合 LNG 接收站的建设，LNG 船舶总数量将达到 20 艘以上。

(2) LNG 接收站发展

① 世界 LNG 接收站发展　LNG 接收站的发展主要与 LNG 进口量的增长有关，因此资源引进国的建造数量与发展速度较高。截至 2013 年，世界已建成 LNG 接收站共计 90 座，总存储能力 $4622.8 \times 10^4 \mathrm{m}^3$，储罐数量共计 398 座。从区域分布看，LNG 接收站主要分布在资源引进较多的亚洲和欧洲，美洲也有少量分布，其中亚洲的总数量和存储能力均居首位，分别占世界的 56.7% 和 66.9%；其次为欧洲，总数量和总存储能力分别占世界的 30.0% 和 22.0%；美洲的 LNG 接收站总数和总存储能力分别占世界的 13.3% 和 11.1%。从国家分布看，日本的 LNG 接收站无论是数量还是存储能力均位居首位，美国的 LNG 接收站数量位居第二，韩国 LNG 接收站的存储能力位居第二，中国大陆的接收站数量位居第三，总存储能力位居第五。世界已建 LNG 接收站统计详见表 5-30。

表 5-30　世界已建 LNG 接收站统计

序号	国家(地区)	接收站数/座	储罐数量/座	存储能力/$\times 10^4 \mathrm{m}^3$	接收站数占比/%	存储能力占比/%
	一、亚洲小计	51	278	3091.4	56.7	66.9
1	日本	31	179	1596.4	34.4	34.5
2	韩国	4	60	848.5	4.4	18.4
3	中国大陆	8	17	321.5	8.9	7.0
4	印度	4	11	176.0	4.4	3.8
5	中国台湾	2	9	117.0	2.2	2.5
6	泰国	1	2	32.0	1.1	0.7

续表

序号	国家（地区）	接收站数/座	储罐数量/座	存储能力/×10⁴m³	接收站数占比/%	存储能力占比/%
7	新加坡	1	3	54.0	1.1	1.2
	二、欧洲小计	27	82	1017.4	30.0	22.0
8	西班牙	7	28	353.7	7.8	7.7
9	英国	3	15	208.5	3.3	4.5
10	墨西哥	3	6	92.0	3.3	2.0
11	法国	3	9	84.0	3.3	1.8
12	荷兰	1	3	54.0	1.1	1.2
13	土耳其	2	5	53.5	2.2	1.2
14	智利	2	3	48.0	2.2	1.0
15	比利时	1	4	38.0	1.1	0.8
16	意大利	3	5	48.7	3.3	1.1
17	葡萄牙	1	2	24.0	1.1	0.5
18	希腊	1	2	13.0	1.1	0.3
	三、美洲小计	12	38	514	13.3	11.1
19	美国	9	33	434.0	10.0	9.4
20	加拿大	1	3	48.0	1.1	1.0
21	多米尼加共和国	1	1	16.0	1.1	0.3
22	波多黎各	1	1	16.0	1.1	0.3
	世界合计	90	398	4622.8	100	100

注：资料来源：LNG Journal，2014-1。

随着天然气消费的不断增长，LNG的引进区域也在不断扩大。根据有关统计数据，截至2013年，世界在建和拟建LNG接收站的范围已从已有的亚欧美三大洲扩大到中东和非洲。但亚欧两大洲的在建和拟建数量约占世界的61%，累计建设数量占比进一步提高，与已建接收站相比，在建和拟建规模的排序发生了变化，中国的在建和拟建数量和规模均跃居首位，印度的建设数量跃居第二。世界在建和拟建LNG接收站统计详见表5-31。

表5-31 世界在建和拟建LNG接收站统计

序号	国家（地区）	接收站数/座	储罐数量/座	存储能力/×10⁴m³	投产时间
	一、亚洲小计	20	43	346	
1	中国	7	9	144	2014
2	印度	4	7	109.5	2014～2016

续表

序号	国家(地区)	接收站数/座	储罐数量/座	存储能力/×10⁴m³	投产时间
3	日本	2	3	51	2015
4	菲律宾	2	2	28	2015
5	马来西亚	1	—	—	2014
6	印度尼西亚	1	1	13.5	2014
7	韩国	2	21	—	2015
8	巴基斯坦	1			2015
	二、欧洲小计	10	9	152	
9	法国	2	3	57	2015
10	西班牙	2	2	30	2015
11	波兰	1	2	32	2014
12	智利	1	1	16	2014
13	立陶宛	1	1	17	2014
14	芬兰	1	—	—	2015
15	葡萄牙	1			2014
16	乌克兰	1			—
	三、美洲小计	1	1	13.5	
17	巴西	1	1	13.5	2015
	四、中东小计	1	1	13.5	
18	阿拉伯联合酋长国	1	—	13.5	2015
	五、非洲小计	1			
19	肯尼亚	1	—	—	研究阶段
	世界合计	33	53	525	—

注：资料来源：LNG Journal，2014-1。

② 我国 LNG 接收站发展　我国自 2006 年在广东深圳建设第一座 LNG 接收站以来，发展速度不断提升。截至 2013 年底，已有 9 座 LNG 接收站投产（2014 年资料介绍），一期总接收能力达到 2800×10^4 t/a，年均增速高达 34% 左右，二期全部达产后总接收能力将接近 6000×10^4 t/a，详见表 5-32。

表 5-32　我国已建 LNG 接收站统计

项目名称	所在位置	设计能力/(×10⁴t/a)		一期投产时间	所属
		一期	二期合计		
广东大鹏 LNG 项目	广东深圳大鹏湾	370	700	2006 年 6 月	中海油

续表

项目名称	所在位置	设计能力/(×10⁴t/a) 一期	设计能力/(×10⁴t/a) 二期合计	一期投产时间	所属
福建莆田LNG项目	福建莆田湄洲湾	260	600	2008年4月	中海油
上海洋山LNG项目	上海洋山深水港	300	600	2009年10月	中海油
江苏如东LNG项目	江苏如东洋口港	350	600	2011年6月	中石油
辽宁大连LNG项目	辽宁大连大孤山半岛	300	600	2011年7月	中石油
浙江宁波LNG项目	浙江宁波白峰镇中宅	300	900	2012年12月	中海油
珠海金湾LNG项目	广东珠海高栏港	350	700	2013年10月	中海油
河北曹妃甸LNG项目	唐山市唐海县曹妃甸港区	350	650	2013年12月	中石油
天津浮式LNG项目	天津港南疆港区	220	600	2013年12月	中海油
合计		2800	5950		

除上述已投产的9座LNG接收站外，目前我国尚有5座LNG接收站在建，预计2014年投产2座（2014年资料介绍），其余相继在2015年和2016年投产。届时，我国LNG总接收能力将达到 $8350×10^4$ t/a，相当于年进口天然气约 $1150×10^8$ m³。我国在建LNG接收站统计详见表5-33。

表5-33 我国在建LNG接收站统计

项目名称	所在位置	设计能力/(×10⁴t/a) 一期	设计能力/(×10⁴t/a) 二期合计	一期投产时间	所属
山东青岛LNG项目	山东青岛胶南董家口	300	600	2014年	中石化
海南洋浦LNG项目	海南洋浦经济开发区黑岩港区	300	300	2014年	中海油
深圳LNG项目	深圳市大鹏新区迭幅片区	400	400	2015年	中海油
广西北海LNG项目	广西北海市铁山港区	300	600	2015年	中石化
粤东揭阳LNG项目	粤东揭阳惠来县	2000	400	2016年	中海油
合计		1500	2300		

（3）海上LNG接收终端发展

海上LNG接收终端是将LNG的接收、气化等设施建在海上，LNG气化后再经海底管线送往用户的接收设施。

由于不受陆上地理环境和码头水深等因素限制，可避开人口稠密或港口拥挤地区，海上LNG接收终端自2000年被研究证明可行以来受到广泛关注。它主要包括以下几种类型：重力基础结构（Gravity Based Structure，GBS）、浮式储存再气化装置（Floating Storage and Re-gasification Unit，FSRU）、浮式再气化装置（Floating Re-gasification Unit，FRU）等。

GBS接收终端是在海上建造一个混凝土或钢制的矩形平台或若干沉箱，具有LNG船靠泊、卸货、存储、气化和输送等多种功能的综合设施。LNG船可直接靠泊在GBS旁卸船，卸下的LNG存储在GBS下面的货舱中，气化设备布置于平台上，LNG气化后通过海底管线上岸输送给用户。GBS具有重量轻、耐低温性能良好、长久耐用等优点，但建造成本较高。目前已在英国、美国、加拿大、墨西哥和澳大利亚等国家得到应用。

FSRU外形类似LNG运输船，采用系泊方式固定，LNG船靠泊后可将LNG卸至FSRU的储存舱，再通过FSRU甲板上的气化装置将LNG气化，并通过海底管线输给岸上的用户，也可直接气化后输往岸上。FSRU可用LNG船改建而成，也可新建，可以灵活地被拖到其他地方使用，适合在LNG接收站建设前为急需供气的高端市场供气使用，或用于短期供气市场。由于其具有接收容量大、可适应恶劣环境（抗飓风）、不占用土地、安全环保、建设周期短、投资成本低等优点，已成为目前应用最多的海上LNG接收终端。

FRU与FSRU类似，只是没有储存功能，它利用LNG船上的气化设施将LNG气化，再通过海底管线输往岸上。

世界第一座海上LNG接收气化装置是2005年4月美国Excelerate公司建成的，对促进LNG接收站的发展具有划时代意义。经过近7年的发展，已得到广泛认可和应用。截至2013年底，世界已有约16个FSRU项目建成投用，准备规划建造的也超过了30个。

我国首个LNG浮式接收终端（FSRU）的建设已于2012年3月在天津港启动，该项目由中海油气电集团、天津港集团和天津市燃气集团合资建设，一期工程建设规模220×10^4 t/a，已于2013年底投产；二期工程采用陆上常规LNG接收站模式，建设规模达到600×10^4 t/a，预计2015年投产。

在全球天然气需求不断增长和LNG贸易量持续走高的形势下，海上LNG接收终端以其在建造、成本、审批等方面的明显优势，必将得到更广泛的应用和快速发展。

5.2.2 天然气储存发展

天然气储存方式主要有气罐储气、输气管道末段储气、地下储气库储气。三种储存方式中地下储气库的建造技术要求高、过程复杂，其储气容量和调节能力也非前两种储气方式所能及，故本文仅对前两种储气方式进行简要介绍，对地下储气库的发展与技术进步做重点介绍。

5.2.2.1 气罐储气

气罐储气主要用来调节小时用气的不平衡，因而以小时用气量计算储气站所需的储气总容积。常用的计算方法是根据一日内每小时用气量和供气量占日用（供）气量的百分比，算出24h中理论储气量的最大值和最小值，二者之差即为理论储气量占用气量的百分数，该百分数与日用气量的乘积即为理论储气容积。

确定实际储气容积时，还应在理论储气容积的基础上，考虑供气量的波动、用气负荷的误差、气温等外界条件的变化以及储气罐容积利用系数等，留出一定的富裕量。

天然气储气罐按储存介质的存在形式不同，可分为气体储罐和液体储罐（即LNG储罐）。气体储罐主要用在储气站，满足民用气量的比例调节，解决日调峰；LNG储罐主要用在LNG接收站和天然气液化厂。

(1) 气体储罐

气体储罐按储存压力的不同又可分为低压储气罐和高压储气罐两种。

① 低压储气罐　压力一般在1.6MPa以下，低压储气罐的储气压力不变，储气量等于储气罐的有效几何容积，与塔节直径、塔节升起后的高度，以及最下面一个塔节升起的安全高度等有关。

低压储气罐按密封方式分为湿式和干式两种。湿式气罐由水槽、钟罩、塔节、水封、外导架立柱和导轮等组成。钟罩和塔节放置在水槽内，随气体的进出而升降，并利用水槽内的水密封气罐，防止钟罩内储存的气体进入大气，或钟罩外的空气进入罩内。单节低压湿式气罐的容积一般不超过3000m^3，大容积的需建成多节气罐。干式气罐主要由圆柱形外筒、沿外筒内壁升降的活塞及底板等组成。气体存于活塞以下的空间内，活塞与圆筒壁之间用树胶或棉织品薄膜制成的密封圈密封，因其不以水为密封介质故称为干式储气罐。

② 高压储气罐　压力一般在1.6MPa以上，其储气原理与低压储气罐不同，其几何容积固定不变，而是靠改变其中气体的压力来储存气体，由于这种气罐没有活动部件，因此结构相对简单。高压储气罐的有效储气容积与气罐几何容积、工程标准压力、气罐最高工作压力和允许的最低工作压力等有关。

高压储气罐按其形状分为立式圆柱形、卧式圆柱形和球形。球形储罐与圆筒形储罐相比，在相同容积和相同压力下，耗钢量更少、占地和基础工程量更小，但其制造技术要求更高、焊接和组装要求更严，制造费用也更高。从国内外天然气球罐的建造规格看，以3000m^3以下的居多，约占总数量的60%以上。我国建造的天然气储罐最大不超过10000m^3；球罐建造水平较高的日本虽然单罐罐容超过了10000m^3，但万立方米以上大型球罐的建造数量不超过总量的10%。

(2) LNG储罐

① 储罐类型与发展简述　LNG储罐的类型按储罐外形可分为球形储罐和圆柱形储罐，其中球形储罐的规格大多在500~3000m^3，主要用于民用燃气液化站或LNG汽车加注站；圆柱形储罐的规格跨度很大，从小型（200m^3以下）到特大型（50000m^3以上）都有，其中1000m^3以下的主要用在LNG汽车加注站、民用或工业燃气气化站和小型LNG液化生产装置；10000~40000m^3的大型储罐主要用于基本负荷型和调峰型液化装置；50000m^3以上的特大型储罐则主要用于LNG接收站。

世界LNG储罐的建造起源于20世纪40年代初,美国是建造LNG储罐最早的国家,第一次建造是1940年美国在克利夫兰建设天然气处理厂时建造的3台约2700m^3的LNG球形储罐。由于球形储罐建造技术较复杂,安装和检验要求较高,其容积发展有限,一般在$1\times10^4m^3$以下;万方以上的大型的LNG储罐多采用双壁绝热平底圆柱形储罐,建造容积自20世纪50年代以后得到快速发展,50年代LNG储罐容积逐渐扩大到5000m^3以上,60年代发展到$3\times10^4m^3$,70年代发展到$10\times10^4m^3$,80年代以后储罐容积达到$20\times10^4m^3$。目前世界最大的LNG储罐是日本在横滨建造的$25\times10^4m^3$储罐。

我国LNG储罐建造始于20世纪90年代末,第一台LNG低温储罐容积只有$2\times10^4m^3$。进入21世纪后,随着我国LNG引进项目的实施,2006年在广东深圳大鹏湾LNG接收站建造了第一台$16\times10^4m^3$的特大型LNG低温储罐。

用于LNG接收站的特大型储罐对低温钢材的制造与焊接、保温材料的选择以及建造施工技术提出了很高的要求,其建造代表了天然气储罐建造的综合实力与技术水平,本文对其技术特点进行着重介绍。

② 特大型LNG低温储罐的类型与技术特点 在LNG接收站建造的特大型储罐一般采用常压低温圆柱形储罐,按结构形式可分为单包容罐、双包容罐和全包容罐三种类型。三种罐均由内罐和外罐双层结构组成,内外罐间填充保冷材料,设计压力保持微正压。

单包容罐:虽然分为内罐和外罐,但内外罐间充满保温材料,相当于连为一体的双壁结构,内罐破裂时外罐无法容纳泄漏的LNG液体,故需设置围堰阻挡外泄液体。内罐采用耐低温的9%镍钢,外罐主要起固定和保护隔热层的作用,一般为碳钢。

双包容罐:内外罐是两个均具有足够强度的罐体,内罐采用9%镍钢,外罐采用钢或预应力混凝土,内外罐之间填充保温材料。当内罐破裂时,外罐的强度同样可以承担储罐的设计载重,阻挡LNG液体外泄,因此可不设围堰。外罐虽然可以容纳泄漏的液体,起到双容的作用,但其罐顶不密封,与大气连通,故无法容纳液体泄漏而产生的蒸发气(boil off gas,简称BOG)。

全包容罐:是内外罐均能单独容纳所储低温液体的双层储罐,内罐采用9%镍钢,外罐采用钢或预应力混凝土建造,罐顶由外罐支撑,内外罐间的保温层主要采用膨胀珍珠岩、弹性玻璃纤维或泡沫玻璃砖等绝热保温材料。正常工作时,由内罐储存低温液体,内罐破裂时,外罐既能容纳低温液体,也能容纳因泄漏产生的蒸发气。外罐还可以保护内罐不受外部撞击。

与单包容罐和双包容罐相比,全包容罐除建造周期较长外,具有诸多优点:安全性能更好,减少了外部撞击的威胁;操作费用更省,外罐的内压可以设计得更高，减少蒸发气量，节约了操作费用，并且由于外罐压力高于 LNG 船舱压力，蒸发气不需要增压即可自动返回船舱，节约了设备费和操作费；消防喷淋不需要覆盖整个罐顶；结构完整性更高；占地更少等。因此，全包容罐已得到越来越多的应用。我国已经投产或正在建设的 LNG 接收站配套储罐均采用地上全包容罐。

5.2.2.2 输气管道末段储气

输气管道末段储气是通过选择适当的管道末段的起、终点压力的波动范围和末段容积，使输气管道末段具有一定的储气能力，即将管道末段当做储气容器使用。它主要用来满足城市用气的日调峰需求，解决城市用气昼夜的不均衡性等问题。

一般输气管道末段是指最后一座压缩机站与城市配气站之间的管段，最后一座压缩机站的出口为管道末段的起点，压缩机站出口的气体流量即为管道末段起点的流量，该流量与其他中间各段一样保持不变。管道末段的终点即为城市配气站的进口，其气体流量就是配气站向城市的供气量，供气量是由用户的用气量决定的，是经常变化的。当用户的用气量小于供气量时，由于气体的可压缩性，多余的气体将储存于末段管道中；当用气量大于末段起点的输送量时，不足的气量则由储存在末段中的剩余气体补充。

5.2.2.3 地下储气库储气

天然气地下储气库是储存商品天然气的地下存储空间，是将气田采出的或长输管道输送来的商品天然气重新注入地下空间而形成的一种人工气田或气藏。一般建在产气区附近或下游用户市场附近，主要作用是调节供气的季节性峰谷差、意外情况下保证供气的连续性，并具有提高低压气田供气能力、提高老油田原油采收率、暂时保存新矿区不能利用的伴生气等辅助作用。

与地面储气设施相比，地下储气库具有储存空间大、调峰范围广、经久耐用、安全可靠等优点。虽然造价高，但因其使用年限长达 30～50 年或更长，且安全系数远远高于地面设施的突出优点，被越来越多地建造与使用。

(1) 地下储气库的类型

地下储气库的类型主要分为枯竭油气藏型、含水构造型、盐穴型、废弃矿坑型四种，前二者又称为多孔介质类储气库，后二者则称为洞穴类储气库。

① 枯竭油气藏储气库 枯竭油气藏储气库是利用枯竭或半枯竭的油藏、气藏或油气藏建设的储气库。它是目前最常用、最经济的一种地下储气形式，具有造价低、运行可靠的特点，因为这些油气田原本就是储油气的良好圈闭，它们的封闭性良好，有理想的构造闭合度。实践证明，作为天然气地下储气库，枯竭气藏的采气程度达到 70% 最为合适，枯竭油藏的含水率达到 90% 最为合适，这类储气库既有含水层的特征，又有油藏的特征。枯竭油气藏比较复杂，储气库建设可与二次采油同期进行。目前全球共有此类储气库 400 余座，占地下储气库总数

的 75% 以上。

② 含水层（构造）储气库 含水层储气库是利用地下含水层储存天然气，用高压气体注入含水层的孔隙中将水排走，并在非渗透性的含水层盖层下直接形成储气场所。它具有构造完整、钻井完井一次到位的优点，也具有气水界面较难控制、成本较高等缺点。含水层储气库一般又可分为两种形式，即构造型和地层型。含水层储气库是仅次于枯竭油气藏储气库的另一种大型地下储气库形式，在没有枯竭气藏的地区可以利用含水层建造气库，据统计，水层气库比气层气库投资高 30% 左右。目前全球共有逾 80 座含水层储气库，占地下储气库总数的 15% 左右，其中，半数以上建在美国。

含水层储气库一般建在背斜构造的含水砂岩层中，在含水层建储气库必须满足三个条件：储气层应处在渗透性良好的多孔隙岩层；具有不渗透的可靠的盖层，以保证气体不会沿垂向运移、泄漏和损失压力；储层周围密封性好，气体不能侧向移动。建气库必须经过周密勘探，开展大量的水文地质工作，掌握储层的渗透率、孔隙度和毛管压力等资料；开展注水和注气压差实验，测量气驱水时盖层限压，以确认储气库盖层的完整性和可靠性，并具有足够的圈闭能力。

③ 盐穴储气库 盐穴储气库是在地下盐层中通过水溶解盐而形成空穴，用来储存天然气。从规模上看，盐穴储气库的容积远小于枯竭油气藏储气库和含水层储气库，单位有效容积的造价高，钻井完井难度较大，溶洞冲蚀较难控制，而且溶盐造穴需要花费几年的时间。但盐穴储气库的具有利用率较高、注气时间短、垫层气用量少、需要时可以将垫层气完全采出，且物性和压缩性极好，可扩大储集体积等优点。例如，美国德克萨斯州的盐穴储气库储气量为 $1.35 \times 10^8 m^3$，花了 22 个月的时间建造，最大注气压力 25.2MPa，冲洗 1 个体积的盐需要 1～10 个体积的淡水。目前世界上有盐穴储气库共 44 座，占地下储气库总数的 8%。

④ 废弃矿坑储气库 废弃矿坑储气库是利用废弃的符合储气条件的矿坑进行储气。目前这类储气库数量较少，主要原因在于大量废弃的矿坑技术经济条件难以符合要求。全世界利用废弃矿坑改造成的地下储气库共有 3 座，全部在美洲。美国的利津气库就是这种类型，容量为 $9000 \times 10^4 m^3$，最大注气压力 1.75MPa。

地下储气库的历史可以上溯到 20 世纪初。1915 年。加拿大建成世界上第一座地下储气库。到目前为止，全世界有地下储气库 550 座左右，可以进行调峰的气量约 $3500 \times 10^8 m^3$。这些储气库分属不同国家的逾 100 家公司，其中既有储气量超过 $1000 \times 10^8 m^3$ 的天然气上下游一体化的大型跨国公司，也有仅单纯经营 1～2 座地下储气库的小公司。

(2) 地下储气库系统与气体构成

① 储气库系统　地下储气库系统主要包括以下几部分：地下储气层、与地面集输管线系统相连的注采井、压缩机站和脱水站、与上游气源和下游城市用气相连的输气干线，以及观察井、分离器、加臭设施、压力调节、计量和甲醛注入系统等。

② 储气库气体构成　地下储气库内气体由三个基本部分组成：垫底气、工作气、非动用能力。储气库的总储气能力为三部分之和，其中垫底气和工作气的比例一般为 1:1，有些可达 1.5:1。

垫底气又称基气、缓冲气或气垫气，它是维持储气库最低运行压力所需的天然气量，是库存的一部分，有些在储层用作储气库之前就已存在，所以又称作"天然气缓冲气"或者"天然库存"，大多数储气库的垫底气需从外界注入，以便供气时能提供足够的输送速度。垫底气的作用是使储气库保持一定压力，保证储气层在调峰季节能够提供需要的供气量，并有利于减缓储气库内水的推进，提高产量，降低压缩站功率。一般情况下，垫底气不能采出，而是永久留在地下，储气库被废弃时，部分垫底气可以采出。通常垫底气占总库容的 15%～70%，是工作气量的 45%～130%，可以是天然气，也可以是惰性气体。

工作气也称顶部气、循环气或有效气，是储气库运行期间周期性注采的天然气。这部分气是随着注采季节的交替而不断注入或采出的，它在某些季节注入，在供气高峰季节采出，输送给天然气用户。工作气通常占总库容的 30%～85%。

非动用能力也称未动用能力，多数储气库并不总是在满负荷下运行，根据当地条件和运行压力可以储存额外的天然气，这部分气就是非动用能力。通常它是压力函数，在此范围内，气库可继续使用，许多气库都留有这样一个余量，以在必要时额外地多储存些天然气。

储气库总能力包括以上三部分，在储气过程中，要考虑垫底气与工作气的比例关系。

(3) 地下储气库工艺流程

地下储气库的工艺流程主要包括注气流程和采气流程。建造和运行中需注意注气速度、采气速度和注气压力等控制因素。

注气流程是利用压缩机（一般为燃气加压机）将天然气加压后送入储气库储存，加压机出口设计压力一般等于地下储气库设计压力。储气库投运初期或天然气供应气量大于用户使用量时，需采用注气流程。注入气的成分越纯越好，气注入前必须经过净化、脱水，以防止在井内或管道内形成水合物。一般情况下，天然气需要加压注入气库，注气压力取决于盖层和储气层岩层的强度、固井质量、输气管网压力等，应大于储气水层压力，以不破坏盖层和储层结构为原则。注气速度不宜太快，宜均匀推进。

采气工艺流程是将地下储气库储存的天然气经过净化、调压处理后，送入天然气输配管网，供用户使用，以弥补上游供应量的不足。储气库工艺站场需设置净化装置，以净化、分离一些随天然气带出的杂质、水分、轻烃等物质，避免对管道输送产生不良影响。储气库采气与气田采气相似，注入气库的天然气不能全部被采出来，由于水的溶解作用、分散相和毛细管堵塞，导致约10%~15%的储存气变为"死气"。正常情况注气和采气速度均衡，但为适应高峰负荷时，采气速度可比注气速度高4倍。

（4）地下储气库的选择条件

地下储气库的选择应综合考虑气库位置、气库深度、储气层条件、气库规模等因素。综合分析地下储气库建设较为发达的美国及欧洲地区的建库经验，一般认为具有以下特点。

① 气库的位置以靠近用户为宜，一般相距50~100km较为合适，俄罗斯则将气库与用户距离控制在100~150km，认为超过200km则不经济。

② 气库应具有一定的深度，以利于安全，一般枯竭气藏储气库深度在1000m左右，含水层储气库一般不超过1000m，美国的气库深度在90~2360m，俄罗斯的气库深度在250~2000m。

③ 储气层条件一般要有适宜的孔隙度和渗透率，俄罗斯认为孔隙度不低于10%~15%，渗透率不应小于$0.2~0.3\mu m^2$；法国认为总孔隙度15%~25%，有效孔隙度大于15%，渗透率大于$0.5\mu m^2$较好。

④ 气库规模并无统一的判定标准，一般认为较小型的气库优点是一次性投资小、建设周期短，较大型气库的优点是安全系数大、调峰能力强，应结合国情和实际需求量确定。美国最小的气库容量为$440×10^4 m^3$，最大的为$63×10^8 m^3$；俄罗斯认为气库最大容量可达$(30~50)×10^8 m^3$，实际其最大气库容量达$100×10^8 m^3$以上。

此外，还应考虑有闭合构造，可容纳高比率垫气，有合适的储存惰性气的隔离区，没有大范围的非均质性等因素，应尽量选择独立的、边界较明确的构造，以防止因气体运移而漏失。

5.2.2.4 地下储气库的发展

世界上第一座地下储气库建于1915年，是加拿大利用枯竭气藏建造的，次年在美国建造了第二座气层储气库。第二次世界大战之后，地下储气库建设进度加快。截至2011年，世界共建造地下储气库848座，其中北美地区535座，约占世界的63.1%；除独联体以外的欧洲地区223座，约占世界的26.3%；独联体地区57座，约占世界的6.7%；亚洲、大洋洲、中东、拉美和加勒比海地区则建设数量较少，合计数量不足世界的4%。按储气库类别划分，约69.2%为枯竭油气田储气库，11.2%为含水层储气库，19.1%为盐穴型储气库，废弃矿和岩穴型储气库合计只有0.5%。世界地下储气库分区建设现状详见表5-34，分类建设现状见表5-35。

表 5-34 世界地下储气库分区建设现状

地区	储气库数量/座	工作气量/×10⁹m³	垫底气量/×10⁹m³	最大日抽出量/(×10⁶m³/d)
北美	535	138.1	128.5	2768.7
欧洲其他地区	223	98.9	117.2	1849.8
独联体	57	113.8	126.7	945.5
中东	4	1.4	0.2	9
亚洲	17	5.1	4.5	42.1
大洋洲	8	1.9	0.5	16.5
拉美和加勒比海	4	0.1	0.2	1.9
世界合计	848	359.3	377.8	5633.5

注：资料来源：Undergroung Gas Storage，2009~2012 Triennium Work Report，2012 Word Gas Conference，2012-6。

表 5-35 世界地下储气库分类建设现状

储存类型	储气库数量/座	工作气量/×10⁹m³	垫底气量/×10⁹m³	最大日抽出量/(×10⁶m³/d)
废弃矿	1	0	0	1
含水层	95	45.9	68.4	705.9
气田	549	272.9	287.5	3606.2
油田	38	18.3	13.8	328.8
岩穴	3	0.1	0	7
盐穴	162	22.1	8.1	984.6
合计	848	359.3	377.8	5633.5

注：资料来源：Undergroung Gas Storage，2009~2012 Triennium Work Report，2012 Word Gas Conference，2012-6。

(1) 北美地下储气库发展

北美是世界上率先发展地下储气库的地区，其储气库建造数量约占世界的 77%，特别是美国和加拿大储气库均已高度发展，储气库建造数量位居目前世界各国的前列。截至 2011 年底，北美地区已建设地下储气库 535 座，总工作气量达 $1381×10^8 m^3$，最大日采出量达 $27.7×10^8 m^3$，主要建设类型包括枯竭油气田型、含水层型和盐穴型，其中以枯竭气田建设的地下储气库最多，占总量的 70% 以上。北美地区地下储气库分国家建设现状详见表 5-36，分类型建设现状详见表 5-37。

石油天然气的开发与利用

表 5-36 北美地区地下储气库分国家建设现状

国家	储气库数量/座	工作气量/$\times 10^9 m^3$	垫底气量/$\times 10^9 m^3$	最大日抽出量/($\times 10^6 m^3/d$)
美国	475	121.4	120.3	2592.1
加拿大	60	16.7	8.2	176.6
合计	535	138.1	128.5	2768.6

注：资料来源：Undergroung Gas Storage，2009~2012 Triennium Work Report，2012 Word Gas Conference，2012-6。

表 5-37 北美地区地下储气库分类型建设现状

储存类型	储气库数量/座	工作气量/$\times 10^9 m^3$	垫底气量/$\times 10^9 m^3$	最大日抽出量/($\times 10^6 m^3/d$)
含水层	52	10	27.2	257.3
气田	367	102.9	85.4	1739
油田	30	16.8	13	298.2
盐穴	86	8.4	2.9	474.1
合计	535	138.1	128.5	2768.6

注：资料来源：Undergroung Gas Storage，2009~2012 Triennium Work Report，2012 Word Gas Conference，2012-6。

美国的天然气产量相对稳定且管网发达，拥有巨大的天然气库存能力，已建地下储气库 475 座，其中枯竭油气田储气库 348 座、含水层储气库 52 座、盐穴储气库 75 座，总工作气量约 $1214 \times 10^8 m^3$，数量和规模均位居世界第一。美国自 1916 年建成第一座枯竭气藏储气库后，1954 年首次利用油田储气，1958 年首次建成含水层储气库，1961 年首次建成盐穴储气库，1963 年首次实现废弃矿坑储气。美国对天然气工业在管理上的不断改变促进了其天然气市场的发展，特别是 1993 年颁布的"第 36 号令"允许第三方进入天然气储气库领域，并可不受限制地开展购气、输气和储气活动，有效促进了地下储气库的发展。

加拿大的地下储气库建造数量仅次于美国，位居世界第二。截至 2011 年，共有 60 座，其中枯竭油气田储气库 49 座、盐穴储气库 11 座；总工作气量约 $167 \times 10^8 m^3$，约占居民住宅商业部分耗气量的 38%。

（2）独联体以外欧洲地区的地下储气库发展

欧洲是世界第三大天然气市场，也是世界上最大的天然气贸易市场，天然气需求量的不断增加是推动其地下储气库建设的主要原因。截至 2011 年，共拥有 223 座地下储气库，其中枯竭油气田储气库 125 座、含水层储气库 27 座、盐穴储气库 67 座、岩穴储气库 3 座、废弃矿储气库 1 座；总工作气量 $989 \times 10^8 m^3$，相当于其年耗气量的 12%（45 天的天然气消耗量）。欧洲地区（独联体以外）地下储气库分类建设现状详见表 5-38。

表 5-38　欧洲地区（独联体以外）地下储气库分类建设现状

储存类型	储气库数量/座	工作气量/$\times 10^9 m^3$	垫底气量/$\times 10^9 m^3$	最大日抽出量/($\times 10^6 m^3/d$)
废弃矿	1	0	0	1
含水层	27	17	20.1	282.2
气田	118	68.2	91.6	1024.7
油田	7	1	0.3	28.5
岩穴	3	0.1	0	7
盐穴	67	12.6	5.2	506.5
合计	223	98.9	117.2	1849.9

注：资料来源：Undergroung Gas Storage, 2009~2012 Triennium Work Report, 2012 Word Gas Conference, 2012-6.

西欧的天然气需求量增长较快，影响供气可靠性的因素越来越复杂，导致储气库新建和扩建项目也增加较快。西欧各国地下储气库的建设与发展存在较大差异，这主要与各国的建库条件和供气条件的差异有关。建储气库数量较多、规模较大的国家主要有德国、英国、意大利和法国，其中德国的地下储气库数量最多，共有 61 座，总工作气量 $20.3\times 10^9 m^3$，数量和工作气量均居各国之首。

东欧是俄罗斯气源和中东气源的过境地，具有重要的战略地位，一些国家利用适宜的建库条件发展储气战略，建造中转储气库。欧洲地区（独联体以外）各国地下储气库建设现状详见表 5-39。

表 5-39　欧洲地区（独联体以外）各国地下储气库建设现状

国家	储气库数量/座	工作气量/$\times 10^9 m^3$	垫底气量/$\times 10^9 m^3$	最大日抽出量/($\times 10^6 m^3/d$)
德国	61	20.3	12.4	525.1
英国	27	4.9	5.4	110.9
意大利	24	17.4	9.8	347.9
法国	19	12.4	14.5	241.2
奥地利	11	7.5	3	85.6
捷克共和国	10	3.8	2.3	63.2
罗马尼亚	10	3.5	5.4	26.2
波兰	9	2.7	7.6	39.8
西班牙	9	3.4	5.5	27.7
匈牙利	7	6.3	4.6	81.4
荷兰	6	5.2	39.1	161
土耳其	5	1.9	1.9	16

续表

国家	储气库数量/座	工作气量/$\times 10^9 m^3$	垫底气量/$\times 10^9 m^3$	最大日抽出量/($\times 10^6 m^3/d$)
保加利亚	3	1.7	0.5	4
爱尔兰	3	0.2	0	2.8
斯洛伐克	3	3	3.1	38.9
阿尔巴尼亚	2	0	0	0
克罗地亚	2	0.6	0.4	5.8
丹麦	2	1	1.3	25.2
葡萄牙	2	0.1	0.2	7.2
塞尔维亚	2	0	0	0
比利时	1	0.7	0.6	15
波斯尼亚	1	0	0	0
希腊	1	0	0	0
拉脱维亚	1	2.3	2.1	24
立陶宛	1	0	0	0
瑞典	1	0	0	1
合计	223	98.9	117.2	1849.9

注：资料来源：Undergroung Gas Storage, 2009~2012 Triennium Work Report, 2012 Word Gas Conference, 2012-6。

(3) 独联体地区地下储气库发展

独联体国家（前苏联）是世界上最大的天然气生产国，也是最大的天然气消费国，其中俄罗斯的一次能源消费中天然气占比已超过46%。同时，它还拥有高度发达的天然气基础设施，包括 21.5×10^4 km 的输气管网和29座地下储气库。

独联体国家的地下储气库建设起步较晚，发展较快。1958年建成第一座地下储气库，初始储气量仅为 $3000 \times 10^4 m^3$。世界最大的地下储气库由前苏联建造，有效工作气量达 $100 \times 10^8 m^3$ 以上。苏联解体后，大部分地下储气库归俄罗斯所有。截至2011年，该地区储气库数量已达57座，包括37座枯竭气田储气库、14座含水层储气库、6座盐穴储气库，总工作气量达 $1138 \times 10^8 m^3$。详见表5-40。

表 5-40 独联体国家地下储气库分类建设现状

储存类型	储气库数量/座	工作气量/$\times 10^9 m^3$	垫底气量/$\times 10^9 m^3$	最大日抽出量/($\times 10^6 m^3/d$)
含水层	14	18.7	20.9	166.4
气田	37	94.8	105.8	775.2

续表

储存类型	储气库数量/座	工作气量/×10⁹m³	垫底气量/×10⁹m³	最大日抽出量/(×10⁶m³/d)
油田	0	0	0	0
盐穴	6	0.3	0	4
合计	57	113.8	126.7	945.6

注：资料来源：Undergroung Gas Storage, 2009～2012 Triennium Work Report, 2012 Word Gas Conference, 2012-6.

独联体各国地下储气库建设数量和规模存在较大差异，其中俄罗斯的建造数量和总工作气量均居首位，均占独联体国家总量的一半以上；乌克兰的建造数量和总工作气量均居第2位，其他国家的建造数量和规模均较少。各国建设现状详见表5-41。

表5-41　独联体国家地下储气库各国建设现状

国家	储气库数量/座	工作气量/×10⁹m³	垫底气量×10⁹m³	最大日抽出量/(×10⁶m³/d)
俄罗斯	29	65.7	92.6	557.7
乌克兰	13	32.8	31.3	300.9
白俄罗斯	4	1.2	0.6	8.8
阿塞拜疆	3	4.2	1.7	14.5
哈萨克斯坦	3	4.2	0.6	28.7
乌兹别克斯坦	3	5.4	0	31
亚美尼亚	1	0.1	0	4
吉尔吉斯斯坦	1	0.1	0	0
合计	57	113.8	126.7	945.6

注：资料来源：Undergroung Gas Storage, 2009～2012 Triennium Work Report, 2012 Word Gas Conference, 2012-6.

(4) 世界其他地区地下储气库

除上述介绍的地下储气库发达地区外，亚洲、大洋洲、中东、拉美和加勒比海等地区也建有地下储气库，但数量和规模均较小，截至2011年，这些地区共建设地下储气库33座，其中亚洲拥有17座、大洋洲8座、中东及拉美和加勒比海各4座，详见表5-42。按建设形式分类，包括含水层储气库2座、枯竭油气田储气库28座、盐穴储气库3座，总工作气量$85×10^8 m^3$，详见表5-43。

表5-42　世界其他地区地下储气库分区域建设现状

地区	储气库数量/座	工作气量/×10⁹m³	垫底气量/×10⁹m³	最大日抽出量/(×10⁶m³/d)
亚洲	17	5.1	4.5	42
大洋洲	8	1.9	0.5	16.5

续表

地　区	储气库数量/座	工作气量/×10^9m³	垫底气量/×10^9m³	最大日抽出量/(×10^6m³/d)
中东	4	1.4	0.2	9
拉美和加勒比海	4	0.1	0.2	1.9
合　计	33	8.5	5.4	69.4

注：资料来源：Undergroung Gas Storage，2009～2012 Triennium Work Report，2012 Word Gas Conference，2012-6。

表 5-43　世界其他地区地下储气库分类建设现状

储存类型	储气库数量/座	工作气量/×10^9m³	垫底气量/×10^9m³	最大日抽出量/(×10^6m³/d)
含水层	2	0.2	0.2	0
气田	27	7	4.7	67.3
油田	1	0.5	0.5	2.1
盐穴	3	0.8	0	0
合　计	33	8.5	5.4	69.4

注：资料来源：Undergroung Gas Storage，2009～2012 Triennium Work Report，2012 Word Gas Conference，2012-6。

(5) 我国地下储气库发展

我国的地下储气库建设起步于 20 世纪 70 年代。1975 年为解决大庆油田开发过程中产生的大量伴生气夏季过剩而冬季不足的问题，在萨中地区和喇嘛甸油田首次建成 2 座小型地下储气库，比世界第一座储气库建设整整晚了 60 年。

① 大庆油田地下储气库　位于萨尔图油田中区北块的储气库，储气层是萨尔图油层顶部的可凝油气层，层厚 0.6～5.4m，埋深 770m，储气库总库容 $0.38×10^8$m³，连续运行 11 年，运行状况良好，年均注气 $841×10^4$m³，年均采气 $877×10^4$m³，注入和采出气量基本相当，1986 年因油田无富余天然气储备而停止使用。位于大庆喇嘛甸油田北块的储气库是受构造控制的岩性气藏，注气目的层是气顶的一部分，顶部为全区稳定分布的泥岩和油页岩盖层，厚度 250m，底部为泥岩隔层，平均厚度 8m。该储气库 1975 年建成后直到 1982 年才启用，日注气能力 $100×10^4$m³，1985 年因采气后压力下降影响原油开采而停用。这两座地下储气库为大庆油田内部生产和生活的安全平稳供气发挥了良好作用，但还不是真正意义上的储气库。

② 华北地区地下储气库　直到 2000 年，为解决陕京线在京津地区的供气调峰问题，并满足天然气应急储备的需要，在天津大港油田建成了我国第一座城市调峰地下储气库——大张坨地下储气库。该储气库由凝析气田改建而成，距北京约 200km，埋深约 2500m，圈闭面积 12km²，库容为 $17.81×10^8$m³，设计有效工作气量 $6×10^8$m³。此后，在 2002～2006 年，在大港地区又先后建成了板

876、板中北、板中南、板 808 和板 828 共 5 座地下储气库，形成由 6 座地下储气库构成的华北储气库群。详见表 5-44。

表 5-44 华北地区地下储气库

序号	储气库	设计库容量/$\times 10^8 m^3$	设计有效工作气量/$\times 10^8 m^3$
1	大张坨	17.8	6
2	板 876	4.7	1.9
3	板中北	24.5	11
4	板中南	9.7	4.7
5	板 808	7.6	4.2
6	板 828	4.7	2.6
合计		69	30.4

注：资料来源：《天然气地下储气库》。

③ 西气东输配套地下储气库 为满足西气东输管道的调峰需要，经过对长江中下游近百个构造的研究、评价、筛选与论证，最终在江苏金坛及刘庄建设了 2 座地下储气库，主要用于季节调峰和满足意外故障时的应急供气，确保西气东输长输管道向下游用户安全平稳供气。金坛地下储气库位于江苏省常州市的金坛市西北，毗邻镇江市，是我国第一个盐穴型地下储气库，建在金坛盐矿区域内，盐层面积约 $11.2 km^2$，埋深约 $1000m$，库容 $26.4 \times 10^8 m^3$，设计有效工作气量 $17 \times 10^8 m^3$，2006 年 4 月建成投产。刘庄地下储气库位于江苏淮安市金湖县陈桥镇北，是废弃油气藏型储气库，设计库容 $4.55 \times 10^8 m^3$，有效工作气量 $2.45 \times 10^8 m^3$，主要为西气东输冀宁线用户提供调峰服务，2011 年 11 月建成投产。

5.2.2.5 地下储气库技术进步

国外地下储气库的建造和技术发展已近百年，随着科技的发展地下储气库的建造技术、建设规模、建造时间和技术经济指标等有了很大改善，其技术发展趋势主要体现在以下几方面。

① 小型储气库建造数量增多。可灵活满足不同用户需求的、周转率较高的小型地下储气库建造数量不断增加，且更多建在盐穴或废弃矿穴中；大型地下储气库多用于战略储备。

② 垫底气用惰性气体代替天然气。地下储气库的垫底气一般可占储气量的 15%~75%，用价格相对低廉的惰性气体代替天然气，可有效降低建库投资和操作费用。其技术关键是惰性气体作垫底气时应避免与天然气混合，美国和法国的解决办法是将惰性气体注入储气层的外侧，而非整个气库均匀注入，使惰性气体停留在储气库外侧，以尽量避免混气。

③ 监控系统自动化程度不断提高。美国等国家运用 SCADA 系统对地下储气库的注采运行实施连续监控，运用现代测量技术跟踪气体的运移，不断提高储

气库生产与管理过程的检测水平和自动化程度,有效提高了地下储气库的安全性和经济性。

④ 储气库工艺设计标准化不断加强。尽管不同类型的地下储气库地质条件和工艺参数存在较大差异,但在天然气集输与处理工艺等方面的设计原理基本相同。因此,提高工艺设计的标准化和统一化,有利于缩短设计和建造周期,减少工作量,降低建造费用,优化和提高建库质量。

⑤ 研究方法和建造技术进一步提高。地下储气库的研究与建造是复杂的系统工程,全面系统的技术分析、方案优化、风险研究是保证地下储气库科学选址、合理定位、安全经济运行的前提。欧美国家不断将数值模拟、模块化施工等先进的现代技术手段运用到地下储气库的前期研究和设计建造中,有效控制了开发建设风险,提高了建造效率和经济效益。

我国天然气地下储气库的设计建造技术经过近 40 年的发展,已取得了很大进步,特别是最近十余年的建设实践,为储气库技术进步提供了十分有益的经验积累。目前,我国地下储气库技术发展水平呈以下特点。

① 气藏改建地下储气库技术基本成熟,但在储气库监测、安全管理等方面与国外存在差距。

② 盐穴储气库研究取得了长足进步,金坛储气库的建成投产开启了我国利用深部洞穴实施能源储存的先河。

③ 含水层储气库研究刚刚起步,正在开展基础性研究,有待进一步深入。

④ 枯竭油藏改建地下储气库技术正在摸索之中,技术发展亟待完善。

⑤ 专业化研究与建设队伍不断成长,与国外开展的不同层次技术合作,促进了我国地下储气库技术的发展与进步。

参 考 文 献

[1] 《中国油气管道》编写组. 中国油气管道. 北京:石油工业出版社,2004.
[2] 戴家齐,叶德丰主编. 世界管道手册. 北京:石油工业出版社,2003.
[3] 梁翕章,唐智圆. 世界著名管道工程. 修订版. 北京:石油工业出版社,2002.
[4] 梁翕章. 国外成品油管道运行与管理. 北京:石油工业出版社,2010.
[5] 宋德琦,苏建华,任启瑞等. 第十章 天然气储气库//天然气输送与储存工程. 北京:石油工业出版社,2004.
[6] 李征西,徐思文主编. 油品储运设计手册:上册. 北京:石油工业出版社,1997.
[7] 范继义主编. 油罐. 北京:中国石化出版社,2006(2009.11 重印).
[8] 华爱刚,李建中,卢林生主编. 天然气地下储气库. 北京:石油工业出版社,1990.
[9] 方朝亮,刘克雨主编. 世界石油工业关键技术现状与发展趋势. 北京:石油工业出版社,2006.
[10] 潘家华. 圆柱型金属油罐设计//潘家华油气储运工程著作选集:第 3 卷. 北京:石油工业出版社,2001.
[11] 《海洋石油工程设计指南》编委会. 海洋石油工程陆上终端与 LNG 接收终端//海洋石油工程设计指南:第 10 册. 北京:石油工业出版社,2008.

[12] 冯耀威主编. 油气输送管道工程技术进展. 北京：石油工业出版社，2006.
[13] 李宏斌. 我国超大型浮顶油罐的发展. 压力容器，2006（5）.
[14] 陆悦铭，周乐. 油轮120余年的发展史. 航海，2012（2）.
[15] 原油运输船舶的发展史. 百度文库［2014-10-28］http：//wenku. baidu. com.
[16] Douglas-Westwood. The World Onshore Pipelines Report 2008～2012，2012.
[17] Working Committee 2. Undergroung Gas Storage//2009～2012 Triennium Work Report. 2012 Word Gas Conference. France，2012.
[18] Oil & Gas Journal, 2011 (4); Oil & Gas Journal, 2012 (5); Oil & Gas Journal, 1997～2014.
[19] Intertanko Tanker Facts, 2003; Intertanko Tanker Facts, 2011.
[20] Pipline & Gas Industry, 1996.
[21] 安信证券股份有限公司. 安信证券海运数据周报，2011-5-11.
[22] Clarksons, 2013.
[23] 英国石油公司（BP）. BP世界能源统计年鉴，2014. 百度文库［2014-10-28］. http：//wenku. baidu.
[24] 中海发展股份有限公司. 中海发展股份有限公司2011年年度报告，2012. 百度文库［2014-10-28］. http：//wenku. baidu.
[25] 招商局能源运输股份有限公司. 招商局能源运输股份有限公司2011年年度报告［2014-10-28］. http：//www. cninfo. com. cn/final page/2012-04-23/60880309. PDF.
[26] 李绍凯. LNG船简介. 百度文库［2014-10-28］. http：//wenku. baidu. com.
[27] OPEC. Annual Statistical Bulletin. OPEC, 2013～2014.
[28] LNG Journal, 2014-1.

第 6 章

我国石油天然气可持续发展的几点思考

6.1 油气勘探开发与资源接替相关思考

6.1.1 美国的油气勘探开发先进经验

我国油田开发相比美国晚 50 年。目前，美国石油储量增长幅度和原油产量都处于衰减阶段，我国则处于储量增长高峰期和产量上升阶段。美国的油气勘探开发与资源接替有如下先进或成功的经验值得学习和借鉴。

① 重视和加大致密油的开发力度，实现资源的有效接替。

致密油是指以吸附或游离状态赋存于富有机质且渗透率极低的暗色页岩、泥质粉砂岩和砂岩夹层系统中的自生自储、连续分布的石油聚集物。致密油开采方式以水平井为主，多级水力压裂、重复压裂等储层改造技术是目前提升致密油单井产量的关键技术。

目前，美国是致密油资源开发最多的地区之一，Bakken、Eagle Ford 和 Barnett 是美国最具代表性的 3 个致密油聚集区带。俄罗斯、加拿大等也有成功开发的范例。致密油的典型代表是北美威林斯顿盆地的 Bakken 地层，2006 年美国地质调查局预测其石油地质储量达 590×10^8 t，仅美国北达科他州和蒙大拿州的 Bakken 致密油聚集区带就拥有技术可采储量 $(4.2 \sim 6.1) \times 10^8$ t。由于致密油资源潜力超出预期，开采技术也取得突破并得到规模应用，美国致密油工业得到迅速发展。

威林斯顿盆地 Bakken 组页岩的勘探和开发始于 20 世纪 50 年代，经历了多轮勘探开发，从 1987~2001 年，水平钻井在 Bakken 致密油区带得到了广泛应用，使得上 Bakken 段内致密油的开采获得成功。2000 年以后，随着水平井分段压裂技术的大规模工业化应用，Bakken 油藏的勘探开发获得了突破性进展。2007 年，Bakken 致密油产量为 110×10^4 t，2008 年产量激增至 990×10^4 t，2009 年产量约为 1230×10^4 t。2010 年 4 月，由美国 Brigham 勘探公司在该区带完钻的一口油井，初期产油达 572t/d，产气达 $13.6 \times 10^4 \text{m}^3/\text{d}$。致密油显示出了良好的发展前景。

② 稠油的开发技术和工艺水平达到了相当高的水准，稠油的开发利用效率高。

美国有稠油地质储量 $143.3 \times 10^8 \text{t}$，2009 年稠油热采产量为 1452 万吨，可采储量采出程度达到 87%，采收率为 42.3%。相对中国的稠油热采油田而言，美国稠油油田特征埋藏相对浅，油层厚，丰度高。

目前美国形成了蒸汽吞吐、蒸汽驱、蒸汽辅助重力泄油（SAGD）、火烧油层、水平井、热水驱等系列稠油热采技术，是目前美国规模最大的提高原油采收率工程项目，占据了年实施项目的 31%，占产量的 44%，在美国油田增加可采储量中占据主要地位。

美国稠油通过技术进步，不断提高油田增储潜力，一般在可采储量采出程度 55%~88% 阶段，增加采收率 10.2 个百分点，稠油热采油田增储的有利时机在可采储量采出程度 85% 以前。据 2009 年 60 个热采项目开发效果统计，稠油热采新增可采储量 378 百万桶，占美国 2009 年老区新增可采储量总数 1859 百万桶的 20%。其中，注蒸汽项目新增可采储量 359 百万桶，占热采新增可采储量的 95%；火烧油层项目新增可采储量 17.6 百万桶；热水项目新增可采储量 1.8 百万桶。热力方法提高稠油采出程度 28%，其中注蒸汽提高稠油采出程度 35%，火烧油层提高稠油采出程度 30%，热水驱提高稠油采出程度 19%。

③ 高含水油田仍是主要产油区块，通过创新开发理念和科技攻关，采收率高达 35.2% 以上。

美国是世界上最主要的石油生产国之一，2008 年原油产量位居世界第三位。经过 150 年的油田开发，美国油田总体进入高采出程度的成熟期阶段。截至 2008 年底，美国累计动用石油探明地质储量 812.7 亿吨，动用可采储量 286.2 亿吨。年产原油 2.47 亿吨，平均采收率为 35.2%，其中砂岩油藏平均采收率为 37%。平均含水 92%，除阿拉斯加油区外，整体进入特高含水开采阶段。

总体上说，美国在油田开发后期，通过不断创新开发理念和科技攻关，提高高含水油藏采收率，中高渗透砂岩油藏提高采收率的潜力达到 1%~10% 的幅度。其中，采出程度为 60%~65% 时，年提高采收率为 0.6~0.7 个百分点；采出程度为 70%~80% 时，年提高采收率为 0.3~0.5 个百分点等等，增储有利时机在可采储量采出程度 75% 以前。主要通过气驱，气水交注，水驱调整，非常规井，包括高角度井、水平井、反向高角度井、排液井，水平井注混相溶剂，聚合物三次采油、微型水驱，数字化整体优化开发系统等。

④ 美国始终把老油田扩边和发现新层作为重要的增储对象。

已开发油田调整增储始终处于主体地位，1946 年以来，已开发油田调整和复算新增可采储量一直占总新增可采储量的 35% 以上，在稳产阶段，通过规模实施老油田再开发,增储比例更高达65%(表6-1)。

表6-1 美国油田不同增储阶段增储方式比例

增储阶段	精细勘探阶段 /%	油田深度开发阶段 /%	勘探开发均衡发展阶段 /%
新区发现油藏	18	6	18
老油田扩边	40	23	33
油田调整与复算	35	65	40
老区新发现油藏	7	6	9

⑤ 美国油田开发的增储经验,为转变开发理念和开阔思路提供了借鉴作用。

1946年以来,美国新增石油可采储量历程可以分为三个阶段:精细勘探阶段(1946~1970年);油田深度开发阶段(1971~1990年);勘探开发均衡发展阶段(1991至今)(图6-1)。实际上,增加可采储量贯穿美国油田的整个开发过程;可采储量采出程度在60%~90%时,老油田开发调整是增加储量的主体部分,占总储量增加的56%,其中可采储量采出程度在60%~80%时,年增加采收率为0.5~0.8个百分点,可采储量采出程度在85%~90%时,年增加采收率为0.1~0.3个百分点。增储途径主要是注气、水气交替方式扩大增储潜力,占比为85%;常规水驱方式占比为15%。

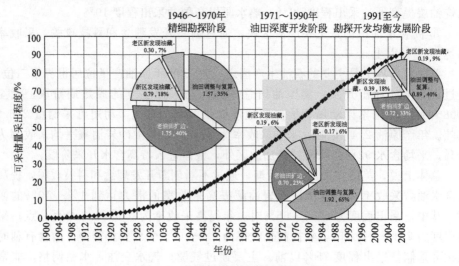

图6-1 美国新增石油可采储量历程

⑥ 美国原油产量发展历程与技术进步、国家政策息息相关。

美国原油产量发展历程是伴随着技术进步与国家政策的不断出台推进的。20世纪30年代以前,一次采油主导油田开发;油田开发理念是"钻井加抽油",以"井"为单元作为油田开发的基点,普遍采用密井网开发。20世纪30年代开始,

第6章 我国石油天然气可持续发展的几点思考

注水和注气恢复地层压力等二次采油得到大规模推广;开发理念上基于油藏的整体认识与开发,发展了行列注水、"五点法"等注水井网,形成了油层物理学、地下流体渗流力学和油藏工程学等。20世纪70年代,发展了油藏数值模拟技术,进一步认识到油藏非均质性,局部加密井网调整。20世纪70年代中期开始,三次采油技术包括热力采油、CO_2/烃类/N_2 驱等气驱技术得到快速发展。新的石油饱和度测井技术,以及高压密闭取心技术和冷冻岩心测定剩余油含量技术得到发展和应用。现在注 CO_2 气混相驱以及重油(稠油)蒸汽驱得到了大规模的工业化应用。20世纪80年代开始,老油田再开发成为关注的焦点,"老地方寻找新储量"是一个重要的开发策略(图6-2)。

图6-2 美国原油产量发展历程与技术进步

6.1.2 我国油气勘探开发建议与思考

未来中国的能源需求仍将快速增长,预计2020年之后不久将超过美国,成为世界第一大能源消费国,2011年石油对外依存度已达到55%,因此我国石油天然气可持续发展不仅是关系民生的问题,更是确保我国能源安全的重大战略问题。在新的形势下,我国石油天然气业务应进一步加快转变发展方式,脚踏实地做好"发展"和"转变"两篇文章,用"发展"破解新形势下的矛盾和困难,带动生产经营观念与方式的"转变",用"转变"促进"发展"质量的提高,不断提高上游业务的内在竞争力,在保持安全环保形势稳定的同时,实现又好又快的发展。

目前致密油、稠油、高/特高含水等油田面临着开发难度加大、开发技术亟须突破的问题,建议国家层面或油公司层面组织针对重点技术领域开展协同攻关，集中力量攻克面临的关键瓶颈技术，为持续有效发展做好技术储备。同时，对于由于开发难度大造成经济效益较差的致密油、稠油、高/特高含水等油田，仍然是油公司和国家的重要财富，鼓励企业有效开发这些资源，既可满足国家能源安全需求，又能创造巨大的社会效益，因此建议国家给予财税方面的政策扶持，对这部分产量实行差别税率或免收特别收益金。为确保我国石油天然气可持续发展，在借鉴国外的先进经验基础上，需要根据我国的石油天然气现状和潜力，加强国内常规油的勘探开发，加大非常规、海洋领域和海外资源的科技攻关和投入力度，保障国家油气安全，实现国内油气产业可持续发展。

① 发挥常规油气资源的保障作用，夯实和发挥保障国家石油安全的支柱作用。

依靠常规油气资源，国内已形成了年产2亿吨原油、1千亿方天然气的生产能力，这是保障国家石油安全和能源需求的重要基础和支柱。目前，常规油气资源开发面临着勘探对象日趋复杂，新增储量品位低、发现和开采成本上升，老油田陆续进入高采出程度和高含水阶段、稳产难度大等问题，需要采取有效措施，继续发挥能源安全的重要保障作用。

一是夯实资源基础。加大新区、新领域勘探力度，加强老油田挖潜，年均新增石油可采储量2.0亿～2.4亿吨，确保合理储采比10年以上的水平，夯实2亿吨原油生产能力的资源基础。以发现大场面、寻找规模优质储量为目标，实现天然气储量大幅增长，在满足天然气产量快速增长需要的同时，天然气储采比保持在25年以上。二是发挥老油田的作用，精雕细刻，深度挖潜，使采收率达到35%以上。三是在油田开发对象愈加复杂、开发难度加大情况下，加强科技投入及攻关，加大技术创新力度。研究推广水平井大规模压裂、复合驱、稠油SAGD等先进技术，发挥科技的生产力作用，为持续有效发展做好技术储备。对于中高渗透水驱老油田，以剩余油分布描述为基础，以二次开发为引领，提高水驱控制和动用程度，积极探索二次采油和三次采油相结合的大幅度提高采收率新途径。对于低渗透和致密油藏，通过水平井和体积压裂技术，有效补充地层能量技术，大幅度提高单井产量，提高已开发油田采收率，降低储量动用界限。对于三次采油油藏，在聚合物驱基础上，加快配套复合驱现场试验，形成大幅度提高采收率有效途径和技术方法。对于稠油热采油藏，配套完善蒸汽驱、SAGD技术等转换开发技术，实现稠油有效开发。四是加大政策支持力度。通过适度减免资源税、特别收益金等措施，鼓励低品位储量、难采储量和尾矿资源的开发，实现老油田的可持续发展。在我国，像玉门等老油田，以及致密油、稠油、高/特高含水等油田，由于开发难度大，造成经济效益较差，但仍然是公司和国家的重要财富和资源，鼓励企业有效开发这些资源，既可满足国家能源需求，又能创造巨大的社会效益，所以建议国家给予财务方面的政策扶持，对这部分产量实行差别税费或免收特别收益金。

第6章 我国石油天然气可持续发展的几点思考

2011年,中国石油天然气股份有限公司常规油气当量产量占总产量的86%,在可预见的未来,常规油气仍是国内油气生产的重要组成部分,巩固并保持常规油气稳定发展对保障我国油气安全具有重要意义。从资源上看,常规油气具备长期稳产潜力;勘探重点区带较为落实,开发技术逐步完善。尽管面临资源品位差,成本不断上升等挑战,但只要战略发展方向明确,通过加大科技创新力度及科研成果转化力度,依靠科技创新实现低成本勘探开发,形成内在竞争力,能够保障常规油气储产量目标实现。

② 重视和实施非常规资源的开发和利用,加快突破新领域,提升自主供给能力,促进油气产量跨越式发展。

非常规油气是指目前经济技术条件下无法采用常规方法进行勘探开发的油气资源,主要包括致密油、油页岩油、油砂油、致密气、煤层气、页岩气和天然气水合物等。这类资源的特点是资源总量大,技术要求高。我国非常规油气类型多,资源丰富,勘探潜力大,是保障国家石油安全和能源需求的重要接替领域,也是未来油气产业可持续发展的关键。初步估算我国非常规地质资源量石油649亿~671亿吨,天然气140万亿~228万亿立方米,其中,低孔、低渗剩余石油资源量230亿吨、天然气资源量8.2万亿立方米,是勘探增储重要的现实领域。但是我国起步较晚,技术储备不足。应有序推进,优先发展致密油气、煤层气,积极推动页岩气、页岩油、油砂油,持续准备天然气水合物勘探开发。

非常规油气资源品位低、发现和开采成本较高,经济有效开发面临较大的挑战。非常规资源的开发和利用的总体思路是加大勘探力度和技术攻关力度,实现致密油、致密气、页岩气等非常规储量资源的规模发现和单井产量的提高;同时,通过适度减免资源税、实行差别化石油特别收益金政策、加大对非常规油气资源开采补贴力度、加大国家级致密油气示范专项的资金支持力度及配套出台支持政策等,实现非常规资源的开发利用。

要重视和实施非常规资源的开发和利用,促进油气产量跨越式发展,一是要优先加快发展致密砂岩气。我国致密气开发已进入快速发展阶段,占天然气总产量快速提升,初步形成了优质储量的有效开发技术,需要重点加大低成本配套技术攻关力度,通过政策扶持,拓展资源领域,实现规模有效开发,保持致密气产量份额稳中有升。二是推进煤层气规模效益开发。需对中高煤阶浅层开发配套技术、深层开发主体技术、中低煤阶煤层气开发技术等薄弱环节开展持续攻关,推进规模效益开发,实现煤层气产业跨越发展。三是开展页岩气主体勘探开发技术攻关。勘探开发刚刚起步,主体技术尚未突破,必须加强技术攻关,引入市场机制,给予财政扶持,制定相应政策。立足产业示范区建设,加快页岩气勘探开发,形成先进适用的规模效益开发技术体系,尽快实现页岩气资源转化。四是加快开展致密油勘探开发步伐。致密油勘探开发起步较晚,目前在成藏特征、富集规律等地质认识还有一定差距,资源潜力及有利区分布有待深化,高效勘探开发所需的超长水平井增产改造、产能预测等关键技术还需加强攻关，持续推进致密油规模化生产。五是加强深层油气资源开发。深层油气资源潜力大，是比较现实的战略接替区，随着深层新增探明储量的增加，深层油气的产量也呈上升趋势，特别是深层天然气产量增速较快。但由于深层地质目标识别难、地温高、压力大、岩性复杂，使得深层油气勘探开发极具挑战，目前在储层预测、钻井设备、钻井提速提效等方面的技术瓶颈亟待突破。为了尽快实现深层油气的战略接替，必须对深层碎屑岩、碳酸盐岩和火山岩等不同目标加强有针对性的技术攻关，在10~15年内完成深层油气勘探开发技术配套和完善，争取深层油气规划目标的实现。

③ 加快我国南海等深海油气勘探开发步伐，推进海洋油气资源开发。

海洋石油资源潜力巨大，已成为世界各大石油公司竞争的热点领域。按照2008年公布的第三次全国石油资源评价结果，中国海洋石油资源量为246亿吨，占全国石油资源总量的23%；海洋天然气资源量为16万亿立方米，占总量的30%。而当时中国海洋石油探明程度为12%，海洋天然气探明程度为11%，远低于世界平均水平。

全球近十年发现的大型油气田中，海洋油气田已占60%以上，特别是水深500~1500m的深海油气勘探，已成为多数海洋油气经营者重要战略资产的组成部分，深水是未来世界能源的主要接替区。我国南海深水海域及南沙群岛附近海域更是埋藏着丰富的石油资源，南海占中国海域总面积的3/4，南海深海油气资源丰富，大约有350亿~500亿吨油气当量，相当于第二个波斯湾。广阔的南海海域是中国未来海洋油气的主要产区。目前国内南海油气勘探开发大多位于近海水深200~500m的区域。累计探明石油地质储量9.95亿吨，探明率6.0%；天然气地质储量4119亿立方米，探明率1.4%，2011年产油1157.6万吨，气79.1亿立方米。加快南沙海域油气资源勘探开发步伐，对于提高油气产量，降低石油对外依存度，保障石油供给和国家经济安全具有重要意义。

近年来，随着海上物探、钻井、采油和深海装备与技术的发展，世界深水油气资源勘探开发迅速发展，为世界油气工业的发展增加了新动力。美国墨西哥湾、南大西洋两岸的巴西与西非沿海是当前世界三大深水勘探热点地区。它们集中了世界84%的深水钻探活动，占据了全球深水储量的88%。立足于近海大陆架、积极拓展深水领域，是我国未来海洋油气勘探开发的战略目标。为实现这一目标，针对我国海域的特点，我国还必须立足于自主创新，有针对性地研究解决我国海域开发遇到的难题。加快我国南海油气资源开发步伐，以海洋油气勘探开发装备制造为龙头，可有效带动相关技术进步和产业发展。实施深水油气勘探开发工程，积极引进先进技术和关键设备，提升海洋石油勘探开发施工能力，建立自主、核心的深水关键技术体系，提高深水作业装备、设备制造能力，为中国开发深水油气资源提供技术保障，有利于提升海洋工程技术和装备水平，提高国家综合科技水平和创新能力。建议今后重点发展三大关键技术。第一，深水地球物理勘探技术和装备，包括海上高分辨率三维地震勘探技术、四维地震（4D 地震）勘探技术、海上多分量勘探（4C）技术、深水大型地球物理勘探船、深水工程地质勘察船等，这是提高我国的深海油气开发技术水平的关键。第二，深水油气钻井关键技术和装备，包括海上大型自升式钻井船、3000m 水深半潜式钻井平台、3000m 水深浮式钻井船、地质导向钻井、大位移水平井及多分支井、多底井、钻井液及完井液技术等，可大幅度提高深海油气勘探生产的效益。第三，深水油气开发关键技术、装备和针对南海特殊条件的专项工程技术，包括深海采油技术、深水平台技术、浮式生产系统技术、深海海底管道、电缆设计技术、水下施工作业技术。开发关键技术研究、综合工程技术能力提升和深海工程装备的开发是自主创新的重点。

④ 应对复杂多变的国际形势的挑战，确保国家能源安全，加大海外油气勘探开发力度，利用好国内外两种资源，同时加强油气资源战略储备规划研究和实施。

近些年来，世界能源和油气形势发生一系列深刻变化，全球油气富集地区的地缘政治形势和重点资源国政局复杂多变，石油问题政治化趋势明显，国际化经营的风险进一步加大。面对世界能源和油气形势发生的深刻变化，我国各大石油公司应继续大力实施国际化经营，利用国外油气资源，形成经济全球化条件下参与国际能源合作、取得竞争的新优势，增强国际影响力。因此，需要加大油气勘探开发力度，增加全球能源供给能力。

我国应该加强油气资源战略储备规划的研究和实施力度，这是应对复杂多变的国际形势，确保国家能源安全的重大举措。从每年新增地质储量以及探明未开发储量中选取一定规模作为资源战略储备。油气战略储备意义重大，需要统一思想，加强对内外部条件和环境的认识和分析。在战略储备规划实施中，要明确战略储备的概念和责任主体，提高战略储备的落实程度。需要选择合理储备方式，合理布局并具有较好的依托条件；深化资源准备、开发前期准备、系统准备、投入准备和国家政策准备等方面的基础研究，扎实推进，确保油气战略储备的有效实施。但是在石油需求量保持较快增长，对国内油气产量增长需求加大的情况下，实施资源战略储备难度很大，需要将油气开发利用和战略储备统筹兼顾，协调发展。

6.2 油气加工与利用相关思考

6.2.1 石油加工和利用

6.2.1.1 未来我国炼油产业面临的形势将进一步严峻

（1）世界炼油能力将进一步增加，中东的炼能增加将形成巨大冲击尽管全球经济危机及欧洲债务危机对新建炼油项目的建成投产将产生一定的影响，但由于中国、印度和中东地区仍有大规模炼厂建设规划，预计2011~2020年世界炼油能力仍将维持稳定增长态势。2012~2020年中东和印度新增炼油能力统计见表6-2。

表6-2　2012~2020年中东和印度新增炼油能力统计　　单位：万吨/年

国家	2012~2015年新增能力	2016~2020年新增能力
巴林	—	440
伊朗	500	1800
伊拉克	50	1450
科威特	—	2430
阿曼	150	358
卡塔尔	730	—
沙特	2000	4250
阿联酋	2100	
也门	250	75
中东合计	5780	10803
印度	2475	1402
总计	8255	12205

注：资料来源：费氏能源。

目前，中东地区已经是世界最主要的油品出口地区之一，每年油品出口接近5000万吨。2012~2020年，中东地区将新增炼油能力1.7亿吨/年，保守估计，其新增油品产量将达到1亿吨以上，而当地的油品需求将维持平稳增长态势，预计届时中东地区的油品出口量将高达1亿吨左右。中东地区相对低廉的原料成本和大规模的油品出口量将对亚太地区的炼油业和成品油市场形成巨大冲击。

根据《石化和化学工业"十二五"发展规划》和《能源发展"十二五"规划》，我国炼油能力到2015年要控制在6亿~6.2亿吨/年。根据资料统计，2013年后投产的国内已获批新建扩建炼油项目合计能力高达1.3亿吨/年。2015年我国的原油一次加工能力将接近7亿吨/年，2020年将达到8亿吨/年。2012~2020年国内企业规划新增炼油能力统计见表6-3。而《石化和化学工业"十二五"发展规划》预测，"十二五"期间我国成品油需求量保持5.5%的年均增长率，到2015年我国成品油需求量为3.2亿吨，比2010年（2.45亿吨）增加7500万吨，增幅为30.6%。如果按照成品油收率65%计算，且新建计划均按时投产，那么2015年和2020年我国的开工负荷率仅为70%和74%，将导致我国炼油行业竞争愈加激烈，利润空间进一步压缩。

第6章 我国石油天然气可持续发展的几点思考

表6-3 2012～2020年国内企业规划新增炼油能力统计

所属公司	企业名称	新增炼油能力/(万吨/年)
中石化	安庆石化	400
中石化	茂名石化	1000
中石化	石家庄炼厂	300
中石化	九江石化	150
中石化	曹妃甸	1000
中石化	扬子石化	800
中石化	沧州炼厂	150
中石化	广东湛江炼厂	1500
中石化	洛阳石化	800
中石化	惠州炼厂	1000
中石化	镇海石化	1500
中石化	福建炼厂	1200
中石化	荆门石化	400
中石油	四川石化	1000
中石油	华北石化	500
中石油	云南石化	1000
中石油	广东揭阳炼厂	2000
中石油	锦西石化	1000
中石油	抚顺石化	350
中石油	克拉玛依石化	500
中石油	天津东方石化	1500
中石油	重庆炼厂	1000
中石油	兰州石化	1000
中石油	中卡壳牌浙江石化	2000
中石油	广西石化	1000
中石油	河南炼厂	1000
中海油	东方石化	200
中海油	大榭岛炼油	700
中化	泉州石化	1200
地方炼厂	垦利炼厂	300
地方炼厂	东明炼厂	600
合计		27050

注：资料来源：费氏能源。

(2) 原油资源品质劣化趋势加剧，劣质重油加工水平不断提高

随着世界经济规模的不断增大，石油消费量仍将持续增长。但常规原油资源储量有限，未来供应紧张已是必然趋势。未来重油、油砂、页岩油等非常规原油的产量将快速增长，以减缓原油资源总量的下降速度。从世界石油资源剩余储量来看，高硫、重质等劣质原油比例在逐年上升。世界原油质量总的变化趋势是，低硫和轻质原油产量不断减少，含硫、重质原油产量在逐年增加。据美国哈特（Hart）能源咨询公司预测，世界原油平均 API 度将由 2009 年的 33.3 下降到 2030 年的 32.9，平均硫含量将由 2009 年的 1.11% 提高到 2030 年的 1.22%（见表 6-4）。API 度小于 22 的重油产量将从 2009 年的 850 万桶/日增加到 2030 年的 1680 万桶/日（见图 6-3）。随着原油品质劣质化，尤其是委内瑞拉超重油、加拿大油砂沥青等重油资源的可采储量和产量逐步上升，炼油加工难度增大，重油加工深度、反应苛刻度也必然要相应地提高。重油的高效加工和充分利用已成为全球炼油业关注的焦点。

表 6-4　世界原油供应质量现状及预测

地区	2009 年			2030 年		
	供应比例/%	API 度	硫含量(质量分数)/%	供应比例/%	API 度	硫含量(质量分数)/%
北美	11	30.2	1.17	13	27.3	1.69
拉丁美洲	12	24.9	1.58	12	24.1	1.56
欧洲	5	37.0	0.40	3	37.7	0.40
独联体	17	33.7	1.09	17	34.9	0.96
亚太	10	36.5	0.17	8	35.6	0.16
中东	30	35.4	1.73	33	34.4	1.78
非洲	14	34.1	0.31	14	37.4	0.28
世界合计	100	33.3	1.11	100	32.9	1.22

注：资料来源：《国际石油经济》。

从国内石油生产来看，开采难度不断加大，成本呈现逐年上升趋势。预计 2012~2020 年，国内原油产量将保持在 2 亿吨左右，我国石油对外依存度预计将从 2011 年的 55% 上升到 2015 年的 62% 左右和 2020 年的 68% 左右。面对全球原油的不断劣质化，国内大部分炼厂的加工水平还不够，面临着设备腐蚀、结焦加剧以及检维修质量水平等因素的影响，炼油主体装置的运行周期都比较低，未来依靠科技创新，提升管理水平，逐步延长我国炼油主体装置的运行周期，对提高炼油装置加工劣质、含硫、重质原油整体竞争力将极其重要。

(3) 绿色低碳发展和节能环保对炼油业提出了更高的要求

为保护环境、尽可能地减少煤炭、石油等高碳能源消耗，减少温室气体排

第6章 我国石油天然气可持续发展的几点思考

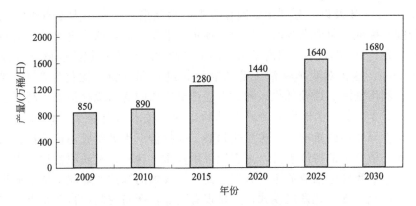

图6-3 世界重油（API＜22）产量增长趋势
（资料来源：《国际石油经济》）

放，实现绿色可持续发展，各国家或地区制定了未来二氧化碳的减排规划。美国于2009年6月通过了《清洁能源与安全法案》，要求炼油厂到2020年的温室气体排放量比2005年减少17%，到2050年减少83%。从2012年开始，炼油厂要对所产燃料燃烧的排放负责，从2014年开始对内部过程的排放负责。2009年4月，欧盟委员会通过了包括"可再生能源指令"在内的《欧盟能源与气候变化组合方案》，2020年温室气体排放要比1990年减少20%，能源效率要比目前提高20%。

我国也将努力降低单位GDP的能源资源消费强度，并明确"坚持把建设资源节约型、环境友好型社会作为加快转变经济发展方式的重要着力点"，积极有效地应对全球气候变化。根据我国政府对外的承诺以及应对气候变化、实现可持续发展的需要，我国将继续深入开展节能减排工作。按照国家提出的约束性指标，"十二五"期间单位GDP能源消耗要降低16%，单位GDP二氧化碳排放量要降低17%，主要污染物排放总量显著减少，化学需氧量、二氧化硫排放量均减少8%，氨氮、氮氧化物排放均减少10%，到2020年单位GDP二氧化碳排放量比2005年减少40%~45%。炼油工业作为排放大户面临着巨大的压力，任重而道远。建设资源节约型和环境友好型炼油工业已成为未来的重要任务之一。我国炼油综合能耗近年来虽有降低，但节能潜力还很大，与世界先进水平仍有一定差距。如2011年底，我国炼油二次加工装置中催化裂化装置共约191套，总能力达到17901万吨/年，其中只有少部分催化裂化装置的烟气进行了深度除尘和脱SO_2处理；炼油过程加热炉烟气SO_x在许多炼油厂只是低标准达标，对NO_x排放还没有进行控制；炼油过程产生的废催化剂等固体废渣大多数填埋处理；部分炼油企业排放废水的COD（化学需氧量）虽然达标，但废水排放量大。

同时，环境污染问题已要求车用汽柴油质量标准进一步提高，在车用汽油和车用柴油分别于2010年和2012年达到国Ⅲ标准的基础上，未来我国汽柴油质量标准将在 2014 年及以后分别达到国Ⅳ标准，而北京、上海等大城市将率先达到和试行国 V 标准，争取在今后十年内，逐步赶上发达国家的先进水平。按照国家的最新计划，到 2017 年，国内车用汽油中的硫含量将全面提升至欧 V 标准的不大于 10ppm。这将对我国炼油工业依靠科技进步和创新，优化生产工艺组合，合理配置利用资源，以较低投入和成本生产更优质的清洁燃料提出更高要求。

6.2.1.2 进一步优化炼油产业结构，加强技术创新和生产优化

由于世界原油的重质化、劣质化趋势，高油价下优劣质原油价差拉大以及我国原油对外依存度的持续上升，更多地采用劣质、含硫、重质原油加工生产清洁油品将是今后我国炼油业的主要方向。此外，我国的炼油产业应坚持基地化、一体化、园区化、集约化发展模式，立足现有企业，严格控制项目新布点。炼油布局要贴近市场、靠近资源、方便运输，缓解区域油品产销不平衡的矛盾，鼓励原油、成品油管道建设，改善"北油南运"状况；乙烯、芳烃布局应坚持炼化一体化，降低成本，提高竞争力。

(1) 坚持炼油装置大型化的发展方向

炼油规模大型化已成为世界炼油工业的发展趋势，我国已掌握大型化的现代化炼油技术，为炼油装置大型化奠定了技术基础。未来 10 年，我国油品需求保持较快的发展势头，国内炼油能力还将增长 2 亿吨/年左右，新建或扩建炼油项目将进一步推动我国炼油装置的大型化发展。同时，要重视装置的大型化，提高新建或扩建炼油项目中常减压、催化裂化、加氢裂化、延迟焦化等主要炼油装置的规模准入指标。此外，应在对装置运行、开停工等进行综合经济评价的基础上，进行炼油装置大型化工程技术研究，开展单系列 1800 万吨/年以上规模常压蒸馏、700 万吨/年以上催化裂化等工程技术开发，完成世界同步规模的炼油装置工程技术的开发和应用，主要装置的工程技术达到世界领先水平。

根据国家发改委发布的《产业结构调整指导目录（2011 版）》，未来我国新建炼油项目的规模门槛将从 800 万吨/年提升至 1000 万吨/年，催化裂化装置、加氢劣化装置、连续重整装置的准入门槛将分别提高至 150 万吨/年、150 万吨/年、100 万吨/年。

(2) 坚持炼油化工一体化模式优化发展

炼化一体化重点依托千万吨级炼油厂和大型乙烯工程改扩建及新建的项目，通过炼油和石化的原料互供和能量整合，加强公用工程系统的优化整合，充分利用炼油技术平台，结合化工原料多元化，实施炼油化工产业链之间的资源整合和优化，更经济地获得化工原料，提升资源利用效率，提高资源使用价值，降低成本，提高企业的抗风险能力和整体竞争力，实现炼油、化工业务的协同发展。

根据国家发布的《石化和化学工业"十二五"发展规划》，未来将优化产业布局和上下游资源配置，建设具有国际竞争力的产业集群，重点包括：将优先依托条件好的现有大型石化企业，结合炼油能力改扩建，完善炼化一体化；在资源

供给有保障、物流成本较低、下游市场发达、环境容量大的广东、浙江、江苏、海南、天津等沿海地区布局建设世界级石化产业基地,做强长三角、珠三角等石化产业群,支持海峡西岸发展石化产业;为满足中西部市场需求,加快武汉、成都乙烯项目建设;促进东北地区石化现有装置改造升级,推动大庆、抚顺等乙烯项目建设。

(3) 坚持科技研发与技术创新

炼油工业属于技术密集型产业,技术创新在提高企业经济效益、降低生产成本、提升产品质量方面发挥着重要作用。我国应继续加大科技投入,加快开发具有自主知识产权、具有国际竞争力的炼油新技术,满足劣质原油加工以及高品质清洁燃料生产所需成套技术的需要,增加深加工能力和延长炼油装置的运行周期,并积极研发节能、环境友好以及替代能源新技术,为实现低碳发展提供技术支撑。

① 注重劣质原油加工技术,应对原油资源劣质化趋势。

随着国产和进口原油趋于劣质化,我国应继续注重开发重质原油和劣质原油加工技术,提高原油资源利用效率。包括:开展重质原油、劣质原油加工整体解决方案研究和高硫、高酸等劣质原油加工工艺流程优化研究;开发油砂、超重油等非常规原油加工集成技术和超重油的加工技术;开发原料适应性强、开工周期长的固定床渣油加氢技术,多产柴油的渣油加氢组合技术,沸腾床、悬浮床等原料适应性强的渣油加氢成套技术;完善渣油加氢-重油催化裂化双向组合技术,开发定向加氢与高选择性催化裂化集成技术、劣质渣油浅度溶剂脱沥青-脱沥青油加氢处理-催化裂化组合技术、劣质重油接触裂化-气化一体化技术、渣油溶剂脱沥青-脱油沥青气化-费托合成制油组合工艺技术等。

② 注重清洁燃料生产技术,生产高品质油品。

积极采用新工艺、新技术、新设备,调整装置结构,优化汽油、柴油组分,努力降低汽油、柴油硫含量以及各种杂质含量,提高汽油辛烷值、柴油十六烷值,实现低成本汽油、柴油质量升级,增产清洁高品质油品。

清洁汽油生产重点是进一步降低硫、烯烃和苯含量,提高辛烷值、氧化安定性和清净性。催化汽油选择性加氢脱硫是生产清洁汽油的首选技术,烷基化等高辛烷值汽油组分的生产受到更多关注。开展催化汽油选择性吸附脱硫工艺及催化剂技术的消化吸收及自主研发应用,开展低辛烷值损失的超高选择性催化汽油加氢脱硫技术研究并实现工业应用;开展催化重整汽油和催化裂化汽油降低苯含量的技术研发;开发宽馏分催化重整、固体酸烷基化、C_5/C_6超强酸异构化等汽油高辛烷值组分生产系列技术,开展利用液化气生产高辛烷值汽油调合组分的研究;开发新一代汽油添加剂(高辛烷值添加剂、清净剂等)。

清洁柴油生产重点向降低硫含量、芳烃含量,提高十六烷值、氧化安定性方向发展。单段芳烃饱和技术可降低芳烃、提高十六烷值,应用日趋广泛,异构降凝技术可改善低温流动性，成为低凝柴油的主要生产路线。开发液相循环加氢技术并实现工业化；开发进一步脱硫、脱芳、提高十六烷值的技术；开发新一代柴油添加剂（十六烷值改进剂、柴油清净剂等）等。

③ 注重加氢/制氢工艺技术，提升炼油精制能力。

由于炼油企业的原料质量逐年变差，而全球对清洁产品的需求在不断增加，同时燃油标准又在持续提高，加氢工艺仍将是未来炼油技术发展的重点领域，重点从以下几方面发展加氢技术：催化裂化汽油选择性加氢技术，生产超低硫清洁汽油；柴油深度加氢技术，生产超低硫清洁柴油；催化裂化原料预处理技术，实现催化裂化汽油直接达到国Ⅳ、国Ⅴ标准，同时降低焦炭产率，降低能耗，降低污染物排放，改善环境；进一步发挥加氢裂化的技术特点，灵活选择生产优质航煤、超低硫柴油或重石脑油，实现炼化一体化的桥梁作用；优化制氢供氢，通过提高催化重整苛刻度提高氢气产率，采用干气、外供天然气等原料制氢，利用化工氢源，以及有条件的炼油厂利用煤制氢、压缩轻油制氢，提高轻质油品收率。

(4) 注重炼油工业自身绿色低碳发展

坚持把提高能效、节能减排、环境保护作为促进炼油工业低碳发展的重要措施，力争通过对资源的有效循环和清洁利用，实现我国炼油产业发展经济效益、环境效益、社会效益的统一。包括：优化总加工流程，稳定和改善原料性质；优化装置操作条件，降低工艺用能需求；开工周期延长至5年以上，减少停工检修造成的物料和能量损失；优化蒸汽系统，实现蒸汽的逐级利用；进一步加大减排等先进技术的研发与应用力度，尤其是加快炼油污水"零排放"处理技术、催化裂化再生烟气脱硫脱硝除尘一体化技术、VOC（挥发性有机化合物）回收和达标治理技术、恶臭污染控制和治理技术、剩余活性污泥减量化与综合利用处理技术、废催化剂综合利用技术的创新和应用；开发废水、废气、废渣排放少的先进炼油工艺技术，如减少烟气排放中SO_x、NO_x和颗粒物含量的控制技术，减少粉末污染的密闭式焦化工艺等。

(5) 提高信息化应用力度，提升炼油操作水平

我国炼油企业信息技术发展很快，在过程控制方面，已普遍从常规仪表过渡到集散型控制系统（DCS），有的已向新一代开放性系统和现场总线控制系统（FCS）发展。未来在信息化管理方面，主要是普及炼油企业信息化建设和进一步提高应用水平，加快炼油企业实现现代化。坚持以信息化带动工业化，以工业化促进信息化的发展模式，大力开展炼油信息系统的集中、集成和深化应用。通过信息化不断完善和提升企业经营管理、生产执行与优化、先进过程控制与优化等信息系统，加强生产装置、公用工程等系统的信息化应用，加大信息化对炼油企业节能减排的支撑，进一步增强信息化对炼油工业可持续发展的支撑力度。

(6) 延长炼厂操作周期，提高企业经济效益

炼厂运行周期的长短是衡量企业管理水平的重要标志，我国炼油企业的操作

周期距离国际先进水平仍有差距,应进一步通过多种措施提高操作周期,降低成本、减少开停工损失,提高经济效益,包括:推广腐蚀监测新技术、加强工艺防腐与设备防腐配合。采用多种技术手段确保装置长周期运行,加强工艺管理,确保平稳运行;强化原料管理,高度关注进装置原料的性质不超设防值;在工程建设过程中,合理安排工期,减少分包,加强对监理单位管理和考核;重视物资采购管理、设备专业管理和开停工管理。

6.2.2 天然气利用

天然气在优化我国能源结构、提高能源利用效率、保护环境特别是城市环境、缓解和应对气候变化等方面都有独特优势。未来20年我国将迎来天然气大发展的黄金时期,国内外气源日益多样化,全国天然气管网日益发达便利,天然气消费量将持续以接近两位数(百分数)高速增长。根据《能源发展"十二五"规划》,2015年,天然气在我国能源消费结构中的占比将提高至7.5%。随着天然气消费量的提高,未来我国天然气的消费结构也将发生较大变化。

6.2.2.1 天然气消费量保持高速增长,进口天然气规模不断扩大

总体上,推动我国天然气发展的因素主要有5点:①为兑现2020年单位GDP二氧化碳排放量在2005年的基础上降低40%～50%的国际承诺,需要大幅增加天然气消费量;②为推进低碳省区和低碳城市建设,将利用天然气替代部分煤炭和成品油;③为优化能源消费结构,国家要求2020年天然气在能源结构中的比例从现在的4.3%升至8%～10%;④城市燃气用量将随着城镇化建设(预计到2020年,我国城镇化率将由现在的47.5%升至55%)及居民收入和生活水平持续高速增长;⑤天然气价格从目前看比其他能源有较强的竞争力,国内天然气需求将继续保持高增长速度。

根据《天然气发展"十二五"规划》,"十二五"期间我国天然气消费量将年均新增200亿立方米,到2015年达到2300亿立方米,未来将成为仅次于美国和俄罗斯的世界第三大天然气消费国。根据规划,到2015年,我国已签署合同的年进口天然气量约935亿立方米,随着中俄、中缅、中亚二期管道,以及数个LNG接收站的建设,国产天然气的增长加上进口天然气的增加,将有效保证国内天然气需求的大幅增长。

6.2.2.2 国家对天然气利用有明确引导,将促进天然气合理利用

天然气的利用与石油资源的利用略有不同,各国根据自身的资源和市场等具体国情引导合理的利用方向。为保证我国天然气市场的可持续发展,国家相继发布了《天然气利用政策(2012版)》和《天然气发展"十二五"规划》,将有效引导我国天然气利用走向优化、高效和绿色的轨道,促进天然气高效利用项目的大规模推广应用。

《天然气利用政策(2012版)》将现有技术成熟的天然气高效利用项目,如天然气分布式能源、LNG运输船舶、煤层气发电和天然气热电联产项目等,都

划入天然气优先利用类别，以保证它们在用气量、项目规划、融资和收费等方面优先权，将进一步促进各地方政府和企业大力开发和建设这些高效利用项目的积极性，以实现天然气资源的优化配置和高效使用。

(1) 天然气覆盖更为广泛，城市气化率大幅提升

加大天然气在城市燃气中的应用力度是《天然气利用政策（2012版）》的主要目标之一。为此，《天然气利用政策（2012版）》不但明确要大力推进天然气燃料汽车的应用范围，还将原《政策》[《天然气利用政策》（发改能源[2007]2155号）]中的2个允许类城市燃气项目提升至优先类，并将"中央空调"项目扩大为"燃气空调"，我国天然气的城市燃气用量和用气项目将有较大幅度增加，天然气会逐步完全取代城市特别是大中城市的煤气和液化石油气。预计其在天然气消费结构中的比例将会由2010年的约24%升至"十二五"末的30%左右，超越工业燃料用气成为天然气第一大用户。

随着天然气管网的不断延伸，预计到2015年后，使用天然气的地级及以上城市将超过300个，即95%以上的地级市能够使用天然气。未来10年，我国使用天然气的人口将保持较高增速，年均气化人口在3000万人左右。预计2020年全国气化人口将达到4.7亿人，全国城镇气化率将达到60%以上，大部分省会城市和大城市的气化率将超过80%。

(2) 天然气发电将成重要驱动力，分布式能源加速发展

天然气发电是当今世界天然气利用的重要领域之一，发电用气约占天然气消费总量的40%，并且是全球天然气需求增长的主要动力。相比之下，在我国天然气消费结构中，包括采暖在内的发电用气量仅占16.8%。要大幅提高天然气在我国能源消费结构中的份额并兑现大气减排的国际承诺，增加燃气发电量和减少煤发电量是最优选择之一。《天然气利用政策（2012版）》将天然气发电列为允许类，改变了原《政策》中只允许在重要用电负荷中心且天然气供应充足的地区建设调峰发电项目、限制在非重要用电负荷中心建设天然气发电项目，为天然气的发电利用提供了政策支持。

但在我国，天然气发电还存在电力竞价上网的门槛，在相应的扶持天然气发电的电价或气价政策出台之前，大规模建设天然气发电项目还不现实，但发展速度会有所加快，特别是天然气资源产地（进口到岸地）和经济发达、电力需求量大的地区。

随着2011年10月国家4部委发布《关于发展天然气分布式能源的指导意见》，提出要发展建立1000个示范工程，到2020年，在全国规模以上城市推广使用分布式能源系统，装机容量达到5000万千瓦，对试点项目将给予财政补贴等，这必将刺激天然气分布式能源系统的大力发展。

(3) 低效天然气化工项目再难发展，所占比例进一步降低

天然气化工曾在我国天然气利用领域占有相当重要的地位，用气比例最高超

过40%。21世纪以来,随着国家逐步理顺天然气价格和化工产品市场疲软,天然气化工的经济效益大幅滑坡,条件较好的大型天然气化肥装置也主要依靠国家的优惠气价政策得以生存。

未来在经济性和天然气利用政策的引导下,天然气化工今后仍在"夹缝"中生存。依据《天然气利用政策(2012版)》,天然气化工项目仅有天然气制氢项目可以继续有条件地发展,其余全部以天然气为原料的化工项目均被限制或禁止,基本终结了我国天然气化工的发展。

6.2.2.3 天然气定价机制仍需完善,以有效推动天然气利用

中国现行天然气价格无论与替代能源相比,还是与国外天然气价格相比,都还不能较好反映资源的稀缺性、天然气的供求关系以及天然气的生产供应成本,未来还需要进一步完善。

从天然气价格与替代能源价格对比看,世界很多国家的天然气价格与本国或国际市场的原油价格同起同落,具有一定的比例关系,两者的比值一般为0.5~0.7。中国天然气价格与原油价格起落毫无关联,天然气门站价格只有国内中质原油价格的0.22~0.49,远低于国际水平。

与国际天然气价格相比,近年来中国天然气出厂价虽然有所提高,但与国际贸易价格仍存在较大差距。以2011年4月为例,德国、法国、意大利进口管道气价格分别为11.15美元/百万英热单位、10.62美元/百万英热单位和11.52美元/百万英热单位,日本进口LNG均价大体为12.45美元/百万英热单位,而中国天然气出厂价仅为3.34~6.81美元/百万英热单位(0.79~1.61元/立方米),仅为上述国家进口管道气或LNG价格的一半左右(图6-4)。

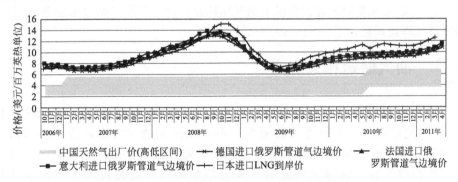

图6-4 中国天然气出厂价与国际市场贸易价格对比

(数据来源:中国天然气出厂价来自国家发改委;国外进口气价格来自Argus Global LNG)

此外,天然气出厂价格采取统一定价,未考虑不同用户成本的差异和峰谷气价。城市燃气价格较低,工业用气价格较高,这种价格机制不利于天然气市场的快速发展。中国地域广阔,季节性用气峰谷差较大,其中两湖地区达2:1,华北地区高达7:1,北京地区更是高达10:1。目前的定价体系导致用气高峰期增加

的供气成本不能向用户及时有效传递，既抑制了供应商对储气设施投资的意愿，也不利于引导下游用户采取有效手段平衡用气峰谷差。

总体来看，中国现行的天然气定价机制，一是不利于气田的勘探开发，难以保障资源的接替；二是导致需求盲目性，供应压力加大；三是对引进国外天然气资源带来制约；四是使得天然气进口企业面临亏损，不利于行业的可持续发展。未来应积极稳妥地加快推进中国天然气价格机制改革，建议从以下几方面逐步推动天然气定价机制改革。

① 在国家指导价的前提下，逐步放松天然气价格管制。基于我国国情和天然气工业结构及其管理体制与机制，从保护天然气生产（进口）商和用户经济利益出发，我国天然气价格仍需在相当长的时期内处于国家的监控之下。但是，政府可逐步放松天然气价格管制，采取灵活、多元的定价体制与机制，完善价格体系，并下放部分价格的管理与定价权限，推进市场配置资源的进程。

② 理顺天然气出厂价格水平。在综合考虑当前国产气出厂基准价、进口气成本、天然气的市场价值、用户价格承受能力的基础上，适当提高天然气出厂价格总水平。

③ 建立天然气价格调整机制。理顺天然气出厂价格水平后，应建立天然气价格与煤、原油、成品油和LPG等替代能源价格挂钩联动的、可上可下的动态调整机制。

④ 实行差别气价。在天然气需求高峰季节（时间段）和对有特定供气约束条件的用户，实行与基准价有差别的天然气价格，如季节差价、调峰气价、可中断用户价和现货气价等，完善价格体系。

⑤ 增收储气库使用费。为推动储气库建设，对于享受了储气库服务的用户，增收储气库使用费。

6.3 油气储运相关思考

我国油气储运设施建设的起步虽然较晚，但发展速度高于国际平均水平，特别是21世纪以来，全面进入高速发展期，无论是油气管道建设、还是海上运输能力及配套设施的发展，均已接近国际先进水平。为更好地满足石油天然气可持续发展，我国油气储运发展应结合国内外能源发展形势的总体判断，在顺应世界能源发展形势和满足国内能源发展需求的前提下，确定发展方向与重点。

未来我国能源供需将继续出现需求增长高于供应增长的态势，根据BP等国际能源机构预测，今后20年全球液体燃料（石油、生物燃料和其他液体燃料）的需求增幅为 $1600 \times 10^4 \mathrm{bbl/d}$（$8 \times 10^8 \mathrm{t/a}$），其中增量的一半以上将来自中国；我国天然气消费也将以年均7.6%的速度迅速增长，2030年的消费量将达到

第6章 我国石油天然气可持续发展的几点思考

$460\times10^8\,\text{ft}^3/\text{d}$（$4754.6\times10^8\,\text{m}^3/\text{a}$），油气需求增长均超过供应量的增长。预计到2030年我国石油需求缺口将达到$5\times10^8\,\text{t}$左右，石油对外依存度将达到70%左右；天然气需求缺口将超过$1000\times10^8\,\text{m}^3$，天然气对外依存度接近30%。因此，我国的油气进口量将进一步增加，跨国油气管道建设、海上油气运输及配套设施建设将继续成为油气储运的发展重点，同时关键设备的国产化攻关也将成为今后的技术进步方向。

(1) 跨国管道建设

目前，我国已建跨国管道有中哈原油管道、中俄原油管道、西气东输二线（与中亚天然气管道相连，起点为土库曼斯坦），并正在建设中缅原油管道、中缅天然气管道及西气东输三线等进口油气管道，资源国和过境国涉及哈萨克斯坦、俄罗斯、土库曼斯坦、缅甸等国家。随着我国资源进口量的增长，今后涉及的资源国和过境国将进一步增加，由于各国的能源政策与管道建设要求存在差异，未来新建管道无法完全效仿已建管道。因此，应加强周边国家及潜在资源国与过境国在地缘政治、能源政策、管道建设要求和计量交接要求等方面的跟踪研究，为今后的进口资源选择、引进路由选择和跨国管道建设做好基础准备。

此外，随着我国原油进口量的不断增多，进口油源越来越多，油品性质也越来越复杂，且许多油品性质与我国资产原油存在较大差异，需要不同的输油工艺；同时，炼化企业对加工工艺精细化和效益化的追求，也对不同油品来油提出了分储分输的要求。这些都对输送工艺提出了新的要求和挑战，因此应进一步加强不同油品顺序输送、冷热交替输送以及原油降凝降黏改性输送的工艺研究，在满足炼厂加工要求的同时，最大限度地优化输油工艺，降低输油成本。

(2) 海上油气运输

为保障国家石油运输安全，2006年我国开始推进"国油国运"战略，即2010年我国大型油轮船队的规模至少要保证能承运50%以上进口石油。根据国际机构相关预测，2020年我国进口原油将超过$4\times10^8\,\text{t}$，其中海运进口原油将超过$3.5\times10^8\,\text{t}$，比2011年的海运进口量将增加50%以上，现有国内航运企业将迎来运力发展新的机遇期。此外，我国在推行"国油国运"的同时鼓励"国轮国造"，这同样给造船企业也带来机遇。

自2008年以来，由于世界经济连续受世界金融危机、欧洲债务危机重创，使得国际航运市场和造船业始终在低迷中徘徊，回复到高位水平尚待时日。因此，我国的石油企业、航运企业和造船企业应抓住国内石油消费的刚性增长机遇及国际航运业和造船业的低成本机遇期，通过新增、收购及合资兼并等多种方式，构建和完善"国油"运力，发展"国轮"造船能力，提高我国能源供应安全。

(3) LNG 接收站建设

根据我国 LNG 发展规划，至 2015 年，我国已建和在建 LNG 接收站将遍布环渤海、黄海、东海沿岸，总接收能力将达 7000×10^4 t/a 以上，折合进口天然气约 1000×10^8 m³/a，已建和规划 LNG 接收站达 10 余个。由于 LNG 船进出港有严格的"移动安全区"和交通管制要求，且通航、靠泊和作业的安全要求以及锚地设置和泊位布置的安全等级均高于其他货物，而我国沿海港口条件有限，大型深水港均作业繁忙，进出船舶众多，使得 LNG 接收站选址更加困难，也会给现有港区专业和航道资源的利用造成一定影响。可通过适当配套发展海上浮式 LNG 接收终端、小型 LNG 船等多种方式缓解上述矛盾。

海上浮式 LNG 接收终端，特别是具有存储和再气化功能的浮式储存再气化装置（FSRU），可建在距离港口有足够安全距离、航道具有足够水深的海上，接收 LNG 并气化后通过海底管线输往岸上，可大大减少对港口建设与作业的安全影响。

通过小型 LNG 船从大型 LNG 接收站向其他沿海地区进行 LNG 二程转运，可适当减少大型港口的 LNG 接收站建设，缓解港口资源紧张的矛盾；通过小型 LNG 船可迅速实现向长江沿线及长三角、珠三角等内河沿岸市场的辐射，促进自沿海向内陆辐射的供应网络建设，并与自西向东供应的陆上天然气进口资源联网互补。

(4) 油气储运技术发展

近年来我国通过技术引进和消化吸收，油气储运设施的建设水平已迅速接近国际先进水平，但关键设备、材料和控制技术仍主要依靠进口，导致建设成本趋高。因此，加强关键技术设备的国产化自主研发与科技公关将成为我国油气储运技术发展的主要方向。

① 加强关键输油（气）设备研发　虽然近年来我国油气管道建设发展迅速，特别是大型天然气管道建设的输量规模、管径规模及建设长度已步入国际先进行列，但输油泵和压缩机等关键设备仍以进口设备为主，国产设备的工作效率和安全稳定性尚与国外先进技术存在差距，例如国产输油泵效率普遍低于进口泵，平均泵效比国际先进水平低 10% 以上，造成能源浪费，且运行稳定性也与国外设备存在一定差距；天然气大型压缩机一直依靠进口，直到 2011 年才通过科技攻关建成国内第一台 20MW 级大型电趋压缩机，尚待经过长时间实际运行考验，且国内尚不具备国外普遍使用的燃气轮机驱动的大型压缩机建造能力。因此，打破国外垄断，实现油气管道关键设备国产化将成为油气储运技术进步的发展方向。

② 加强高钢级、大口径管件及管材研发　由于管件的承压条件相对于管道更为严苛，特别是 X80 以上高钢级管件的研发，目前尚且落后于高等级管道，一般使用 X70 加厚补强代替使用。随着管道建设压力等级的不断提高，安全环

保要求越来越严格，配套适宜等级的管件需求日益迫切。因此，应加强研发和科技攻关，以确保管道建设的安全可靠性。同时，应加强抗大变形、耐腐蚀等特殊性能的管道钢研制，以适应管道沿线复杂地质条件，扩大管道对输送介质的适应范围。

③ 加强管道运行调度自控系统研发　随着我国油气主干管网的逐步形成与完善，区域性管网也进入快速发展时期，而区域间管网的联网运行也将越来越多，管道运行系统将进入更多油（气）源、更多用户的复杂网络时代，为确保管网系统的安全平稳运行，必将对高度自动化的运行调度管理提出更高的要求。因此，尽管近年来我国的管道建设水平与运行管理技术发展迅速，已在多条管道上应用了 SCADA 系统和仿真模拟等高水平自动化控制管理，国产模拟仿真软件也在成品油管道上得到初步的成功应用，但大多数自控系统和软件依靠国外引进，国内自有技术上存在差距。因此，应加强管道运行调度自控系统的国产化研发，促进我国管道建设与技术经济水平的全面提高。

参 考 文 献

[1] 李雪静等. 世界炼油工业面临的形势和主要发展动向. 国际石油经济, 2011 (12): 29-35.
[2] 朱和. 我国炼油工业现状及未来发展思考. 中国石油和化工经济分析, 2012 (11): 35-41.
[3] 朱和. 我国炼油工业现状及未来发展思考. 中国石油和化工经济分析, 2012 (11): 35-41.
[4] 金云等. 我国炼油工业"十一五"回顾与"十二五"展望. 国际石油经济, 2011 (5): 19-26.
[5] 蔺爱国. 世界炼油行业发展动向和中国石油的对策. 国际石油经济, 2011 (12): 36-39.
[6] 徐海丰等. 炼油格局继续调整新兴经济体和产油国炼油业稳步发展. 国际石油经济, 2011 (5): 48-56.
[7] 中华人民共和国国务院. 能源发展"十二五"规划. 北京：中华人民共和国国务院, 2013.
[8] 中华人民共和国工业和信息化部. 石化和化学工业"十二五"发展规划. 北京：中华人民共和国工业和信息化部, 2011.
[9] 中华人民共和国国家发展和改革委员会. 产业结构调整指导目录（2011年本）. 北京：中华人民共和国国家发展和改革委员会, 2011.
[10] 中华人民共和国国家能源局. 可再生能源发展"十二五"规划. 北京：中华人民共和国国家能源局, 2012.
[11] 中华人民共和国国家发展和改革委员会. 天然气利用政策（2012年）. 北京：中华人民共和国国家发展和改革委员会, 2012.
[12] 中华人民共和国国家发展和改革委员会. 天然气发展"十二五"规划. 北京：中华人民共和国国家发展和改革委员会, 2012.
[13] 吴灿奇. 未来十年我国天然气利用趋势探讨. 国际石油经济, 2012 (1-2): 110-115.
[14] 康建国. 全球天然气市场变化与中国天然气发展策略思考. 天然气工业, 2012 (2): 5-11.
[15] 许永发等. 关于加快中国天然气市场发展的思考. 国际石油经济, 2011 (6): 15-21.
[16] 胡奥林. 新版《天然气利用政策》解读. 天然气工业, 2013 (2): 110-114.
[17] 杨林. 价格改革成大势所趋天然气市场爆发在即. 中国城市金融, 2012 (4): 56-58.
[18] Fatih Birol. World Energy Outlook 2011. Paris: International Energy Agency, 2011.
[19] FACTs Global Energy (FGE). Asia Pacific Databook. Honolulu: FGE, 2012.

[20] 傅诚德著. 石油科学技术发展的对策和思考. 北京：石油工业出版社，2010.
[21] 潘志坚等编著. 中美石油开发对比研究. 北京：石油工业出版社，2013.
[22] 中国石油集团技术经济研究院. 2012年国内外油气行业发展报告. 北京：中国石油集团技术经济研究院，2013.
[23] 唐炼. 我国石油天然气勘探开发技术进展和与发展趋势. 我国当代石油化工，2004.
[24] 《中国油气田开发志》编委会. 中国油气田开发志：综合卷. 北京：石油工业出版社，2011.